2015包头统计年鉴

BAOTOU STATISTICAL YEARBOOK

包头市统计局　国家统计局包头调查队·编

Compiled by Baotou Municipal Bureau of Statistics & NBS Survey Office in Baotou

（总第14期　NO.14）

中国统计出版社

China Statistics Press

（京）新登字 041 号

图书在版编目（CIP）数据

包头统计年鉴. 2015/包头市统计局，国家统计局包头调查队编.
—北京：中国统计出版社，2015.11
ISBN978-7-5037-7618-2
Ⅰ. ①包…
Ⅱ. ①包… ②国…
Ⅲ. ①统计资料－包头市－2015－年鉴
Ⅳ. ①C832.263-54
中国版本图书馆CIP数据核字(2015)第213325号

包头统计年鉴—2015
作　　者/ 包头市统计局　国家统计局包头调查队
责任编辑/ 陈越月　程昱静
装帧设计/ 陈文科
出版发行/ 中国统计出版社
地　　址/ 北京市丰台区西三环南路甲6号
邮政编码/ 100073
电　　话/ (邮购)(010)63376909　(书店)(010)68783171
网　　址/ http://csp.stats.gov.cn
印　　刷/ 包头市三泰印务有限责任公司
经　　销/ 新华书店
开　　本/ 890×1240 毫米　1/16
字　　数/ 1100 千字
印　　张/ 33.3
版　　别/ 2015 年 11 月第 1 版
版　　次/ 2015 年 11 月第 1 次印刷
定　　价/ 300.00元

《包头统计年鉴》编辑委员会

编辑说明

一、《包头统计年鉴—2015》系统收录了2014年包头市及各旗县区经济、社会发展方面的统计数据以及历年和重要历史年份的主要统计数据，是一部国内外各界人士了解包头、认识包头的重要资料工具书。

二、年鉴全书分为两部分。第一部分为特载，载入了2014年包头市党政部门重要文件和2014年国民经济和社会发展统计公报。第二部分为统计资料，分为23个细目，即：1.行政区划和自然资源；2.综合；3.国民经济核算；4.人口；5.从业人员和职工工资；6.固定资产投资；7.能源；8.财政；9.价格指数；10.人民生活；11.城市概况；12.农业；13.工业；14.建筑业；15.运输和邮电；16.国内贸易；17.对外经济贸易和旅游；18.金融和保险；19.教育、科技和文化；20.体育、卫生、社会福利、环境保护；21.要素市场、信息产业、高新技术开发区；22.旗县区资料；23.附录。

三、本年鉴中部分数据合计数或相对数由于单位取舍不同而产生的计算误差，均未作机械调整。

四、符号使用说明：年鉴各表中的“空格”表示该项统计指标数据不足本表最小单位数，不详或无该项数据；“#”表示其中的主要项。

五、本年鉴的统计数据来自政府统计部门和业务部门年度统计报表，在编辑过程中，得到了有关单位和国家统计局、自治区统计局、国家统计局内蒙古调查总队的大力支持与协助，在此表示衷心感谢。

六、限于编辑水平，对于年鉴存在的差错和缺点，敬请广大读者和统计战线的各位同仁提出宝贵意见。

目　　录
CONTENTS

第一部分　特载
PART ONE SPECIAL ARTICLES

第二部分　统计资料
PART TWO STATISTICS

一、行政区划和自然资源
Divisions of Administrative Areas and Natural Resources

二、综合
General Survey

三、国民经济核算
National Accounts

四、人口
Population

五、从业人员和职工工资
Employment and Wages

六、固定资产投资
Investment in Fixed Assets

七、能源
Energy

八、财政
Government Finance

九、价格指数
Price Indices

十、人民生活
People's Living Conditions

十一、城市概况
General Survey of Cities

十二、农业
Agriculture

十三、工业
Industry

十四、建筑业
Construction

十五、运输和邮电
Transportation, Postal and Telecommunication Services

十六、国内贸易
Domestic Trade

十七、对外经济贸易和旅游
Foreign Trade, Economic Cooperation and Tourism

十八、金融和保险
Banking and Insurance

十九、教育、科技和文化
Education, Science and Culture

二十、体育、卫生、社会福利、环境保护
Sports, Public Health, Social Welfare, Environmental Protection

二十一、要素市场、信息产业、高新技术开发区
Essential Market , Information Industry and Exploitation Areas of Advanced Technology

二十二、旗县区资料
Statistics of Banners, Counties and Districts

二十三、附录
Appendix

第一部分　特　载

PART ONE SPECIAL ARTICLES

在中共包头市十一届七次全委(扩大)会议上的讲话

(2015年1月7日)

王中和

同志们：

这次会议的主要任务是，深入贯彻落实党的十八大、十八届三中、四中全会和中央经济工作会议、自治区党委九届十三次全委会议暨全区经济工作会议精神，报告市委常委会一年来的工作，研究部署2015年及今后一个时期的主要任务，动员全市各级党组织和广大干部群众，改革创新、锐意进取，努力开创包头经济社会发展新局面。

一、市委常委会一年来的主要工作

去年以来，面对严峻复杂的经济形势和艰巨繁重的改革发展任务，市委常委会团结带领全市各族人民，全面贯彻落实中央、自治区各项决策部署，着力稳增长、促改革、调结构、惠民生、保稳定，各项工作稳步推进、重点难点不断突破、薄弱环节切实加强，保持了经济平稳增长、改革不断深化、民生持续改善、社会和谐进步的良好局面。

(一)深入学习贯彻习近平总书记系列重要讲话精神和自治区党委重大决策部署。始终把学习贯彻习近平总书记系列重要讲话精神作为首要政治任务，对总书记的每一篇重要讲话都在最快时间组织传达学习、研究讨论，深入开展宣传宣讲、培训轮训，认真抓好谋划部署、贯彻落实，推动学习贯彻不断向广度和深度拓展，切实做到用讲话精神统一思想、武装头脑、指导实践、推动工作。围绕总书记打造祖国北疆亮丽风景线的总要求和自治区党委打造六条亮丽风景线的决策部署，提出了10个方面96项具体措施。准确把握“8337”发展思路深刻内涵，在充分认识欠发达市情的基础上，提出了“5421”战略定位，进一步廓清了包头未来发展方向，凝聚了加快建设现代化包头的思想共识。全面对接自治区各项规划和工作部署，研究制定了新型冶金、装备制造、稀土产业等15个中长期发展规划，出台了发展非公经济、县域经济、服务业等10个方面的具体实施意见或工作方案，确保了自治区重大决策部署在我市全面落地、深入实施。对总书记重要指示和自治区党委重大决策部署进行项目化分解、责任化落实，对重点工作、重大项目实施专项推进，对教育实践活动、重点工程建设、社会矛盾化解实行市级领导包联指导制度，对工作落实情况加强定期督查检查，带动形成了全市上下积极有为干事业、全力以赴抓落实的生动局面。

(二)扎实开展党的群众路线教育实践活动。坚持把教育实践活动摆在突出位置，围绕“为民务实清廉”主题，精心组织、认真实施，教育实践活动达到了预期目的，取得了重大成果。扎实开展学习教育，通过封闭自学、集中研学、专题辅导、领导干部讲党课等形式，推动各级党员、干部普遍接受了一次系统学习教育，补了精神之“钙”。坚持开门搞活动，采取蹲点调研、走访座谈、入户调查等多种方式，全覆盖式地征求意见建议，打牢了教育实践活动群众基础。认真开展批评与自我批评，把召开高质量专题民主生活会和组织生活会作为关键举措，引导党员、干部抛开面子、揭短亮丑，坦诚相见、掏心见胆，党内政治生活原则性和战斗性明显增强。突出抓好整改落实，明确9个方面43条整改措施，开展6个方面21项专项整治，一批“四风”突出问题、关系群众切身利益问题、联系服务群众“最后一公里”问题得到有效解决。切实扎牢制度笼子，制定和修订完善了《市委常委会议事决策规则》等24项制度，作风建设抓常、抓细、抓长的有效机制和刚性约束初步形成。全面提升党员干部执行力落实力，宣讲先进事迹、强化典型引领，整治不作为乱作为行为、发挥警示教育作用，激发了各级领导班子和党员干部干事创业的热情，为全市改革发展凝聚了强大正能量。

（三）全力促进经济持续健康发展。牢牢把握经济工作主动权，及时研究解决经济运行中出现的新情况、新问题，推动经济发展实现稳中有进、进中见优。预计全年生产总值增长8.5%，公共财政预算收入增长8.9%，固定资产投资增长15%，规模以上工业增加值增长11%，社会消费品零售总额增长10%。为增强经济发展后劲，策划实施了583个投资亿元以上的重大项目，完成投资1577亿元，包头常铝25万吨铝板带箔等233个项目竣工投产，神华煤制烯烃二期等281个项目开工建设。针对经济下行压力持续加大、企业生产经营困难实际，在自治区率先出台了促进工业经济平稳健康发展八条措施，落实电力多边交易、电价补贴等政策，全市规模以上亏损企业减少64户，企业主营业务收入增长6.7%。持续推动产业转型升级，制定了加快工业转型的指导意见，确立了“东铝、西钢、南高、北装”的发展布局，全市战略性新兴产业增速高于规模以上工业增速2个百分点，装备制造业对工业经济增长的贡献率达到20%，规模以上非公企业占全市工业的比重达到65.2%。大力发展服务业，组织实施75个现代商贸流通项目，完成投资244亿元；搞好银企对接，推动金融机构加大贷款投放力度，贷款余额增长12.6%，高于存款余额增速5.4个百分点；成功举办第二届中国游牧文化旅游节，旅游业收入增长23%；组织大型会展活动21场，实现交易额80亿元。进一步夯实农牧业基础，出台了《关于加快现代农牧业发展的实施意见》，启动建设了4个现代农牧业示范区和30个农牧业示范基地，新晋2个国家级龙头企业和9个国家级示范合作社。

（四）全面深化各项改革。加快国有企业改革，草原糖业、北奔重汽专用汽车公司国有股权转让和职工安置工作全面完成。创新投融资体制机制，组建了水务投资集团、交通投资集团等4家国有控股公司；包钢集团获准实施200亿元超短融资项目，首期30亿元成功发行；展浩电气成为自治区首家在新三板挂牌上市的中小企业，包钢稀土交易所正式启动运行。推进政府职能转变，整合工商与食药、卫生与计生、人社与公务员局等部门职能，实行水务一体化管理和城管环卫一体化管理，促进行政管理重心下移。深化行政审批制度改革，市本级行政审批事项由269项缩减到43项，精简幅度达到84%；实施工商注册登记“先照后证”和“三证合一”改革，新注册企业增长70.2%。加快土地流转制度改革，全市土地流转面积180万亩，占耕地总面积的28.4%。完善保护生态的制度措施，建立了新建项目排污总量前置审批及后督察制度，实施了重金属污染物责任保险试点。加快文化体制改革，包头博物馆、图书馆、群艺馆、美术馆等4家公益性事业单位按照法人治理结构组建了理事会，完善了新闻媒体管理运行机制。推进社会管理体制改革，全市有30个街道、115个社区实施了“精街道、强社区、促服务”改革，青山区、昆区分别被民政部确定为“全国社会治理和服务创新实验区”“全国社会组织建设创新示范区”。推动纪检监察机关转职能、转方式、转作风，全市纪检监察机关从事执纪监督主业人员比例提高到75%。

（五）切实加强生态环保和城乡基础设施建设。与环保部签订了《包头市环境保护整体解决方案》，全方位实施空气、水源、土壤、废渣等综合整治，创新了国内区域节能环保领域整体解决方案的典范模式。下大力气治理大气污染，全市空气PM2.5浓度下降29.5%，二氧化硫浓度下降45%，看得见蓝天白云的好天气明显增多。扎实推进节能减排，单位GDP能耗预计下降4.5%，提前一年完成“十二五”规划节能总目标，圆满完成主要污染物减排和APEC会议空气质量保障任务，成为国家首批工业绿色转型发展试点示范城市。加强沿路沿线环境综合整治，关停并转污染企业56户，清理煤场料场467家，拆除违章建筑56万平方米，新增绿化面积3700多公顷，城区周边脏乱差现象明显改观。加强生态建设，完成京津风沙源治理、天然林保护、退耕还林等国家林业重点工程37.5万亩，村屯、厂矿园区等六大重点区域绿化11.1万亩。加快推进新都市区建设，地下综合管廊、道路等基础设施开工建设。实施城乡交通畅通工程，打通断头路33条，高标准完成钢铁大街、阿尔丁大街、巴彦塔拉大街提质改造；固阳至百灵庙等3条一级公路建成通车，新建通村油路288公里；包头机场新航站楼投入使用。完善城市服务功能，建设污水处理厂3座，铺设地下管网265公里，新建改造公园广场14个。加强水利基础设施建设，完成民族团结灌区续建改造等23个节水灌溉项目，加固黄河包头段堤防119.8公里，治理昆河、二道沙河等河道22公里，北部区域城乡供水覆盖面积扩大到35.6平方公里。推进电力基础设施建设，投资156.7亿元，实施了华电土右电厂、达茂220千伏输变电工程等35个项目，包铝自备电厂建成投入运行，一批新能源项目并网发电。

（六）着力保障和改善民生。千方百计增加城乡居民收入，预计城乡居民人均可支配收入分别增长9%、11%。大力推进就业创业，全年新增就业4.14万人，城镇登记失业率控制在3.87%的较低水平，实现了零就业家庭动态清零。继续提高各类保障标准，企业退休人员基本养老金每人每月提高192元，城镇低保标准每人每月提高15元，农村牧区低保标准每人每年提高144元，集中和分散供养“五保户”供养标准每人每年分别提高500元和184元；城镇职工、城镇居民、农牧民政策范围内住院费用最高支付限额分别提高到38.7万元、20.1万元和13万元。筹资6120万元为11万农牧户每户发放了一吨“暖心煤”，为986名低保户大学生发放资助金3567万元。全力推进以北梁棚改为重点的安居工程，圆满完成北梁地区5.36万户、10.9万人、430万平方米的房屋征拆任务，取得了北梁棚改重大决定性成果，投资15亿元对268个老旧小区进行了改造，我市被住建部授予“全国棚户区改造示范城市”称号。深入实施“十个全覆盖”工程，投资21.4亿元，建设高标准示范村71个、达标村159个，受益人口达27万。扎实开展精准扶贫“三到村三到户”攻坚工程，选派干部驻村蹲点，推进“杠杆式”金融扶贫，3.1万贫困人口稳定脱贫。推进城市健康水和农村牧区安全饮水工程，惠及28.4万人。开工建设九原、土右、青山3个大型食品加工园区，在自治区率先建立政府主导的农畜产品质量安全追溯体系。

（七）大力发展社会事业。深入推进科技创新，北大包头科技园建成开园，中科院包头稀土研发中心、浙大包头工业技术研究院建设取得实质性进展，中科院绿色农业包头中心、中国农大院士工作站、内蒙古农科院包头分院挂牌运营。

加快发展教育事业，5所薄弱学校改造项目全部完工，16所学校新建改扩建工程顺利推进；建成公办幼儿园55所，全市学前三年入园率达到90%；规范义务教育招生，采取划片招生、电脑派位、试行学区制等做法，促进了教育公平。大力发展文化事业，投资10亿元推进全市公共文化标准化、均等化发展，创建国家公共文化服务体系示范区；实施党报覆盖工程，包头日报发行量扩大一倍以上；投资1.1亿元完成了广播电视制播系统改造；积极开展文艺创作，广播剧《宗旨》获全国“五个一工程”奖，话剧《惊蛰》获全国话剧艺术最高奖金狮奖；在中央、自治区主流媒体广泛宣传推介包头，大力开展文化交流活动，进一步扩大了包头知名度和影响力。提高医疗卫生服务水平，新改扩建乡镇卫生院、村卫生室和社区卫生服务中心122个；基层医疗卫生机构全部实行药品零差率销售。广泛组织“鹿城球王”羽毛球争霸赛等百姓身边的健身活动，成功举办全区“主席杯”校园足球高中联赛暨青少年足球锦标赛，包钢一中男足获男子组冠军。

（八）**积极推进民主政治建设和社会治理创新**。加强和改进党对人大、政协工作的领导，组织开展纪念全国人民代表大会成立60周年活动，支持人大及其常委会依法履行职责、在民主政治建设中充分发挥作用，召开了庆祝中国人民政治协商会议成立65周年座谈会，积极推进政协政治协商、民主监督、参政议政制度建设。巩固发展爱国统一战线，推动民主党派、无党派代表人士履职尽责、合作共事。加强对工会、共青团、妇联的领导，支持人民团体依法按照各自章程开展工作。推进司法公开，建成了“包头法院阳光司法网”；在青山区检察院、土右旗检察院开展了检察人员分类管理和内设机构整合试点工作。深入排查化解社会矛盾，坚持日报告周研判月调度和市县乡三级干部定期定点轮流接访制度、社会工作联席会议制度，推进涉法涉诉信访改革，全市信访批次和人次分别下降21.3%和21.8%。强化社会治安综合治理，创新立体化社会治安防控体系，深入开展缉毒和打击传销专项行动，坚决打击各类违法犯罪活动，人民群众的安全感和满意度不断提升。以纪念《民族区域自治法》颁布30周年为契机，加强民族团结宣传教育和创建，草原英雄小姐妹事迹展览馆被命名为全国民族团结进步教育基地；推进宗教领域专项治理，建设和谐寺观教堂，促进了宗教和顺。严格落实“党政同责、一岗双责”要求，狠抓重点地区、重点行业、重点企业的安全生产监管和隐患整治，安全生产形势总体平稳。

（九）**聚精会神抓好党的建设**。落实从严治党责任，组织召开了旗县区、市直部门党委、党组书记抓党建工作述职评议会，明确了旗县区、苏木乡镇、嘎查村书记抓基层党建、行业主管部门抓系统党建工作责任主体，加大了党建考评指标赋分权重，促进了党建任务全面落实。推进中心组理论学习、学习型党组织、领导干部双休日讲座和基层大讲堂建设，理论武装工作全面加强。开展“德润鹿城·文明包头”主题实践活动，弘扬民族文化思想精华，推进道德城市建设，扎实做好文明城市创建工作，培育践行社会主义核心价值观工作不断深入。理顺互联网管理体制，健全网络舆情联席会商机制，开展“活力内蒙古·网络媒体包头行”活动，推动新闻发布工作常态化，营造了健康向上的舆论氛围。大力实施干部素质提升工程，培训干部1万余人次，选派104名县科级干部参加市内外挂职锻炼。严格执行《党政领导干部选拔任用工作条例》，规范干部选任各环节工作，纠正“为官不为”现象，扭转唯票唯分取人倾向，整治“吃空饷”、违规兼任职、超职数超机构规格配备干部等问题，领导班子和干部队伍建设明显加强。通过加强力量、专项整顿、强化培训、重点帮扶等措施，完成了72个软弱涣散嘎查村、社区党组织的整顿升级工作，基层党组织战斗堡垒作用进一步提升。深入推进党风廉政建设和反腐败斗争，严格落实“两个责任”，以零容忍的态度惩治腐败，全年共立案158件，给予党政纪处分142人，保持了惩治腐败的高压态势。

刚刚过去的2014年，是包头前进历程中不平凡的一年。一年来，我们始终坚持发展第一要务不动摇，紧紧围绕三个阶段的发展目标、“5421”战略定位，积极应对经济下行压力，千方百计增投资上项目、调结构转方式、保企业保运转，圆满完成各项目标任务，经济发展逆势进位，走在了自治区前列；我们始终保持干事创业劲头不松懈，抓住影响和制约包头长远发展的重点难点工作，集中攻坚、合力推进，啃下了北梁棚改“硬骨头”，化解了萦绕在人民群众心中的空气污染“心结”，解决了影响包头形象的城市周边环境脏乱差问题，赢得了人民群众广泛赞誉；我们始终坚持从严治党不放松，高标准开展党的群众路线教育实践活动，全面提升党员干部执行力落实力，持之以恒抓好作风建设，推动党员干部精神面貌发生了根本性变化，形成了勇于担当、拼搏进取的浓厚氛围。此时此刻，我们深刻感到：只要发展思路清晰、目标任务明确、措施方法对路、执行落实有力、干群上下同心，就没有闯不过去的难关、破解不了的难题，就一定能够在科学发展的道路上阔步前行、高歌猛进，就一定能够创造更加辉煌的业绩、开创更加美好的明天。

二、正确认识、主动适应经济发展新常态

科学认识形势、准确把握走势，是我们做好工作的前提基础。中央经济工作会议指出，当前我国经济正在向形态更高级、分工更复杂、结构更合理的阶段演化，经济发展进入新常态。认识新常态、适应新常态、引领新常态，是当前和今后一个时期我国经济发展的大逻辑。我们必须紧密结合包头实际，主动适应、科学把握、积极作为，以新常态引领和推动经济社会平稳健康发展。

当前，我市和全国、全区一样，经济发展进入新常态，主要表现为：

一是增长速度由高速向中高速转换，但仍能够高于全国、全区平均水平。从2013年开始，我市经济增长告别了两位数快速发展，进入从高速向中高速转变阶段。这种变化，既源于全球经济格局深刻调整，复苏步伐缓慢，我国经济处于增长速度换挡期、结构调整阵痛期、前期刺激政策消化期“三期叠加”阶段这种宏观经济形势的影响，也有我市产业资源能源依赖程度较高，抗风险能力不强，容易受经济波动冲击的现实不足，因此经济增速下降有其必然性，要理性对待，保持“平常心”。但也要充分看到，我市属于呼包银榆经济区重点城市，又是自治区优先发展和重点开发建设地区，有资源、区位、成本、政策等多方面优势，有雄厚的工业基础和齐全的产业门类，特别是新世纪以来，累计实施亿元以上的重大项目2200多个，固定资产投资达到1.8万亿，一大批有影响力的项目建成投产，为全市经济发展奠定了坚实基础。2014年，预计全市生产总值增速分别高于全国、全区1.1和0.5个百分点，排各盟市前三位。今后一个时期，我市每年仍将有一大批重点项目开工建设、竣工投产，实现经济增速继续高于全国、全区平均水平目标，有基础、有优势、有潜力，必须牢牢把握这一发展大势，顺势而为、乘势而上，不断迈上新台阶。

二是经济发展处于调整存量、做优增量并重阶段，产业由中低端向中高端升级步伐明显加快。近年来，我市钢铁、电力、铝业、稀土、装备制造几大主导产业一直面临着全国产能过剩、产品价格大幅下跌等问题。特别是随着市场竞争主要由过去数量扩张和价格竞争，转向质量型、差异化为主的竞争，这些产业转型升级的压力持续加大。为此，我们一方面大力调整存量，坚决关闭了一批高耗能、高污染、生产工艺落后的企业；另一方面积极做优增量，全面加大科技创新和新产品引进，推动产业优化升级。比如，钢铁产业，加

大兼并重组力度，新上了高铁专用车轨、稀土板材钢等适销对路的产品；铝产业，推进实施了铝板带箔、铝轮毂等延伸加工项目；装备制造业，积极发展新能源车辆、煤机制造、石油机械等市场前景广阔的产品；稀土产业，推动资源组合和行业兼并重组，加快发展磁材深加工及应用、高端抛光材料；能源产业，大力发展风电光电等清洁能源，建设清洁能源输出基地。综合分析，我市产业结构调整既有经济下行压力等外在因素影响，又是我们适应形势、主动作为的结果。通过积极努力，大部分企业、行业在市场竞争中站稳了脚跟，具备了进一步转型升级的良好基础，必须持续发力，加快调结构转方式，打造包头经济升级版，推动包头经济这艘大船行稳致远。

三是消费、出口贡献率将持续增加，但相当长时期内投资仍是拉动经济增长的主要动力。随着国家不断把经济着力点放到转方式调结构上来，逐步增强战略性新兴产业和服务业的支撑作用，促进“三驾马车”更均衡地拉动增长，消费和出口的拉动作用将进一步显现。我市城乡居民消费能力较强，城市吸纳集聚人口作用明显，正在着力打造区域性消费中心、物流中心、金融中心、文化旅游中心，必将推动形成一批新的消费热点，汇聚形成新的发展动力。国家进一步加大对俄蒙等周边地区开发开放步伐，我市毗邻蒙古，正在全力推进满都拉口岸、包头国际陆港空港、铁路货运专用通道建设，对外开放的比较优势将进一步凸显，出口拉动作用将明显增强。但我们必须要看到，我市属于欠发达地区，大规模开发建设远未完成。从农村牧区看，一些偏远地区住房条件还很差，公共设施投资严重不足。从城市看，地下设施老化，棚户区、城中村大量存在，亟需改造更新。从产业发展看，无论是传统产业改造升级，还是新兴产业发展壮大，都需要大量资金投入。从基础设施看，交通建设相对滞后，高效便捷的交通网络尚未形成；水利设施陈旧，供水保障能力不强；电力大项目不多，输出通道不畅。从社会事业看，教育、医疗、卫生等软硬件设施与人民群众需求和期盼相比都有不小差距。投资是拉动经济增长最关键、最有效的手段，改变欠发达的基本市情，缓解发展制约瓶颈，必须依靠投资。因此，一段时期内我市经济发展主要靠投资拉动的趋势不会改变，我们要继续在扩大投资上下功夫。

四是创新驱动作用越来越大，新的增长点不断涌现。我市拥有各类专业技术人才40多万，国家级高新技术企业83家，各类研发机构145家。这些年，我们一直大力推进产学研一体化，引进知名院校在我市设立研发机构，加快科技成果转化，高铁用轨、大口径无缝钢管、大吨位矿用车、高温气冷堆核电站燃料元件等一批产品研发成功，稀土新材料基地正在加快建设，为实施创新驱动战略奠定了坚实基础。特别是去年以来，为了优化创新发展环境，我们大力推进简政放权，放开政府这只看得见的手，用好市场这只看不见的手，市场活力进一步释放，形成了大众创业、万众创新的壮美图景。面对世界科技创新和产业革命的新一轮浪潮，企业主动转型的意愿和创新发展的动力明显增强，要把握科技创新和产业变革大势，不断加快创新驱动步伐。一方面，要依托科技创新，在传统产业改造升级上下功夫，推动优势传统产业新型化，让老树开出新花；另一方面，要大力发展物流、金融、文化旅游等现代服务业，做精做特做优现代农牧业，培育电子商务、工业设计、文化创意、新能源汽车、3D打印等新兴业态，让新芽长成大树，推动经济发展更趋稳定、增长动力更为多元。

面对经济发展新常态，我们观念上要适应，认识上要到位，方法上要对路，工作上要得力。**要深化理解、统一认识。**新常态揭示了经济发展阶段的新变化、新特点，内涵十分丰富，包括经济增长速度转变、产业结构调整、增长动力变化等诸多方面，如果仅仅把新常态理解为是速度高一点还是低一点的关系，就是形而上学的发展观，就是不全面、不科学的发展观。新常态不是过去那种粗放的大干快上，而是有质量、有效益、可持续的发展；新常态不是不要发展速度，而是要有合理的发展速度，经济增长要保持在一定区间。对此我们要科学认识、辩证看待，防止片面理解。**要坚持发展、主动作为。**新常态不是放弃发展、放松发展，更不能成为消极懈怠、无所作为的借口。我市经济发展水平与发达地区相比还有很大差距，基础设施薄弱，公共服务不足，结构调整任务艰巨，产业发展还处于中低端水平，城乡差距较大，发展任重道远、时不我待，我们没理由歇脚停步，更不能未富先骄。要看到，今年及今后一个时期下行压力会更大、困难会更多，这个时候的发展，如逆水行舟、不进则退，必须以更加积极进取、奋发有为的精神状态，毫不动摇地抓好发展这个第一要务。**要抢抓机遇、乘势而上。**新常态不仅带来挑战，更蕴含机遇。需求供给、增长动力、环境约束、市场竞争方式等发生重大变化，倒逼我们加快产业结构调整，转变发展方式，提高发展的质量和效益。经济新常态下，国家为保持宏观经济形势稳定，实施更加积极的财政政策，扩大预算内投资规模，在中西部地区开工建设一批重大交通、水利项目，加强大气污染治理，加快推进“一带一路”和京津冀协同发展。这对促进我市基础设施建设、清洁能源基地建设、扩大对外开放、承接产业转移等都是难得的机遇。我们要登高望远、放眼全局，善于发现和把握新常态下的新机遇，促进我市经济持续健康发展。

三、2015 年预期目标及今后一个时期重点任务

2015 年是全面完成“十二五”规划收官之年，是全面深化改革关键之年，也是全面推进依法治国开局之年，工作总体要求是：**深入贯彻党的十八大、十八届三中、四中全会和中央经济工作会议、自治区党委九届十三次全委会议暨经济工作会议精神，全面落实“8337”发展思路，紧紧围绕“5421”战略定位，坚持稳中求进工作总基调，主动适应经济发展新常态，保持经济运行在合理区间，全面深化改革开放，大力实施创新驱动，加快推进依法治市，促进城乡协调发展，保障和改善民生，维护社会和谐稳定，从严管党治党，为全面建成小康社会奠定更为坚实的基础。**

主要经济预期目标是：地区生产总值增长 8%；规模以上工业增加值增长 10%；固定资产投资增长 13%；社会消费品零售总额增长 10%；公共预算收入增长 7%；城乡居民人均可支配收入分别增长 9%、10%；新增城镇就业 4.1 万人；居民消费价格涨幅控制在 3%以内。

上述目标任务，是市委充分考虑经济发展新常态、权衡各种因素作出的决策，突出了发展“质”和“量”的关键点，把握了稳增长和调结构的平衡点，与编制“十三五”规划和全面建成小康社会目标相衔接，符合经济中长期发展规律，是实事求是、积极稳妥的，也是需要经过艰苦努力才能实现的。全市上下都要牢牢把握稳中求进的工作总基调，紧紧咬住发展不放松，把“稳”的重点放在稳住经济运行上，确保增长、就业、物价不出现大的波动，确保金融、房地产、政府债务等风险可管可控；把“进”的重点放在调整经济结构、推进产业转型升级和深化改革开放上，推动“稳”和“进”相互促进，协调发展。

2013 年 9 月以来，我们先后召开三次全委会议。市委十一届五次全委会议，着力解决思想认识问题，认清了市情实际、凝聚了发展共识；市委十一届六次全委会议，立足当前、着眼长远，提出了三个阶段发展目标和“5421”战略定位，描绘了未来发展蓝图；这次全委会议，我们将安排部署 2015 年及今后一个时期需要切实抓好的七个方面的重大任务，努力推动包头经济社会在新常态下实现新发展。

（一）**全面推动经济平稳健康发展**。牢牢把握扩大内需这一战略支点，更好地发挥投资关键作用和消费基础作用，加强科技创新，发现和培育更多新的增长点，推动全市经济向更高水平迈进。

一要全力保运行稳增长，夯实经济平稳发展的基础。企业是经济的细胞和基石，在当前经济下行压力不断加大的情况下，必须全力保障企业正常生产运行，促进经济平稳健康发展。要加强对经济运行的分析研判和监测调度，加大重点企业、重点行业调研指导力度，制定“一企一策”“一类一策”帮扶方案，有针对性地解决好存在的困难和问题。认真落实中央、自治区和我市一系列稳增长、调结构和促进实体经济发展的政策措施，做好电价补贴、产业资金扶持和协作配套等工作，继续清理不合理的涉企收费，帮助企业减轻负担、提高效益。协调解决企业资金难题，定期搞好银企对接，引导推动银行业创新信贷投放方式和渠道，加大融资平台建设力度，加强对企业特别是中小企业的融资贷款支持。推进企业协作配套，鼓励钢铁、有色、装备制造企业加强上下游产业协作，互为原料、互为产品，提升产业间的依存度和企业抗风险能力。强化煤电油气运等重要生产资料保障，推进用电企业与电厂兼并重组，完善产业链条，降低生产成本，稳定企业生产运营。引导企业认真分析市场走势，积极应对市场变化，努力对接市场需求，主动调整产品结构，增加高品质、高附加值产品的生产，扩大市场占有份额，提升企业经济效益。

二要大力增投资上项目，强化经济增长的有效支撑。把经济发展新常态变成项目建设新机遇，奋力推进项目建设实现重大突破。要围绕强工业增投资上项目，每年实施投资亿元以上重点工业项目 300 项左右，完成投资 2000 亿元以上，围绕“五大基地”建设，2017 年建成钢铁、装备制造、有色金属、清洁能源和现代煤化工 5 个千亿元级产业集群，成为自治区优势特色产业集聚区。要围绕补短板增投资上项目，利用当前建设成本较低的有利时机，谋划实施一批重大交通运输、电力外送通道、水利工程、信息网络等基础设施建设项目，切实提高发展保障能力。要围绕惠民生增投资上项目，继续扩大“三农三牧”、社会事业、市政建设、生态环保等领域投资，抓好保障性住房、扶贫开发、草原森林生态保护建设、环境综合治理等方面的重大工程，不断提高基本公共服务水平。要抓住国家支持基础设施建设，能源资源类项目向中西部地区、民族地区优先布局的重大机遇，切实做好项目策划工作，形成建设一批、储备一批、谋划一批、梯次发展的项目建设新格局；加大对接争取协调力度，使我市有更多的项目列入国家、自治区“十三五”规划，为未来发展积蓄后劲、储备能量。对重点工程、重点项目建设进展情况，每年开展巡回观摩检查，在全市形成比学赶超、竞相发展的浓厚氛围。

三要加快转方式调结构，提升发展质量效益。改造提升传统产业，大力发展稀土汽车板材、高强度不锈钢、航空航天铝材、新型列车车体等高附加值产品，积极打造重型汽车、铁路装备、工程机械、煤化工装备等新型产业集群，促进传统产业由低端向中高端发展。积极发展新兴产业，推动中核北方核电燃料元件生产线、比亚迪新能源特种车等项目年内投产；支持包钢组建北方稀土集团，发展稀土元器件加工组装、镍氢动力电池等下游产品。加强基础设施建设，提高园区集约集聚水平，按照“东铝、西钢、南高、北装”的总体格局，构建主业突出、错位发展的产业布局。推动现代服务业发展，进一步提升各类服务业层次和水平，建设与工业化发展相配套、与城镇化发展相适应、与信息化发展相跟进的服务业体系。加快转变农牧业发展方式，围绕“南菜北薯、乳肉并举”战略，集中建设九原、东河、土右、固阳优质农产品生产基地和达茂优势畜牧业发展集聚区，提高农牧业比较效益；在远郊旗县积极发展集约节水高效农牧业，在城市近郊培育发展都市观光休闲农牧业，不断调整优化区域结构；深入推进农牧业产业化经营，引导龙头企业紧扣市场需求搞好精深加工、市场营销、品牌建设，提高农畜产品知名度和影响力，因地制宜推广多种利益联结模式，让农牧民从产业化经营中得到更多实惠。

四要积极挖潜力扩需求，发现培育新的增长点。按照市场要活、创新要实、政策要宽的要求，发挥市场在资源配置中的决定性作用，选准创新突破口，创造更好市场竞争环境，挖掘新的增长潜力，形成推动发展的强大动力。大力发展现代物流业，加快实施包头现代综合物流园等36个重点物流项目，培育一批重点物流企业和具有影响力的物流服务品牌，力争三年内建成“六园区、一支点”的物流产业新格局。大力发展金融服务业，加快钢铁大街沿线金融商务区建设，推动民生银行、渣打银行、渤海银行和其他金融机构在我市设立分支机构，积极发展互联网金融，支持包商银行上市发展，增强金融业服务地方经济的能力。大力发展文化旅游业，充分挖掘区域人文历史、特色文化，组织实施好五当召、九峰山、南海湖等重点旅游项目，促进文化与旅游融合发展，打造我国中西部重要旅游目的地。大力发展电子商务，研究制定发展规划和扶持政策，加强与阿里巴巴、京东商城等著名电商企业合作，支持中国网库、北京慧聪开通单品交易网络平台，扶持同城信电子商城、同利家电、包钢惠客等本地电子商务企业发展，推进苏宁大数据西北中心建设，2017年前建成国家电子商务示范城市。大力发展健康养老服务业，推广日间照料中心、政府购买服务等模式，鼓励支持社会力量、民间资本投资兴办专业化养老机构，把服务老年人的“夕阳红”事业打造成蓬勃发展的朝阳产业。大力发展非公经济，放宽市场准入，打破行业壁垒，拓展发展空间，促进转型升级，发挥非公经济拉动发展的强大动力。

五要坚持强科技促创新，激发发展活力动力。新常态下市场竞争激烈，没有特色高端产品是走不远的，必须加快实施创新驱动战略。加强产学研合作，共建一批院士工作站和研发机构，推进北大科技园产业化、清华科技园启迪之星产业集群、浙江大学包头工业技术研究院等项目建设，深化与中科院、中国农大、北京科技大学合作，推动上海交大材料学院尽快落户我市，争取设立清华大学包头技术转移中心。大力推动产业技术创新，围绕稀土新材料、新型煤化工、新能源、新型冶金、装备制造、资源综合利用领域实施一批重大科技项目，开展产业共性关键技术攻关，推进科技成果转化，提高产业核心竞争力。鼓励扶持企业创新，建设企业技术中心、重点实验室，打造一批掌握核心技术、引领行业发展的创新型大企业，培育一批具有自主知识产权的中小型科技企业，真正使企业成为科技创新的主体。加快完善创新环境，推动科技同经济对接、创新成果同产业对接、创新项目同现实生产力对接、研发人员创新劳动同利益收入对接，形成有利于出创新成果、有利于创新成果产业化的体制机制。

（二）全面深化改革扩大开放。推进改革开放是适应和引领经济发展新常态的关键之举。要以更加坚定的决心、更加有力的举措，不断把改革开放引向深入。

一要强力推动改革攻坚。深化经济体制改革，支持包钢、一机、北重、北奔等大型国有企业引进民间资本，发展混合所有制；推进国有企业主辅分离和辅业改制，推动企业整体上市或核心业务资产上市；支持有条件的私营企业建立现代企业制度，鼓励非公企业到资本市场直接融资；推进预算管理制度改革，落实税制改革政策，做好建立事权和支出责任相适应制度的基础工作。深化行政体制改革，认真做好国家、自治区下放行政审批事项承接工作，继续取消、下放和委托旗县区管理一批行政审批项目；全面实施“先照后证、宽进严管”，加强对市场主体的事中、事后监管；建立市、县、乡三级网上办事大厅，推行网上审批；在教育医疗、养老助残、社会救助等公共服务领域，扩大政府购买服务试点；分类推进事业单位改革。深化城镇化改革，有序放开落户限制，建立城乡统一的户口登记制度；稳步开展不动产统一登记，不断完善现代产权管理制度。深化农村牧区改革，按自治区统一部署完成农村土地和牧区草原确权登记颁证工作，探索土地征收、集体经营性建设用地入市和宅基地制度改革，加快土地向新型经营主体流转。深化生态文明制度改革，推进党政领导干部自然资源资产责任审计试点，实施主要污染物排污权有偿使用和交易试点，开展节能和碳排放权交易试点。深化文化体制改革，整合新闻媒体资源，促进传统媒体与新媒体融合发展，建立国有文化资产监管机构，推动政府部门由办文化向管文化转变；推进文化事业单位“三项制度”改革和理事会现代法人治理结构改革；理顺内外宣体制，构建大外宣工作格局；完善文化市场准入退出机制和中小微文化企业发展政策，促进文化资源在全市范围内流动。深化社会治理体制改革，对行业协会商会类、科技类、公益慈善类、经济服务类社会组织实行直接登记和备案制度。深化社会事业改革，加快公立医院综合改革，完善公共卫生服务体系，逐步解决群众看病难、看病贵的问题。要统筹推进各项改革，坚持正确方向，突出问题导向，对照改革台账，一件一件研究，一项一项落实，努力推动各项改革不断取得新进展、新成效。

二要努力提升对外开放水平。紧紧抓住国家实施“一带一路”、京津冀协同发展、呼包银榆经济区开发建设等重大战略带来的机遇，找准角色定位，搞好规划衔接，在融入和服务国家发展战略中拓展发展空间、争创发展优势。深化与蒙古国的合作，积极推进满都拉口岸和中蒙满都拉—杭吉跨境经济合作区建设，完善口岸国际物流园区基础设施和服务功能，推动中蒙跨境公路建设，2015 年实现满都拉口岸常年开关，2017 年过货量达到同类口岸水平，建成自治区向北开放的重要战略支点。加强国际交流合作，以中德装备制造园区建设为重点，加快引进高端技术和重大项目，提升产业层次，提高产品核心竞争力。支持包钢、北方股份、北创、北奔、鹿王、小尾羊等重点出口企业对接国际需求，加大适销对路产品开发力度，扩大钢材、重卡、稀土应用材料、羊绒制品等重点产品出口。

三要不断优化发展环境。加强地方政府性债务管理，按照疏堵结合、分清责任、规范管理、防范风险、稳步推进的原则，加快建立规范的政府举债融资机制，实行规模控制和预算管理，控制和化解政府性债务风险。加强社会征信系统建设，大力推进政务诚信、商务诚信、社会诚信和司法公信建设，抓紧建立健全覆盖全社会的征信系统，加大失信行为惩戒力度，在全社会广泛形成守信光荣、失信可耻的氛围。积极转变政府职能，把该放的放到位，坚决消除各种体制性障碍，把该给的给到位，强化政策落实和政务服务，把该管的管到位，保障市场公平有序竞争。加大宣传引导，营造全社会“重商、亲商、安商、扶商”的浓厚氛围，让每一个投资创业者都有如鱼得水的良好环境，使包头成为吸引有识之士投资兴业的一方热土。

（三）全面推进依法治市。坚持中国特色社会主义法治道路，扎实做好我市法治建设各项工作，用法治凝聚改革共识、规范发展行为、促进矛盾化解、保障社会和谐。

一要坚持科学立法，切实提高立法质量。严格遵循宪法确立的制度和原则，依照法定权限和程序开展地方立法活动，及时清理并修改与经济社会发展不相适应、与上位法不相一致的地方性法规和政府规章。发挥人大在立法中的主导作用，完善立法项目征集和论证制度，落实立法工作规程，建立公众意见采纳情况反馈机制，探索立法民主协商制度，推进科学立法、民主立法。用足用好国家给予地方的立法权，立足市情实际，重点在城市建设、城市管理、环境保护等领域加快立法，确保立法引领改革、推动发展、保障稳定。

二要坚持严格执法，加快建设法治政府。梳理完善行政组织、行政职权、行政程序，建立行政权力清单制度，坚持法定职责必须为、法无授权不可为，依法全面履行政府职能。健全重大行政决策公众参与、专家论证、风险评估、合法性审查、集体讨论决定的法定程序，推行政府法律顾问制度，建立重大决策终身责任追究制度及责任倒查机制，确保依法决策、民主决策、科学决策。完善市、旗县区两级政府行政执法体制机制，合理设置行政执法资源、执法机构，推进食品药品、工商质检、公共卫生等领域综合执法。建立健全执法全过程记录制度、重大执法决定法制审核制度、行政裁量权基本制度、行政执法责任制度，严格行政执法主体、执法人员、执法行为和罚没资金管理，确保公正文明执法。健全对政府权力行使的内外监督制约体系，完善权力集中部门和岗位内部流程控制和纠错问责机制，加强财政预决算、公共资源配置、重大项目建设、社会公益事业等领域的政府信息公开，接受社会监督。

三要坚持公正司法，维护社会公平正义。推行审判权运行机制改革，建立法官职业保障制度，加大责任追究力度，实现权责利相统一。推进检察人员分类管理、内设机构整合和检察官办案责任制改革试点，探索实行法院、检察院司法行政事务管理权和审判权、检察权相分离，优化司法资源配置。加快构建开放、动态、透明、便民的阳光司法机制，推进审判公开、检务公开、警务公开、狱务公开，依法及时公开执法司法依据、程序、流程、结果和生效法律文书，杜绝暗箱操作。加强司法活动监督，推行司法巡查和审务督察，完善检察机关监督制度、人民陪审员制度和人民监督员制度，保障人民群众参与司法权利。加强诉讼服务中心建设，完善民生案件"绿色通道"制度，实行诉讼引导、立案受理、案件查询、诉前调解"一站式"服务，切实做到司法为民。建立法律援助便民服务网络，落实诉讼费减缓免制度，推行北梁棚改法官工作站、法律援助点等做法，保障弱势群体合法权益。利用政务网站、微博、微信等平台，拓宽当事人获取案件信息的渠道，充分保障人民群众的知情权、参与权、监督权。完善仲裁制度，拓展服务功能，提升仲裁公信力、影响力。

四要推进全民守法，加快建设法治社会。提高领导干部法治思维能力，牢固树立主权在民、职权法定观念，增强坚持法律平等、接受法律监督意识，带头学习法律、遵守法律，带头依法履职、依法办事。增强执法司法人员法治意识，落实"谁执法谁普法"的普法责任制，将每一次执法化为进行法律宣传教育的过程，将每一次办案变为说服引导群众相信和尊崇法律的过程。弘扬社会主义法治精神，健全"五位一体"普法工作体系，推动法治宣传教育进机关、进社区、进乡村、进学校、进企业、进单位，在全社会营造浓厚的法治氛围。加强公民道德建设，引导人们自觉履行法定义务、社会责任、家庭责任。健全公民和组织守法信用记录，完善守法诚信褒奖机制和违法失信行为惩戒机制，使遵法守法成为各族人民的共同追求和自觉行动。加强基层群众性自治组织自治章程建设，加强企事业单位和社会组织内部行为规则约束，筑牢全民守法的社会根基。

全面推进依法治市，坚持党的领导是最根本保证。全市各级党组织要把党的领导贯彻到法治建设全过程，体现到领导立法、保证执法、支持司法、带头守法各方面。要建立健全工作目标责任制，分解落实党委、人大、政府、政协、法院、检察院及有关部门和单位、人民团体的责任，明确目标方向，细化任务措施，强化督查考核，全面部署好法治建设各项工作。要认真履行本地区、本部门、本单位法治工作的领导责任，加强对法治建设的统一领导、统一部署、统筹协调，结合实际制定具体的实施办法和配套措施。要加强法治工作队伍建设，创新培养机制，完善选用制度，为建设法治包头提供组织和人才保障。要把全面依法治市与全面深化改革有机结合起来，把法治改革举措纳入改革任务总台账，增强改革担当，加强工作统筹，整合资源力量，确保依法治市的各项改革举措落到实处。

（四）全面促进城乡区域协调发展。我市城市、城乡二元结构突出，促进城乡区域协调发展任务艰巨。要充分考虑各地资源环境承载能力，按照区域比较优势调整空间结构和产业布局，形成优势互补、错位发展、内外互动的区域发展格局。

一要抓好中心城市和重点城镇建设，增强辐射带动能力。全面推进新都市区建设，实施地下综合管廊和道路新建工程，加快世纪路穿越铁路立交桥等基础设施和奥林匹克公园、市民公园、市民广场、医院、学校等重点公共服务设施建设，引进知名房地产企业，推进商业地产、城市综合体项目开发，尽快聚拢人气，形成规模，打造城市建设新亮点。抓好钢铁大街、建设路、巴彦塔拉大街“百里长街”改造建设，适时启动110国道城区段、沼南大道等城市道路工程，打通40多条剩余城区“断头路”，建设包头综合客运枢纽站，加大城市供水、供热、供气管网改造力度，完成一批污水处理厂建设，不断提升城市综合服务功能。加强黄河水资源开发利用，加快实施二道沙河、四道沙河等重点河道治理工程，规划建设环城景观水系，为城市注入生机与灵气。加强规划建设指导，强化产业支撑，坚持按照城市的标准推进萨拉齐、百灵庙、金山等城关镇建设，打造功能完备、环境优美的精品县城，培育工矿企业型、商品集散型、交通枢纽型、文化旅游型等具有鲜明特色的中心集镇，促进更多农牧业转移人口就近实现市民化。全面加强城镇管理，集中治理居民社区、城乡结合部私搭滥建和市容卫生环境脏乱差问题，提升城市形象和品位。

二要加强重大基础设施建设，增强保障服务能力。围绕规划建设环城快速通道、沿黄通道、出口通道、旅游通道，切实抓好西南环高速、南北绕城公路，三道河至东兴、希拉穆仁至百灵庙、固阳至武川、东河至托县等一批重点公路建设项目；实施陶准铁路、固阳和石拐工业园区铁路专用线、包满铁路三期工程，做好呼包银榆客运专线、城市轨道交通等项目前期工作；推进包头新机场规划选址，建设达茂、石拐通用机场，全面构建覆盖城乡的现代化综合交通运输体系。深入实施重点水利工程，启动黄河堤防二期、塔令宫水库、五当召水库项目，抓好农村牧区小型水利建设和抗旱调水工程，优化水资源配置，缓解资源型、工程性缺水。加强重大电力基础设施建设，加快推进中电投、华电等企业在我市实施的大型火电建设项目，抓住自治区打造4800万千瓦特高压电力通道机遇，把达茂、白云、土右风光火电基地列入包头北至长沙电力外送通道建设计划。

三要强化生态建设和环境保护，增强持续发展能力。高起点高标准实施好《包头市环境保护整体解决方案》，加大突出环境问题和环境安全隐患问题治理力度，努力实现经济社会和环境全面、协调、可持续发展。深入推进大气污染防治工程，完成燃煤锅炉取缔，巩固煤场、料场扬尘治理成果，淘汰“黄标车”和老旧车辆，推进清洁能源公交车和出租车发展，建成覆盖全市的大气监控预警系统，朝着蓝天白云、空气清新的目标不断前进，2017年进入国家环保模范城市行列。继续推进沿路沿线环境综合整治，建立苗木管护长效机制，解决好关停企业搬迁及转型发展问题，改善沿路沿线环境面貌。加大节能减排力度，实施好国家节能减排财政政策综合示范城市项目，推动节能降碳管理创新，开展碳排放交易服务体系建设，努力实现绿色低碳发展。提高资源综合利用水平，抓好东河区铝业园区国家城市矿产示范基地和白云矿区矿产资源综合利用示范基地建设，打造循环经济新亮点。继续实施京津风沙源治理、“三北”防护林、退耕还林等重点生态工程，推进大青山南坡生态环境综合整治，抓好农牧交错带水土流失治理，加强北部草原生态保护，建设包头黄河国家湿地公园、敕勒川国家森林公园，推进重点区域生态进一步好转，创建全国生态文明示范城市。

四要调整优化区域布局，增强协调发展能力。加快山北地区协同发展，制定山北地区产业发展整体规划，出台山北地区协同发展的指导意见，推动固阳、达茂、白云合作共建基础设施、产业园区，共同开发旅游资源，进一步放大山北地区矿产、土地等资源比较优势，打造山北地区经济发展带。推动白云达茂融合发展，统筹编制“十三五”规划，共同建设国家级风电光电清洁能源输出基地、对蒙贸易后勤保障中转基地，力争年内完成合并建市任务。加快土右旗中等城市建设，认真抓好“扩权强县”试点改革，完成“撤旗设市”任务，积极推进以新型能源和煤化工为主的产业发展，成为全市新的经济增长极。将外围旗县区与中心城区统筹考虑，加强基础设施、项目、产业对接合作，形成中心带动、多点支撑的发展格局。加大对外围旗县区的扶持力度，在资金上给予更多支持，在人才引进上给予更多政策，在重点项目上给予更多倾斜，尽快缩小差距，实现城乡一体化发展。

（五）全面加强以民生为重点的社会建设。积极顺应人民群众的新期盼、新要求，切实解决好事关人民群众的切身利益问题，多做雪中送炭的事情，让改革发展成果更多更公平地惠及各族群众。

一要着力推进重大民生工程。全力实施百姓安居工程，继续做好棚改工作，确保2015年底前全面完成北梁棚改各项任务，2016年底全部完成其他6.8万户、519万平方米的棚户区改造任务。全力实施“十个全覆盖”工程，科学调配资源、合理摆布项目、精心组织施工，2017年底前高质量地完成剩余408个嘎查村的建设任务，从根本上改善农村牧区发展条件和环境面貌。全力实施精准扶贫攻坚工程，认真落实规划、项目、干部“三到村三到户”帮扶举措，加大财政引导资金投入力度，创新扶贫机制，全力支持贫困地区推进基础设施、公共服务、特色产业、村容村貌、生态环境建设，力争2017年基本消除贫困现象。全力实施安全饮水工程，年内基本实现城区健康水工程全覆盖，农村牧区自来水全面普及并达到饮用水质标准。全力实施食品安全工程，2016年底前完成九原区、土右旗、青山区3个大型区域性绿色农畜产品生产和食品加工园区建设，加强食品安全监管，保障广大人民群众“舌尖上”的安全。全力实施百姓暖房工程，年底前完成剩余70个老旧小区的改造任务。

二要着力抓好就业和社会保障工作。扎实推进就业创业工程，积极开展援企稳岗工作，适当给予困难企业补贴扶持，保持企业就业稳定；大力发展小微企业和服务业，加大政府购买基层公共管理和社会服务岗位力度，千方百计增加就业；适应产业转型升级需要，大力发展职业教育，启动公共实训基地建设，培养更多技能型实用人才；加大小额担保贷款发放力度，开展示范性标准化创业园孵化基地建设，扶持高校毕业生等重点群体自主创业，发挥创业带动就业的倍增效应；统筹做好“4050”人员等困难群体的就业帮扶，落实就业服务实名制，提高就业帮扶精准度。织密织牢社会保障安全网，以中小企业、私营企业、个体工商户、灵活就业人员为重点，进一步扩大社会保险覆盖面，努力实现应保尽保；认真做好被征地农牧民纳入城镇职工养老保险统筹工作，继续提高各项社会保险待遇水平，完善低保、抚恤政策，让困难群体和低收入家庭得到最急需的救助和保障；建设民政福利园区，推行为“三无”人员、五保老人购买居家养老服务试点工作，年内实现全市一半以上社区有老年人日间照料中心的目标。

三要着力提升社会公共服务水平。推动义务教育均衡发展，加快基础教育学校标准化建设和农施全覆盖；充分发挥包头大剧便、价廉的公共卫生和基本医疗服务。抓住自治区被列为全国首个足球改革与发展试点省区的机遇，规划建设国家北方青少年足球夏令营活动基地，推进足球特色学校建设，不断提高足球发展水平。

（六）全面维护社会和谐稳定。安全稳定是最基本的发展环境。要把改革的力度、发展的速度和社会可承受的程度结合起来，最大限度增加和谐因素，确保社会大局稳定。

一要精心做好民族宗教工作。制定我市加强和改进新形势下民族工作的意见，明确目标任务和工作措施，做到民族工作有章可循、有规可依。加快民族地区经济社会发展，围绕优势资源抓好产业培育和项目建设，加大基础设施、生态环境保护、基本公共服务投入力度，切实改善民族地区的生产生活条件。健全城市民族工作管理体制，解决好城区少数民族群众就业、住房、子女上学、社会保障等实际问题，让城市更好地接纳少数民族群众、让少数民族群众更好地融入城市。坚持以法治的方式推进宗教工作，依法管理宗教事务，尊重群众宗教信仰自由，保障宗教界人士和广大信教群众权利，坚决抵制并打击境内外敌对势力及不法分子利用宗教进行的渗透活动。加强爱国宗教团体建设，发挥宗教界人士和信教群众在促进经济社会发展、维护社会和谐稳定中的作用。

二要切实加强意识形态建设。牢牢把握意识形态工作的领导权、管理权和主动权，加强思想理论建设，提高舆论引导能力，培育和践行社会主义核心价值观。推进公民道德建设工程，广泛开展志愿服务、道德模范评选等活动，不断深化社会公德、职业道德、家庭美德和个人品德教育。完善文明城市创建长效机制，把巩固提升创建工作水平与提升城市建设管理水平、推进社会管理创新紧密结合起来，提高创建工作科学化、规范化、制度化水平。大力开展文明旗县、文明村镇、文明社区、文明行业等各类群众性精神文明创建活动，提高全社会文明程度。强化舆论引导，加强主流媒体建设，打造政务发布全媒体平台，及时发出权威声音，营造健康向上的主流舆论氛围，做好团结群众、争取人心工作。着力提高网络施政能力，完善互联网管理领导体制，健全网络舆情联席会商机制，依法加大对网上有害信息、网络谣言的整治力度，妥善处置网络舆情事件，把网络建成促进社会和谐稳定的新平台。

三要深入推进社会管理创新。全面完成“精街道、强社区、促服务”改革，大力推广“四五六”工作法，促进党员、干部更好地为基层群众服务。加强基层综合服务管理平台建设，强化城乡社区网格化服务功能，积极发挥驻区单位、社会组织、物业管理机构在社区建设中的作用。加强流动人口管理，建立和完善流动人口数据库，推行多元化治理模式，解决流动人口在融入城市中存在的现实问题，让他们享受到与城镇人口同样的权利和待遇。加强特殊人群在家庭、社区、单位的衔接管理，全面开展救助保护、心理矫正和法制宣传等服务，使他们更好地融入社会。充分发挥社会组织和广大人民群众参与社会治理的基础作用，不断提高群众自我管理、自我服务、自我发展的能力和水平。

四要全力维护社会安全稳定。深入推进多层次、多领域依法治理，切实强化法律在维护群众权益、化解社会矛盾中的权威地位。坚持把信访纳入法治轨道，健全依法维权和化解纠纷机制，依法解决土地征用、房屋拆迁、企业改制、环境污染治理过程中引发的矛盾纠纷，加快形成系统治理、综合治理、源头治理的工作格局。大力推进平安包头建设，加强社会治安综合治理，完善立体化社会治安防控体系，依法严厉打击各种违法犯罪活动，主动做好隐蔽战线斗争和对敌工作，强化国防教育和边境管控，不断提高群众的安全感和满意度，确保社会安定、边疆安宁。高度重视安全生产工作，加强食品药品和矿业生产、交通运输、危险化学品等领域的安全监管，加大隐患排查和专项治理力度，坚决防止各类重特大事故发生。完善突发性事件应急反应体系，提高自然灾害应对能力。

(七)全面提升党的建设科学化水平。党要管党、从严治党，是我们做好一切工作的重要保证。要深入贯彻落实习近平总书记关于从严治党的重要论述和要求，在全市形成一心一意谋发展、聚精会神抓党建的良好局面。

一要深入学习贯彻习近平总书记系列重要讲话精神。在抓学习上下功夫，统筹安排好各级党委中心组理论学习，开展系列理论研讨活动，不断深化各级领导班子和领导干部对讲话精神的理解把握；通过领导干部讲学、网络培训、干部轮训等方式，组织好党员干部层面学习；发挥大讲堂作用，开展好面向基层的理论宣讲活动，不断扩大学习贯彻覆盖面。在抓贯彻上下功夫，把学习贯彻总书记系列重要讲话精神与研究谋划本地区经济社会发展紧密结合起来，进一步完善发展思路、目标任务、工作举措，不断凝聚推动我市现代化建设的思想共识和工作合力。在抓落实上下功夫，把学习贯彻讲话精神与推动地区重大项目建设、重点工作落实紧密结合起来，加强督促检查、跟踪问效，以经济社会发展的新成果体现学习贯彻的实际成效。

二要严格落实从严治党责任。全面贯彻从严治党要求，认真组织开展“三严三实”专题教育活动。完善党建工作责任制，研究制定更加具体、更为明确的党建工作责任体系，切实形成党委抓、书记抓、各有关部门抓、一级抓一级、层层抓落实的党建工作格局。坚持党建工作和改革发展稳定工作一起谋划、一起部署、一起检查、一起考核，每季度进行一次分析调度，每半年进行一次总结部署，每年开展一次述职评议，切实把每条战线、每个领域、每个环节的党建工作抓具体、抓深入。改革完善考核评价体系和办法，搞好述职评议，强化考核结果运用，引导激励各级党组织和“一把手”切实履行好管党治党责任。加大责任追究力度，对管党不严、治党不力、问题突出的地区和部门党组织，严格追究相关责任人和“一把手”责任，确保党的建设各项任务真正落到实处。

三要严明党的纪律。不折不扣地贯彻落实党中央、自治区党委和市委的决策部署，正确处理保证政令畅通和立足实际创造性开展工作的关系，决不能有令不行、有禁不止，决不能搞上有政策、下有对策，决不能做选择、搞变通。抓好领导班子专题民主生活会、基层党组织组织生活会、“三会一课”、民主评议党员、请示报告等制度的落实，使严肃的党内政治生活真正成为一种“新常态”。认真执行党政干部廉洁自律有关规定，自觉净化生活圈、社交圈，教育管理好亲属和身边工作人员，切实做到清白做人、干净做事、廉洁为官。

四要持续推进作风建设。巩固拓展教育实践活动成果，深化“四风”突出问题整改落实，扎实抓好建章立制工作，坚决防止“四风”问题反弹回潮。持续加强党员干部执行力落实力建设，加强监督检查，强化跟踪问效，加大问责力度，坚决杜绝“为官不为”“为官乱为”，坚决杜绝“执而不行”“行而不力”，切实把各级干部的关注点、兴奋点引导到推动工作有效落实上来。盯住作风领域出现的新变化、新问题，及时跟进相应的对策措施，集中发力、持续用力，做到掌握情况不迟钝、解决问题不拖延、化解矛盾不积压，坚决打赢作风建设这场攻坚战、持久战。

五要大力提升基层党组织凝聚力战斗力。继续实施基层党组织晋位升级工程，组织好嘎查村、居委会换届选举工作，选好配强“两委班子”，使基层党组织真正成为带领群众创造幸福生活的主心骨、领路人。大力推进基层服务型党组织建设，深入实施“北疆基层党组织固本”工程，分类对农村牧区、城镇社区、非公有制经济组织和新社会组织提出目标要求和建设任务，打造一批符合“六有”目标的基层服务型党组织，解决好联系服务群众“最后一公里”问题。建立基层党建工作经费投入正常增长机制，制定实施嘎查村、社区活动场所建设三年规划及离任干部待遇保障意见，确保基层组织办公条件不断改善，干部生活得到有效保障。健全完善处置不合格党员工作机制，畅通党员队伍出口，提升党员质量。

六要深入开展党风廉政建设和反腐败斗争。各级党委要认真履行好党风廉政建设主体责任，各级纪委要认真履行好党风廉政建设监督责任，真正做到守土有责、守土负责、守土尽责。健全完善纪律检查工作双重领导体制，推进派驻纪检机构和巡视工作改革，加大对领导干部的日常监督、管理和教育力度，加强行政监察和审计工作，强化对权力运行的制约和监督，构建制度严密的惩治和预防腐败体系。坚持有案必查、有腐必惩，从腐败现象易发多发的重点领域、重点部门、重点环节入手，严肃查处发生在领导机关和领导干部中的贪污贿赂、买官卖官、权钱交易、腐化堕落、失职渎职行为，切实发挥警示震慑作用。

七要着力加强领导班子和干部队伍建设。深入实施干部素质提升工程，大规模开展干部教育培训，提高各级干部队伍思想政治和政策理论水平；加大干部挂职锻炼力度，有针对性地选派县科级干部到发达地区增长见识、开阔视野，到基层一线转变作风、锤炼素质，到重点领域工作前沿经受考验、提升能力。深入实施选人用人公信度提升工程，深化干部人事制度改革，完善干部选任工作机制，形成想事干事、敢当敢为、善作善成的生动局面。深入实施人才强市工程，积极引进高层次人才，大力培养本土人才特别是一线创新人才和青年科技人才，壮大企业家队伍，把各方面人才集聚到我市改革开放和现代化事业中来。

八要切实强化党对经济工作的领导。各级党委要认真履行议大事、抓大事职责，深入研究新常态下推动经济社会平稳健康发展的重大战略、重点任务、重要举措，牢牢把握经济工作的主动权。坚持法治思维、增强法制观念，坚决摒弃依靠行政命令、超越法律法规抓企业、上项目、搞经济的陈旧做法，发挥好市场和政府“两只手”作用。加强履职尽责需要的各种知识学习，特别要加强法律、现代经济、社会治理等方面知识的学习，不断完善知识结构、转变发展理念、增长实践才干，真正成为领导经济工作的行家里手。

同志们，适应新常态，谋求新发展，责任重大、使命光荣。我们一定要按照中央、自治区党委的新部署、新要求，始终保持奋发有为、苦干实干的良好精神状态，团结拼搏、开拓进取，努力把我市建设成为祖国北疆亮丽风景线上的璀璨明珠！

政 府 工 作 报 告

——2015年1月15日在包头市第十四届人民代表大会第三次会议上

包 钢

各位代表：

现在，我代表市政府向大会报告工作，请予审议，并请市政协各位委员提出意见。

2014年工作回顾

2014年是令人难忘的。面对严峻的经济形势和繁重的改革任务，全市各族人民在市委的坚强领导下，认真贯彻落实习近平总书记系列重要讲话精神和自治区"8337"发展思路，主动应对挑战，奋力攻坚克难，啃下了不少硬骨头，经济社会发展和人民生活水平有了新的提高。预计地区生产总值3700亿元，增长8.5%；固定资产投资3440亿元，增长15%；社会消费品零售总额1180亿元，增长10%；公共财政预算收入234.3亿元，增长8.9%；城乡居民人均可支配收入分别达到35640元和12820元，增长9%和11%。

一、全面加强经济调控

一是着力稳工业。去年初，煤电油运等先行指标均呈负增长，主要工业产品量价齐跌，规模以上企业亏损面达到31%，94户企业处于停产半停产状态。为此，我们在自治区率先出台促进工业经济平稳健康发展的八条扶持政策，共为企业争取产业扶持资金6.5亿元、电价补贴7.9亿元，协调落实贷款176亿元，市本级投入贷款贴息等扶持资金10亿元，减免企业税收2.4亿元，有力扭转了工业下滑局面。截至年底，71户企业扭亏为盈，70%的停产企业恢复生产。预计全年规模以上工业增速11%，在自治区排名第2位。

二是着力调结构。围绕破解工业围城，确立"东铝、西钢、南高、北装"发展布局，重点打造四个千亿园区。东西两园区抓产业转型升级和淘汰落后产能，电解铝和稀土钢深加工占比分别提高7.3和5个百分点。南北两园区抓产城一体，北建生态屏障，南留发展空间，高新技术产业和装备制造业占比分别提高3.9和2个百分点。全市单位GDP能耗下降4.5%，提前一年完成"十二五"目标任务，包头获批国家节能减排财政政策综合示范城市。围绕市委"5421"战略定位，制定新型冶金、装备制造等15个发展规划，出台发展非公经济、县域经济的实施意见，推动工业转型升级、服务业提质增量、农牧业集约高效。装备制造、钢铁、铝业增速分别达到14%、12%和19%，新能源、稀土新材料等战略新兴产业增长13%，规模以上非公企业占全市工业比重达到65.2%。服务业投资增长20%，企业注册数量增长61.5%。农牧业"菜薯肉乳"四大主导产业产值占比达70%以上。围绕城乡统筹优化区域布局，推动市五区组团式布局、一体化发展，东河区、石拐新区面貌显著改观。推动山北大型清洁能源基地、原材料基地和土右旗能源重化工基地建设，县域经济加快发展。

三是着力扩投资。组织实施亿元以上重点项目583个，完成投资1577亿元。包钢稀土板材等233个项目竣工投产，神华煤制烯烃二期等281个项目开工建设，华电土右电厂、国储能煤基多联产等项目获得国家、自治区核准。实施招商引资项目855个，引进资金640亿元，增长20%，深圳比亚迪新能源矿用车、广东鸿达兴业稀土助剂等一批高新项目签约。加大政府主导投资力度，基础设施和生态建设投入785亿元，拉动全市投资增长5个百分点。

四是着力促消费。面对大宗商品消费下滑，传统服务业增长低迷的局面，及时出台支持服务业发展的八条措施，刺激消费需求。推动银企对接，为企业争取协议贷款额度2281亿元，辖区内银行业贷款余额达到1834亿元，增长12.6%。在国内主要媒体加大城市形象宣传力度，旅游业总收入预计达到256亿元，增长23%。成功举办首届国际装备制造博览会和首届中国(国际)牛羊肉产业大会等21场大型会展活动，实现交易额80亿元。房交会成交商品房8056套，交易额达到54亿元。加快发展电子商务，电商交易额达到56亿元。提升传统商贸业，实施了乌兰道商业街改造、东河维多利商厦等75个重点项目，完成投资244亿元。

二、加快提升城市综合发展水平

一是推进工业园区建设。9个工业园区共完成道路、管网、污水处理等基础设施投资21亿元，一批企业和项目入园发展，产业集中度提高4.8个百分点。稀土高新区和装备制造园区营业收入分别达到1360亿元和1100亿元，金属深加工园区和铝业园区分别突破600亿元和500亿元，铝业园区获批国家“城市矿产”示范基地。

二是推进新都市区建设。成立新都市区管委会，进一步完善控制性详规，征拆房屋14.4万平方米，收储土地745亩。市民公园、市民广场和道路、综合管廊等基础设施完成投资7亿元，学校、幼儿园等公共服务设施建设有序推进，富力城、包商大厦等开发项目入驻实施，新都市区框架基本形成。

三是推进现代农牧业示范园区建设。出台加快现代农牧业发展的实施意见，启动建设4个现代农牧业示范园区和30个农牧业示范基地，已入驻80余家企业，增加值占全市农牧业的45%。新晋2个国家级龙头企业、9个国家级农牧民专业合作社。土右旗和九原区分别被评为国家和自治区级示范园区，达茂旗被评为全国草原保护建设科技综合示范区。

四是推进现代物流园区建设。确定物流业“六园区、一支点”发展布局，实施铁路现代综合物流园、土右煤炭物流园等36个重点项目，完成投资80亿元。苏宁内蒙古配送中心等15个项目建成运营，土右煤炭物流园数字交易平台上线交易量突破4000万吨。结合110、210国道改造促进物流资源整合，钢铁建材物流园区新增企业368家，集中度达到85%。

五是推进文化旅游景区建设。加快文化与旅游的深度融合，实施文化旅游项目33个，完成投资18.4亿元。五当召、美岱召5A级景区和希拉穆仁草原等10个4A级景区创建工作全面启动。五当召旅游公路建成通车，九峰山景区获批为敕勒川国家森林公园，成功举办第二届中国游牧文化旅游节。组织实施22个重点文化产业项目，完成投资11.5亿元，美德亨收藏文化博览中心等一批项目建成运行。

六是推进土右新型中等城市和达茂白云边境口岸型城市建设。全面完成撤旗设市、合并设市前期工作，已上报国务院待批。土右旗、达茂旗和白云矿区经济增速预计均在10%以上，完成基础设施投入76亿元，拓展城区面积7.4平方公里，综合实力进一步提升。面对进出口贸易下滑影响，始终抓好满都拉口岸建设，投资2.2亿元完

成五进五出通道、边检大楼和仓储物流等配套设施建设。抢抓国家“一带一路”发展战略机遇，加强与蒙古国合作，口岸常年开放和跨境经济合作区项目已上报国家审批。

三、大力实施民心工程

*一是推进北梁棚户区改造工程。*历经2013年百日攻坚和2014年春秋两季会战，北梁棚改征拆任务全部完成，累计拆迁房屋5.36万户、430万平方米，相当于一年时间拆掉一个中等县城。建设安置房3.1万套、273万平方米，回购安置房1.2万套、85万平方米，安置居民10.9万人，北梁居民在新的家园幸福生活。包头被住建部命名为“全国棚户区改造示范城市”。

*二是实施扶贫攻坚和“十个全覆盖”工程。*认真开展“三到村三到户”精准扶贫，落实资金8.12亿元，解决了3.1万贫困人口的掉队问题。投入21.4亿元改善农村牧区生活条件，建设高标准示范村71个，达标村159个，受益人口27万。

*三是启动大气污染防治工程。*强化“治气、减煤、降尘、控车、严管”五项措施，治理污染企业344家，关停取缔大青山采石和开矿企业158家，整治煤场料场392家、城区燃煤锅炉702台，新增集中供热653万平方米，淘汰黄标车及老旧车辆1.2万辆。全市空气PM2.5浓度下降29.5%，二氧化硫平均浓度下降45%，看得见蓝天白云的好天气明显增多。

*四是启动城市供水改造工程。*按照人喝地下水、机器用黄河水的原则，封停企业自备井113眼，减少工业用地下水720万立方米，相当于城区居民4年的健康水饮水量。城区健康水新增受益人口22.6万，农村牧区安全饮水新增受益人口5.8万。实行水质监管与供水经营分离，建成检测106项指标的一流水质检测中心，居民用水安全得到保障。

*五是启动食品安全监管工程。*整合食品安全监管职能，实现生产、流通、消费环节统一监管。推进县乡村三级监管网络建设，开展食品安全专项整治行动。开工建设九原区、土右旗、青山区3个集加工、仓储、配送、检验于一体的食品加工园区。在自治区率先建立政府主导的农畜产品质量安全追溯体系，首批50个试点陆续建成运行，包头获批全国肉菜流通追溯体系试点城市。

*六是启动交通设施改善工程。*以空前力度打通青山路、哈屯高勒路、兵工路、站前路等33条城区断头路。高标准完成钢铁大街、阿尔丁大街提质改造，开辟公交专用车道，道路通行能力提高20%，公交车速提高30%。新增公交线路11条、新能源公交车144台。全面启动南绕城公路改扩建工程，新建续建5条城乡一级公路，省道211线固阳至百灵庙、省道104线百灵庙至白云鄂博和包石一级公路建成通车。包头火车站广场完成升级改造，机场新航站楼投入使用。

*七是启动生态环境整治工程。*公路铁路沿线和城市出入口累计拆除违章建筑56万平方米，绿化里程近400公里，新增绿化面积3700多公顷。完成国家林业重点工程37.5万亩，六大重点区域绿化11万亩。新建改造奥林匹克、鹿园等14个公园广场。治理昆河、四道沙河等河道22公里，完成景观蓄水10.7公里。

各位代表，2014年公共财政用于民生和社会事业支出达到292亿元，占公共财政预算支出82.5%。全年新增城镇就业4.1万人，城镇登记失业率控制在3.87%。企业退休人员基本养老金每人每月提高192元，城镇低保每人每月提高15元，农村牧区低保每人每年提高144元。城镇职工、居民和农牧民住院费用支付限额分别提高到38.7万元、20.1万元和13万元。筹资6120万元为11万农牧户发放了“暖心煤”。为986名低保户大学生发放资助金3567万元。建成55所公办幼儿园，学前三年入园率达到90%。新改扩建卫生服务机构122所，基层全部实行药品零差率销售。土右旗、达茂旗被评为国家级卫生县城。投资15亿元改造老旧小区268个，解决了设施老化和脏乱差问题。对昆区钢32街坊10万平方米苏式建筑进行修旧如旧改造,保留了城市历史记忆。

四、积极推进重点领域改革

一是激发经济发展活力。全面深化行政审批制度改革，市本级行政审批事项由269项减少到43项,减幅84%;市辖区保留23项,减幅70%;旗县保留27项,减幅68%。集中审批职能,优化审批流程,审批事项平均办理时限由16天压缩到4天。政府为房地产项目环评、能评、水评统一埋单,实行工业项目评估前置改后置,房地产开发和工业项目审批时限分别压缩77%和91%。市本级行政事业收费由85项减少到40项，每年为企业和个人减负6000余万元。推行工商登记“先照后证”和“三证合一”改革,工商注册登记同比增长70.2%,办理时限由15天减少到3天。成立公共资源交易中心,实现政府投资项目、国有资产交易、土地招拍挂和政府采购集中统一进场交易,取消了对民营投资强制进场交易的管制。加快土地流转制度改革，全市土地流转面积累计180万亩，土右旗土地确权登记颁证试点和达茂旗草原确权承包试点工作稳步推进。土右旗“扩权强县”试点改革第一批经济社会管理权限已下放51项。

二是完善现代市场体系。出台支持金融业发展和加快企业上市的指导意见,扩大企业直接融资比重，包钢集团首期30亿元和稀土高新区、职教园区14亿元企业债券成功发行,展浩电气成为自治区首家在新三板挂牌上市的中小企业。整合组建水务投资集团、交通投资集团等4个城市建设融资平台。制定出台科研资金管理办法,重点支持产学研合作项目,中科院包头稀土新材料研发中心获准设立，浙大包头工业技术研究院、中科院绿色农业包头中心、中国农大院士工作站、内蒙农科院包头分院挂牌运营,北大工学院包头研究院升级为校级研究院。实施新建项目环保准入,严禁在建成区新建高污染、高耗能、高排放项目。重金属污染物责任保险试点工作有序开展,第一批28家试点企业陆续参保。

三是提高社会治理能力。推行基本公共服务均等化,实现市五区、石拐区社会救助一体化和基本公共服务全覆盖。加强在编人员管理,严格整治超编、吃空饷问题，对事业单位空编实行逢进必考、择优录用。推行“划片招生、电脑派位”改革,促进中考公平公正。投资10亿元推进全市公共文化标准化、均等化发展,博物馆、群艺馆等公益单位按照法人治理结构组建理事会。全市30个街道、115个社区实施了“精街道、强社区、促服务”改革,青山区、昆区被命名为全国示范区。依法规范信访秩序,妥善化解了一批信访积案。城市视频监控系统建设有序推进,四级巡控体系更加完善。顺利通过全国文明城市第四次测评。

五、切实加强政府自身建设

一是坚持把党的群众路线教育实践活动摆在突出位置。围绕“为民务实清廉”主题,突出整治“四风”问题,实施了9个方面、128项整改措施,有效解决了一批关系群众切身利益和联系服务群众“最后一公里”的问题，干部作风明显改进,执行力落实力进一步增强,凝聚了干事创业的正能量。

二是加强法治政府建设。自觉接受人大、政协监督,建立定期征求意见制度,实行政府常务会议题向人大报告、向政协征求意见制度。制定实施行政审批管理规定、行政事业收费管理规定和规范行政处罚自由裁量权规定。向市人大提请地方性法规草案4件,对政府制发的72件涉法文件进行了前置合法性审查,做到所有规范文件均由法制办审核。

三是加强诚信政府建设。扩大公开范围,改版政府门户网站,市区两级预决算和“三公”经费支出全部向社会公开。建立政府新闻发言人制度，重大事项及时向社会发布。规范政府债务管

理，维护政府金融信誉。坚持以政府诚信引领社会诚信，建立企业信用红黑榜制度，协调法检两院建立多部门联合信用惩戒机制，推动了社会诚信体系建设。

四是加强创新政府建设。整合工商与食药、卫生与计生、人社与公务员管理等机构，进一步理顺政府管理职能。实行供水、排水、污水处理和管网等水务一体化管理，下放城管、环卫、园林、环保事权，明确了旗县区主体责任。成立财政资金绩效管理委员会，统筹管理社保基金、住房公积金、维修基金，专项资金收益新增2亿元。

五是加强廉洁政府建设。严格落实党风廉政建设责任制和中央八项规定，扎紧制度笼子，着力正风肃纪，情况有了很大改观。清理超标公务用车1034台、办公用房11.2万平方米，“三公”经费同比下降12.7%，节余资金全部用于民生支出。制定加强和改进政府工作的十条规定，坚持每半年召开一次政府廉政会议，实行行政正职分管审计工作，行政监察和审计监督全面加强。

各位代表，过去一年，困难比预料的多，结果比预想的好，经济社会发展既有量的扩大，更有质的提升，这样的成绩来之不易。这是自治区党委、政府和市委正确领导的结果，是人大、政协和社会各界理解支持的结果，是全体干部担当奉献的结果，是广大市民共同奋斗的结果。实践证明，只要我们凝心聚力、真抓实干，就没有闯不过去的难关；只要我们主动作为、敢于担当，就一定能够实现既定的目标。这里，我们还要特别为包头的企业家点赞，正是他们对市场的信心、对事业的执着，才使我们同舟共济、共度难关。借此机会，我代表市政府一并表示深深的谢意！

过去一年的工作，我们也有许多不尽如人意的地方。比如，对支持中小微企业出台了很多政策，但实际执行的还不够到位；城市路网和公共交通相对滞后，老百姓出行还不够便捷；老旧小区的基础设施老化和脏乱差问题比较突出，群众思改盼改的愿望还很强烈；空气质量、食品安全、教育医疗等热点问题，还没有得到根本解决；城市城乡二元结构依然明显，一些困难群众的生活还很艰苦。这些问题，有的是发展过程中产生的，有的是工作不到位造成的。对存在的问题，政府要首先从自身找原因、想办法，切实加以解决，民之所望是我们的施政所向。

2015年总体部署

科学认识形势，准确把握走势，是我们做好工作的前提基础。当前，我国经济发展进入新常态，这是以习近平同志为总书记的党中央作出的重大战略判断。认识新常态、适应新常态、引领新常态，是今后一个时期经济发展的大逻辑。我们只有观念上适应，认识上到位，方法上对头，才能更好地把握工作的主动权，推动经济社会平稳健康发展。

一是把握新常态，要坚持抓好发展这个第一要务。新常态不是不要发展速度，而是要有合理的发展速度，必须坚定信心、坚持发展。2013年以来，我市经济增长从高速进入中高速阶段，这是宏观经济增长速度换挡期、结构调整阵痛期、前期政策刺激消化期“三期叠加”和我市自身产业结构矛盾共同作用下的必然结果，应当理性对待，保持“平常心”。但要看到，经济发展进入新常态，没有改变我国发展仍处于可以大有作为的重要战略机遇期的判断，没有改变我国经济发展总体向好的基本面。我市属于国家呼包银榆经济区重点城市，有资源、区位、成本、政策等多方面优势，有雄厚的产业基础和齐全的产业门类，新世纪以来的发展已经奠定了坚实的物质基础，实现经济增速高于全国、全区平均水平，有条件、有优势、有潜力。我们要牢牢把握这一发展大势，主动作为，积极进取，不断推动经济发展迈上新台阶。

二是把握新常态，要加快推进产业结构调整。新常态下的发展，不是过去那种粗放的大干快干，而是有质量、有效益、可持续的发展。近年来，我市钢铁、电力、铝业、稀土、装备制造几大主导产业一直面临着全国产能过剩、产品价格大幅下跌等问题，产业转型升级的压力持续增大。但通过大力改造提升传统产业和培育发展新兴产业，一批高耗能、高污染、生产工艺落后的企业被坚决关闭，一批带动能力强的重大项目和新技术、新产品成功引进，产业由中低端向中高端转换步伐明显加快。我们要持续发力，坚持调整存量与做优增量并重，加快推进传统产业新型化、新兴产业规模化、支柱产业多元化，不断强化节能减排和生态环境建设，着力打造包头经济升级版，推动包头经济这艘大船行稳致远。

三是把握新常态，要充分发挥投资关键作用。新常态下，随着我市加快打造区域消费中心、物流中心、金融中心、文化旅游中心和口岸支点，消费、出口贡献率将持续增加，但今后相当长时期投资仍是拉动我市经济增长的主要动力。我市属于欠发达地区，公共服务设施薄弱，棚户区、城中村大量存在、产业发展还属于中低端水平，水、电、交通等基础设施建设依然滞后，实现经济转型升级，必然需要大量的基础设施和产业项目投资。国家扩大预算内投资规模，在中西部地区开工建设一批重大交通、水利项目，加强大气污染治理，加快推进"一带一路"和京津冀协同发展，这对促进我市基础设施建设、清洁能源基地建设、扩大对外开放、承接产业转移等都是难得机遇。我们要放眼全局，主动融入环渤海地区发展，深化与蒙古国合作，下功夫扩投资上项目，科学审慎编制"十三五"规划，在积极服务国家发展战略中拓展发展空间，构筑新的发展优势。

四是把握新常态，要不断增强创新驱动能力。推动经济增长逐步由投资驱动、要素驱动向创新驱动转变，是适应经济发展新常态的必然要求。近年来，我们一直大力推进产学研一体化，引进知名院校在我市设立研发机构，加快科技成果转化，高铁用轨、大口径无缝钢管、大吨位矿用车等一批产品研发成功，稀土新材料基地正在加快建设，创新驱动作用越来越大，新的增长点不断涌现。特别是去年以来，通过大力推进简政放权，放开政府这只看得见的手，用好市场这只看不见的手，市场活力进一步释放。我们要继续依托科技创新和改革创新，加快完善现代市场体系，全面优化发展环境，推动增长动力更为多元，形成经济发展的长久支撑。

基于以上分析判断，我们提出2015年政府工作的总体要求是：深入贯彻党的十八大、十八届三中、四中全会精神和中央经济工作会议精神，全面落实自治区九届十三次全委会议暨全区经济工作会议和市委十一届七次全委会议决策部署，坚持稳中求进工作总基调，主动适应经济发展新常态，紧紧围绕自治区"8337"发展思路和市委"5421"战略定位，突出抓好重大项目策划实施，加快推进工业转型升级，大力发展现代服务业和农牧业，全面提升城乡建设水平，强化改革创新，强化法治建设，强化民生保障，推动经济社会平稳健康发展，为"十三五"全面建成小康社会奠定坚实基础。

今年经济社会发展的主要预期目标是：地区生产总值增长8%，固定资产投资增长13%，一般公共预算收入增长7%，城镇居民人均可支配收入增长9%，农村牧区居民人均可支配收入增长10%，新增城镇就业4.1万人，居民消费价格涨幅控制在3%以内。

2015年重点工作

政府工作千头万绪，但必须把握关键、突出重点。今年我们要重点抓好以下六个方面：

一、保持经济平稳增长

一是保障企业正常运行。加强对经济运行的分析研判和监测调度，适时出台经济扶持政策，针对困难企业制定"一企一策"、"一类一策"解决方案，减少亏损、停产企业数量。落实国家、自治区减税降费等政策，做好电力多边交易和大用户直供政策配套工作，减轻企业负担。继续举办银企对接会，创新信贷方式，加强对企业特别是中小企业的融资贷款支持。鼓励钢铁、有色、装备制造企业加强上下游产业协作，推进用电企业与电厂兼并重组，提升产业间的依存度和企业抗风险能力。加强煤电油气运保障，引导企业降低生产成本，调整产品结构，扩大市场份额。

二是实施重大产业项目。围绕建设“五个基地”，加快实施神华煤制烯烃二期、包钢稀土钢冷轧、包铝50万吨高品质铝合金、比亚迪新能源矿用车等重点项目，策划实施明拓140万吨铁素体不锈钢、包钢煤焦油深加工、高铁动车铝合金铸件等重点项目，力争中德装备制造产业园、国储能煤基多联产、鸿达兴业稀土助剂等项目年内开工建设。支持工业园区加快污水处理等基础设施建设，策划引进一批单体规模大、产业带动强的大项目。支持金属深加工和铝业深加工两个园区尽快进入千亿园区行列，力争土右旗、九原区两个工业园区产值分别突破300亿元。今年我们将实施亿元以上重点项目733个，确保年内投资突破2000亿元。

三是抓好六大通道建设。畅通电力、航空、陆路、燃气、口岸和数据六大通道，实施总投资722亿元的一批重大基础工程。电力通道方面，积极开展白彦花煤田总体开发等煤电项目前期工作，争取达茂旗1800万千瓦清洁能源基地和土右旗600万千瓦火电基地列入国家电力外送通道“十三五”规划。航空通道方面，依托机场旧航站楼改造申报国际口岸机场，规划建设包头空港物流园区，在达茂旗和石拐区建设两个通用机场。陆路通道方面，抓紧实施陶准铁路、金山工业园区铁路专线和呼包银榆客运专线建设，做好包头西安海口、呼市包头银川高铁列入国家“十三五”规划的前期工作。提早谋划省道224线固阳明登至土右明沙淖等7个公路项目，开工建设固阳至武川、东河至托县、美岱召至将军尧渡口和山北旅游公路，确保南绕城、省道104线希拉穆仁至百灵庙、固阳至红泥井公路建成通车。燃气通道方面，新增达旗天然气管道包头出口，为城市发展提供10亿立方米清洁能源保障，直接形成35亿元销售收入并带动天然气化工产业发展。口岸通道方面，实施包满铁路三期建设工程，推动蒙古国塔奔陶乐盖至满都拉口岸和赛音山达至满都拉口岸公路建设，推动中蒙跨国铁路和跨境经贸合作区早日实施，提早谋划自贸区建设。数据通道方面，扩大光纤宽带和无线网络覆盖范围，加快苏宁大数据西北中心、敕勒川科技数据中心、包头云计算中心等项目建设和推广应用，搭建统一的信息资源共享和管理服务平台，全面推进智慧包头建设。

二、加快产业转型升级

一是加快工业改造提升。钢铁产业要加大企业兼并重组力度，全面淘汰落后产能，发展稀土汽车板材、高强度不锈钢和高端装备制造用钢等高附加值产品，优质钢和特种钢比重达到80%以上。铝业要通过产能置换壮大规模，大力发展航空航天铝材、新型列车车体和轻量化铝型材，电解铝就地转化率达到70%。装备制造业要加强机床数字化改造，打造汽车、铁路装备、工程机械、特种钢延伸加工和煤化工装备等产业集群，做大高端装备制造业规模。稀土产业要推动资源整合和行业兼并重组，壮大北方稀土产业集团，加快发展稀土磁材深加工及应用，推进稀土合金及铌钪钍综合利用。煤化工产业要延伸煤基、化基产业链条，发展焦炉煤气制甲醇、乙二醇及焦油深加工制农药、医药中间体等精细化工产品。能源产业要解决“弃风窝电”问题，提高风光电等清洁能源装机容量。支持新能源汽车推广应用，加快发展节能环保产业。进一步加大战略性新兴产业培育力度，力争占工业比重提高到18%。

二是提高现代服务业水平。大力发展现代物流业，整合110、210国道和建设路两侧物流企业，推动物流企业集中融合发展。重点抓好钢铁建材物流、铁路现代综合物流和煤炭物流园区建设，力争钢铁物流和煤炭物流交易额突破250亿元和600亿元。规划建设全市统一的汽车销售和二手车交易市场，争取实施国家城市共同配送项目。大力发展金融业，加快推进钢铁大街沿线金融商务区建设，引进民生银行、渣打银行和渤海银行设立分支机构。大力发展文化旅游业，加快推进33个文化旅游景区建设。重点完善五当召、美岱召景区基础设施，全力创建5A级景区。全面开展希拉穆仁、九峰山景区环境治理，实施赛汗塔拉城中草原提档升级工程。加强与京津冀和宁陕晋地区的旅游合作，开发旅游精品线路，让更多来包头的人做兴致盎然的游客，不当匆匆而归的过客。大力培育新兴服务业，制定加快发展电子商务政策，创建国家电子商务示范城市。办好中俄蒙国际论坛、国际装备制造博览会等大型会展活动。大力提升传统商贸服务业，推进商贸集聚区、专业市场和特色商业街建设，恢复一批老字号、老品牌。实施苏宁广场、茂业天地、北京华联购物中心等99个亿元以上商贸重点项目，力争完成投资338亿元。

三是打造现代农牧业强市。包头不是农牧业大市，但要成为农牧业强市。大力实施"南菜北薯，乳肉并举"发展战略，加快建设现代农牧业示范园区，争取九原园区晋升国家级产业化示范基地，推进达茂旗、固阳县园区创建自治区级产业化示范园区。规划建设东河区蔬菜产业示范基地，打造现代农牧业及都市休闲示范基地30个，培育国家、自治区级龙头企业10个。鼓励注册农畜产品商标，"三品一标"产品新增60个，达到330个，举办第二届中国(国际)牛羊肉产业大会和全区绿色农畜产品博览会。

四是增强科技创新驱动能力。抓好北大包头创新研究院、浙大包头工业技术研究院、中科院包头稀土新材料研发中心建设，推进上海交通大学材料学院尽快落户我市。支持北重、一机等15个重大科技项目，加快铝产品深加工、煤制烯烃深加工等中试基地建设，完成北大包头创新研究院10项以上科技成果转化。加强农业科技创新，打造中科院和中国农大2个产学研示范基地。建立全市科技创新服务中心，开展国家可持续发展实验区创建工作，加快建设全国质量强市示范城市。推进人才强市工程，力争培养一批创新团队、领军人才和学术技术带头人，做好本土科研机构扶持和人才培养工作。

三、推动重点领域改革

一是推进经济体制改革。支持包钢、一机、北重、北奔等大型国有企业引进社会资本，发展混合所有制经济。推进国有企业主辅分离和辅业改制，推动企业整体上市或核心业务资产上市。支持有条件的民营企业建立现代企业制度，鼓励非公企业到资本市场直接融资。鼓励非公企业进入基础产业、基础设施、市政公用事业等领域。深入开展中小企业小额贷款履约保险工作，建立企业异常名录，深化社会诚信体系建设。推进预算管理制度改革，落实税制改革政策，做好建立事权和支出责任相适应制度的基础工作。

二是推进行政体制改革。做好国务院、自治区下放行政审批事项的承接，继续取消、下放和委托旗县区管理一批行政审批项目。建立市县乡三级网上办事大厅，推行网上审批。全面推行"先照后证、宽进严管"，加强对市场主体的事中事后监管。完善公共资源交易管理体制，进一步规范政府投资项目招投标和政府采购行为。在教育医疗、养老助残、社会救助等公共领域，扩大政府购买服务试点。组建市住房建设集团和国有资产投资公司，申请发行棚户区改造收益债券。

三是推进城镇化和农村牧区改革。有序放开落户限制，建立城乡统一的户口登记制度。稳步开展不动产统一登记，完善现代产权管理制度。完成农村土地和牧区草原确权登记颁证工

作，探索土地征收、集体经营性建设用地入市和宅基地制度改革，加快土地向新型经营主体流转。实施新农村新牧区现代流通网络建设工程，组建市供销集团。

四是推进生态文明制度改革。开展领导干部自然资源资产责任审计试点，实施主要污染物排污权有偿使用和交易试点。开展节能和碳排放权交易试点，制定碳排放权交易管理暂行办法，创建国家低碳工业绿色发展试点城市。深化水务一体化管理改革，抓好黄河水权转让，完善水资源管理制度。建立大青山自然保护区腹地工矿企业退出机制。加强草原、森林、河流、湿地生态保护，推进生态管理机制创新。

五是推进社会事业改革发展。试行中小学校长职级制改革，全面推行义务教育学校校长、教师交流制度。推动青山区、达茂旗等7个旗县区通过国家县域义务教育均衡发展验收。建立国有文化资产监管机构，推动政府部门由办文化向管文化转变，完善文化市场准入退出机制和中小微文化企业发展政策，推进文化事业单位法人治理结构改革试点。深化公立医院改革，鼓励民营资本进入医疗市场，逐步建立公立医院与民营卫生机构分工协作机制。实行行业协会社会组织直接登记和备案制度，完善社会治理体制。完善养老服务经营模式，支持社会力量参与养老、助老项目，构建公办和民办相结合的养老服务模式。

四、促进城乡区域协调发展

一是增强城市服务功能。加强新都市区建设，完成综合管廊、市民公园、道路主干网等基础设施和包九中分校建设，启动文化中心和博物馆等项目前期工作，力争城市展厅和三级甲等综合医院开工建设，推动万达、苏宁、华发、绿地等知名地产企业入驻新区。完成北梁腾空区控制性详细规划，启动实施公园广场、西口古民居街区及相关配套设施建设。加强城市基础设施建设，新建改造40公里供热干线、35公里天然气管线和17.7公里污水管网，续建九原、万水泉污水处理厂，新建餐厨垃圾处理厂、污泥处理厂。启动城市轨道交通项目前期工作，新建改造沼潭公园、昆都仑召公园、井坪公园、莫尼林带公园等一批公园广场，治理昆河下游、二道沙河、四道沙河、北郊截洪沟等河道，规划建设环城景观水系。

二是提高县域经济发展水平。制定山北地区产业发展整体规划和协同发展的指导意见，打造山北地区经济发展带。推动白云、达茂、固阳协调发展，统筹编制"十三五"规划，加大资源勘查力度，共同建设国家级清洁能源输出基地、原材料生产加工基地和对蒙合作开放基地。加快推进土右旗中等城市建设，抓好"扩权强县"试点改革，推进以新型能源和煤化工为主的产业发展，成为全市新的经济增长极。启动黄河堤防二期、塔令宫水库、五当召水库项目，抓好小型水利建设和抗旱调水、节水灌溉工程。按照城市的标准推进萨拉齐、百灵庙、金山等城关镇建设，打造精品县城，培育特色中心集镇，促进农牧业转移人口就近实现市民化。

三是强化生态建设和环境保护。完成国家重点林业工程38万亩、六大重点区域绿化4.3万亩，启动实施大青山南坡生态环境综合整治工程，打造优美的城市后花园。全面完成公路铁路沿线及城市出入口环境综合整治，建立苗木管护长效机制，解决好关停企业搬迁及转型发展问题。加强北部草原生态保护，加快建设包头黄河国家湿地公园。抓好东河区铝业园区国家城市矿产示范基地和白云矿区矿产资源综合利用示范基地建设，打造循环经济新亮点。实施节能减排财政政策综合示范市项目20个，确保单位GDP能耗降低率超额完成"十二五"规划目标25%以上。高起点高标准实施好与环保部签订的《包头市环境保护整体解决方案》，治理环境突出问题，创建全国生态文明示范城市。

五、做好民生重点工作

一是大力实施创业就业工程。加大政府购买基层公共管理和社会服务岗位力度，开发公益岗位2246个。建设公共实训基地，培养技能型实用人才。发放小额担保贷款3.8亿元，扶持高校毕业生自主创业，实现就业1.7万人以上。我们要努力让群众实现就业的机会更充分一些。

二是大力实施百姓安居工程。加快北梁棚改3.1万户安置房建设，确保年内所有搬迁居民入住，全面完成北梁棚改任务。改造其他地区城市棚户区2.49万户，改造70个老旧小区，回购建设12个便民蔬菜市场，实现城五区物业服务全覆盖。我们要努力让群众居住的环境更舒心一些。

三是大力实施农村牧区“十个全覆盖”工程。投资16.8亿元，建设高标准示范村51个、达标村157个，生态脆弱地区移民4030人，逐步改善农牧民生产生活环境。我们要努力让农牧民的日子更红火一些。

四是大力实施精准扶贫“三到村三到户”攻坚工程。强化村企合作、股份合作及杠杆式金融扶贫等措施，力争落实各类扶贫资金8.9亿元，解决3.5万贫困人口的脱贫问题。我们要努力让困难群众的心灵更温暖一些。

五是大力实施城市管理提升工程。建立城市综合管理委员会，启动数字化城管指挥系统。春节后开展城市环境综合整治百日攻坚战，重点整治私搭乱建、破门开店、三轮车违法运营和部分地段脏乱差等问题，打造文化路、黄河大街等22条景观示范街。我们要努力让群众生活的环境更养眼一些。

六是大力实施平安包头建设工程。加强公安派出所和信息化建设，续建6个公路治安检查站，建成全市视频监控联网调度平台，抓好老旧小区的视频监控建设。完成市强戒所和特殊违法犯罪人员治疗中心建设，严厉打击涉毒等各类违法犯罪。全面加强城市应急管理，有效防范和应对公共卫生、自然灾害等各类突发性事件。我们要努力让群众的心里更踏实一些。

七是继续实施大气污染防治工程。实施32项大气污染治理工程，全部完成电力行业脱硫脱硝和钢铁行业脱硫改造，治理城区剩余794台燃煤锅炉和103台工业燃煤窑炉，制定实施工业与民用煤使用标准和管理办法，推广替代型煤40万吨，淘汰黄标车及老旧车辆2.6万辆，建成覆盖全市的大气监控预警系统。我们要努力让群众看到蓝天白云的日子更多一些。

八是继续实施供水改造工程。新建供水管网266公里，完成磴口净水厂提标改造。全部封停剩余的100多眼企业自备井，强制工业园区使用黄河水或中水。新增健康水受益人口21万，基本实现城区健康水全覆盖，新增农村牧区安全饮水受益人口1.5万。我们要努力让群众的饮水更健康一些。

九是继续实施食品安全监管工程。加快建设九原区、土右旗大型食品加工园区，力争引进企业20家。新建农畜产品质量追溯体系试点100个，建立综合性食品检验中心，健全餐饮食品信息化监管平台，对校园周边流动商贩食品安全问题进行专项整治。加大食品药品执法检查力度，实行网格化管理。我们要努力让群众的“舌尖”更安全一些。

十是继续实施交通设施改善工程。适时启动110国道、沼南大道等道路建设，完成哈屯高勒路西延过昆河桥等5座桥梁工程，打通40条城区断头路。实施建设路和巴彦塔拉大街提档升级，建设百里绿道、百里公交专线，打造从包钢厂区到东兴出口独具特色的“百里长街”。购置新能源公交车200台，新开改造5条公交线路。规划综合客运枢纽站场，开工建设青山区和固阳县长途客运站。我们要努力让群众的出行更便捷一些。

各位代表，民为邦本，本固邦宁。我们要满怀热情地做好民生工作，努力为人民群众创造更多的福祉。强化企业工资集体协商和工资正常增长机制，提高机关事业单位工资水平。稳步提高养老、医疗等社会保障标准，加快建设民政综合福利园区。继续实施基础教育学校标准化建设和农村牧区薄弱学校改造，新建扩建37所公办幼儿园。规划建设国家(北方)青少年足球夏令营活动基地，推动足球运动普及与提高。完成全市四级公共文化服务基础设施标准化建设工程，确保通过国家公共文化服务体系示范区验收评估。推进蒙中医院、儿童医院、妇幼保健院、市第八医院危楼改扩建等项目建设，增强公共卫生服务能力。全面落实安全生产责任制，加大隐患排查和整治力度，坚决遏制重特大安全事故发生，把人命关天的大事抓严抓实。

六、全面加强法治建设

一是依法全面履行政府职能。用法治思维和法治方式履行职责，自觉接受人大、政协及社会各界的监督，认真听取人大代表、政协委员和各民主党派、工商联、无党派人士意见。积极配合人大立法工作，支持政协开展民主协商，支持法检两院依法独立公正行使职权。健全依法决策机制，坚持重大行政决策事先征求各方面意见建议。加强重大行政决策社会稳定风险评估，完善重大行政决策合法性审查和集体讨论决定程序。完善政府法律顾问制度。健全政府权力行使的内外监督制约体系，加强对财政资金分配使用、公共资源转让、公共工程建设等权力集中部门的监督管理。全面推行权力清单、负面清单和责任清单制度，加大行政问责力度。

二是切实提高行政执法水平。创新执法体制，完成对工商与食药监、文化与广播电影电视、卫生与计生等领域执法力量整合，依法理顺市容环境卫生管理、违章建筑查处等方面执法职权，解决交叉执法、多头执法和不执法、乱执法问题。调整环保执法体制，完善环境监管执法稽查网络，加强基层环保力量建设。依法加大对食品药品安全、生态环境、安全生产等重点领域的执法力度。完善执法程序，建立重大执法决定审查和执法全过程记录制度。落实行政处罚裁量权基准制度，实行行政执法责任制。加强仲裁监管，实行案件问责制。加强行政复议委员会建设，提高行政复议化解行政争议的质量和效率。

三是深入开展法治社会建设。推动开展以宪法为核心的全民法制宣传教育，切实增强公民法治观念和法律素养。落实“谁执法谁普法”的普法责任制，扎实做好“六五”普法验收工作。推进覆盖城乡的法律服务体系建设，扩大法律援助范围。全面推行阳光信访，推动信访纳入法治化轨道。强化社会治安综合治理，有效防范化解影响社会安定的问题。认真落实党的民族宗教政策，促进民族团结、宗教和谐，依法妥善处置涉及民族、宗教等因素的社会问题。牢固树立国防意识，支持军队建设，深入推进军民融合发展，争创全国双拥模范城八连冠。

四是树立政府良好形象。我们将以建设法治政府为统领，持续推进诚信政府、创新政府、廉洁政府建设，严格落实党风廉政建设责任制，深入推进反腐倡廉，始终坚持从严治政，坚决执行中央八项规定、自治区和我市配套规定，毫不动摇转变作风，切实增强执行力和落实力，勤勉尽责，廉洁奉公，言必行、行必果，以改革发展的实效取信于民。

各位代表，时代赋予使命，奋斗创造未来。正如习近平主席新年贺词所讲，“开弓没有回头箭、改革关头勇者胜”。我们将竭尽所能、全力以赴，努力让包头的产业做得一年比一年强，城市建得一年比一年美，老百姓的日子过得一年比一年好。

关于包头市2014年国民经济和社会发展计划执行情况与2015年国民经济和社会发展计划草案的报告

——2015年1月15日在包头市第十四届人民代表大会第三次会议上

包头市发展和改革委员会

各位代表：

受市政府委托，现将全市2014年国民经济和社会发展计划执行情况与2015年国民经济和社会发展计划草案提请大会审议，并请各位政协委员和列席会议人员提出意见。

一、2014年国民经济和社会发展计划执行情况

2014年，面对宏观经济整体降速转型的新形势，全市上下紧紧围绕自治区"8337"发展思路和市委十一届五次六次全委会议精神，果断采取一系列政策措施，加快发展方式转变，切实保障和改善民生，经济社会保持了平稳健康的发展态势。预计，全市生产总值完成3700亿元，增长8.5%；固定资产投资完成3440亿元，增长15%；社会消费品零售总额完成1180亿元，增长10%；公共财政预算收入完成234.3亿元，增长8.9%；城镇常住居民人均可支配收入达到35640元，增长9%；农村牧区常住居民人均可支配收入达到12820元，增长11%，圆满完成各项目标任务。

（一）三次产业协调发展。一是工业运行稳中有升。预计规模以上工业实现增加值1150亿元，增长11%。五大支柱产业实现工业增加值670亿元，增长12%。其中，装备制造、钢铁、铝、稀土产业分别增长14%、12%、19%和5%，电力产业与上年基本持平。战略性新兴产业增长13%。继续加大园区基础设施投入力度，90个基础设施项目共完成投资21亿元，园区产业集中度提高4.8个百分点。截至11月底，全市94户企业共获得自治区电价补贴5.4亿元、享受电力多边交易优惠电费2.5亿元，工业企业亏损和停产情况得到有效改善，规模以上亏损企业减少71户，停产企业已有七成恢复生产。**二是服务业平稳发展。**铁路、钢铁建材和口岸等物流园区建设进展顺利，辛集皮革城、五金机电城等专业市场投入运营。新建商品房累计销售390.4万平方米、增长0.9%，二手房累计成交114.9万平方米、下降39%。截至11月底，全市金融机构各项存款余额2724.7亿元、增长11.2 %，贷款余额1838.4亿元、增长16.9%。旅游业预计接待国内外游客920万人次、增长9%，实现收入256亿元、增长23%。稀土交易所、同利家电等电子商务平台交易额大幅增长。外贸出口增幅较大，截至11月底完成11.7亿美元，同比增长15.8%。**三是农牧业生产形势好于上年。**预计粮食总产量115万吨，较上年增加3万吨。蔬菜产量110万吨，增加3万吨。牲畜存栏增长18%，出栏增长22%。4个农牧业示范园区和3个食品加工园区招商引资和基础设施建设进展顺利。蓝色牧野、北辰饲料2家企业被确认为国

家级龙头企业，农畜产品行业驰名商标达到9个，率先在全区建成了农畜产品质量安全追溯体系。

(二) 投资保持稳定增长。一是项目建设扎实推进。组织实施的583个投资亿元以上重点项目全部开复工，完成投资1576.7亿元，增长18%。其中，302个续建项目完成投资854.8亿元，281个新建项目完成721.9亿元，竣工233个，有力的支撑了全市固定资产投资的稳定增长。**二是招商引资成效显著。**分别在唐山、宁波开展了钢铁和稀土专题招商，在长三角、珠三角地区组织了经贸洽谈活动，共促成签约项目86个、协议总金额944亿元。尤其是在新能源汽车方面，引进了比亚迪公司建设纯电动特种车生产基地。全年引进国内(区外)资金到位640亿元，增长20%，超额完成年度引资610亿元的目标任务。**三是政策和资金争取取得突破。**成为国家第三批节能减排财政政策综合示范城市和第二批新能源汽车应用推广示范城市，东河区列入国家老工业基地搬迁改造试点地区，铝业园区被确定为国家第五批城市矿产综合利用示范园区。共争取到位上级专项及转移支付资金115亿元。成功核准滨河公司和科教实业公司两只7年期企业债券，募集资金14亿元。

(三) 重点工作有序推进。一是北梁棚改取得重大进展。累计拆除5.36万户、430万平方米，提前18个月完成全部拆迁任务。安置区配套基础设施和教育、卫生、民政等公共服务设施正在加紧建设。**二是公路、铁路沿线和城市出入口环境治理基本完成。**累计栽植苗木2292万株，绿化里程近400公里。拆除违章建筑56.1万平方米，清理垃圾264万吨。关停污染企业56户，清理沿线各类煤场、料场467户。完成天然林保护二期、京津风沙源治理二期等各项林业重点任务37.5万亩。**三是重点改革稳步推进。**经济体制、行政体制、农村牧区、社会治理体制、生态文明体制和社会事业等重点领域改革取得积极进展，特别是发展混合所有制经济方面，促成了北重与吉宇钢铁、包钢与明拓、一机与杉杉集团共建延伸加工项目的合作。

(四) 节能减排进展良好，基础设施建设步伐加快。一是大气和水污染治理成效显著。完成了146项大气污染治理工程，新增九原、滨河2个城区环境质量评价点和包钢、包铝、希铝3个重点企业环境质量比对点，实时监控全市重点污染源和面源污染情况。全年空气质量达标天数为193天，空气PM2.5浓度较上年同期下降29.5%，二氧化硫平均浓度下降45%，空气质量有了明显改善。九原、南郊、万水泉污水处理厂新建改扩建工程进展顺利。**二是节能目标任务提前完成。**预计全年万元GDP综合能耗下降4.5%，2011至2014年累计下降18.4%，已完成自治区下达的“十二五”时期下降16%的节能目标。**三是城乡基础设施建设取得重大突破。**打通33条断头路，开辟公交专用车道，实施公园广场、城市供水等改造工程。健康水新增覆盖人口22.6万，建成西部领先的水质监测中心，健康水合格率达到96.2%。省道211线固阳至百灵庙、包头至石拐等3条一级公路和五当召旅游公路建成通车，开通呼包集城际动车组，机场新航站楼建成并投入使用。在全市230个嘎查村实施的“十个全覆盖”工程进展顺利。新建通村沥青(水泥)路288公里，通村率达到79%。

(五) 民生保障不断加强，社会事业全面发展。一是各项民生支出增长较快。全市公共财政预算支出353.7亿元，同比下降0.4 %，用于民生方面的支出达到291.8亿元，增长1.6 %，占公共财政预算支出的82.5%。**二是就业和保障水平不断提高。**实现城镇新增就业4.14万人，其中高校毕业生就业1.97万人，城镇技能培训1.32万人，农牧民就业培训1.79万人，城镇登记失业率控制在3.87%。企业退休人员养老金月人均增加192元、达到2188元，最低工资标准提至每月1500元。完成自治区下达的保障房开工建设和基本建成任务。**三是社会事业全面发展。**全社会研究与试验发展经费支出预计达到54亿元，占GDP比重达到1.42%，组织实施重大科技专项20项，加快建设浙大包头工业研究院等研发和成果转化平台。出台了《义务教育阶段学校招生入学工作的实施意见》，确保招生公正公平。新建、改扩建55所公办幼儿园。全市农牧民参合率达99.07%，人均筹资标准提高到425元。全市693个基层医疗卫生机构全部配备和使用国家基本药物、自治区增补药物，实行药品零差率销售，实现了基层全覆盖的目标。新建、改扩建基层文化场馆138个，公共文化服务体系示范区创建工作顺利通过国家中期评估。制定了国家(北方)青少年足球夏令营活动基地、自治区足球训练基地和100所特色足球学校发展实施方案。四是价费监管取得实效。组织开展商业银行、铁路和石油系统、医疗等领域价格收费专项检查，共对各类违规收费行为处罚387万元。截至11月底，全市居民消费价格总水平累计上涨2%，涨幅较上年同期下降0.8个百分点，物价总水平保持基本稳定。向11.9万城乡低收入居民发放2286万元临时物价补贴，减轻了物价波动对低收入居民生活的影响。

过去的一年，在宏观经济整体处于增长速度换档期、结构调整阵痛期和前期政策消化期“三期叠加”的大背景下，我市取得上述成绩实属不易。这得益于我市果断采取的一系列稳增长应对措施，得益于市人大、政协的监督和支持，得益于全市上下的不懈努力。但同时我们也要认识到当前发展中还存在着一些突出问题，主要表现为：经济持续增长的动力不足、带动作用强的大项目少、企业生产经营面临的困难较多、城乡发展差距依然明显等等。对于这些问题，我们要在今后的工作中，认真加以解决。

二、2015年经济社会发展预期目标和主要任务

按照市委十一届七次全委会议的总体部署，2015年全市经济社会发展的主要预期目标是：地区生产总值增长8%，固定资产投资增长13%，社会消费品零售总额增长10%，一般公共预算收入增长7%，城镇常住居民人均可支配收入增长9%，农村牧区常住居民人均可支配收入增长10%，城镇登记失业率控制在3.9%以内，完成国家对节能减排财政政策综合示范城市提出的节能减排目标任务。

经济增长8%，是市委在充分考虑经济增长由高速向中高速转换的新常态背景下确定的，增速虽然较2014年有所回调，但仍高于全国和全区平均水平，符合经济发展规律和我市当前实际，是顺势而为、积极稳妥的，也是需要经过全市上下的积极努力才能实现的。**一是考虑到我市拥有保持经济稳定增长的良好环境。**去年11月以来，国家采取了一系列微刺激政策，包括集中批复铁路、机场等重大基础设施工程，实施定向降准、降息等货币政策，这些政策措施将持续发挥作用。同时，国家正式启动“一带一路”和京津冀协同发展战略，也将对我市产生积极的辐射带动作用。**二是考虑到我市经济具有稳定增长的基础。**近两年我市围绕“5421”战略重点，开工建设和建成了一大批重大项目，正在陆续投产达效。今年将继续发挥投资的拉动作用，初步确定实施投资亿元以上重点项目733个，比去年增加150个，年内预计投资突破2000亿元，这些项目将对全市经济稳定增长形成有效支撑。**三是考虑到我市经济运行态势依然向好。**去年全市生产总值一季度增长7.5%、上半年7.8%、前三季度8.6%，已呈现出逐步向好的趋势。

实现上述目标，我们要认真贯彻中央经济工

作会议、自治区党委九届十三次全委会议和市委十一届七次全委会议精神，坚持稳中求进工作总基调，坚持以提高经济发展质量和效益为中心，主动把握和积极适应经济发展新常态，依靠增投资上项目拉动经济稳定增长，依靠调结构转方式促进产业转型升级，依靠推进新型城镇化统筹城乡协调发展，依靠深化改革释放发展活力，努力推动经济健康发展，保持社会和谐稳定。为此，要统筹兼顾、突出重点，努力抓好以下七个方面工作：

（一）抓好项目谋划和实施。按照新常态下对经济发展“补短板、调结构、惠民生”的要求，积极谋划和实施一批重大项目，协调争取更多项目纳入国家和自治区“十三五”规划，发挥投资对经济增长的拉动作用，保持经济运行在合理区间。

一是推进重大项目前期工作。依托产业基础和资源、区位等优势，围绕畅通电力、航空、陆路、燃气、口岸、数据等六大通道和能源、化工等领域，谋划一批事关全局和长远发展的、策划一批支撑和带动能力强的、储备一批前期工作成熟的、上报一批符合国家产业政策和资金导向抢抓机遇的、实施一批投资亿元以上的、跟踪一批签约在谈的重大项目，努力形成项目工作的梯次结构和滚动机制。

二是加快重点项目建设。组织实施733个投资亿元以上重点项目，坚持重点项目“月调度、季分析、半年总结、年终考核”推进机制，确保已取得审批核准备案手续的续建项目5月底全部复工、新建项目8月底全部开工，力争年内投资突破2000亿元。继续落实市领导包联重大项目工作责任制，全力推动项目实施，争取再有一批项目取得突破性进展。

三是加强区域协作和招商引资。贯彻落实国家“一带一路”战略规划，积极融入京津冀、环渤海等区域发展规划，找准角色定位、做好规划衔接，拓展发展空间。面向“长三角”、“珠三角”等区域，瞄准行业排头兵，更加主动走出去开展招商引资，重点深化点对点、产业链招商，有效承接产业转移。跟踪落实已签署的招商项目协议，全程做好落地服务，推动合作向纵深发展，争取引进国内（区外）资金到位增长10%以上。

四是做好资金和政策争取。围绕保障性住房、基础设施、民生改善、社会事业、资源环境等国家和自治区政策性资金重点投向，进一步加大协调争取力度。与深圳前海股权交易中心开展对接，协调在包设立分支机构，为我市项目建设开展融资。做好生态文明示范市、循环化改造示范试点备选园区、第二批资源综合利用双百工程等项目的申报争取工作。

（二）优化调整产业结构。围绕“五个基地”、“四个中心”和“一个支点”建设，坚持调整存量和做优增量并重，加快产业由中低端向中高端转换的步伐，推动一产做精、二产做强、三产提档升级。

一是推进工业转型升级。着力扶持一批延伸产业链条的工业项目，加快实施包铝50万吨高品质铝合金、明拓140万吨铁素体不锈钢、京晶光电蓝宝石衬底二期、中德装备制造合作园、比亚迪5000辆电动矿用车、达茂巴音140万千瓦风电、中利腾晖100万千瓦光伏发电等重大项目，不断优化工业结构。推动大型企业和本地中小型配套企业合作发展，有效提升原材料的就地转化率。集中打造土右现代煤化工和达茂新型煤电用两个基地。继续加强园区基础设施建设，促进企业向园区集聚。力争全市规模以上工业增加值增长10%、二产业增加值增长9%。

二是推动服务业加快发展。重点抓好钢铁建材、铁路和煤炭物流园区建设，推动全市物流企业集中融合发展。改造提升青东路、工业路等5条特色餐饮街，建设北梁老包头、南海湿地等特色文化商业区。编制《电子商务发展规划》,积极创建国家电子商务示范基地。举办第十一届中俄蒙国际论坛、第二届国际装备制造展、稀土论坛、第二届中国(国际)牛羊肉产业大会等会展活动。加快满都拉口岸和满都拉镇基础设施建设与改造,努力提升口岸通关能力和开放水平,尽快实现常年开放。力争三产业增加值增长 8%。

三是转变农牧业发展方式。进一步突出产业化园区、龙头企业和农牧业品牌建设,继续打造土右、九原、固阳、达茂 4 个现代农牧业示范园区,加快建设土右、九原和青山 3 个大型食品加工园区。建设国家、自治区级龙头企业 10 个以上。围绕薯、肉、乳、小杂粮等产业打造十大知名品牌,积极发展休闲观光农牧业。继续开展农畜产品质量安全追溯体系建设,实现规模以上生产企业质量安全追溯全覆盖。力争一产业增加值增长 3.5%。

(三)大力推进创新驱动。充分发挥企业创新的主体作用,实施重大科技专项,全面提升企业自主创新能力,努力破解制约产业升级的核心技术,研究、培育新的经济增长点。力争全社会研究与实验发展经费支出占生产总值的比重达到 1.53%。

一是支持企业自主创新。组织实施高等级汽车用钢生产技术开发、自主化燃料定型组件、超超临界机组大口径钢管产业化开发等重大科技项目 15 个。投入科技引导资金 5000 万元,带动企业科技投入 3 亿元。

二是鼓励开展产学研合作。争取建立中科院包头稀土新材料研发中心、清华大学包头技术转移中心和中国农大包头分院。支持北大包头创新研究院和浙大包头工业技术研究院建设,推进高新区与上海交大材料学院合作。争取新增院士工作站 2 个,共建研发机构 5 家。

三是完善科技创新体系。重点支持一机"中重型传动"、包钢"先进稀土钢新材料"和稀土院"稀土功能材料"建设国家级重点实验室。支持铝产品和煤制烯烃产品深加工等中试基地建设。培育创建 20 家创新型试点企业,培育认定 20 家(个)国家级高新技术企业和自主创新产品。新增农业科技示范基地 2 个。

(四)加强城乡建设和生态环境保护。继续推进城市棚户区改造,加大基础设施建设力度,做好节能减排,增强城市综合承载力,提升城市品位。

一是加快城市棚户区(城中村)改造步伐。加快北梁安置房建设进度,确保 11 月底前全部入住新居。统筹推进安置区内道路、管网等市政基础设施和教育、卫生、民政等公共服务设施建设。落实好就业和社会保障各项政策措施,抓好后续产业培育。此外,继续推进其它城市棚户区(城中村)的改造。

二是全面完成环境综合治理工程。做好公路铁路沿线和城市出入口环境治理的收尾工作,建立管护长效机制,落实好管护责任。做好土地整理工作,利用腾出的土地空间规划发展高档次的物流园区,推动相关企业、产业转型升级。启动大青山南坡环境综合整治工程。继续实施天然林保护二期、京津风沙源治理二期等重点工程,完成建设任务 38 万亩,继续开展六大重点区域绿化,完成绿化任务 4.3 万亩。加快黄河国家湿地公园建设。

三是推进城乡基础设施建设。继续实施打通断头路、公园广场建设、城市供水改造等工程。建设稀土高新区电镀污水处理厂,完成所有工业园区污水处理设施配套。确保九原污水处理厂建成投入运行、万水泉污水处理厂二期主体完工。新增健康水覆盖人口 21 万,基本实现全覆盖,力争健康水合格率提高到 96.4%。进一步完善城乡公交体系,提高公交出行分担率。建设固阳至武川、美岱召至将军尧等一级公路和山北旅游公路，建设包满铁路三期、土右旗陶斯浩至准格尔铁路、固阳金山和石拐工业园区铁路专用线。新建248公里通村沥青(水泥)路，覆盖26个嘎查村。

四是继续做好节能减排工作。开展碳排放交易体系建设，推动节能降碳管理创新，调动社会资本和企业主动开展降碳工作。实施49项大气污染治理工程，完成电力行业脱硫脱硝和钢铁行业脱硫改造。以我市入选国家第三批节能减排财政政策综合示范城市为契机，用好国家补贴的12亿元和自治区配套的10亿元专项资金，全力推进产业低碳化、污染物减量化、新能源汽车推广、管理机制创新等4大类20个重点节能减排典型示范项目实施，完成国家对示范城市提出的超过“十二五”规划目标25%以上的目标任务。

五是深入实施“十个全覆盖”工程。建设51个示范村和157个达标村，计划完成危房改造4935户，村村通电213户，户户通广播电视4145户，街巷硬化538.3公里，校舍建设与安全改造10所，建成标准化卫生室68所、文化活动室88所、便民连锁超市101所，新增安全饮水覆盖人口1.5万。

(五)促进县域和非公经济发展。贯彻落实扶持中小企业、非公经济和县域经济发展的相关政策措施，努力营造有利于大众创业、万众创新的政策、制度和法制环境。

一是加快发展县域经济。按照区域主体功能定位，通过做大做强优势特色产业，打造县域经济核心竞争力和可持续发展能力。固阳要在保护好生态环境的基础上，进一步突出马铃薯和文化旅游等产业发展。达茂要在有效恢复生态环境的基础上，重点建设清洁能源输出和绿色农畜产品生产加工基地，加快达茂、白云合并建市和向北开放步伐。土右要在巩固粮食主产区地位的基础上，集约发展新型煤化工、新型能源化工和商贸物流等产业。

二是推动非公经济健康发展。将非公有制经济发展纳入国民经济和社会发展的总体规划，从资金、税收、技术等方面给予倾斜支持。设立非公有制经济发展基金，建立健全政府采购支持非公有制经济的相关制度，严格执行税收征管方面的优惠政策。加大对非公经济自主创新的支持，重点扶持初创期的非公企业进行创新研发。组织策划一批鼓励社会资本参与建设运营的示范项目并向社会公布。

三是促进中小企业发展。建立银行与科技企业战略合作联盟，促进金融机构和中小企业成立发展互助社，支持中小企业创新发展。落实支持小微企业健康发展若干意见，继续实施中小企业贷款贴息等相关政策，开展中小企业小额贷款履约保险工作，积极探索搭建中小企业股权交易市场，解决中小企业融资难题。

(六)努力保障和改善民生。把就业作为居民增收的主要渠道，以提高城乡居民生活水平和质量为目标，继续推进创业就业、百姓安居、扶贫攻坚等民生工程建设，促进社会事业全面发展。

一是做好就业和社会保障。继续实施就业创业工程，落实《深入推进创业就业工作实施方案》，着力做好高校毕业生、就业困难人员、农牧民工等重点人群就业。力争年内新增就业4.1万人，城镇登记失业率控制在3.9%以内。继续扩大社会保险覆盖面，稳步提高城乡低保、优抚等标准。做好各项社会救助工作，鼓励和支持社会力量兴办养老机构。继续实施保障性安居工程，开工建设17248套保障房，年内基本建成18340套。出台《公共租赁住房和廉租住房并轨管理实施意见》，规范保障房管理运营。深入推进精准扶贫“三到村三到户”攻坚工程和金融扶贫富民工程，力争年内解决3.5万贫困人口的脱贫问题。继续做好举全社会之力帮扶固阳工作。

二是促进各项社会事业发展。继续实施学前教育三年行动计划，新建37所公办幼儿园。新农合参合率稳定在98%以上，继续提高新农合筹资标准，力争使人均筹资标准达到470元以上。实施城乡医院对口支援项目，积极探索推广上下联动的医疗联合体机制，促使大医院的人才向基层流动。完成全市四级公共文化服务基础设施标准化建设，建成国家公共文化服务体系示范区，确保顺利通过国家验收评估。加快北梁商贸旅游区、中国（包头）少数民族文化产业展示交易中心等重点文化产业项目建设。继续深入开展全民健身活动，大力发展青少年校园足球，建设国家（北方）青少年足球夏令营活动基地和自治区足球训练基地。

三是进一步优化价费环境。取消发放收费许可证、经营性服务价格收费证，将收费管理由许可制改为备案制。修订并公布全市行政事业性收费、政府基金、涉企行政事业性收费等目录，全面实施目录清单管理。借助互联网，建立公平、公正、公开的价格信息平台。强化成本监审，建立集体决策制度，对重要价格收费调整方案进行审议和风险评估，提高定价的科学性和透明度。继续对社会反映强烈的教育、医疗、房地产、能源、交通等重点行业价格和收费开展专项检查。落实好社会救助和保障标准与物价上涨挂钩联动机制。

四是推动社会管理创新。全面推进"精街道、强社区、促服务"管理体制改革，继续加大社区服务设施和经费投入力度。落实安全生产责任制，完善公共应急体系和应急平台。加强食品药品安全监管，加大违法违规行为查处力度，保障公众饮食用药安全。继续做好"平安包头"视频监控联网系统建设。此外，认真做好信访工作，妥善化解各类矛盾。

（七）推进专项改革和做好规划编制。着力推进重点领域和关键环节改革，科学编制"十三五"规划，进一步统一思想，明确任务，不断为经济发展注入新的活力。

一是全面完成改革任务。完成好水资源价格改革、涉企收费制度改革、创新区域合作体制机制、能源消耗强度和能源消耗总量"双控制"机制试点、节能和碳排放权交易试点。

二是协调推进专项改革。以加快国企改革步伐、发展混合所有制经济等为重点，推进经济体制改革。以城乡一体化、建立土地流转制度等为重点，推进城镇化改革。以建立碳交易中心、推广绿色建筑等为重点，推进生态文明制度改革。以深化教育、卫生体制改革和探索政府购买服务社会化等为重点，推进社会事业体制改革。

三是做好"十三五"规划编制工作。深化对重大问题的研究，继续谋划一批重大工程、重大项目和重大政策，努力把规划做实。结合全面建成小康社会的目标，在转型升级、提质增效、创新驱动、资源环境、民生改善等方面，科学合理设置指标体系。强化规划编制工作创新，坚持开门编制规划，加强与国家级研究机构的合作，同绘"十三五"发展蓝图。

当前，我们正处于转型发展的关键时期，面对诸多的困难和挑战，完成2015年的工作目标，任务艰巨、意义重大。我们要在市委的正确领导下，自觉接受人大依法监督和政协民主监督，不断创新思路、开拓进取，为提前全面建成小康社会打下更加坚实的基础！

包头市2014年预算执行情况和2015年预算草案的报告

——2015年1月15日在包头市第十四届人民代表大会第三次会议上

包头市财政局

各位代表：

受市人民政府委托，现将我市2014年预算执行情况和2015年预算草案的报告提请大会审议，并请市政协委员和其他列席人员提出意见。

一、2014年预算执行情况

2014年，面对复杂严峻的经济形势，各级财政部门深入贯彻落实市委十一届五次、六次全委会议和市十四届人大二次会议精神，集中施策稳增长，千方百计抓收入，改革创新解难题，通过艰辛努力保持了财政平稳运行。

(一)财政预算执行情况

根据汇总的国库数据，全市公共预算收入234.3亿元，完成年度预算的100.9%，比上年增加19.2亿元，增长8.9%；全市公共预算支出353.7亿元，完成调整预算的91.6%，比上年减少1.5亿元，下降0.4%。

全市政府性基金收入57.5亿元，比上年减少29.1亿元，下降33.6%；政府性基金支出67.1亿元，比上年减少20.3亿元，下降23.2%。

市本级公共预算收入33.9亿元，完成预算的105.8%，比上年增加4.2亿元，增长14.3%。包头市第十四届人大二次会议批准的2014年市本级公共预算支出63.8亿元，预算执行中市人大常委会批准中央代理发行地方政府债券支出9.1亿元、公共预算超收9亿元、自治区陆续下达各类补助资金31亿元，加上上年结转和调入资金18.1亿元，市本级全年调整预算数约131亿元。市本级公共预算支出110.9亿元，完成全年调整预算数的84%，比上年减少10.4亿元，下降8.6%。

市本级政府性基金收入42.3亿元，完成年度预算的28%，比上年减少31.5亿元，下降42.7%；政府性基金支出45.7亿元，完成年度预算的360.3%，比上年减少20.9亿元，下降31.4%。

上述预算执行数据均以最终决算为准。

(二)地方政府性债务情况

按照财政部统一要求，我市对地方政府性债务进行了全面清理甄别。截至2014年底，市本级政府负有偿还责任的债务378.6亿元(最终以中央、自治区确认为准)，其中北梁棚改债务131.9亿元，占34.8%，土地收储债务136.1亿元，占35.9%。按照国家对棚改债务单独反映的要求和市人大批准的北梁棚改实施方案，北梁棚改债务实行封闭运行、单独核算，通过征拆后的土地收益及形成的资产自求平衡。土地收储债务应通过收储的土地出让收益来偿还。因此，若剔除北梁棚改和土地收储债务，市本级政府负有偿还责任的债务余额为110.6亿元。这些债务主要用于市政基础设施、教育、保障性住房等公益项目建设。目前来看，市本级债务规模尚在合理区间，总体可控。

（三）2014年财政主要工作

围绕市委、市政府工作部署，贯彻落实积极的财政政策，2014年各级财政部门主要抓了以下工作。

1.狠抓收入保支出，财政收支呈现新亮点。2014年，尽管主导产业和主体税种减收，特别是国税收入任务调减后，考虑预算执行的需要，我们坚持目标任务不降，变压力为动力，主动作为，攻坚克难，确保了财政收支平稳运行，并呈现出新的亮点。一是收入总量与收入质量同步提高。公共预算收入超2亿元完成目标，增速高于自治区1.8个百分点，总量继续保持全区第二。公共预算收入中税收同比增长13%，非税增速则同比回落35个百分点。二是支出总量继续高于收入总量(2014全市地方财政总收入339.4亿元)。公共预算支出超总收入14.3亿元，支出总量及进度均位居全区前列。三是争取资金取得新突破。在上级支出紧缩的情况下，全年争取各类财政资金115亿元，同口径较上年增加近10亿元。特别是争取到的国家节能减排财政政策示范市项目，今后三年就可获得中央财政12亿元以上的资金支持。

2.精准投入稳增长，促进经济发展取得新成效。一是全力稳工业。采取补助、贴息、奖补等形式，落实市政府扶持工业的八条措施。投入1.4亿元，实施中小微企业贷款贴息、电价和铁精粉补贴政策，全市共1054户(次)企业受益。投入资金近10亿元，支持钢铁、铝业、装备制造、稀土等重点产业。注重科技创新驱动，拨付资金2亿元支持人才强市和企业科技研发、技术改造、转型升级；设立科技风险投资基金，推动企业与科研院校开展产学研合作。投入资金3.4亿元，带动工业园区基础设施投资21亿元，有效提升了园区承载能力。二是整合财力打造现代农牧业。以旗县区为主导，将分散于各部门的涉农涉牧资金16.4亿元捆绑使用，集中支持肉羊、蔬菜为主的现代农牧业，打造4个现代农牧业示范园区和一批示范基地。同时，投入0.54亿元，做好农牧业防灾减灾工作；拨付农业保险保费补贴0.67亿元，增强农牧业抗风险能力。三是加大服务业支持力度。投入资金3.4亿元，落实扶持服务业的各项财政政策，其中拨付2.5亿元支持满都拉口岸、食品加工园区、肉菜流通追溯体系等项目；拨付0.42亿元，实施“粮安工程”及肉菜应急体系建设，保障市场供给。拨付0.27亿元给予农村金融机构定向费用补贴、县域金融机构涉农贷款增量奖励以及融资性担保公司风险补偿。

3.加大投入夯基础，推动城乡建设凸显新变化。一是着力提高城市综合水平。立足于补欠账、打基础，投入10亿多元，支持钢铁大街改造、打通断头路、机场改建等一大批基础设施建设项目；投入5亿元，支持老旧小区改造及公租房、廉租房建设和城市绿亮美工程。二是着力改善农村牧区生产生活环境。投入财政资金8.3亿元实施“十个全覆盖”工程，打造71个高标准示范村、建设159个达标村，27万人受益。投入近3亿元实施精准扶贫“三到村到户”、农业综合开发和“一事一议”美丽乡村建设等惠农项目，有效提升了城乡统筹发展水平。三是大力支持生态环境建设。拨付资金2.3亿元，用于大青山应急水源、农田水利、河道治理等项目。拨付2.2亿元落实森林保险、植被恢复、天然林保护等政策，实施大青山南坡绿化、黄河湿地保护等生态建设项目。

4.突出重点保民生，社会事业发展迈出新步伐。切实增强公共财政意识，把群众关注的热点问题作为头等大事抓紧抓好。一是全力推进北梁棚改这一重大民生工程。扎实做好资金筹集、调度、管理等工作，累计拨付169亿元（含北梁贷款专户资金）。二是着力促进城乡居民增收。及时足额通过“一卡通”发放草原生态奖补、粮食直补综补等惠农资金7.7亿元；如实兑现养老金提标政策，实现连续十年提标；再次提高民生保障标准，城乡低保、五保供养、孤儿养育等多项指标继续位居自治区前列。财政惠民政策的落实，有效带动了城乡居民收入增长。三是着力实施民心工程。投入5.8亿元，确保大气污染治理、城市直饮水改造、食品安全监管、公共交通改善、生态环境综合整治项目顺利推进，如实兑现了向全市人民的承诺。四是着力解决入园难、看病难等问题。多方筹资5.6亿元支持55所公办幼儿园、蒙中医院等项目建设。补助资金4.3亿元，将城镇居民医保和新农合补助标准提高至每人每年320元和345元，并参加了大病商业保险，报销比例均提高15%，报销额度均增加5万元以上；公共卫生均等化、基层医疗卫生保障等改革顺利推进。五是着力推动各项社会事业发展。拨付资金2.6亿元，落实小额担保贷款贴息、社保补贴、公益性岗位补贴、大学生创业等就业再就业扶持政策。投入5.2亿元，完善义务教育保障机制，加强教育基础设施建设，顺利实现蒙中、回中搬迁；支持职教园区建设；落实高等教育生均经费；资助了近10万人（次）贫困家庭大中专学生。投入资金0.8亿元，支持城市视频监控网络、警务工作站、强戒所等项目，打造平安包头。筹资4.4亿元，改善我市广电设施，使我市广电设施达到全国先进水平；完成旗县区文化馆、图书馆及文化站室建设138个，公共文化服务体系更加完善。

5.先行先试促改革，理财服务水平得到新提升。坚持财政改革先行一步。大力度实施收费制度改革，市县两级行政事业性收费分别由85项和55项，减少到40项和26项，向企业和社会每年直接让利0.6亿元。清理收回单位结余结转资金2.6亿元，集中用于北梁棚改搬迁居民取暖和冬菜补贴、发放低收入农牧户一吨煤及临时价格补贴等方面，有效盘活了资金存量。首次向社会公开了部门预决算和“三公”经费，迈出了打造阳光财政坚实的一步。调整完善了市本级非税收支管理办法，更好地调控收入、增加财力，解决单位苦乐不均问题。开展了税收优惠政策摸底工作。试编完成了权责发生制政府综合财务报告。制定了我市政府购买服务工作方案，并在社区养老等方面进行了有益实践。同时，深入开展党的群众路线教育实践活动，主动到基层财政、预算单位听建议、察实情、解难题，完成39个乡财所重建，改进国库集中收付、政府采购、会计管理等窗口服务，提高各项业务办理效率，持续推动政风行风转变，财政干部党性意识、宗旨意识、服务意识普遍增强，执行力、落实力明显提高。

（四）贯彻落实市人大审议意见情况

按照市人大及常委会的审议意见和有关要求，市政府及相关部门高度重视，逐一进行了改进。

1.在改进预算编制和执行方面。一是着力优化支出结构。预算编制中强调保运转、保民生、保重点基本要求，并坚决落实公用经费下降7%的目标，制定了相关公用经费管理办法，严控“三公”经费支出，全市“三公”经费同比下降12.7%。二是加快预算执行进度。及时调整了基本支出拨付流程，提高了办理效率。我市公共预算支出进度始终保持全区前列。三是严格执行人大批准的预算。执行中控制预算追加，特别对于经费类的申请，一律不予办理。对因中央代发债券、年终超收需调整预算的报告，都及时按程序上报，并严格按照要求执行。

2.*在加强财政监督管理方面*。一是开展了对外借款和财政专户清理工作，进一步规范了财政专户管理。通过定期存款或协议存款的方式，促进财政专户资金保值增值。二是开展了沿黄沿线专项、农业开发、政法专项等14类财政资金使用的专项检查，对草原生态奖补、科技等5类项目资金试行绩效评价，保障资金使用安全和效益。

3.*在加强政府性债务管理方面*。一是严格新增贷款项目审批，凡未通过市人大批准的贷款申请，市财政一律不予出具相关文件，不负责贷款担保或偿还。二是认真贯彻国发【2014】43号文件精神，对我市政府存量债务进行了清理甄别，为下一步分清责任，规范管理奠定了基础。三是认真履行还款承诺，积极筹集资金偿还到期政府性债务本息，没有发生逾期债务，确保了政府诚信。

各位代表，过去一年，我市财政工作在攻坚克难中取得了新成绩，但财政运行中也存在不少困难和问题。一是受“三期叠加”及经济运行下行压力的影响，我市一些对资源能源依赖程度较高的重点行业税收增长乏力，财政收入结构不优，产业转型升级及税源建设的紧迫性更加突出。二是公共预算刚性支出增长较快，相对于低增长的收入现状，收支矛盾更加突出，过紧日子的思想还有待进一步加强。三是区域发展不平衡，部分地区财政收支平衡难度大，债务负担重，加强债务风险防控和推进地区基本公共服务均等化工作急需跟进。四是广泛有效运用社会化、市场化融资的实践还不够，作用不明显，对经营城市、做好土地文章的认识和能力需进一步提升。五是推进财税体制改革、加强预算绩效管理、向上争取资金等工作还需进一步加强。这些问题，我们将采取有力措施加以解决，也恳请各位人大代表、政协委员给予监督、理解和支持。

二、2015年预算安排

按照中央关于经济发展进入新常态的研判，财政工作面临收入由高速增长转为中低速增长、刚性支出增长、调控更加复杂、预算规范管理的要求越来越高等新形势、新要求，必须科学分析新常态下财政领域的趋势性变化，发挥好财政在适应和引领新常态中的作用。为此，2015年预算编制的指导思想是：**认真贯彻落实市委十一届七次全委会议精神，坚持稳中求进工作总基调，以提高财政收支质量和效益为中心，主动适应经济发展新常态，深入推进财税体制改革，落实好积极的财政政策，支持创新驱动战略，助推经济运行在合理区间；优化财政支出结构，盘活存量，用好增量，加强民生保障；坚持依法理财，加强预算管理，强化风险防控，提高财政资金使用效益，促进全市经济持续健康发展和社会和谐稳定。**

2015年预算安排的总原则：一是贯彻落实预算法新要求，完善政府预算体系，将政府全部收支纳入预算，提高预算完整性。二是收入预算坚持实事求是、积极稳妥、留有余地的原则，与全市经济社会发展目标和需求相统一。三是支出预算要统筹兼顾、突出重点、勤俭节约，压缩一般性开支，优先保工资、保运转、保民生、保稳定、保重点。四是加强政府性债务管理，妥善处理存量债务，分门别类纳入预算管理。

按照上述指导思想和总原则，编制了一般公共预算、政府性基金预算、国有资本经营预算和社会保险基金预算四本预算。因一般公共预算和政府性基金预算须统筹收入和财力，所以一并报告。具体如下：

一般公共预算和政府性基金预算

(一)全市一般公共预算和政府性基金预算

2015年全市一般公共预算收入拟安排251亿元,同比增加16.7亿元,增长7%。按构成项目划分:税收收入170亿元,占比67.7%;非税收入81亿元,占比32.3%。按级次划分:市本级38亿元,占比15.2%;旗县区213亿元,占比84.8%。

确定这一目标,主要有两方面考虑。一方面是不能过低的考虑:一是要与我市GDP、投资、消费等主要经济指标保持合理增长相吻合,也与市委、市政府"三个节点"的奋斗目标相衔接。二是保工资、保运转、保民生、保稳定、保重点的基本需要。另一方面是不能过高的考虑:一是经济新常态下,财政收入进入了中低速增长期,需要理性确定增长目标。二是经济下行及全面"营改增"等税收政策对财政收入带来的减收影响。综合分析,我们认为确定7%的增长目标是积极稳妥的,是通过努力完全可以实现的。

依据上述目标,加上级补助收入和2014年已提前下达需列入2015年预算的转移支付资金,减上解上级支出后,全市2015年可用财力约312亿元。按照收支平衡的原则,全市一般公共预算支出相应拟安排312亿元(中央、自治区2014年提前下达我市,并需列入2015年预算的各类专项转移支付资金38亿元,其中市本级27亿元,相应增加市本级总财力27亿元,但由于这部分资金有专门用途,不属于市本级可统筹使用财力)。

汇总市本级和旗县区政府性基金预算,全市政府性基金收入93.4亿元,对应安排政府性基金支出93.4亿元。

(二)市本级一般公共预算和政府性基金预算

市本级一般公共预算收入拟安排38亿元,较2014年完成数增加4.1亿元,增长12.2%。其中:税收收入13亿元,占比34.2%;非税收入25亿元,占比65.8%。政府性基金收入预算拟安排87亿元。

按照现行财政体制测算,2015年市本级一般公共预算可用财力73亿元。其中:一般公共预算收入38亿元,中央及自治区税收返还补助14.8亿元,旗县区体制上解25.9亿元,上解自治区冲减财力2.1亿元,补助旗县区3.6亿元。国有土地使用权出让收入剔除成本和五项基金后,政府可统筹收益拟安排支出15亿元。

统筹一般公共预算和政府性基金可统筹收益后,2015年市本级可用于安排支出预算的财力共计88亿元。其中:一般公共预算可用财力73亿元,比2014年预算增加9.2亿元,增长14.4%;可统筹土地出让净收益15亿元,比2014年预算减少10亿元。

根据财力供给情况和上述支出预算安排原则,2015年市本级预算支出拟安排88亿元。其中:基本支出37.5亿元,占比42.6%;项目支出50.5亿元,占比57.4%,项目支出预算安排情况如下:

1.民生保障支出:拟安排29.3亿元,占项目支出的58%,具体包括社会保障和就业、教育、医疗卫生、农林水及其他民生保障支出。其中:

(1)社会保障和就业支出6.6亿元,占民生保障支出的22.6%。主要包括:对基本养老保险基金的补助18,759万元,对城乡居民基本养老保险基金的补助5,360万元,城乡最低生活保障13,210万元,企业退休人员取暖补贴4,282万元,低收入农牧户冬季取暖用煤补贴1,836万元,社区硬件基础设施建设、综合补贴1,134万元,扶持就业创业1,200万元,以及"三无"人员生活补助、80周岁以上低收入老年人高龄津贴等。

(2)教育、科技支出5.9亿元,占民生保障支出的 20.1%。主要包括：高中助学金及“两免”配套资金 4,204 万元，中等职业学校“两免”和助学金配套资金 2,362 万元，生源地信用助学贷款财政贴息及风险补偿金 1,031 万元，中职外聘教师补贴 800 万元，偿还包一中、包九中、回中、蒙中等学校新校区建设贷款本息以及融资租赁设备支出 4,300 万元，高校、中职院校及部分市属高中统筹非税收入安排的绩效工资、公用经费及偿还债务方面支出 36,126 万元，应用技术研发、科技创新引导、产业转型升级和产学研合作、科学技术进步奖奖励 6,000 万元，以及用于农村牧区中小学住校生免费午餐、农村牧区义务教育阶段贫困寄宿生生活费补助、校车补贴、社科规划、科普活动、农作物育种和推广等。

（3）医疗卫生与计划生育支出 1.6 亿元，占民生保障支出的 5.5%。主要包括：对城镇居民医疗保险补助 1,765 万元，对新农合医疗保险补助 2,904 万元，离休、文革伤残人员医药费 2,500 万元，基层医疗卫生机构综合改革经费 847 万元，中心血站、疾控中心统筹非税收入安排的支出 2,670 万元，以及基本公共卫生服务、城乡医疗救助和疾病应急救助资金等。

（4）农林水支出 3.7 亿元，占民生保障支出的 12.6%。主要包括：“十个全覆盖”工程 10,000 万元，草原禁牧补贴 6,054 万元，现代农牧业示范园区和食品加工园区建设、龙头企业及合作社专项经费 3,000 万元，精准扶贫“三到村到户”攻坚、杠杆式金融扶贫等 3,000 万元，生态用水水费及运营补贴 2,510 万元，公路铁路沿线绿化工程后期管护、大青山南坡生态环境综合整治等 1,000 万元，以及封闭地下井、水质检测、农业与森林保险保费补贴、农业综合开发、布病溯源灭点等。

（5）文体传媒支出 1.2 亿元，占民生保障支出的 4.1%。主要包括：电视剧《安居》创作 1,000 万元，党报覆盖工程 1,000 万元，公共文化服务体系示范区建设 1,000 万元，举办足球联赛及聘请教练经费 1,000 万元，艺术院团改革定额补助 800 万元，市广播电视台专项支出 2,387 万元，文化人才培养经费 400 万元，以及元宵文化节、鹿城文化艺术节、公益性场馆运行等。

（6）节能环保支出 2.9 亿元，占民生保障支出的 9.9%。主要包括：型煤补贴，建筑扬尘、采石、采渣治理，燃煤锅炉整治，黄标车淘汰等节能减排及大气污染治理 25,700 万元（其中排污费收入安排 13,700 万元），节能减排财政政策综合示范市配套资金 2,000 万元等。

（7）城乡社区支出 3.9 亿元，占民生保障支出的 13.3%。主要包括：城市维护费 18,000 万元；城市基础设施建设 16,000 万元，主要用于建设路公交快速通道、绿道建设，奥林匹克公园绿地及足球夏令营基地建设、老旧小区改造、新都市区管廊管网、景观示范街建设等；城市管理百日整治、数字化城市、市容环境卫生专项考核等 1,500 万元；城镇规划编制经费 1,000 万元等。

（8）交通运输支出 2.5 亿元，占民生保障支出的 8.5%。主要包括：公交 IC 卡财政补贴 6,000 万元，航线补贴、旧航站楼维修和国际机场空港建设等 10,000 万元，电动公交车、电动出租车购置及公交站场建设 4,000 万元，公交运营亏损补助 2,000 万元，以及老年人免费乘车补贴、农村公路养护等。

（9）商贸物流、旅游、粮油储备及其他民生保障支出 1 亿元，占民生保障支出的 3.4%。主要包括：“六园区、一支点”及满都拉口岸国际物流园区、满都拉镇基础设施建设配套 3,600 万元，粮食批发市场粮食成品储备应急仓库建设 700 万元，以及五当召、美岱召等 5A 级景区建设、社区农贸市场及菜市场建设、地方储备肉菜补贴及中俄蒙经贸论坛、装备博览、会展业等。

2.一般公共服务支出：拟安排1.9亿元，占项目支出的3.8%。主要包括：社保基金代征手续费1,500万元，“十三五”规划及各类规划编制经费1,000万元，引进高科技人才入市500万元，会议费450万元，购置费450万元，大学生村官工资及工作经费395万元，民族宗教、爱国团体、民主党派、档案、统计、信访、工商、质监等部门专项工作经费11,447万元，以及电子政务内网二期工程、社区党组织办公活动场所建设以奖代补、精神文明建设、民意调查等。

3.公共安全支出：拟安排4.5亿元，占项目支出的8.9%。主要包括："平安包头"视频监控系统建设4,000万元，驻包部队经费4,818万元，公检法司装备办案经费3,565万元，交警各类协管人员工资1,889万元，公安交警、法院、检察院、人防办统筹非税收入安排的支出23,745万元，以及特殊违法犯罪嫌疑人员治疗中心建设、强制隔离戒毒、囚费、地方维稳等。

4.经济发展和信息支出：拟安排2.5亿元，占项目支出的5%。主要包括：支持产业发展和转型升级、工业园区道路、污水处理、稀土新材料和销售补贴、电价补贴等扶持工业发展的政策，以及机床改造补贴、电子政务外网线路租用和日常维护、国有资产监管、中小企业安全生产等。

5.偿还债务支出：拟安排10.1亿元，占项目支出的20%。

6.预备费：拟安排2.2亿元，占项目支出的4.3%。

对以上安排需要说明的是，尽管通过统筹一般公共预算和基金预算，依财力对重点项目和偿债支出作了安排，但一些项目仍无法足额保障，对不足部分拟通过发行债券、争取资金等其他渠道解决。

此外，按照要求，《包头市本级2015年政府预算草案》及99个部门、单位的预算草案也一并提交会议，请各位代表审查。

国有资本经营预算

按照全口径预算的要求，2015年市本级首次试编了国有资本经营预算。《预算法》明确“国有资本经营预算是对国有资本收益作出支出安排的收支预算。国有资本经营预算应当按照收支平衡的原则编制，不列赤字，并安排资金调入一般公共预算。”

2015年市本级国有资本经营预算收入拟安排1.5亿元，主要来源是上年结转和股利、股息收入。按照收支平衡的原则，2015年市本级国有资本经营预算支出拟对应安排1.5亿元，主要用于产业结构调整、解决企业改制遗留问题等方面。

社会保险基金预算

按照全口径预算的要求，2015年市本级首次试编了社会保险基金预算。纳入市本级统筹的社会保险包括：城乡居民养老保险、城镇职工基本医疗保险、城镇居民基本医疗保险、新型农村合作医疗保险、失业保险、工伤保险、生育保险以及市本级事业单位养老保险，基金预算由市人大审查批准。

企业职工基本养老保险纳入自治区级统筹，该基金预算属自治区社保基金预算编制范围；旗县区事业单位养老保险由各旗县区统筹，该基金预算分别由各旗县区编制。企业职工基本养老保险和旗县区事业单位养老保险基金预算报市人大备案。

2015年市本级统筹的社会保险基金预算收入40.5亿元，其中各级财政补贴14亿元（上级4.8亿元，市本级8.2亿元，各旗县区1亿元），基金支出40.2亿元，当年结余0.3亿元。加上企业养老保险基金和旗县区事业单位养老保险基金，全市社会保险基金2015年收入115.8亿元，其中各级财政补贴45.2亿元（上级24.8亿元，本级10.6亿元，旗县区9.8亿元），支出133.3亿元，当年结余-17.5亿元，收支缺口使用基金历年结余及上级补助资金弥补。

社会保险基金各级财政补贴预算按照预计参保人数和补贴标准测算，其中市本级财政补贴按照一般公共预算安排金额填列，企业职工基本养老保险上级补贴按2014年补贴金额填列。各级财政实际补贴金额按照参保期结束后统计的实际参保人数、补贴标准和上级实际补贴金额结算。具体预算安排如下：

1.城乡居民养老保险基金。拟安排收入预算2.5亿元，支出预算3.5亿元，当年收支缺口1亿元，由历年结余弥补。

2.城镇职工医疗保险基金。拟安排收入预算15.9亿元，支出预算14.6亿元，当年收支结余1.3亿元。

3.城镇居民基本医疗保险基金。拟安排收入预算2.5亿元，支出预算1.4亿元，当年收支结余1.1亿元。

4.新农村合作医疗保险基金。拟安排收入预算3.6亿元，支出预算3.1亿元，当年收支结余0.5亿元。

5.工伤保险基金。拟安排收入预算1.4亿元，支出预算1亿元，当年收支结余0.4亿元。

6.失业保险基金。拟安排收入预算4.1亿元，支出预算6.7亿元，当年收支缺口2.6亿元，由历年结余弥补。

7.生育保险基金。拟安排收入预算1.5亿元，支出预算1亿元，当年收支结余0.5亿元。

8.市本级事业单位养老保险基金。拟安排收入预算8.9亿元，支出预算9亿元，当年收支缺口0.1亿元，由历年结余弥补。

9.旗县区事业单位养老保险基金。拟安排收入预算11.5亿元，支出预算11亿元，当年收支结余0.5亿元。

10.企业职工基本养老保险基金。拟安排收入预算63.9亿元，支出预算82亿元，当年收支缺口18.1亿元，缺口部分按自治区统筹办法，由自治区从统筹基金中安排。

三、2015年财政工作重点

2015年，财政部门将认真贯彻落实市委十一届七次全委会议精神，突出在发展的“质”和“量”上下功夫，在促进经济“稳”与“进”上有作为。坚持底线思维，注重供给管理；坚持精准发力，准确把握政策的力度、节奏和重点；坚持创新投入方式，发挥财政资金引领撬动作用。着力抓好稳增长、调结构、惠民生、促改革、防风险各项工作，为我市经济社会发展提供财力支持。

（一）推动经济稳定增长，夯实财政增收基础。牢固树立经济决定财政的理念，最大限度地发挥财政杠杆作用，支持经济平稳增长，培育新税源。一是着眼于扩投资。采取财政奖补、配套等形式带动多元化投入，支持机场迁建和国际空港、重点县级公路和旅游公路、满都拉口岸及智慧包头等项目，推进新都市区综合管廊和道路、城区断头路、河道治理、工业园区、城市供水、供热、供气管网、污水处理等基础设施建设，完成生态环境综合整治工程，实施好节能减排财政政策综合示范项目。二是着眼于促消费。足额落实惠民补贴和养老金、城乡低保等民生保障政策，适当提高机关事业单位工资，促进城乡居民收入和消费能力的提高。安排专项资金，支持物流园区、社区农贸市场建设，推动电子商务业做大做强，支持养老、信息、家政等新兴服务业发展和五当召等一批重点文化旅游项目。三是着眼于科技创新驱动。整合本级科技研发和上级专项，支持人才强市战略，鼓励企业和科研院校开展合作，重点支持钢铁、铝、装备制造、稀土等传统优势产业加快转型升级。继续推进现代农牧业示范园区和基地建设，打造高精强的现代农牧业。四是着眼于解决企业困难。加大对非公经济及中小微企业的扶持力度，搭建财政、银行和企业合作平台，引导鼓励商业银行加大对企业的贷款力度，助推企业稳定生产、增加就业和税收。安排专项资金支持招商引资工作，注重把税收贡献率作为引进建设项目的重要指标。同时，继续清理涉企收费，优化发展环境，激发企业活力。

（二）抓好增收节支工作，确保完成预算目标。充分做好啃硬骨头的准备，着力抓好增收节支。一是以提高收入质量为核心，在完善以往经验做法的基础上，建立由财政、税务、审计、人社等部门参加的综合治税联席会议制度，切实加强税源分析，挖掘存量、管好增量，努力提高税收在公共预算收入中的比重。二是保持一定速度的非税增长，注重提高非税对财力的贡献。继续做好经营土地文章，增加政府可统筹财力。三是用足用好上级政策和资金。一方面从我市边疆、民族等地区实际出发，注重因素法争取上级财力和政策支持。另一方面继续加大专项资金争取力度，突出做好项目库及可研、规划等基础性工作，提高争取资金成功率。四是厉行节约过紧日子。严格执行中央八项规定及自治区、我市相关规定，严格执行会议费、差旅费、接待费等经费管理办法，强化支付审核把关，保持公用经费零增长。继续推进预决算公开，主动接受社会监督。

（三）增强公共财政意识，切实保障改善民生。坚持把保民生作为财政首要任务。一是注重保障基本民生。坚持"守住底线、突出重点、完善制度、引导舆论"的原则，多些雪中送炭，更加关注低收入群众生产生活，做好城乡低保、大病救助等工作。支持民政福利园区和日间照料中心等项目建设。二是大力支持民心工程。通过整合预算资金以及政策性银行贷款、市场化运作等方式，全力推动创业就业、百姓安居、"十个全覆盖"、精准扶贫、城市管理提升、平安包头、大气污染防治、城市供水改造、食品安全监管、交通设施改善"十大民心工程"，持续提高城乡人民幸福指数。三是保障基本公共服务需求。把保障就业放在首位，认真落实公益岗位、志愿者、小额担保贷款贴息等就业扶持政策，支持公共实训基地建设，做好高校毕业生就业工作，促进就业创业服务体系进一步完善。把教育放在优先位次，支持基础教育学校标准化建设和农村薄弱学习改造，推动义务教育均衡发展。继续推进公办幼儿园建设，落实扶困助学政策，支持高等教育、职业教育。继续支持以公立医院、重大公共卫生项目、基层医疗卫生机构等为主的医药卫生体制改革，提高公共卫生和基本医疗服务水平。继续实施党报覆盖工程，支持文艺院团改制，推动四级公共文化服务设施建设和青少年足球夏令营活动基地、足球特色学校等项目。

（四）多方开辟筹资渠道，防范化解财政风险。创新财政投入和供给方式，通过财政贴息、风险补偿、创业投资基金等方式，更多地运用市场手段、吸引社会资本参与经济建设。一是进一步盘活国有存量资产，做实做强几大国有公司，提高其自身运营项目的能力，发挥筹集资金的主力军作用，支持重点工程和重点项目，并鼓励与社会资本开展合作。二是充分发挥财政资金"四两拨千斤"的作用，吸引金融资本、民间资本和风险投资广泛参与，构建多元化投入机制。三是抓住地方政府发行债券的政策契机，做好前期准备，协调争取开展债券发行工作，解决在建项目资金问题，置换转化部分债务。四是制定政府与社会资本合作方案，在城市供水、供热、供气、垃圾和污水处理等方面开展PPP试点，为城镇化建设开辟新的融资途径。五是加强政府性债务管理。建立风险预警机制和偿债准备金制度，制定应急处置预案，建立责任追究机制，切实防范债务风险。在分清责任的基础上，通过预算安排资金、市属国有公司运营收益、发行地方政府债券置换等方式，妥善处理存量债务。加强棚户区债务管理，坚持封闭运行、单独核算，努力实现自求平衡。

（五）深化财税体制改革，提升依法理财水平。把学习贯彻《预算法》作为今后依法理财的重点，紧密结合财税改革全面推进。一是清理规范重点支出同财政收支增幅或生产总值挂钩事项，一般不采取挂钩方式。二是加强预算执行管理，硬化预算约束，年度预算执行中一般不出台增加当年支出的政策。三是加强财政结转结余资金管理，建立定期清理机制，加大统筹使用力度。四是全面清理规范税收优惠政策，清除影响商品和要素自由流动的市场壁垒。五是继续加大专项资金整合力度，提高整合比例，集中财力办大事，发挥财政资金的集聚效应。六是强化财政资金绩效管理，全面做好财政专户资金统筹管理，促进保值增值和以存促贷、以存引贷。选择部分政府投资的重点项目开展绩效评价，把评价结果作为调整支出结构、完善财政政策和科学安排预算的重要依据，促进财政资金使用效益的提高。七是推进政府购买公共服务工作，在教育医疗、养老助残、社会救助、"三无"和"五保"人员供养方面扩大试点，所需资金从部门预算中统筹安排。八是协同推进机关事业单位养老、公车、"扩权强县"试点等改革。九是落实各项税制改革政策，做好建立事权与支出责任相适应制度的基础工作。

（六）持续深入改进作风，锤炼财政干部队伍。要把党的群众路线教育实践活动中形成的精神风貌和良好做法转化为抓落实、强管理、重服务、求创新的实践动力，全力推动各项财政工作上台阶。一是强化执行力，遵循经济规律，严格依法办事，创造性推动市委、市政府决策部署的落实。二是强化监督管理，紧密结合人大、审计监督结果，加大对预算执行、项目申报、投资评审、资金使用等方面财政监督力度，提高自我发现问题、自我完善制度的能力。强化财经纪律检查，切实维护财经法律法规和秩序。三是寓管理于服务，不断优化政府采购、非税收支、集中收付、会计从业管理等办事程序，提高服务效率和水平。四是切实加强党风廉政建设，严格遵守党的政治纪律、组织纪律和财经纪律，落实"两个责任"，公开权力清单，建立健全反"四风"的制度体系，努力打造一支为民务实清廉的财政队伍。

各位代表，2015年财政工作任务艰巨，责任重大。我们一定要按照市委十一届七次全委会议和本次大会确定的目标任务，自觉接受人大、政协的监督指导，进一步解放思想，开拓创新，攻坚克难，为推动全市经济社会持续健康发展作出新的贡献。

包头市2014年国民经济和社会发展统计公报

包头市统计局　国家统计局包头调查队

(2015年5月19日)

2014年,面对复杂严峻的国内外形势,市委、市政府带领全市各族人民认真贯彻中央及自治区各项决策部署,坚持稳中求进的工作总基调,统筹做好稳增长、促改革、调结构、惠民生等各项工作,全市经济在新常态下平稳运行,结构调整取得积极变化,各项改革不断深化,民生事业继续改善,实现了经济社会持续稳定发展。

一、综合

年末全市常住总人口为279.9万人,比上年末增加3.3万人,其中城镇人口230.5万人,乡村人口49.4万人。全市城镇化率达到82.3%,较上年提高0.3个百分点。

初步核算,全市实现生产总值3636.3亿元,按可比价格计算,比上年增长8.5%。其中,第一产业增加值100.7亿元,增长3.1%;第二产业增加值1792.2亿元,增长9.9%;第三产业增加值1743.4亿元,增长7.2%。三次产业增加值占全市生产总值的比重分别为2.8%、49.3%和47.9%。全市人均生产总值达到130676元,增长7.2%,按年平均汇率折算为21273美元。

全年居民消费价格总水平比上年上涨1.8%。八大类商品及服务中,除交通和通信价格下降1.4%以外,其余七类商品及服务价格均呈上涨态势。其中,食品价格涨幅达3.8%,拉动居民消费价格总水平上涨1.2个百分点。

全市城镇新增就业4.1万人,其中城镇失业人员再就业人数0.7万。年末城镇登记失业率为3.87%。

全年公共财政预算收入234.3亿元,比上年增长8.9%。其中,税收收入为150.0亿元,增长13.5%。分税种来看,国内增值税11.4亿元,下降27.7%;营业税37.1亿元,下降4.4%。全年公共财政预算支出353.7亿元,比上年下降0.4%。其中,用于民生和社会事业的财政支出达292亿元,占公共财政预算支出的82.5%。民生支出中,社会保障和就业支出58.4亿元,增长28.7%;城乡社区事务支出93.5亿元,增长16.8%;节能环保支出11.4亿元,增长45.0%。

二、农牧业

全年农作物播种面积33.6万公顷,比上年增长6.8%。其中,粮食作物播种面积23万公顷,增长0.6%。全年粮食总产量108.3万吨,比上年减少3.1%。其中,小麦产量6万吨,减少8.5%;玉米产量85.6万吨,减少3.9%;马铃薯产量15.5万吨,增长4.2%。全年油料产量7.3万吨,增长39.6%;蔬菜产量102.7万吨,增长3.2%。

年末全市牛存栏27.5万头,下降17.8%;羊存栏204.6万只,增长7.1%;猪存栏26.2万头,下降2.4%。年末牛出栏24.7万头，增长0.2%；羊出栏408.1万只，增长4.8%；猪出栏55.7万头，增长5.2%。全年猪肉产量4.6万吨，与上年持平；牛肉产量4.0万吨，增长3.4%；羊肉产量6.8万吨，增长4.2%；禽肉产量6398吨，增长1.8%；禽蛋产量2.7万吨，下降4.7%；牛奶产量101.9万吨，下降28.1%；水产品产量8625吨，增长6.3%。

全市农业综合机械化水平达到87.4%，比上年提高0.4个百分点。年末农牧业机械总动力160.7万千瓦，比上年增长2.1%。农业机械中，大中型拖拉机6619台，小型拖拉机28871台，农用排灌动力机械7856台，联合收获机1505台，播种机12351台。机耕面积28.3万公顷，比上年增长1.0%；机播面积27.5万公顷，增长0.8%；机械收获面积18.9万公顷，下降12.2%。

农牧业产业化进程稳步推进，年末全市拥有各类农民专业合作社1178家；拥有市级以上农牧业产业化重点龙头企业149家，其中国家级6家、自治区级30家、市级113家。全市农畜产品行业拥有中国驰名商标9个。

三、工业和建筑业

全年全部工业增加值1579.8亿元，比上年增长10.4%。规模以上工业企业实现增加值1141.4亿元，增长11.1%，其中轻工业增长4.9%，重工业增长11.5%。在规模以上工业中，钢铁、铝业、装备制造、稀土、电力五大产业工业增加值比上年增长11.4%，对规模以上工业经济增长的贡献率达59.7%，拉动工业增长6.6个百分点；高技术产业增加值增长11.8%，高于规模以上工业增速0.7个百分点；战略性新兴产业增长14.2%，占规模以上工业的比重达19.8%；非公有制经济增加值增长22.9%，拉动全市规模以上工业增长10.5个百分点。

全年规模以上工业企业主营业务收入2911.8亿元，比上年增长6.7%；实现利润124.1亿元，下降31.3%；工业产品销售率97.3%，比上年下降1.3%。

全年建筑业增加值213.0亿元，比上年增长5.8%。在本市注册的具有资质等级的建筑企业共100户，完成总产值221.9亿元。

四、固定资产投资

全年固定资产投资3440.6亿元，比上年增长15.0%。其中，第一产业投资89.0亿元，较上年增长8.5%；第二产业投资1762.2亿元，增长11.2%，其中工业投资1692.8亿元，增长11.4%；第三产业投资1589.4亿元，增长20.0%。

分行业来看，制造业投资1171.6亿元，增长11.5%；电力、热力、燃气及水的生产和供应业投资236.9亿元，增长28.5%；交通运输、仓储和邮政业投资119.3亿元，下降1.6%；水利、环境和公共设施管理业投资434.7亿元，增长25.8%。

民间投资2397.1亿元，比上年增长8.7%，占全市投资的比重达71.8%。高技术产业全年累计完成投资43.7亿元，增长31.2%。城市基础设施建设投资达785.5亿元，增长23.2%，占全市投资的比重达到22.8%，对全市投资增长的贡献率达33.0%，拉动全市投资增长4.9个百分点。

全年房地产开发投资197.9亿元，比上年下降4.2%。其中，住宅投资132.7亿元，下降6.8%；办公楼开发投资9.4亿元，下降7.7%；商业营业用房40.0亿元，增长12.6%。

五、国内贸易和对外经济

全年社会消费品零售总额1184.7亿元，比上年增长10.0%。按经营地统计，城镇消费品零售额1163.8亿元，增长10.0%；乡村消费品零售额20.9亿元，增长6.1%。

全年限额以上批发零售贸易及住宿餐饮企业实现消费品零售额377.3亿元，比上年增长

0.2%。其中,企业餐饮收入 24.4 亿元,增长 2.7%;企业商品零售额 352.9 亿元,与上年持平。在限额以上企业商品零售额中,粮油、食品、饮料、烟酒类商品零售额增长 12.2%,服装、鞋帽、针纺织品类增长 6.3%,化妆品类增长 7.1%,日用品类增长 2.7%,家具类增长 36.5%,金银珠宝类下降 5.5%,汽车类下降 11.5%,石油及制品类下降 2.8%。

全年外贸进出口总额 18.1 亿美元,比上年下降 14.2%。其中,出口总额 12.7 亿美元,增长 14.2%;进口总额 5.4 亿美元,下降 46.0%。全年利用外资额 11.2 亿美元,比上年下降 20.1%。

六、交通、邮电和旅游业

公路货运量 28831.6 万吨,增长 25.7%;公路客运量 902.2 万人,下降 23.6%。民航客运吞吐量 183.0 万人次,比上年增长 7.1%;民航货邮总量 10139 吨,增长 1.4%。

年末全市民用汽车保有量达到 49.8 万辆(包括三轮汽车和低速货车),比上年末增长 8.8%,其中私人汽车保有量 43.2 万辆,增长 10.8%。民用载客汽车保有量为 42.3 万辆,增长 10.4%,其中私人载客汽车 39.2 万辆,增长 11.6%。

全年邮电业务总量 34.7 亿元,比上年增长 11.1%。其中,邮政业务总量 11.1 亿元,下降 6.9%;电信业务总量 33.6 亿元,增长 11.8%。年末固定电话用户 41.7 万户,下降 10.9%。移动电话用户 415.2 万户,增长 5.9%。

全年实现旅游总收入 263.4 亿元,比上年增长 27.1%。国内旅游人数 934.7 万人次,增长 11.0%;国内旅游收入 260.3 亿元,增长 26.5%。入境旅游人数3.6 万人次,增长 5.6%;旅游外汇收入 5141.6 万美元,比上年增长 1.2 倍。

七、金融和保险业

年末全市金融机构人民币各项存款余额 2493.6 亿元,比上年末增长 7.2%。其中,单位存款余额959.8 亿元,下降 5.1%;个人存款余额 1296.2 亿元,增长 8.9%。年末金融机构人民币各项贷款余额 1834.1 亿元,增长 12.6%。其中,短期贷款余额 876.2 亿元,增长 13.7%;中长期贷款余额 886.9 亿元,增长 12.4%。

截至 2014 年底,全市共有保险公司 35 家,其中人身险公司 15 家,财产险公司 20 家。全年保险业务收入 40.0 亿元,比上年增长 4.1%。其中,财产险收入 16.5 亿元,下降 1.5%;人寿险收入 23.5 亿元,增长 8.4%。保险赔款及给付支出 11.9 亿元,增长 2.2%。其中,财产险赔款及给付 7.7 亿元,下降 12.8%;人寿险赔款及给付 4.2 亿元,增长 49.2%。

八、人民生活和社会保障

根据实施的城乡一体化住户调查显示:2014 年全市居民人均可支配收入为 30704 元,比上年增长 9.4%。其中,城镇常住居民人均可支配收入 35506 元,增长 8.6%;农村牧区常住居民人均可支配收入 12713 元,增长 10.1%,增速快于城镇居民 1.5 个百分点。全市居民人均消费性支出 22110 元,增长 8.9%,其中,城镇常住居民人均消费性支出 24920 元,增长8.5%;农村牧区常住居民人均消费性支出 9724 元,增长 8.9%。

年末城镇职工养老保险参保人数为 57.9 万人,比上年末增长 0.9%;享受城镇基本养老保险的离退休人员 29.9 万人,按时足额发放离退休人员养老金 88.2 亿元;全年城乡居民养老保险参保人数达到 42.1 万人。参加失业保险人数 43.3 万人,与上年持平。参加城镇职工基本医疗保险的人数为 79.3 万人,增长 0.7%;参加城镇居民医疗保险的人数为 53.5 万人,与上年持平;参加新型农村牧区合作医疗的人数达 69.6 万人,增长 4.1%。参加工伤保险的人数为 47.0 万人,增长

2.3%。参加生育保险的人数为47.4万人，增长1.6%。

累计建成水站73个、分站15个、自助式饮水屋160座、现制现售水机150台，全市健康水工程覆盖受益人口达176.07万人。

九、教育和科学技术

全市有普通高等学校（包括高职院校)5所，全年招收学生2.1万人，在校学生7.0万人，毕业生2.0万人。普通中专和职业高中(含成人中专)共20所，在校学生2.8万人。普通高中34所，在校学生5.2万人。普通初中60所，在校学生7.3万人。普通小学153所，在校学生13.2万人。全市有幼儿园277所，在园幼儿5.5万人。全市有民族中小学13所，在校学生1.7万人。小学专任教师学历合格率100%，与上年持平；普通初中专任教师学历合格率为99.84%，较上年提高0.04个百分点；普通高中专任教师学历合格率为96.81%，比上年提高0.13个百分点。小学适龄儿童入学率99.99%，与上年持平。

全年申请专利1747件，比去年下降11.7%;专利授权量1141件，增长17.3%。年末拥有国家级企业技术(工程)中心9家；国家高新技术企业累计达到83家，其中年内新增5家；市级以上创新型(试点)企业累计达到112家，其中国家级创新型(试点)企业2家。全年共签订各类技术合同20项，技术合同成交金额0.74亿元，其中技术交易额0.72亿元。

十、文化、卫生和体育

全市现有专业艺术表演团体7个，群艺馆、文化馆11个，公共图书馆10个，博物馆3个，美术馆1个。广播综合人口覆盖率达99.32%，电视综合人口覆盖率达99.30%。

全市共有卫生机构1675个，其中医院61个，社区卫生服务机构(中心、站)182个，乡镇卫生院68个，村卫生室443个，县、乡两级计划生育技术服务机构43个，疾病预防控制中心11个，妇幼保健院(所、站)12个；年末卫生机构实有床位15382张，拥有卫生技术人员19774人。

在自治区第十三届运动会上取得盟市组团体总分第二名的好成绩。在全国第23届"飞跃杯"田径锦标赛中，获得8枚金牌、3枚银牌、3枚铜牌。在全国足校杯比赛中获得U19冠军。成功举办2014年全国女子拳击冠军赛。

十一、城市建设

全市继续加大城市基础设施建设，城市承载能力不断提高。全年新增道路面积165万平方米，新建、改造供热设施及城市供热干网14.5公里，集中供热普及率达到94.5%；加快天然气管网建设，城市燃气普及率达96.1%；生活污水处理率为86%。积极组织实施绿化工程，建成区绿化覆盖率达到42.6%。

截止年底，全市公路里程6907公里，其中高速公路里程141公里，全市公路网密度为23.3公里/百平方公里。

十二、资源和环境保护

全年水资源总量8.1亿立方米（不包括黄河水)。全年总用水量10.3亿立方米，其中生活用水1.1亿立方米(包括城市绿化、洗车洗浴等服务用水)，工业用水2.6亿立方米，农业用水6.6亿立方米。

全年荒山黄(沙)地造林面积31104公顷，其中人工造林16103公顷。林业重点工程完成造林面积20308公顷，占全部造林面积的65.3%。截至2014年底，自治区级自然保护区达到3个，国家级自然保护区1个。

全年平均气温为8.4℃，年平均风速3.0米/秒，年降水总量373.3毫米，年日照时数2852.6小时。

全年全市单位GDP能耗较上年下降4.55%，提前一年超额完成"十二五"规划节能目标任务。

注释：

[1]本公报中数据均为初步统计数。

[2]地区生产总值、各产业增加值绝对数按现价计算，增长速度按不变价格计算。

[3]卫生机构中含村级卫生室。

资料来源：本公报中城镇新增就业、登记失业率、社会保障数据来自人力资源社会保障局；财政数据来自财政局；农业机械动力等数据来自农牧局；公路运输数据来自交通局；民航数据来自民航局；邮政业务总量数据来自邮政局，电信业务总量及电话用户数据来自电信部门；旅游数据来自旅游局；金融数据来自人民银行；保险业数据来自包头市保险协会；教育数据来自教育局；专利等科技数据来自科技局；城市建设数据来自城乡建设委员会；艺术表演团体、博物馆、公共图书馆、文化馆、广播电视数据来自文新广电局；卫生数据来自卫生和计生委；水资源数据来自水务局；健康水数据来自市健康水办公室；造林面积数据来自林业局；气候数据来自气象局；其他数据均来自包头市统计局和国家统计局包头调查队。

第二部分　统计资料

PART TWO STATISTICS

1

DIVISIONS OF ADMINISTRATIVE AREAS AND NATURAL RESOURCES

行政区划和自然资源

1-1　行政区划（2014年）

单位：个

项　目	乡（苏木）	镇	街道办事处	居民委员会	村民委员会
全　市	**10**	**29**	**47**	**252**	**638**
稀土高新区		1	2	8	9
东河区		2	12	60	49
昆都仑区		2	13	72	24
青山区		2	8	48	21
石拐区	1	1	6	7	17
白云矿区			2	4	
九原区	1	3	4	24	49
土默特右旗	3	5		11	288
固阳县		6		10	104
达尔罕茂明安联合旗	5	7		8	77

1-2　土地面积和人口密度（2014年）

项　目	土地面积（平方公里）	年末常住人口（万人）	密度（人/平方公里）
全　市	**27768**	**279.92**	**101**
稀土高新区	116	14.39	1241
东河区	470	54.13	1152
昆都仑区	301	76.79	2551
青山区	280	50.98	1821
石拐区	761	3.81	50
白云矿区	303	2.73	90
九原区	734	21.61	294
土默特右旗	2368	28.65	121
固阳县	5025	17.05	34
达尔罕茂明安联合旗	17410	9.78	6

1-3 自 然 资 源（2014年）

项　　目	单　　位	2014
地理位置		
东　　经		109°51′
北　　纬		40°40′
海　　拔	米	1067.2
土地资源		
土地总面积	平方公里	27768
#年末实有耕地面积	千 公 顷	425.85
耕地面积占土地面积的比重	%	15.3
草原资源		
草地面积	千 公 顷	1933
水利资源		
地表水资源量	亿立方米	0.36
地下水资源量	亿立方米	7.74
水资源总量	亿立方米	8.1
矿产资源		
煤矿储量	亿　　吨	60.8
铁矿储量	亿　　吨	19.7
铌矿储量	万　　吨	128.8
石墨储量（晶质）	万　　吨	40.4

1-4　气 象 情 况

项　目	单　位	2013	2014
年平均气温	℃	8.2	8.4
年最高气温	℃	35.5	34.5
年最低气温	℃	-26.6	-23.1
年降水总量	毫米	239.7	373.9
年最大风速	米/秒	15.3	16.7
平均风速	米/秒	4	2.9
年日照时数	小时	2787.3	2853.8
年平均相对湿度	%	55	55
全年沙尘天气	次	4	11

1-5　分 月 气 象 情 况（2014年）

月　份	月平均气温（℃）	月平均相对湿度（%）	月降水量（毫米）	月日照时数（小时）	月平均风速（米/秒）
一　月	−8.3	49		240.9	2.4
二　月	-5.8	60	5.8	170.3	2.6
三　月	3.4	39		295.9	2.9
四　月	12.8	44	17.8	261.9	3.1
五　月	17.0	37	31.3	300.8	4.2
六　月	21.4	52	45.5	278.4	3.1
七　月	23.5	63	91.0	241.3	3.0
八　月	19.9	69	109.4	208.4	2.5
九　月	15.7	70	54.0	184.3	2.7
十　月	10.2	65	19.0	229.3	2.5
十一月	-0.2	60	0.1	222.0	2.9
十二月	-9.4	51		220.3	3.0

主要统计指标解释

行政区划　指国家对行政区域的划分。根据宪法规定，我国的行政区域划分如下：（1）全国分为省、自治区、直辖市；（2）省、自治区分为自治州(盟)、县(旗)、自治县(旗)、市；（3）自治州分为县、自治县、市；（4）旗、县、自治县(旗)分为乡、民族乡、镇；（5）直辖市和较大的市分为区、县(旗)；（6）国家在必要时设立的特别行政区。

自然资源　指人类可以直接从自然界获得，并用于生产和生活的物质资源。自然资源一般可以分成可再生资源和非再生资源两大类。可再生资源指在较短时间内可以再生、可以循环利用的资源，包括土地资源、水资源、气候资源、生物资源和海洋资源等。非再生资源指在使用后不能再生的资源，包括矿产资源和地热能源。

土地资源　土地指陆地的表层部分，它主要由岩石、岩石的风化物和土壤构成。

土地资源按利用类型可以分为农用地、建筑用地和未利用地。农用地包括耕地、园地、林地、牧草地和水面。建筑用地包括居民点及工矿用地、交通用地和水利设施用地。未利用地指农用地和建筑用地以外的土地，包括滩涂、荒漠、戈壁、冰川和石山等。

耕地面积　指经过开垦用以种植农作物并经常进行耕耘的土地面积。包括种有作物的土地面积、休闲地、新开荒地和抛荒未满三年的土地面积。

草地面积　指牧区和农区用于放牧牲畜或割草，植被盖度在5%以上的草原、草坡、草山等面积。包括天然的和人工种植或改良的草地面积。

水资源　水在自然界中以固体、液体和气态三种聚集状态存在，分布于海洋、陆地（包括土壤）以及大气之中，通过水循环形成水资源。水资源包括经人类控制并直接可供灌溉、发电、给水、航运、养殖等用途的地表水和地下水，以及江河、湖泊、井、泉、潮汐、港湾和养殖水域等。水资源是发展国民经济不可缺少的重要自然资源。

地表水和地下水　陆地上的水因空间分布不同，可以分为地表水和地下水。地表水指分别存在于河流、湖泊、沼泽、冰川和冰盖等水体中水分的总称，又称陆地水。地下水指储存在地面以下饱和岩土孔隙、裂隙及溶洞中的水。

矿产资源　矿产指由地质作用形成，富集于地壳中或出露于地表达到工农业利用要求的有用矿物。矿产是一种重要的自然资源，是社会发展的重要物质基础。

气候　指地球与大气之间长期能量交换与质量交换所形成的一种自然环境状态，它是多种因素综合作用的结果。气候既是人类生活和生产的环境要素之一，又是供给人类生活和生产的重要资源。气温、降水、湿度等气象要素的多年平均值是用来描述一个地区气候状况的主要参数，而各种气象要素某年、某月的平均值（或总量）则可以反映出该时期天气气候状况的重要特征。

气温　指空气的温度，我国一般以摄氏度（° C）为单位表示。气象观测的温度表是[CM(7]放在离地面约[CM)]1.5米处通风良好的百叶箱里测量的。因此，通常说的气温指的是离地面1.5米处百叶箱中的温度。其统计计算方法为：

月平均气温是将全月各日的平均气温相加，除以该月的天数而得。

年平均气温是将12个月的月平均气温累加后除以12而得。

相对湿度　指空气中实际所含水蒸汽密度和同温度下饱和水蒸汽密度的百分比值。其统计方法与气温相同。

降水量　指从天空降落到地面的液态或固态（经融化后）水，未经蒸发、渗透、流失而在地面上积聚的深度。其统计计算方法为：

月降水量是将全月各日的降水量累加而得。

年降水量是将12个月的月降水量累加而得。

日照时数　指太阳实际照射地面的时间。其统计方法与降水量相同。

2 综合

GENERAL SURVER

2-1 平均每天主要社会经济活动

指　标	1995	2000	2005	2010	2013	2014
全市每天创造的财富						
生产总值（万元）	4089	6927	23589	62820	93281	98664
第一产业	339	444	952	1821	2703	2758
第二产业	2437	3716	12328	32388	47398	49104
#工业	2185	3439	10816	28480	41841	43283
第三产业	1313	2767	10310	28611	43181	46802
工农业总产值（万元）	6467	11000	30548	84247	118901	119411
工业总产值	5922	10213	29040	81010	114055	114490
农业总产值	545	787	1508	3237	4846	4921
公共财政预算收入（万元）	248	428	1601	3813	5894	6420
公共财政预算支出（万元）	301	593	2133	5615	9733	9715
主要工农业产品产量						
粮食（吨）	1356	1515	2323	2719	3062	2967
油料（吨）	159	203	84	87	144	201
猪牛羊肉（吨）	87	127	218	412	413	424
牛奶（吨）	55	81	2867	4247	3884	2793
水产品（吨）	7.7	13.3	17.7	19.5	22.2	23.6
原煤（吨）	19807	10286	8933	61233	54719	55935
发电量（万千瓦时）	1584	1359	2760	7712	10846	12013
粗钢（吨）	9295	10950	20293	30484	42891	36027
钢材（吨）	6405	9738	19178	30668	38031	35826
糖（吨）	60.0	87.9	92.1	2.5		
每天其他经济活动						
社会消费品零售额（万元）	1501	3185	8016	20022	29733	32457
固定资产投资额（万元）	1673	1478	13728	49329	81955	61364
进出口总额（万美元）	86	86	256	535	577	495
#出口总额	48	47	143	330	305	348
城乡居民年末储蓄余额（万元）	1956	4183	10671	20568	31724	33377
金融机构贷款余额（万元）	4089	4843	9226	28419	44630	50249
每天人口变动						
出生（人）	78	66	51	56	55	58
死亡（人）	27	26	25	22	22	21
人口自然增长（人）	51	40	26	34	33	37

注：1、2014年起固定资产投资统计范围为500万元以上项目投资；
2、生产总值数据分别按第一、二次和三次经济普查数据进行调整；
3、出生、死亡、人口自然增长数据来源于卫计委。

2-2　社会经济主要指标人均水平

指　标	1995	2000	2005	2010	2013	2014
全市生产总值（元）	**7692**	**11134**	**35344**	**87068**	**123859**	**129415**
第一产业	637	714	1426	2524	3589	3617
第二产业	4585	5973	18471	44890	62935	64408
#工业	4111	5527	16205	39473	55557	56774
第三产业	2470	4447	15447	39654	57335	61390
工农业总产值（元）	**12215**	**17679**	45768	**116765**	**157877**	**156629**
工业总产值	11185	16415	43509	112279	151443	150173
农业总产值	1030	1264	2259	4486	6434	6456
公共财政预算收入（万元）	**325**	**688**	**2398**	**5285**	**7826**	**8421**
公共财政预算支出（万元）	**394**	**953**	**3196**	**7783**	**12924**	**12743**
农牧业生产						
耕地面积（公顷）	0.15	0.20	0.17	0.16	0.15	0.15
粮食产量（千克）	256	244	348	377	407	389
油料产量（千克）	30.0	32.6	12.6	12.0	19.1	26.4
年末大牲畜（头）	1.09	0.05	0.20	0.15	0.13	0.11
#牛	0.03	0.03	0.19	0.14	0.12	0.10
年末羊（只）	0.88	0.72	0.53	0.69	0.70	0.74
年末生猪（口）	0.14	0.12	0.10	0.10	0.10	0.09
猪牛羊肉产量（千克）	16.46	20.48	32.72	57.03	54.82	55.63
牛奶产量（千克）	10.30	12.99	429.53	588.65	515.66	366.37
水产品产量（千克）	1.45	2.14	2.64	2.70	2.95	3.10

注：2000年及以后各年人均指标按常住人口（均根据第六次人口普查数据调整）计算，之前年份按户籍人口计算。

2-2 续 表

指 标	1995	2000	2005	2010	2013	2014
主要工业产品产量						
原煤（吨）	3.74	1.65	1.34	8.49	7.27	7.34
发电量（千瓦小时）	2991	2184	4135	10689	14401	15757
粗钢（吨）	1.76	1.76	3.04	4.23	5.70	4.73
钢材（吨）	1.21	1.57	2.87	4.25	5.05	4.70
糖（千克）	10.00	14.14	13.79	0.35		
社会消费品零售额（元）	**2835**	**5119**	**12010**	**27751**	**39480**	**42573**
固定资产投资额（元）	**3159**	**2376**	**20569**	**68369**	**108821**	**80490**
进出口总额（美元）	**163**	**139**	**383**	**742**	**766**	**649**
#出口总额	90	76	214	457	405	456
千人拥有电话部数（部）	**72**	**234**	**625**	**1096**	**1582**	**1641**
千人拥有卫生技术人员（人）	**7.3**	**6.4**	**5.7**	**6.5**	**7.1**	**7.1**
千人拥有病床数（张）	**4.8**	**4.2**	**4.0**	**4.9**	**5.5**	**5.5**
人民生活						
在岗职工平均工资（元）	4938	7517	19805	41403	53100	56246
城镇居民人均可支配收入（元）	3385	5436	13218	25862	32694	35506
城镇居民人均消费性支出（元）	2615	4257	10056	20994	22967	24920
农村牧区居民人均可支配收入（元）	1470	2548	4667	8766	11547	12713
农村牧区居民人均生活消费支出（元）	1327	1626	2952	6132	8930	9724
城乡居民年末储蓄余额（元）	3696	6723	15988	28508	42123	43780
城镇居民住宅建筑面积（平方米）		21.3	27.0	31.7	34.0	34.8
城镇居民住宅使用面积（平方米）		17.0	20.3	23.8	25.5	26.1
农村居民住房面积（平方米）	16.0	19.1	26.1	29.6	31.0	31.0

2-3 国民经济和社会发

指 标	总量指标					
	1978	1990	2000	2005	2010	2014
人口						
年末总人口（万人）	160.68	185.57	229.43	244.88	265.61	279.92
城镇人口	108.02	135.03	157.66	175.85	211.16	230.48
乡村人口	52.66	50.54	71.77	69.03	54.45	49.44
就业						
年末从业人员数（万人）	69.78	102.39	110.50	118.38	141.68	155.78
#职工人数	42.64	62.99	40.39	33.91	31.85	38.54
国民经济核算						
生产总值（亿元）	9.52	45.05	252.85	861.01	2292.93	3601.23
第一产业	1.02	4.93	16.22	34.73	66.46	100.65
第二产业	6.38	26.44	135.65	449.98	1182.18	1792.29
#工业	5.93	24.39	125.52	394.78	1039.53	1579.84
第三产业	2.12	13.68	100.98	376.30	1044.29	1708.29
人均生产总值（元）	594	2447	11134	35343	87068	129415
固定资产投资						
固定资产投资额（亿元）	1.93	9.43	53.95	501.08	1800.50	2239.80
竣工住宅面积（万平方米）	10.66	57.17	158.76	252.18	424.45	208.08
财政收支						
公共财政预算收入					139.18	234.32
公共财政预算支出					204.96	354.61
农林牧渔业						
耕地面积（万公顷）	37.74	29.24	44.74	42.40	42.68	42.58
总产值（亿元）	1.23	6.86	28.71	55.03	118.14	179.64
主要农畜产品产量						
粮食（万吨）	17.20	35.60	55.30	84.78	99.25	108.30
油料（万吨）	0.60	4.90	7.41	3.06	3.16	7.34
猪牛羊肉产量（万吨）	0.63	1.71	4.65	7.97	15.02	15.48
牛奶（万吨）	0.50	1.59	2.95	104.64	155.02	101.95

注：2000年以后年末总人口为常住人口（均按第六次人口普查数据进行调整）。

展总量与速度指标

速度指标（%）									
指数（2014年比以下各年）						平均增长速度			
1978	1990	2000	2005	2010	2013	1979-2014	1991-2000	2001-2005	2006-2010
174.2	150.8	122.0	114.3	105.4	101.2	1.6	2.1	1.3	1.6
213.4	170.7	146.2	131.1	109.1	101.6	2.1	1.6	2.2	3.7
93.9	97.8	68.9	71.6	90.8	99.4	-0.2	3.6	-0.8	-4.6
223.2	152.1	141.0	131.6	110.0	101.5	2.3	0.8	1.4	3.7
90.4	61.2	95.4	113.7	121.0	93.8	-0.1	-4.3	-3.4	-1.2
9822.1	3644.1	1030.9	356.9	154.0	108.5	13.6	13.5	23.6	18.3
1025.8	437.2	240.5	160.7	121.9	103.0	6.7	6.2	8.4	5.7
10760.8	4482.0	1224.0	406.4	162.4	109.9	13.9	13.9	24.7	20.1
9755.0	4592.1	1234.2	428.7	165.9	110.4	13.9	14.0	23.6	20.9
13736.6	3694.0	948.6	321.4	146.9	107.5	14.7	14.6	24.2	16.9
5714.4	2443.6	841.1	312.3	145.7	107.2	11.9	11.3	21.9	16.5
116051.8	23751.9	4151.6	447.0	124.4	74.9	21.7	19.1	56.2	29.2
1952.0	364.0	131.1	82.5	49.0	58.4	8.6	10.8	9.7	11.0
14554.0	3087.2	1500.1	401.1	168.4	108.9	14.8	7.5	30.2	19.0
34428.2	5701.1	1637.9	455.4	173.0	99.8	17.6	13.3	29.2	21.4
112.8	145.6	95.2	100.4	99.8	100.0	0.3	4.3	-1.1	0.1
1704.1	768.2	416.8	215.7	120.5	103.0	8.2	6.3	14.1	12.3
629.7	304.2	195.8	127.7	109.1	96.9	5.2	4.5	8.9	3.2
1223.3	149.8	99.1	239.9	232.3	139.5	7.2	4.2	-16.2	0.6
2457.1	905.3	332.9	194.2	103.1	102.7	9.3	10.5	11.4	13.5
20390.0	6411.9	3455.9	97.4	65.8	71.9	15.9	6.4	104.2	8.2

2-3　续

指　　标	总量指标					
	1978	1990	2000	2005	2010	2014
年末牲畜总头数（万头、只）	148.80	196.60	202.19	202.71	250.28	261.60
大牲畜（万头）	20.10	12.50	11.62	49.85	40.17	30.77
#牛	8.40	4.10	5.98	46.92	37.97	27.48
#奶牛			0.91	41.04	34.75	20.05
羊（万只）	109.90	171.10	162.62	128.51	183.00	204.59
生猪（万口）	18.80	13.00	27.95	24.35	27.11	26.23
工业						
工业总产值（亿元）	14.97	70.18	372.77	1059.95	2956.87	4178.87
轻工业	2.85	14.19	87.37	190.41	538.95	605.65
重工业	12.12	55.99	285.40	869.54	2417.92	3573.22
主要产品产量						
原煤（万吨）	303.71	476.77	375.45	326.07	2235.00	2041.62
发电量（亿千瓦小时）	20.45	44.19	49.60	100.74	281.50	438.47
粗钢（万吨）	89.23	261.90	399.67	740.69	1112.67	1314.97
成品钢材（万吨）	55.53	146.64	355.42	700.01	1119.40	1307.65
水泥（万吨）	2.49	14.98	46.93	157.43	476.18	532.66
电解铝（万吨）	1.93	5.91	11.84	40.69	87.13	125.54
焦炭（万吨）	125.66	180.09	195.28	316.02	569.96	495.04
运输、邮电						
公路客运量（万人）	123	306	950	11866	1406	902
公路货运量（万吨）	634	2271	6800	15118	16928	38089
公路旅客周转量（亿人公里）	0.59	2.20	7.10	48.68	16.93	17.20
公路货物周转量（亿吨公里）	0.92	7.01	25.10	138.99	454.37	483.28
邮电业务总量（万元）	307	2413	98425	283985	734389	355143
固定电话用户（万户）	1.49	4.18	35.43	49.95	38.86	41.58
国内贸易						
社会消费品零售总额（亿元）	3.78	17.85	116.26	292.58	730.81	1184.67

注：从2009年开始，交通部门公路运输数据统计口径调整，从2011年开始邮电业务总量计算方法调整。

表 1

速度指标（%）									
指数（2014年比以下各年）						平均增长速度			
1978	1990	2000	2005	2010	2013	1979-2014	1991-2000	2001-2005	2006-2010
175.8	133.1	129.4	129.1	104.5	102.8	1.6	0.3	0.1	4.3
153.1	246.2	264.8	61.7	76.6	84.5	1.2	-0.7	33.8	-4.2
327.1	670.2	459.5	58.6	72.4	82.2	3.3	3.8	51.0	-4.1
		2203.3	48.9	57.7	67.6			114.2	-3.3
186.2	119.6	125.8	159.2	111.8	107.0	1.7	-0.5	-4.6	7.3
139.5	201.8	93.8	107.7	96.8	97.6	0.9	8.0	-2.7	2.2
12731.1	4963.4	1226.9	429.5	166.2	110.4	14.5	15.0	23.4	20.9
7791.6	3061.0	560.6	217.5	148.7	104.2	12.9	18.5	20.8	7.9
11234.9	4770.0	1293.9	453.6	167.2	110.8	14.0	13.9	23.3	22.1
672.2	428.2	543.8	626.1	91.3	102.2	5.4	-2.4	-2.8	47.0
2144.1	992.2	884.0	435.2	155.8	110.8	8.9	1.2	15.2	22.8
1473.7	502.1	329.0	177.5	118.2	84.0	7.8	4.3	13.1	8.5
2354.9	891.7	367.9	186.8	116.8	94.2	9.2	9.3	14.5	9.8
21392.0	3555.8	1135.0	338.3	111.9	72.9	16.1	12.1	27.4	24.8
6504.7	2124.2	1060.3	308.5	144.1	104.5	12.3	7.2	28.0	16.4
394.0	274.9	253.5	156.6	86.9	97.5	3.9	0.8	10.1	12.5
733.3	294.8	94.9	7.6	64.2	76.3	5.7	12.0	65.7	-34.7
6007.7	1677.2	560.1	251.9	225.0	166.0	12.0	11.6	17.3	2.3
2915.3	781.8	242.3	35.3	101.6	103.6	9.8	12.4	47.0	-19.0
52530.4	6894.2	1925.4	347.7	106.4	57.4	19.0	13.6	40.8	26.7
115681.8	14717.9	360.8	125.1	48.4	86.2	21.6	44.9	23.6	20.9
2790.6	994.7	117.4	83.2	107.0	89.2	9.7	23.8	7.1	-4.9
31340.5	6636.8	1019.0	404.9	162.1	109.2	17.3	20.6	20.3	20.1

2-3 续

指 标	总量指标					
	1978	1990	2000	2005	2010	2014
对外经济贸易						
进出口总额（万美元）		982	31540	93321	195303	180500
#出口总额		792	17189	52242	120403	127000
金融						
金融机构各项存款余额（亿元）	3.10	29.01	232.88	678.92	1705.62	2493.60
#城乡居民储蓄存款余额	0.61	18.50	152.68	389.48	750.75	1218.27
金融机构各项贷款余额（亿元）	6.72	33.77	176.78	336.76	1037.29	1834.09
教育						
专任教师数（人）						
普通高校	342	1022	1331	1741	2655	4517
普通中专	583	883	727	679	1209	1096
普通中学	7020	8270	8219	9852	9038	9825
小学	7615	9306	9754	8888	8810	8727
在校学生数（万人）						
普通高校	0.19	0.47	1.22	3.18	5.64	7.03
普通中专	0.36	0.63	1.47	1.90	2.60	2.43
普通中学	17.58	10.48	13.23	17.68	13.49	12.54
小学	23.58	15.67	16.47	14.05	14.29	13.17
卫生						
卫生医疗机构数（个）	382	498	854	1123	2017	1620
医疗机构床位数（张）	6571	8319	9462	9731	12791	15382
卫生技术人员数（人）	8830	13505	14639	13916	17023	19774
人民生活						
城镇居民人均可支配收入（元）		1305	5436	13218	25862	35506
农村牧区居民人均可支配收入（元）		640	2548	4667	8766	12713
物价指数（上年=100）						
居民消费价格总指数（%）	100.2	102.8	102.6	101.7	102.8	101.8

表 2

速度指标（%）									
指数（2014年比以下各年）						平均增长速度			
1978	1990	2000	2005	2010	2013	1979-2014	1991-2000	2001-2005	2006-2010
	18380.9	572.3	193.4	92.4	85.7		41.5	24.2	15.9
	16035.4	738.8	243.1	105.5	114.1		36.0	24.9	18.2
80438.7	8595.7	1070.8	367.3	146.2	107.2	20.4	23.2	23.9	20.2
199716.4	6585.2	797.9	312.8	162.3	105.2	23.5	23.5	20.6	14.0
27293.0	5431.1	1037.5	544.6	176.8	112.6	16.9	18.0	13.8	25.2
1320.8	442.0	339.4	259.4	170.1	99.9	7.4	2.7	5.5	8.8
188.0	124.1	150.8	161.4	90.7	98.2	1.8	-1.9	-1.4	12.2
140.0	118.8	119.5	99.7	108.7	106.1	0.9	-0.1	3.7	-1.7
114.6	93.8	89.5	98.2	99.1	103.2	0.4	0.5	-1.8	-0.2
3700.0	1495.7	576.2	221.1	124.6	100.3	10.6	10.0	21.1	12.1
675.0	385.7	165.3	127.9	93.5	94.2	5.4	8.8	5.3	6.5
71.3	119.7	94.8	70.9	93.0	97.3	-0.9	2.4	6.0	-5.3
55.9	84.0	80.0	93.7	92.2	98.9	-1.6	0.5	-3.1	0.3
424.1	325.3	189.7	144.3	80.3	98.5	4.1	5.5	5.6	12.4
234.1	184.9	162.6	158.1	120.3	101.2	2.4	1.3	0.6	5.6
223.9	146.4	135.1	142.1	116.2	101.7	2.3	0.8	-1.0	4.1
	2720.8	653.2	268.6	137.3	108.6		15.3	19.4	14.4
	1986.4	498.9	272.4	145.0	110.1		14.8	12.9	13.4
598.4	310.5	135.9	128.6	113.5	101.8	5.1	8.6	1.1	2.5

2-4 国民经济主要比例关系

单位：%

指　标	1995	2000	2005	2010	2013	2014
从业人员中三次产业的比例						
第一产业	28.9	23.2	24.9	14.1	13.7	14.1
第二产业	45.2	31.3	29.1	29.9	28.0	26.5
第三产业	25.9	45.5	46.0	56.0	58.3	59.4
生产总值中三次产业的比例						
第一产业	8.3	6.4	4.0	2.9	2.9	2.8
第二产业	59.6	53.6	52.3	51.6	50.8	49.8
第三产业	32.1	40.0	43.7	45.5	46.3	47.4
生产总值中公有与非公有经济比例						
公　有	80.2	61.8	54.0	49.5	34.3	32.5
非公有	19.8	38.2	46.0	50.5	65.7	67.5
工业总产值中轻重工业比例						
轻工业	15.0	23.4	18.0	18.2	14.1	14.5
重工业	85.5	76.6	82.0	81.8	85.9	85.5
农业总产值中农林牧渔业的比例						
农　业	66.5	64.6	41.4	35.6	33.1	35.2
林　业	1.7	2.4	0.9	0.9	0.5	0.5
牧　业	30.4	31.8	54.0	60.1	64.7	62.4
渔　业	1.4	1.2	1.0	0.8	0.6	0.7
农林牧渔服务业			2.7	2.6	1.1	1.2
固定资产投资中三次产业比例						
第一产业	0.1	2.5	1.3	2.4	2.7	2.6
第二产业	83.0	52.9	60.1	51.0	53.0	50.0
第三产业	16.9	44.6	38.6	46.6	44.3	47.4
公共财政预算收入占生产总值比例		6.2	6.8	6.1	6.3	6.5
固定资产投资占生产总值比例	40.9	21.3	58.2	78.5	87.9	62.2
进出口总额占生产总值比例	11.9	10.2	8.7	5.4	3.7	3.1

注：2012年起生产总值中非公有制经济比例由自治区统计局测算并反馈，测算口径和方法与以往年度不同。

2-5 国民经济和社会发展主要指标占自治区比重（2014年）

指　标	自治区	包头市	包头市占自治区比重（%）
年末总人口（万人）	**2504.81**	**279.92**	**11.2**
年末在岗职工人数（万人）	**292.66**	**38.54**	**13.2**
生产总值（亿元）	**17770.19**	**3601.23**	**20.3**
第一产业	1627.85	100.65	6.2
第二产业	9119.79	1792.29	19.7
#工业	7904.40	1579.84	20.0
第三产业	7022.55	1708.29	24.3
公共财政预算收入（亿元）	**1843.67**	**234.32**	**12.7**
公共财政预算支出（亿元）	**3879.98**	**354.61**	**9.1**
主要工业产品产量			
原煤（万吨）	99391.00	2041.62	2.1
发电量（亿千瓦时）	3857.81	438.47	11.4
粗钢（万吨）	1661.48	1314.97	79.1
主要农畜产品产量和年末牲畜存栏数			
粮食（万吨）	2753.00	108.30	3.9
油料（万吨）	170.30	7.34	4.3
猪牛羊肉（万吨）	221.16	15.48	7.0
牛奶（万吨）	788.02	101.95	12.9
大牲畜存栏（万头）	839.90	30.77	3.7
羊存栏（万只）	5569.28	204.59	3.7
猪存栏（万只）	669.44	26.23	3.9
固定资产投资额（亿元）	**12074.24**	**2239.80**	**18.6**

2-5 续 表

指 标	自治区	包头市	包头市占自治区比重(%)
公路货物周转量(亿吨公里)	**2103.47**	**483.28**	**23.0**
公路旅客周转量(亿人公里)	**161.40**	**17.20**	**10.7**
金融机构各项存款余额(亿元)	**16217.57**	**2493.60**	**15.4**
金融机构各项贷款余额(亿元)	**14947.07**	**1834.09**	**12.3**
邮电业务总量(亿元)	**337.84**	**35.51**	**10.5**
社会消费品零售额(亿元)	**5657.60**	**1184.67**	**20.9**
进出口总额(亿美元)	**145.54**	**18.05**	**12.4**
#出口总额	63.95	12.70	19.9
教育			
普通高校在校学生数(万人)	40.64	7.03	17.3
普通中专在校学生数(万人)	13.64	2.43	17.8
普通中学在校学生数(万人)	115.37	12.54	10.9
小学在校学生数(万人)	129.65	13.17	10.2
卫生			
医疗卫生机构床位数(万张)	12.90	1.54	11.9
卫生技术人员(万人)	15.45	1.98	12.8
人民生活			
城镇居民人均可支配收入(元)	28350	35506	
农村牧区居民人均可支配收入(元)	9976	12713	
在岗职工工资总额(亿元)	1636.30	219.88	13.4
在岗职工平均工资(元)	54460	54246	
城乡居民储蓄存款余额(亿元)	8317.32	1218.27	14.6

主要统计指标解释

可比价格　指计算各种总量指标所采用的扣除了价格变动因素的价格，可进行不同时期总量指标的对比。按可比价格计算总量指标有两种方法：一种是直接用产品产量乘某一年的不变价格计算；另一种是用价格指数进行缩减。

不变价格　指以同类产品某年的平均价格作为固定价格，用于计算各年的产品价值。按不变价格计算的产品价值消除了价格变动因素，不同时期对比可以反映生产的发展速度。新中国成立后，随着工农业产品价格水平的变化，国家统计局先后五次制定了全国统一的工业产品不变价格和农业产品不变价格。从1952年到1957年使用1952年工(农)业产品不变价格，从1957年到1970年使用1957年不变价格，从1971年到1980年使用1970年不变价格，从1981年到1990年使用1980年不变价格，从1991年开始使用1990年不变价格。从2001年开始，每五年开始更换一次不变价格，如从2001年到2005年使用2000年不变价格，2006年到2010年使用2005年不变价格，2011年到2015年使用2010年不变价格，依此类推。

平均增长速度　我国计算平均增长速度有两种方法：一种是习惯上经常使用的“水平法”，又称几何平均法，是以间隔期最后一年的水平同基期水平对比来计算平均每年增长(或下降)速度；另一种是“累计法”，又称代数平均法或方程法，是以间隔期内各年水平的总和同基期水平对比来计算平均每年增长(或下降)速度。在一般正常情况下，两种方法计算的平均每年增长速度比较接近，但在经济发展不平衡、出现大起大落时，两种方法计算的结果差别较大。

本《年鉴》内所列的平均增长速度，除固定资产投资用“累计法”计算外，其余均用“水平法”计算。从某年到某年平均增长速度的年份，均不包括基期年在内。如建国四十三年的平均增长速度是以1949年为基期计算的，则写为1950–1992年平均增长速度，其余类推。

3

国民经济核算

NATIONAL ACCOUNTS

3-1 生产总值

本表按当年价格计算　　　　单位：万元

年 份	生产总值	第一产业	第二产业			第三产业	人均生产总值（元）
				工 业	建筑业		
1952	7544	5387	1003			1154	190
1953	7463	4434	1719			1310	181
1954	12595	6724	3862			2009	286
1955	13765	6081	5352			2332	273
1956	24471	7719	12956			3796	387
1957	22965	5594	14290			3081	321
1958	31957	6363	23042			2552	413
1959	59498	9003	45571			4924	619
1960	72473	8419	53493			10561	572
1961	37253	6412	21346			9495	278
1962	31295	6445	16854			7996	255
1963	37564	7394	21269			8901	350
1964	47236	8352	28577			10307	438
1965	61234	7603	41314			12317	551
1966	69173	7602	46567			15004	604
1967	49564	8407	30119			11038	419
1968	52089	6945	33842			11302	427
1969	58005	8212	37113			12680	472
1970	83705	9860	59320			14525	659
1971	88231	8690	60587			18954	675
1972	80437	8643	55367			16427	588
1973	76303	9567	53996			12740	542
1974	67861	9738	48248			9875	472
1975	81031	9434	57690			13907	555
1976	74329	8667	53076			12586	504
1977	84235	9819	59628			14788	565
1978	95167	10228	63827	59328	4499	21112	594
1979	107645	11622	70099	65046	5053	25924	668
1980	110281	10944	75328	70812	4516	24009	681
1981	121695	12751	81151	74740	6411	27793	749
1982	144014	14894	97502	90085	7417	31618	877
1983	167979	16339	113317	103241	10076	38323	1013
1984	190838	19316	123489	114998	8491	48033	1140

3-1 续 表

本表按当年价格计算　　　　单位：万元

年份	生产总值	第一产业	第二产业	工业	建筑业	第三产业	人均生产总值(元)
1985	217685	21009	135694	123095	12599	60982	1277
1986	235671	18446	146663	126349	20314	70562	1356
1987	250864	18420	156417	141398	15019	76027	1425
1988	316467	36210	182968	164276	18692	97289	1773
1989	378511	33364	235704	215918	19786	109443	2088
1990	450519	49334	264355	243945	20410	136830	2447
1991	529533	47042	322266	296821	25445	160225	2848
1992	661022	61859	398968	359859	39109	200195	3535
1993	1007052	72597	650388	574983	75405	284067	5337
1994	1247996	95069	777230	684872	92358	375697	6530
1995	1492352	123602	889463	797530	91933	479287	7732
1996	1806477	148958	1081969	980052	101917	575550	9264
1997	2053697	157077	1204496	1097144	107352	692124	10371
1998	2195773	156547	1238550	1134197	104353	800676	10956
1999	2331931	161056	1280134	1184726	95408	890741	11512
2000	2528494	162234	1356492	1255244	101248	1009768	11134
2001	2812282	158179	1466698	1352416	114282	1187405	12140
2002	3382694	186785	1741676	1574196	167480	1454233	14370
2003	4527656	221025	2370168	2079956	290212	1936463	19006
2004	6105056	293400	3264579	2864748	399831	2547077	25339
2005	8610100	347300	4499800	3947700	552100	3763000	35343
2006	10348800	374000	5475300	4853500	621800	4499500	41962
2007	13272400	451500	6774700	6074600	700100	6046200	52991
2008	18599900	520800	10158600	9158400	1000200	7920500	73057
2009	20804700	553400	11090400	9891700	1198700	9160900	80371
2010	22929300	664600	11821800	10395300	1426500	10442900	87068
2011	28207500	801700	14633600	12855900	1777700	12772200	105468
2012	31687700	897500	16371300	14433500	1937800	14418900	116832
2013	34047600	986500	17300200	15272100	2032700	15760900	123859
2014	36012300	1006500	17922900	15798400	2129500	17082900	129415

注：1、根据经济普查结果，对1993-2013年GDP相关数据进行调整（后同）；
2、2013年起，三次产业分类执行国家统计局2012年制定的《三次产业划分规定》，工业和建筑业之和不等于第二产业（后同）。

3-2 生产总值构成

本表按当年价格计算 单位：%

年 份	生产总值	第一产业	第二产业	工 业	建筑业	第三产业
1952	100	71.4	13.3			15.3
1953	100	59.4	23.0			17.6
1954	100	53.3	30.7			16.0
1955	100	44.2	38.9			16.9
1956	100	31.5	53.0			15.5
1957	100	24.4	62.2			13.4
1958	100	19.9	72.1			8.0
1959	100	15.1	76.6			8.3
1960	100	11.6	73.8			14.6
1961	100	17.2	57.3			25.5
1962	100	20.6	53.9			25.5
1963	100	19.7	56.6			23.7
1964	100	17.7	60.5			21.8
1965	100	12.4	67.5			20.1
1966	100	11.0	67.3			21.7
1967	100	17.0	60.7			22.3
1968	100	13.3	65.0			21.7
1969	100	14.1	64.0			21.9
1970	100	11.8	70.9			17.3
1971	100	9.8	68.7			21.5
1972	100	10.8	68.8			20.4
1973	100	12.5	70.8			16.7
1974	100	14.3	71.1			14.6
1975	100	11.6	71.2			17.2
1976	100	11.7	71.4			16.9
1977	100	11.7	70.8			17.5
1978	100	10.7	67.1	62.4	4.7	22.2
1979	100	10.8	65.1	60.4	4.7	24.1
1980	100	9.9	68.3	64.2	4.1	21.8
1981	100	10.5	66.7	61.4	5.3	22.8
1982	100	10.3	67.8	62.6	5.2	21.9
1983	100	9.7	67.5	61.5	6.0	22.8
1984	100	10.1	64.7	60.3	4.4	25.2

3-2 续 表

本表按当年价格计算　　　　单位：%

年 份	生产总值	第一产业	第二产业			第三产业
				工 业	建筑业	
1985	100	9.7	62.3	56.5	5.8	28.0
1986	100	7.8	62.2	53.6	8.6	30.0
1987	100	7.3	62.4	56.4	6.0	30.3
1988	100	11.5	57.8	51.9	5.9	30.7
1989	100	8.8	62.2	57.0	5.2	29.0
1990	100	10.9	58.7	54.2	4.5	30.4
1991	100	8.9	60.9	56.1	4.8	30.2
1992	100	9.4	60.3	54.4	5.9	30.3
1993	100	7.2	64.6	57.1	7.5	28.2
1994	100	7.6	62.3	54.9	7.4	30.1
1995	100	8.3	59.6	53.4	6.2	32.1
1996	100	8.2	59.9	54.3	5.6	31.9
1997	100	7.6	58.7	53.5	5.2	33.7
1998	100	7.1	56.4	51.6	4.8	36.5
1999	100	6.9	54.9	50.8	4.1	38.2
2000	100	6.4	53.6	49.6	4.0	40.0
2001	100	5.6	52.2	48.1	4.1	42.2
2002	100	5.5	51.5	46.5	5.0	43.0
2003	100	4.9	52.3	45.9	6.4	42.8
2004	100	4.8	53.5	47.0	6.5	41.7
2005	100	4.0	52.3	45.9	6.4	43.7
2006	100	3.6	52.9	46.9	6.0	43.5
2007	100	3.4	51.0	45.8	5.2	45.6
2008	100	2.8	54.6	49.2	5.4	42.6
2009	100	2.7	53.3	47.5	5.8	44.0
2010	100	2.9	51.6	45.3	6.3	45.5
2011	100	2.8	51.9	45.6	6.3	45.3
2012	100	2.8	51.7	45.5	6.2	45.5
2013	100	2.9	50.8	44.8	6.0	46.3
2014	100	2.8	49.8	43.9	5.9	47.4

3-3 生产总值指数

本表按可比价格计算　　　　上年=100

年 份	生产总值	第一产业	第二产业	工 业	建筑业	第三产业	人均生产总值(元)
1952							
1953	97.2	91.8	184.0			107.9	93.4
1954	162.2	145.2	231.3			148.2	151.3
1955	112.6	98.9	152.4			113.9	98.2
1956	178.7	128.7	245.2			165.4	142.9
1957	87.8	68.2	103.4			78.2	77.6
1958	147.4	107.8	181.2			84.3	136.4
1959	166.8	142.5	169.5			192.0	134.1
1960	130.0	99.1	126.5			196.7	98.6
1961	52.3	77.5	40.9			84.6	43.5
1962	82.8	99.5	77.0			84.3	90.4
1963	118.7	111.8	126.0			109.8	135.4
1964	121.2	113.1	124.6			119.8	120.6
1965	124.4	84.9	138.1			121.8	120.6
1966	125.5	99.6	131.6			122.6	121.6
1967	69.3	118.0	60.9			72.8	67.2
1968	102.9	84.1	108.5			102.3	99.7
1969	106.1	109.5	102.9			112.2	105.3
1970	154.8	115.7	181.3			115.3	149.9
1971	111.8	103.5	111.8			116.3	108.5
1972	90.8	99.2	90.8			86.8	86.9
1973	95.1	110.2	95.1			86.9	92.4
1974	89.5	104.6	88.5			77.3	86.8
1975	119.8	97.5	119.8			140.9	117.8
1976	90.1	92.9	91.4			90.5	90.5
1977	113.7	107.5	113.7			117.9	112.7
1978	117.8	93.3	124.6			107.5	116.7
1979	110.7	121.1	106.8	106.6	109.2	118.3	110.1
1980	93.3	85.5	95.1	96.4	79.1	91.9	92.8
1981	102.7	113.0	96.7	94.7	127.4	115.0	102.3
1982	118.2	113.7	120.6	121.0	116.1	114.9	117.0
1983	113.1	106.8	113.3	111.7	132.4	115.2	111.8
1984	107.5	115.1	103.0	105.3	79.7	115.0	106.5

3-3 续 表

本表按可比价格计算　　　　上年=100

年 份	生产总值	第一产业	第二产业	工 业	建筑业	第三产业	人均生产总值（元）
1985	111.1	114.8	107.8	105.0	145.6	117.2	109.1
1986	106.7	81.4	109.5	104.0	163.4	111.7	104.6
1987	103.1	84.4	105.8	111.1	73.4	103.6	101.8
1988	112.9	150.2	107.4	106.7	114.3	112.7	111.3
1989	113.1	95.9	120.8	123.3	99.3	105.3	111.3
1990	113.3	126.3	107.2	107.2	108.0	121.4	111.6
1991	107.1	92.7	108.4	108.0	112.8	109.8	106.0
1992	117.0	134.2	115.2	112.2	150.1	115.2	116.4
1993	121.1	105.0	123.0	119.3	155.1	123.0	120.0
1994	115.2	103.7	118.6	119.0	115.9	112.1	113.7
1995	112.0	105.1	113.3	115.8	96.3	111.3	110.9
1996	114.5	111.0	116.5	117.9	105.3	111.2	113.3
1997	115.0	103.9	115.7	116.6	107.6	116.3	113.2
1998	112.4	101.3	111.3	113.0	95.2	117.4	111.1
1999	109.7	105.3	107.9	109.4	91.0	114.3	108.5
2000	111.2	103.8	109.6	109.9	105.1	115.6	110.3
2001	112.3	95.7	110.3	110.1	111.8	117.8	110.1
2002	120.2	115.0	120.2	118.2	144.4	120.9	118.3
2003	129.9	112.8	133.2	129.8	167.6	127.7	128.3
2004	128.1	117.5	130.0	130.1	128.9	126.9	126.7
2005	128.6	102.6	131.2	131.0	132.1	127.9	127.2
2006	118.4	104.2	119.4	120.8	109.6	118.4	116.9
2007	119.9	103.5	120.2	121.2	112.6	120.9	118.1
2008	119.7	107.5	122.4	123.5	113.2	117.3	117.8
2009	117.6	105.9	119.6	119.3	122.2	115.8	115.6
2010	116.0	107.4	119.1	119.8	112.5	112.5	114.0
2011	115.4	106.0	117.2	117.5	115.3	114.0	113.7
2012	112.5	106.1	114.0	114.8	107.9	111.1	110.9
2013	109.3	105.2	110.6	111.4	104.6	107.9	107.8
2014	108.5	103.0	109.9	110.4	105.8	107.2	107.2

主要统计指标解释

国内生产总值　指按市场价格计算的一个国家（或地区）所有常住单位在一定时期内生产活动的最终成果。国内生产总值由三种表现形式，即价值形态、收入形态和产品形态。从价值形态看，它是所有常住单位在一定时期内生产的全部货物和服务价值超过同期中间投入的全部非固定资产货物和服务价值的差额，即所有常住单位的增加值之和；从收入形态看，它是所有常住单位在一定时期内创造并分配给常住单位和非常住单位的初次收入分配之和；从产品形态看，它是所有常住单位在一定时期内最终使用的货物和服务价值与货物和服务净出口价值之和。在实际核算中，国内生产总值由三种核算方法，即生产法、收入法和支出法。

对一个地区来说，称为地区生产总值或地区GDP。

三次产业　三次产业的划分是世界上较为常用的产业结构分类，但各国的划分不尽一致。按照《国家统计局关于印发三次产业划分规定的通知》（国统字[2012]108号），三次产业的范围如下：

第一产业是指农、林、牧、渔业（不含农、林、牧、渔服务业）。

第二产业是指采矿业（不含开采辅助活动），制造业（不含金属制品、机械和设备修理业），电力、热力、燃气及水生产和供应业，建筑业。

第三产业即服务业，是指除第一产业、第二产业以外的其他行业。第三产业包括：批发和零售业，交通运输、仓储和邮政业，住宿和餐饮业，信息传输、软件和信息技术服务业，金融业，房地产业，租赁和商务服务业，科学研究和技术服务业，水利、环境和公共设施管理业，居民服务、修理和其他服务业，教育，卫生和社会工作，文化、体育和娱乐业，公共管理、社会保障和社会组织，国际组织，以及农、林、牧、渔业中的农、林、牧、渔服务业，采矿业中的开采辅助活动，制造业中的金属制品、机械和设备修理业。

4

人口

POPULATION

4-1　年末户籍总人口及其构成

单位：万人

年 份	年末总人口	年平均人口	按性别分		按农业、非农业分		按城乡分	
			男	女	农业人口	非农业人口	市镇人口	乡村人口
1949	35.79	35.47	20.44	15.35	24.37	11.42	16.79	19.00
1952	43.00	42.47	24.60	18.40	31.02	11.98	18.53	24.47
1957	80.16	75.49	46.43	33.73	36.63	43.53	51.62	28.55
1962	113.08	129.46	63.49	49.59	47.83	65.25	76.35	36.73
1966	123.02	121.58	68.12	54.90	53.26	69.76	84.29	38.73
1967	127.53	125.27	70.28	57.25	53.25	74.28	88.50	39.03
1968	131.09	129.31	72.10	58.99	54.91	76.18	90.83	40.26
1969	133.89	132.49	73.96	59.93	56.76	77.13	92.25	41.64
1970	136.20	134.70	75.75	60.45	58.57	77.63	93.15	43.05
1971	141.76	138.73	77.65	64.11	60.24	81.52	97.62	44.14
1972	147.86	145.00	80.03	67.83	61.97	85.89	102.52	45.34
1973	150.85	149.33	81.70	69.15	64.01	86.84	104.12	46.73
1974	154.42	152.63	83.14	71.28	66.68	87.74	106.47	47.95
1975	156.20	155.32	83.75	72.45	68.00	88.20	106.05	50.15
1976	157.86	157.03	84.65	73.21	69.60	88.26	106.93	50.93
1977	159.90	158.88	85.42	74.48	71.18	88.72	107.90	52.00
1978	160.68	160.31	85.68	75.00	71.96	88.72	108.02	52.66
1979	161.64	161.13	85.72	75.92	70.82	90.82	109.69	51.95
1980	162.10	161.86	86.07	76.03	71.02	91.08	110.07	52.03
1981	162.91	162.51	85.96	76.95	70.60	92.31	110.61	52.30
1982	165.33	164.13	87.16	78.17	72.20	93.13	112.23	53.10
1983	166.47	165.88	87.82	78.65	72.61	93.86	113.34	53.13
1984	168.40	167.44	88.73	79.67	73.81	94.59	114.39	54.01
1985	172.43	170.63	90.61	81.82	73.61	98.82	118.37	54.06
1986	175.05	173.73	92.00	83.05	75.22	99.83	124.19	50.86
1987	176.99	176.04	92.61	84.38	74.53	102.46	125.94	51.05

4-1 续 表

单位：万人

年 份	年 末 总人口	年平均 人 口	按性别分		按农业、非农业分		按城乡分	
			男	女	农业人口	非农业人口	市镇人口	乡村人口
1988	180.03	178.49	94.18	85.85	75.00	105.03	129.22	50.81
1989	182.61	181.36	95.58	87.03	76.06	106.55	131.45	51.16
1990	185.57	184.12	96.93	88.64	77.11	108.46	135.03	50.54
1991	186.27	185.92	97.28	88.99	76.74	109.53	135.42	50.85
1992	187.75	187.01	98.00	89.75	77.50	110.25	136.59	51.16
1993	189.75	188.75	98.94	90.81	77.42	112.33	138.92	50.83
1994	192.49	191.12	100.28	92.21	77.88	114.61	141.60	50.89
1995	194.01	193.23	100.99	93.02	78.17	115.84	143.19	50.82
1996	196.23	195.12	101.97	94.26	78.53	117.70	145.63	50.60
1997	198.92	197.57	103.20	95.72	79.39	119.53	148.07	50.85
1998	201.12	200.02	104.31	96.81	79.95	121.17	150.93	50.19
1999	203.01	202.06	105.13	97.88	79.84	123.17	152.98	50.03
2000	204.31	203.66	105.52	98.79	78.89	125.42	154.81	49.50
2001	206.16	205.24	106.33	99.83	78.85	127.31	160.85	45.31
2002	208.02	207.09	107.17	100.85	78.48	129.54	162.78	45.24
2003	209.33	208.68	107.67	101.66	78.03	131.30		
2004	210.24	209.79	107.81	102.43	77.73	132.51		
2005	209.32	209.78	107.23	102.09	76.35	132.97		
2006	212.41	210.87	108.66	103.75	78.62	133.79		
2007	214.60	213.51	109.55	105.05	80.12	134.48		
2008	217.76	216.18	111.13	106.63	82.18	135.58		
2009	219.59	218.68	111.69	107.90	83.28	136.31		
2010	219.80	219.70	111.55	108.25	83.32	136.48		
2011	221.75	220.78	112.46	109.29	84.26	137.49		
2012	223.45	222.60	113.04	110.41	85.14	138.31		
2013	225.02	224.24	113.68	111.34	85.79	139.23		
2014	223.71	224.36	112.84	110.87	85.01	138.70		

4-2　人口出生率、死亡率、自然增长率

年 份	出生		死亡		自然增长		人口机械增长率（‰）
	出生人数（万人）	出生率（‰）	死亡人数（万人）	死亡率（‰）	人 数（万人）	增长率（‰）	
1949	1.15	32.42	0.44	12.40	0.71	20.02	
1952	1.51	35.55	0.48	11.30	1.03	24.25	
1957	3.49	46.23	0.58	7.68	2.91	38.55	
1962	5.37	41.48	1.03	7.96	4.34	33.52	
1966	3.38	27.80	0.80	6.58	2.58	21.22	
1967	3.53	28.18	0.69	5.51	2.84	22.67	
1968	4.35	33.64	0.69	5.34	3.66	28.30	
1969	4.17	31.47	0.71	5.36	3.46	26.12	
1970	3.91	29.03	0.72	5.35	3.19	23.68	
1971	3.76	27.10	0.71	5.12	3.05	21.99	
1972	3.91	26.97	0.72	4.97	3.19	22.00	
1973	3.73	24.98	0.67	4.49	3.06	20.49	
1974	3.08	20.18	0.74	4.85	2.34	15.33	
1975	3.00	19.31	0.77	4.96	2.23	14.36	
1976	2.70	17.19	0.69	4.39	2.01	12.80	
1977	2.45	15.42	0.72	4.53	1.73	10.89	
1978	2.28	14.22	0.70	4.37	1.58	9.86	
1979	1.98	12.29	0.71	4.41	1.27	7.88	
1980	1.84	11.37	0.73	4.51	1.11	6.86	
1981	2.13	13.11	0.77	4.74	1.36	8.37	
1982	2.63	16.02	0.80	4.87	1.83	11.15	
1983	2.05	12.36	0.75	4.52	1.30	7.84	
1984	2.98	17.80	0.71	4.24	2.27	13.56	
1985	2.24	13.14	0.75	4.40	1.49	8.74	
1986	2.67	15.37	0.75	4.32	1.92	11.05	
1987	2.90	16.47	0.68	3.86	2.22	12.61	8.68

注：本表数据为公安户籍统计数。

4-2 续 表

年 份	出生		死亡		自然增长		人口机械增长率（‰）
	出生人数（万人）	出生率（‰）	死亡人数（万人）	死亡率（‰）	人 数（万人）	增长率（‰）	
1988	2.98	16.70	0.74	4.15	2.24	12.55	7.25
1989	2.99	16.49	0.72	3.97	2.27	12.52	2.42
1990	3.39	18.41	0.95	5.16	2.44	13.25	6.19
1991	2.99	16.08	0.80	4.30	2.19	11.78	-1.56
1992	3.44	18.39	0.83	4.44	2.61	13.96	
1993	3.04	16.11	0.92	4.87	2.12	11.23	0.30
1994	3.02	15.80	0.89	4.66	2.13	11.14	3.87
1995	2.84	14.70	0.97	5.02	1.87	9.68	1.35
1996	2.91	14.90	0.95	4.88	1.96	10.02	3.10
1997	2.91	14.72	0.95	4.82	1.96	9.90	3.96
1998	2.72	13.59	1.02	5.11	1.70	8.48	2.72
1999	2.75	13.63	0.83	4.09	1.93	9.54	6.54
2000	3.33	16.37	1.17	5.73	2.16	10.64	3.82
2001	2.41	11.74	0.68	3.32	1.73	8.42	2.82
2002	2.39	11.53	0.72	3.50	1.66	8.03	5.45
2003	1.51	7.25	0.67	3.23	0.84	4.02	2.34
2004	1.79	8.52	1.49	7.12	0.30	1.40	2.05
2005	1.63	7.75	1.66	7.94	-0.03	-0.19	0.64
2006	1.57	7.45	0.74	3.51	0.83	3.94	9.44
2007	2.07	9.70	0.76	3.56	1.31	6.14	3.87
2008	2.02	7.97	0.83	3.29	1.18	4.68	8.28
2009	2.19	8.00	1.31	3.00	0.88	5.00	2.29
2010	2.32	10.56	2.41	10.97	-0.09	-0.41	1.69
2011	1.99	8.98	0.69	3.10	1.30	5.88	2.94
2012	2.12	9.52	0.89	4.00	1.23	5.52	2.10
2013	2.05	9.11	1.03	4.56	1.02	4.55	2.45
2014	2.45	10.98	1.19	5.32	1.26	5.66	0.38

4-3　年末户藉总人口及人口变动

项　目	2013年	2014年	2014年比2013年增长（%、±千分点）
年末总户数（万户）	**83.91**	**86.13**	**2.65**
年末总人口（万人）	**225.02**	**223.71**	**-0.58**
#蒙古族	8.73	8.84	1.26
其他少数民族	6.76	6.81	0.74
按性别分			
男	113.68	112.84	-0.74
女	111.34	110.87	-0.42
按农业、非农业分			
农业人口	85.79	85.01	-0.91
非农业人口	139.23	138.70	-0.38
人口自然变动			
出生人口（万人）	2.05	2.45	19.51
男	1.04	1.26	21.15
女	1.01	1.19	17.82
死亡人口（万人）	1.03	1.19	15.53
出生率（‰）	9.11	10.98	1.87
死亡率（‰）	4.56	5.32	0.76
自然增长率（‰）	4.55	5.66	1.11
人口迁移变动			
省内迁入（万人）	1.11	0.77	-30.63
省外迁入（万人）	0.71	0.69	-2.82
迁往省内（万人）	0.55	0.53	-3.64
迁往省外（万人）	0.72	0.85	18.06
迁入率（‰）	8.12	6.52	-1.60
迁出率（‰）	5.66	6.14	0.48
机械增长率（‰）	2.45	0.38	-2.07

4-4　民族人口及构成

单位：人

项　目	2013	2014	构成（%）	
			2013	2014
汉　族	2095253	2080518	93.12	93.00
少数民族	154909	156553	6.88	7.00
蒙古族	87308	88455	3.88	3.96
回族	37186	37238	1.65	1.67
满族	25965	26420	1.16	1.18
朝鲜族	827	840	0.04	0.04
达斡尔族	879	913	0.04	0.04
鄂温克族	119	124	0.01	0.01
鄂伦春族	33	33		
壮族	309	308	0.01	0.01
藏族	155	159	0.01	0.01
锡伯族	297	305	0.01	0.01
苗族	296	291	0.01	0.01
土家族	329	325	0.01	0.01
彝族	174	175	0.01	0.01
维吾尔族	28	19		
其他少数民族	1004	948	0.04	0.04

注：本表数据为公安户籍统计数。

4-5 年末民族人口数

年 份	在人口总数中							
	汉族（万人）	蒙古族（万人）	回族（万人）	满族（万人）	朝鲜族（人）	达斡尔族（人）	鄂温克族（人）	鄂伦春族（人）
1949	32.68	0.73	0.59	0.06				
1952	38.76	0.90	0.63	0.09				
1957	74.09	1.31	0.98	0.09	503	77		
1962	103.74	1.75	1.94	0.13	333	150	3	
1966	112.49	2.10	1.70	0.25	401	252	15	
1967	116.75	2.19	1.81	0.28	443	258	12	
1968	119.96	2.22	1.82	0.26	356	220	8	
1969	122.53	2.27	1.84	0.25	359	220	8	
1970	124.54	2.34	1.91	0.25	359	213	8	
1971	136.72	2.41	2.21	0.33	373	251	9	
1972	142.61	2.50	2.26	0.40	387	274	13	
1973	145.46	2.55	2.35	0.41	388	305	14	12
1974	148.83	2.65	2.43	0.40	462	287	9	1
1975	150.39	2.79	2.49	0.43	435	338	14	10
1976	152.10	2.78	2.46	0.43	414	257	17	6
1977	154.06	2.83	2.47	0.44	388	294	12	9
1978	154.85	2.82	2.45	0.45	356	333	6	11
1979	155.38	3.02	2.53	0.59	422	341	8	11
1980	155.58	3.10	2.55	0.75	413	361	10	10
1981	156.11	3.27	2.59	0.80	407	392	6	13
1982	157.79	3.60	2.78	1.01	448	415	11	14
1983	158.72	3.72	2.82	1.07	440	412	17	10
1984	160.69	3.77	2.76	1.05	437	401	14	20
1985	164.51	3.86	2.79	1.12	530	431	33	13
1986	166.82	4.00	2.80	1.26	434	459	41	15
1987	168.08	4.28	3.01	1.42	530	485	41	17

注：本表数据为公安户籍统计数。

4-5 续 表

年 份	在人口总数中							
	汉族（万人）	蒙古族（万人）	回族（万人）	满族（万人）	朝鲜族（人）	达斡尔族（人）	鄂温克族（人）	鄂伦春族（人）
1988	171.11	4.33	2.96	1.46	509	486	31	14
1989	173.48	4.47	2.90	1.57	518	526	30	27
1990	176.07	4.65	3.02	1.63	532	514	34	14
1991	176.46	4.82	3.07	1.71	529	532	39	14
1992	177.64	4.92	3.17	1.81	553	593	42	14
1993	179.24	5.17	3.24	1.85	566	525	54	14
1994	181.67	5.37	3.27	1.94	640	639	57	16
1995	182.94	5.48	3.31	2.01	640	651	59	16
1996	184.88	5.69	3.35	2.05	655	661	52	18
1997	187.35	5.82	3.38	2.10	663	664	60	13
1998	189.21	6.03	3.45	2.15	686	656	59	18
1999	190.81	6.26	3.44	2.19	689	685	60	24
2000	191.86	6.42	3.49	2.22	712	718	70	21
2001	193.39	6.69	3.49	2.26	725	760	80	25
2002	195.11	6.80	3.50	2.27	726	770	87	23
2003	196.25	6.93	3.52	2.29	736	780	78	25
2004	196.97	7.09	3.53	2.30	744	781	91	23
2005	195.98	7.17	3.51	2.30	743	769	83	22
2006	198.95	7.26	3.50	2.31	751	783	74	23
2007	200.91	7.43	3.53	2.34	771	785	78	25
2008	203.79	7.63	3.57	2.37	787	779	86	28
2009	205.17	7.96	3.62	2.44	787	800	92	31
2010	205.15	8.13	3.64	2.46	792	802	102	29
2011	206.86	8.31	3.67	2.50	797	825	106	30
2012	208.25	8.53	3.69	2.55	816	858	111	29
2013	209.53	8.73	3.72	2.60	827	879	119	33
2014	208.05	8.85	3.72	2.64	840	913	124	33

4-6 2010-2014年年末常住人口

项 目	2010年	2011年	2012年	2013年	2014年
年末总户数（万户）	**96.59**	**101.88**	**103.64**	**104.97**	**106.25**
年末总人口（万人）	**265.61**	**269.29**	**273.16**	**276.62**	**279.92**
按性别分					
男	137.16	138.94	140.88	142.67	144.37
女	128.45	130.35	132.28	133.95	135.55
按城乡分					
城镇人口	211.16	216.86	222.24	226.86	230.48
农村人口	54.45	52.43	50.92	49.76	49.44
城镇化率（%）	79.50	80.50	81.36	82.01	82.34
按旗县分					
稀土高新区	11.98	12.55	13.19	13.86	14.39
东 河 区	51.30	52.27	53.10	53.83	54.13
昆 区	72.88	73.89	75.08	75.98	76.79
青 山 区	48.22	48.99	49.79	50.42	50.98
石 拐 区	3.58	3.52	3.25	3.36	3.81
白 云 区	2.61	2.66	2.68	2.70	2.73
九 原 区	19.68	20.18	20.82	21.28	21.61
土 右 旗	27.65	27.68	27.85	28.01	28.65
固 阳 县	17.56	17.43	17.39	17.29	17.05
达 茂 旗	10.15	10.12	10.01	9.89	9.78

注：本表为人口变动抽样调查推算数据。

主要统计指标解释

人口数　指一定时点、一定地区范围内的有生命的个人的总和。

年度统计的年末人口数指每年12月31日24时的人口数。

户籍人口　指公民依《中华人民共和国户口登记条例》已在其经常居住地的公安户籍管理机关登记了常住户口的人，这类人口不管其是否外出，也不管外出时间长短，只要在某地注册有常住户口，则为该地区的户籍人口。

常住人口　指实际经常居住在某地区半年以上的人口。按人口普查和抽样调查规定，还包括户口在外地，但在本地居住半年以上者，或离开户口地半年以上而调查时在本地居住的人口；调查时居住在本地，但在任何地方都没有登记常住户口，如手持户口迁移证、出生证、退伍证、劳改劳教释放证等尚未办理常住户口的人。

城镇人口和乡村人口的划分　城镇人口是指居住在城镇范围内的全部人口；乡村人口是除上述人口以外的全部人口。

历年城乡人口数据是按照当时国家《关于统计上划分城乡的规定》计算的。

三次普查之间年份的城乡人口根据1990年和2000年人口普查数据进行了调查。

出生率(又称粗出生率)　指在一定时期内(通常为一年)平均每千人所出生的人数的比率，一般用千分率表示。本资料中的出生率指年出生率，其计算公式为：

出生率=年出生人数/年平均人数×1000‰

式中：出生人数指活产婴儿，即胎儿脱离母体时(不管怀孕月数)，有过呼吸或其他生命现象。年平均人数指年初、年底人口数的平均数，也可用年中人口数代替。

死亡率(又称粗死亡率)　指在一定时期内(通常为一年)一定地区的死亡人数与同期平均人数(或期中人数)之比，一般用千分率表示。本资料中的死亡率指年死亡率，其计算公式为：

死亡率=年死亡人数/年平均人数×1000‰

人口自然增长率　指在一定时期内(通常为一年)人口自然增加数(出生人数减死亡人数)与该时期内平均人数(或期中人数)之比，一般用千分率表示。计算公式为：

人口自然增长率=(本年出生人数-本年死亡人数)/年平均人数×1000‰=人口出生率-人口死亡率

5

EMPLOYMENT AND WAGES

从业人员和职工工资

5-1　就业基本情况

项　　目	2009	2010	2011	2012	2013	2014
从业人员合计（万人）	**137.67**	**141.68**	**146.75**	**150.62**	**153.43**	**155.78**
第一产业	21.27	20.01	20.21	21.20	21.06	22.04
第二产业	42.13	42.34	43.22	43.26	42.92	41.21
第三产业	74.27	79.33	83.32	86.16	89.45	92.53
从业人员构成（%）						
第一产业	15.45	14.12	13.77	14.08	13.73	14.15
第二产业	30.60	29.89	29.45	28.72	27.97	26.45
第三产业	53.95	55.99	56.78	57.20	58.30	59.40
按城乡分组						
城镇从业人员（万人）	106.87	114.29	118.97	123.01	126.78	128.06
#国有单位	14.47	14.49	14.52	15.12	13.05	12.13
城镇集体单位	1.16	0.83	0.39	0.33	0.10	0.10
股份合作单位	0.28	0.25	0.26	0.38	0.25	0.17
联营单位	0.01	0.01	0.02	0.01	0.01	0.01
有限责任公司	11.00	10.62	11.40	16.24	18.98	19.37
股份有限公司	5.63	5.55	6.10	6.11	7.70	6.94
私营	24.43	28.30	31.08	30.99	31.33	37.05
港澳台商投资单位	0.35	0.31	0.24	0.32	0.28	0.24
外商投资单位	0.50	0.48	0.67	0.60	0.80	0.61
个体	48.87	53.28	54.06	52.65	54.07	51.28
乡村从业人员（万人）	30.81	27.39	27.78	27.61	26.65	27.72
#私营企业	2.86	2.09	2.53	2.52	2.65	4.25
个体	4.97	3.41	3.99	3.89	3.59	2.97
城填单位职工人数（万人）	**32.06**	**31.85**	**35.52**	**35.91**	**41.09**	**38.54**
国有单位	12.55	12.69	12.71	12.42	12.72	11.82
城镇集体单位	2.49	2.49	2.12	1.97	1.50	1.27
其他单位	17.02	16.67	20.69	21.52	26.87	25.45
城镇登记失业人数（万人）	**4.19**	**3.92**	**4.04**	**3.68**	**4.87**	**4.96**
城镇登记失业率（%）	**3.88**	**3.88**	**3.87**	**3.87**	**3.87**	**3.87**

注：1998年及以后城镇单位从业人员、职工人数统计口径有调整，详见本篇指标解释。

5-2 按三次产业划分的年末从业人员

年 份	从业人员（万人）				构成（%）		
		第一产业	第二产业	第三产业	第一产业	第二产业	第三产业
1957	28.24	16.68	9.06	2.49	59.06	32.08	8.86
1965	44.06	22.26	18.30	3.51	50.52	41.53	7.95
1970	50.84	24.15	22.55	4.14	47.50	44.35	8.15
1975	65.19	27.20	27.88	10.11	41.72	42.77	15.51
1978	69.78	25.57	30.68	13.53	36.64	43.97	19.39
1980	77.99	26.08	35.27	16.64	33.44	45.22	21.34
1985	92.41	30.13	43.13	19.14	32.60	46.67	20.73
1986	95.38	30.00	44.78	20.60	31.45	46.95	21.60
1987	96.28	30.55	44.41	21.31	31.73	46.13	22.14
1988	99.01	30.47	46.09	22.45	30.77	46.55	22.68
1989	101.09	31.24	46.29	23.58	30.90	45.79	23.31
1990	102.39	31.82	46.70	23.87	31.08	45.61	23.31
1991	106.92	33.46	48.42	25.02	31.29	45.29	23.42
1992	109.34	32.82	50.43	26.09	30.02	46.12	23.86
1993	108.20	31.51	49.71	26.99	29.12	45.94	24.94
1994	113.63	31.40	52.23	29.99	27.63	45.96	26.41
1995	112.77	32.64	50.95	29.18	28.94	45.18	25.88
1996	111.41	32.57	49.05	29.79	29.23	44.03	26.74
1997	113.34	31.98	46.58	37.78	28.22	41.10	30.68
1998	105.66	32.57	39.17	33.92	30.82	37.07	32.11
1999	101.84	32.40	37.66	31.78	31.82	36.98	31.20
2000	110.50	25.59	34.66	50.25	23.16	31.37	45.47
2001	109.99	31.58	33.81	44.60	28.71	30.74	40.55
2002	111.07	32.60	32.90	45.57	29.35	29.62	41.03
2003	112.53	30.83	33.35	48.35	27.40	29.64	42.96
2004	114.24	30.62	32.55	51.07	26.80	28.49	44.71
2005	118.38	29.55	34.40	54.43	24.96	29.06	45.98
2006	121.68	27.17	39.18	55.33	22.33	32.20	45.47
2007	127.76	25.16	39.96	62.64	19.69	31.28	49.03
2008	133.18	22.40	40.22	70.55	16.82	30.20	52.98
2009	137.67	21.27	42.13	74.27	15.45	30.60	53.95
2010	141.68	20.01	42.34	79.33	14.12	29.89	55.99
2011	146.75	20.21	43.22	83.32	13.77	29.45	56.78
2012	150.62	21.20	43.26	86.16	14.08	28.72	57.20
2013	153.43	21.06	42.92	89.45	13.73	27.97	58.30
2014	155.78	22.04	41.21	92.53	14.15	26.45	59.40

5-3　1980-2014年城镇就业及失业人数

年 份	当年需要安置人数（人）	当年新增就业人数（人）	年末城镇失业人数（人）	登记失业率（%）
1980	61861	35780	26081	5.25
1981	72917	50854	22063	4.23
1982	80442	33591	46851	8.23
1983	72988	31031	41677	7.36
1984	61774	31020	23424	4.14
1985	53357	26007	26245	4.42
1986	55112	31664	23448	3.88
1987	54665	21641	31314	5.04
1988	55455	16693	37880	5.79
1989	57314	10562	44584	6.69
1990	54950	16800	37002	5.51
1991	55867	17000	37914	5.30
1992	55589	24480	29441	4.12
1993	43249	17319	25574	3.00
1994	35484	10199	25285	3.34
1995	33879	6674	27205	3.81
1996	35045	7667	26866	3.70
1997	31288	8132	20875	2.83
1998	29823	7898	21794	3.02
1999	21265	2416	18847	2.65
2000	24256	3844	20412	3.40
2001	29119	2231	26812	4.01
2002	37109	5068	32041	4.30
2003	37885	38180	31746	4.50
2004	106494	72796	33698	4.67
2005	106933	105725	30945	3.97
2006	105491	105610	31829	3.87
2007	145780	113932	33116	3.82
2008	135723	99768	35739	3.87
2009	93089	85953	41924	3.88
2010	117091	73352	39203	3.88
2011	93271	53041	40369	3.87
2012	86916	41620	36771	3.87
2013		41485	48722	3.87
2014		41362	49604	3.87

注：本表数据由就业局提供；2003年及以后年份的“当年就业人数”中包括持优惠证的下岗职工。

5-4　按登记注册类型和城乡

年 份	合计	城					
		小计	#国有单位	#集体单位	#股份合作单位	#联营单位	#有限责任公司
1965	44.06	21.80	19.33	2.27			
1970	50.84	26.69	23.27	3.37			
1975	65.19	37.19	28.38	8.80			
1978	69.78	42.69	30.84	11.80			
1980	77.99	50.39	33.70	16.44			
1985	92.41	61.09	39.71	19.92			
1986	95.38	61.68	40.66	19.61			
1987	96.28	61.78	40.67	19.78			
1988	99.01	64.41	41.65	20.45			
1989	101.09	65.89	42.90	20.63			0.09
1990	102.39	67.84	44.81	20.28			0.10
1991	106.92	71.14	46.55	20.65			0.38
1992	109.34	73.01	47.55	21.12			0.65
1993	108.20	71.28	48.58	16.99			0.47
1994	113.63	76.61	47.52	20.40			1.53
1995	112.77	74.16	45.31	18.73			2.49
1996	111.41	70.86	43.56	16.66		0.06	1.98
1997	113.34	73.33	40.88	15.08		0.01	
1998	105.66	65.40	23.04	10.12	0.78	0.03	11.97
1999	101.84	60.69	18.91	8.32	1.04		14.25
2000	110.50	66.85	16.95	7.18	0.79	0.02	14.21
2001	109.99	68.10	15.78	6.34	0.62	0.03	14.13
2002	111.07	67.54	15.60	4.36	0.43	0.03	13.74
2003	112.53	68.70	15.12	4.21	0.40		13.46
2004	114.24	69.45	15.10	4.05	0.40		14.18
2005	118.38	72.35	14.94	3.86	0.40		13.46
2006	121.68	76.36	13.56	3.61	0.30		13.30
2007	127.76	87.97	14.41	3.82	0.30		12.67
2008	133.18	98.60	14.45	3.70	0.29	0.01	11.07
2009	137.67	106.87	14.47	1.16	0.28	0.01	11.00
2010	141.68	114.29	14.49	0.83	0.25	0.01	10.62
2011	146.75	118.97	14.52	0.39	0.26	0.02	11.40
2012	150.62	123.01	15.12	0.33	0.38	0.01	16.24
2013	153.43	126.78	13.05	0.10	0.25	0.01	18.98
2014	155.78	128.06	12.13	0.10	0.17	0.01	19.37

划分的年末从业人员

单位：万人

镇					乡村		
#股份有限公司	#私营企业	#澳台商投资单位	#外商投资单位	#个体	小计	#私营企业	#个体
				0.20	22.26		
				0.05	24.15		
				0.01	28.00		
				0.05	27.09		
				0.24	27.60		
				1.44	31.32		
				1.41	28.87		
				1.91	29.55		
				2.31	29.52		
				2.27	30.05		
				2.60	34.55		
	0.67			2.88	35.78		
	0.42			3.27	36.33		
	0.83	0.59	0.43	3.41	36.92		
	1.07	0.83	0.52	4.74	37.02	0.43	
	1.95	0.77	0.82	4.09	38.61	0.68	4.10
	2.71	0.46	0.75	4.68	40.55	1.02	5.18
2.65	4.77	0.46	0.93	8.55	40.01	1.20	3.16
1.78	6.22	0.56	0.53	10.36	40.26	1.67	3.29
2.01	5.57	0.49	0.58	9.48	41.15	2.76	5.18
2.06	6.72	0.49	0.52	17.91	43.65	2.94	5.36
3.13	7.59	0.43	0.35	19.70	41.89	4.45	5.90
2.72	9.20	0.69	0.36	20.41	43.53	4.74	7.76
2.84	10.67	0.50	0.38	21.12	43.83	5.22	8.28
2.61	10.88	0.18	0.29	21.66	44.79	5.40	9.02
2.97	12.10	0.11	0.26	24.13	46.03	5.46	10.34
2.83	13.58	0.14	0.29	28.63	45.32	3.44	9.92
4.55	16.79	0.16	0.29	34.79	39.79	2.39	5.79
5.49	20.61	0.36	0.53	41.33	34.58	2.77	6.08
5.63	24.43	0.35	0.50	48.87	30.81	2.86	4.97
5.55	28.30	0.31	0.48	53.28	27.39	2.09	3.41
6.10	31.08	0.24	0.67	54.06	27.78	2.53	3.99
6.11	30.99	0.32	0.60	52.65	27.61	2.52	3.89
7.70	31.33	0.28	0.80	54.07	26.65	2.65	3.59
6.94	37.05	0.24	0.61	51.28	27.72	4.25	2.97

5-5 1985-2010年

年份	合计	农林牧渔业	采矿业	制造业	电力、燃气及水的生产和供应业	建筑业	交通运输仓储和邮政业	信息传输、计算机服务和软件业	批发和零售业
1985	92.41	30.13	35.00			8.13	4.05		7.19
1986	95.38	30.00	35.64			9.14	4.68		7.27
1987	96.28	30.55	35.39			9.02	4.67		7.65
1988	99.01	30.47	37.09			9.00	4.77		8.12
1989	101.09	31.24	37.88			8.41	5.10		8.37
1990	102.39	31.82	38.36			8.34	5.09		8.64
1991	106.92	33.46	39.71			8.71	5.18		9.30
1992	109.34	32.82	40.87			9.56	5.26		9.54
1993	108.20	31.51	2.73	35.47	1.15	10.76	5.20		11.09
1994	113.63	31.40	2.73	38.59	0.96	9.89	5.83		11.87
1995	112.77	32.64	2.27	37.46	0.97	10.25	5.67		11.94
1996	111.41	32.57	2.40	36.06	1.07	9.52	5.53		12.38
1997	113.34	31.98	2.25	34.53	1.09	8.72	5.94		14.85
1998	105.66	32.57	1.81	29.14	1.16	7.01	5.42		13.91
1999	101.84	32.39	1.40	27.57	1.19	7.50	4.77		12.31
2000	110.50	25.59	1.34	26.61	1.25	5.46	4.51		21.41
2001	109.99	31.58	1.38	26.19	1.36	4.88	4.73		23.10
2002	111.07	32.60	1.49	25.45	1.23	4.73	4.51		24.87
2003	112.53	31.09	1.47	25.67	1.19	5.02	4.53	0.85	6.27
2004	114.24	30.89	1.58	24.48	1.23	5.27	5.68	0.98	8.21
2005	118.38	29.55	1.70	25.50	1.35	5.85	8.01	0.96	11.56
2006	121.68	27.17	3.61	27.96	1.33	6.27	8.39	0.97	11.64
2007	127.76	25.16	3.79	28.23	1.37	6.57	10.11	1.23	12.89
2008	133.18	22.40	3.66	27.81	1.29	7.46	11.75	1.68	14.40
2009	137.67	21.27	3.59	28.05	1.35	9.14	12.54	1.78	15.81
2010	141.68	20.01	3.60	28.08	1.49	9.17	12.79	1.78	19.02

注：本表中行业按《国民经济行业标准》（GB/T4754-2002）进行分类，1993-2002年使用《国民经济行业分类标准》（GB/T4754

分行业从业人员

单位：万人

住宿和餐饮业	金融业	房地产业	租赁和商务服务业	科学研究、技术服务和地质勘查业	水利、环境和公共设施管理业	居民服务和其他服务业	教育	卫生、社会保障和社会福利业	文化、体育和娱乐业	公共管理和社会组织
	0.34	1.68		0.34	0.24		2.77	0.92		1.61
	0.41	1.82		0.35	0.25		2.38	0.91		2.53
	0.44	2.01		0.36	0.19		2.52	0.93		2.54
	0.50	2.18		0.36	0.20		2.45	0.96		2.91
	0.53	2.20		0.38	0.29		2.99	1.06		2.66
	0.57	2.24		0.39	0.36		2.70	0.98		2.90
	0.61	2.35		0.44	0.35		2.74	0.99		3.06
	0.64	2.44		0.32	0.34		2.76	1.00		3.49
	0.71	0.10		0.35	0.64	1.34	2.52	0.90		4.14
	0.76	0.19		0.51	0.44	2.37	2.73	0.89		4.40
	0.80	0.17		0.48	0.42	2.36	2.71	0.81		4.33
	0.87	0.12		0.46	0.43	2.43	2.74	0.94		4.33
	0.88	0.30		0.45	0.43	3.03	2.77	0.95		5.18
	0.92	0.30		0.49	0.34	3.42	2.75	0.94		5.43
	0.88	0.27		0.48	0.32	3.92	2.70	0.97		5.17
	0.93	0.28		0.44	0.32	8.99	2.70	0.99		2.51
	1.01	0.27		0.43	0.32	8.29	2.71	0.98		2.76
	0.89	0.19		0.40	0.31	8.17	2.68	1.08		2.47
20.94	0.86	0.17	0.78	0.59	0.62	6.31	2.34	1.00	0.53	2.30
20.08	0.83	0.18	0.76	0.58	0.65	6.59	2.41	1.01	0.58	2.25
17.73	0.85	0.20	0.77	0.55	0.66	6.40	2.66	1.10	0.61	2.37
17.86	0.91	0.22	0.79	0.56	0.71	6.44	2.77	1.14	0.61	2.33
19.17	1.08	0.82	1.04	0.58	0.72	7.15	3.08	1.61	0.78	2.38
18.68	1.34	1.20	2.23	0.93	0.78	8.77	3.49	1.83	1.06	2.42
19.36	1.73	1.23	2.18	0.87	1.26	7.60	4.43	1.84	0.86	2.78
20.03	1.88	1.48	2.57	1.12	0.97	7.57	4.53	1.87	0.99	2.73

-1994）行业分类数据；1993年前采矿业数据为全部工业数据（包含采矿业、制造业、电力煤气及水的生产供应业）（后同）。

5-6 1985-2010年

年份	合计	农林牧渔业	采矿业	制造业	电力、燃气及水的生产和供应业	建筑业	交通运输仓储和邮政业	信息传输、计算机服务和软件业	批发和零售业
1985	61.09	1.39	33.50			7.89	3.95		7.04
1986	61.68	1.47	34.05			7.82	3.34		7.08
1987	61.78	1.45	32.93			8.44	3.52		7.37
1988	64.41	1.46	34.33			8.55	3.30		7.82
1989	65.89	1.45	35.47			7.93	3.77		8.02
1990	67.94	1.54	36.90			7.95	4.11		8.27
1991	71.14	1.52	38.66			8.39	4.40		8.77
1992	73.01	1.48	39.51			8.96	4.24		9.42
1993	71.28	1.19	2.33	33.42	1.15	9.91	4.86		9.67
1994	76.61	1.31	2.72	37.23	0.96	8.96	4.41		11.05
1995	74.16	1.39	2.15	35.79	0.97	9.14	4.37		10.43
1996	70.86	1.43	2.21	33.07	1.02	7.60	3.96		11.39
1997	73.33	1.44	2.15	32.10	1.04	7.13	4.42		13.89
1998	65.40	1.39	1.72	27.15	1.13	5.45	3.94		12.95
1999	60.69	1.41	1.32	25.38	1.18	4.85	3.36		11.20
2000	66.85	1.00	1.18	24.54	1.20	2.97	3.01		20.09
2001	68.10	1.26	1.19	23.53	1.32	3.48	3.47		20.55
2002	67.54	1.31	1.38	22.67	1.23	3.28	3.25		20.41
2003	68.70	1.30	1.43	22.84	1.19	3.20	3.39	0.83	2.65
2004	69.45	1.37	1.44	22.03	1.23	3.45	3.82	0.94	4.03
2005	72.35	0.74	1.53	22.71	1.35	3.75	5.83	0.90	6.98
2006	76.36	0.61	2.50	24.13	1.33	3.90	6.48	0.88	7.37
2007	87.97	0.62	3.41	25.40	1.35	4.79	8.30	1.11	8.60
2008	98.60	0.51	3.33	26.28	1.26	5.83	9.44	1.38	12.52
2009	106.87	0.54	3.33	25.51	1.33	7.45	10.62	1.69	14.72
2010	114.29	0.59	3.54	25.66	1.48	7.92	11.69	1.75	18.00

分行业城镇从业人员

单位：万人

住宿和餐饮业	金融业	房地产业	租赁和商务服务业	科学研究、技术服务和地质勘查业	水利、环境和公共设施管理业	居民服务和其他服务业	教育	卫生、社会保障和社会福利业	文化、体育和娱乐业	公共管理和社会组织
	0.34	1.67		0.34	0.24		2.39	0.86		1.48
	0.40	1.83		0.35	0.25		2.38	0.91		1.80
	0.47	2.00		0.36	0.19		2.30	0.87		1.88
	0.50	2.18		0.36	0.20		2.44	0.94		2.33
	0.52	2.20		0.38	0.29		2.78	0.99		2.09
	0.57	2.24		0.39	0.36		2.49	0.91		2.11
	0.60	2.35		0.44	0.35		2.54	0.92		2.20
	0.64	2.44		0.31	0.34		2.57	0.94		2.16
	0.70	0.10		0.35	0.64	1.34	2.51	0.88		2.23
	0.76	0.19		0.51	0.44	2.04	2.73	0.88		2.42
	0.79	0.17		0.48	0.42	2.15	2.70	0.82		2.39
	0.87	0.12		0.45	0.43	2.40	2.63	0.93		2.35
	0.85	0.29		0.46	0.43	3.01	2.71	0.95		2.46
	0.91	0.30		0.49	0.34	3.41	2.71	0.93		2.58
	0.88	0.27		0.48	0.31	3.91	2.68	0.96		2.50
	0.93	0.28		0.44	0.31	4.73	2.69	0.98		2.50
	0.85	0.27		0.43	0.32	5.02	2.69	0.96		2.76
	0.89	0.19		0.40	0.31	6.00	2.68	1.08		2.46
18.51	0.86	0.17	0.39	0.58	0.62	4.71	2.31	1.00	0.43	2.29
17.61	0.83	0.17	0.39	0.55	0.64	4.84	2.40	1.01	0.45	2.25
15.07	0.85	0.18	0.39	0.55	0.64	4.37	2.62	1.07	0.47	2.35
15.41	0.91	0.19	0.40	0.54	0.68	4.41	2.73	1.13	0.46	2.30
17.36	1.08	0.51	0.67	0.59	0.68	5.92	3.04	1.61	0.56	2.37
17.50	1.31	1.08	1.49	0.74	0.75	6.71	3.49	1.83	0.75	2.42
18.44	1.70	1.20	1.91	0.87	1.26	6.72	4.40	1.84	0.58	2.76
18.93	1.87	1.48	2.25	1.12	0.95	7.23	4.53	1.87	0.71	2.72

5-7 2012-2014年分行业从业人员

单位：万人

项 目	从业人员			#城镇		
	2012	2013	2014	2012	2013	2014
合 计	**150.62**	**153.43**	**155.78**	**123.01**	**126.78**	**128.06**
农、林、牧、渔业	21.20	20.41	22.04	0.68	0.65	0.74
采矿业	3.55	3.18	3.16	3.49	3.12	3.11
制造业	29.62	30.52	29.14	28.25	28.88	27.66
电力、燃气及水的生产和供应业	1.70	1.71	1.82	1.68	1.69	1.80
建筑业	8.40	7.52	7.08	7.26	6.56	6.19
批发和零售业	20.52	21.15	29.68	19.51	20.07	28.18
交通运输、仓储和邮政业	14.30	14.75	14.16	13.13	14.30	13.78
住宿和餐饮业	21.75	22.47	14.70	20.56	21.33	13.78
信息传输、软件和信息技术服务业	2.20	2.66	2.12	1.98	2.53	2.01
金融业	1.96	2.12	2.07	1.90	1.94	1.99
房地产业	1.70	1.74	2.02	1.70	1.72	1.99
租赁和商务服务业	2.97	3.15	4.56	2.63	3.03	4.38
科学研究和技术服务业	1.20	1.26	2.28	1.20	1.13	2.22
水利、环境和公共设施管理业	1.05	1.21	1.36	1.03	1.04	1.17
居民服务、修理和其他服务业	7.87	8.24	8.87	7.62	7.88	8.58
教育	4.75	5.00	4.25	4.75	5.00	4.25
卫生和社会工作	1.95	2.11	1.95	1.95	2.11	1.95
文化、体育和娱乐业	1.02	1.32	1.16	0.79	0.89	0.92
公共管理、社会保障和社会组织	2.91	2.91	3.36	2.90	2.91	3.36

注：本表中行业按最新《国民经济行业分类》（GB/T4754-2011）进行划分。

5-8　城镇单位在岗职工年末人数（2014年）

单位：人

项　目	合　计	国有单位	集体单位	其他单位
总　计	**385366**	**118182**	**12723**	**254461**
按企业、事业、机关分组				
#企业	297418	32192	11433	253793
事业	60810	58852	1290	668
机关	27138	27138		
按国民经济行业分组				
农、林、牧、渔业	2686	2686		
农业	92	92		
林业	282	282		
畜牧业	1181	1181		
农、林、牧、渔服务业	1131	1131		
采矿业	7072	2404	421	4247
制造业	145690	4567	5527	135596
电力、燃气及水的生产和供应业	15253	7733	99	7421
建筑业	44755	186	2058	42511
房屋建筑业	32802	41	2022	30739
土木工程建筑业	9638		19	9619
建筑安装业	2014	145	17	1852
建筑装饰业和其他建筑业	301			301
批发和零售业	17547	1817	474	15256
批发业	5477	1066	158	4253
零售业	12070	751	316	11003
交通运输、仓储和邮政业	11148	3754	194	7200
铁路运输业				
航空运输业	408			408
道路运输业	7754	1379	85	6290
装卸搬运和运输代理业	452		109	343
仓储业	395	236		159
邮政业	2139	2139		
住宿和餐饮业	7143	378	63	6702
住宿业	3246	343	63	2840
餐饮业	3897	35		3862
信息传输、软件和信息技术服务业	4188	438		3750
电信、广播电视和卫星传输服务	3886	429		3457
互联网和相关服务	18			18
软件和信息技术服务业	284	9		275

5-8 续 表

单位：人

项 目	合 计	国有单位	集体单位	其他单位
金融业	12350	4125	1604	6621
货币金融服务	9992	3273	1604	5115
资本市场服务	438	241		197
保险业	1877	611		1266
其他金融业	43			43
房地产业	10399	845		9554
租赁和商务服务业	10470	1651	636	8183
租赁业	15			15
商务服务业	10455	1651	636	8168
科学研究和技术服务业	7564	3509	81	3974
研究与试验发展	340	192		148
专业技术服务业	6675	2969	81	3625
科技交流和推广服务业	549	348		201
水利、环境和公共设施管理业	5742	4010	519	1213
水利管理业	753	703	50	
生态保护和环境治理业	26	26		
公共设施管理业	4963	3281	469	1213
居民服务、修理和其他服务业	1124	315	276	533
居民服务业	883	315	259	309
机动车、电子产品和日用产品修理业	50		6	44
其他服务业	191		11	180
教育	30867	29936	11	920
卫生和社会工作	16447	15189	760	498
卫生	16200	14942	760	498
社会工作	247	247		
文化、体育和娱乐业	3005	2723		282
新闻出版社	480	456		24
广播、电视、电影和音像业	943	860		83
文化艺术业	1369	1369		
体育	38	38		
娱乐业	175			175
公共管理、社会保障和社会组织	31916	31916		
中国共产党机关	1043	1043		
国家机构	29125	29125		
人民政协、民主党派	275	275		
社会保障	397	397		
群众团体、社会团体和其他成员组织	1076	1076		

5-9 职工工资总额和平均工资

年份	职工工资总额（万元）				职工平均工资（元）			
	合计	国有单位	城镇集体单位	其他单位	合计	国有单位	城镇集体单位	其他单位
1949	65	65			271	271		
1950	115	115			230	230		
1952	387	387			362	362		
1957	9347	9347			782	782		
1962	14067	13658	409		663	693	269	
1965	15175	14144	1031		741	769	496	
1970	17262	15591	1671		674	694	527	
1975	22961	18880	4081		674	694	598	
1978	27427	21818	5609		655	727	423	
1980	37311	28176	9134		788	868	614	
1985	58947	43377	15570		1074	1193	841	
1990	114096	85748	28146	202	1893	2085	1476	2244
1991	131511	98329	32501	681	2104	2288	1693	2003
1992	159536	117302	40969	1265	2473	2659	2068	2144
1993	222975	168186	52337	2452	3328	3647	2633	2452
1994	298468	225802	62971	9695	4496	5027	3363	3564
1995	313407	227407	69820	16179	4938	5398	4050	3946
1996	330304	246197	69234	14873	5312	5809	4292	4053
1997	342181	261676	62080	18424	5813	6612	4159	4221
1998	298452	133791	46357	118304	6178	6080	4655	7240
1999	299566	122355	37818	139393	6736	6861	4927	7350
2000	311025	125137	33840	152047	7517	7945	5262	7921
2001	327986	136178	33831	157977	8384	9366	6490	8156
2002	369801	155009	28060	186732	10212	11360	7368	9989
2003	471324	201602	33426	236296	13417	15165	8974	13048
2004	565169	250429	39029	275711	16173	19166	11301	14964
2005	676236	304463	41536	330237	19805	23492	13100	18333
2006	757428	337708	43664	376056	22815	26584	14931	21402
2007	883220	375231	45152	462837	26867	30483	16989	25847
2008	1044468	441416	51533	551519	31780	35805	20249	30653
2009	1186242	516559	65521	604162	36723	41291	25952	34988
2010	1323917	584560	71517	667841	41403	46112	29496	39576
2011	1714634	666253	77650	970731	47059	52403	35734	45047
2012	1881466	733400	72032	1076034	51646	59643	38292	48355
2013	2203988	816660	59796	1327532	53100	64871	39830	48421
2014	2198848	760363	50347	1388138	56246	64802	39560	53212

注：1998年及以后年度职工工资总额、平均工资为城镇单位在岗职工的工资总额和平均工资。

5-10 1978-2010年

年 份	合计	农林牧渔业	采矿业	制造业	电力、燃气及水的生产和供应业	建筑业	交通运输仓储和邮政业	信息传输、计算机服务和软件业	批发和零售业
1978	655	532	671	745		836	739		640
1979	667	500	738	648		817	760		682
1980	788	639	835	910		954	889		754
1985	1074	726	971	1086		1236	1075		843
1986	1223	761	1008	1244		1341	1309		990
1987	1338	827	1114	1358		1532	1367		1037
1988	1545	934	1349	1573		1788	1590		1182
1989	1695	953	1458	1761		1882	1764		1282
1990	1893	1144	1387	1996		2128	1842		1367
1991	2104	1236	1678	2210		2528	1945		1514
1992	2473	1555	1712	2519		3225	2366		1663
1993	3328	2758	3326	3460	4380	4352	3013		1896
1994	4496	2087	4667	4597	6655	5655	3698		2369
1995	4938	2077	5197	5003	7552	6216	4221		2386
1996	5312	2342	5500	5579	5770	6242	4769		2634
1997	5813	4334	5343	6086	9390	6423	4777		2581
1998	6178	3845	5834	6127	10905	6120	5993		3618
1999	6736	4151	4982	6768	12107	6188	6536		3832
2000	7517	4126	6835	7536	13949	6206	7120		4280
2001	8384	4616	7535	8061	14807	6568	6888		4500
2002	10212	6952	8461	10192	15121	7575	7884		5067
2003	13417	9565	9202	13183	21172	9590	9763	15167	8110
2004	16173	10561	11726	15055	30575	13015	11423	17964	9649
2005	19805	13482	13310	17960	35763	14470	19874	25806	15071
2006	22815	14780	15374	20987	40866	16861	18952	23787	16011
2007	26867	16727	17617	25370	45661	20853	21473	28822	17729
2008	31780	18536	19402	30324	48492	23679	26403	38739	22483
2009	36723	22237	26605	34418	49911	28235	27046	32669	26172
2010	41403	25846	36216	39478	56948	32132	29389	38553	28790

分行业职工平均工资

单位：元

住宿和餐饮业	金融业	房地产业	租赁和商务服务业	科学研究、技术服务和地质勘查业	水利、环境和公共设施管理业	居民服务和其他服务业	教育	卫生、社会保障和社会福利业	文化、体育和娱乐业	公共管理和社会组织
	662			694		686	599			735
	687			848		695	628			617
	763			863		783	694			844
	1158			1261	1439	888	1223	1116		1169
	1302			1460	1553	1017	1317	1282		1345
	1299			1606	1573	1216	1437	1309		1448
	1494			1814	1786	1276	1699	1594		1641
	1634			2023	1996	1528	1216	1726		1686
	1804	1279		2205	2283	1516	1890	1839		1839
	1917	1546		2319	2389	1712	1958	1938		1974
	2557	1618		2639	2723	2169	2422	2393		2511
	4320	2300		3772	3824	2437	3492	3520		3600
	7727	4617		5727	4313	3397	4643	4911		5020
	6549	5216		5941	3969	3819	5098	5588		5440
	6641	4882		6351	4448	3610	5810	5925		5884
	9396	5963		6890	4883	4501	6509	6825		6867
	9093	7281		7217	6015	5210	6896	7567		7296
	9156	7196		7709	6910	5863	7852	7972		7899
	9803	7832		9062	7145	5968	8867	9071		8944
	10764	8633		10629	8851	6783	11278	10472		11428
	11625	8805		12761	10627	7649	13545	12840		13628
8307	12882	11004	13735	17122	14110	9664	17961	16228	14342	19029
9850	16498	14884	16286	18113	14845	11406	22232	19606	20470	23920
11069	23691	22282	20888	23700	22224	12929	25747	22568	26528	27905
12163	30435	25530	19196	27657	24191	15259	29551	27146	26768	30017
13876	38310	28209	21678	28975	25524	18308	32530	30216	30578	34881
19147	48389	30368	29921	30607	25511	26089	39770	34424	35378	41237
22471	59341	36060	34213	36015	28341	30738	46779	42019	38421	47666
23760	61178	38286	37431	36918	31704	33002	51787	44999	42570	51820

5-11　2012-2014年分行业职工平均工资

单位：元

项　目	2012	2013	2014
合　计	**51646**	**53100**	**56246**
农、林、牧、渔业	38399	40861	39784
采矿业	50949	61636	62085
制造业	50481	52557	56407
电力、燃气及水的生产和供应业	70634	73717	77376
建筑业	35420	35956	43026
批发和零售业	42026	44738	41921
交通运输、仓储和邮政业	43928	44547	43403
住宿和餐饮业	32042	32064	33741
信息传输、软件和信息技术服务业	50866	50883	58134
金融业	90603	95177	98722
房地产业	46191	39209	38959
租赁和商务服务业	48144	39219	38559
科学研究和技术服务业	48769	68760	69760
水利、环境和公共设施管理业	40259	42125	46170
居民服务、修理和其他服务业	37777	37782	41010
教育	64782	69124	68383
卫生和社会工作	54743	63492	65407
文化、体育和娱乐业	55974	54726	59545
公共管理、社会保障和社会组织	60477	64290	60180

注：本表中行业按最新《国民经济行业分类》（GB/T4754-2011）进行划分。

5-12 在岗职工平均工资（2014年）

单位：元

项目	合计	国有单位	集体单位	其他单位
总计	**56246**	**64802**	**39560**	**53212**
按企业、事业、机关分组				
#企业	54522	70971	39135	53179
事业	62751	63141	43253	66102
机关	61074	61074		
按国民经济行业分组				
农、林、牧、渔业	39784	39784		
采矿业	62085	84925	52960	49483
制造业	56407	59530	29071	57396
电力、燃气及水的生产和供应业	77376	88839	35056	66039
建筑业	43026	37962	19767	44096
批发和零售业	41921	53146	29331	40983
交通运输、仓储和邮政业	43403	47334	21705	41872
住宿和餐饮业	33741	35218	17889	33806
信息传输、软件和信息技术服务业	58134	64796		57358
金融业	98722	92648	99019	102480
房地产业	38959	53813		37663
租赁和商务服务业	38559	47801	47811	35991
科学研究和技术服务业	69760	54196	46695	83854
水利、环境和公共设施管理业	46170	49366	31563	41694
居民服务、修理和其他服务业	41010	49390	29336	42378
教育	68383	68682	59091	58779
卫生和社会工作	65407	66527	51069	53706
文化、体育和娱乐业	59545	61692		39383
公共管理、社会保障和社会组织	60180	60180		

5-13 城镇单位从业人员和劳动报酬（2014年）

单位：人

项　目	单位从业人员年末人数	#女性	在岗职工	其他从业人员
总　计	**408433**	**143568**	**385366**	**23067**
按企业、事业、机关分组				
#企业	316494	100014	297418	19076
事业	63183	33873	60810	2373
机关	28756	9681	27138	1618
按国民经济行业分组				
农、林、牧、渔业	2686	1448	2686	
采矿业	7342	1620	7072	270
制造业	151470	42437	145690	5780
电力、燃气及水的生产和供应业	15479	5258	15253	226
建筑业	52030	7600	44755	7275
批发和零售业	17838	7747	17547	291
交通运输、仓储和邮政业	11405	3876	11148	257
住宿和餐饮业	7389	4130	7143	246
信息传输、软件和信息技术服务业	4221	2267	4188	33
金融业	15396	8869	12350	3046
房地产业	10731	5194	10399	332
租赁和商务服务业	10634	3862	10470	164
科学研究和技术服务业	7887	2736	7564	323
水利、环境和公共设施管理业	7782	3334	5742	2040
居民服务、修理和其他服务业	1148	409	1124	24
教育	31517	18894	30867	650
卫生和社会工作	16818	10819	16447	371
文化、体育和娱乐业	3100	1563	3005	95
公共管理、社会保障和社会组织	33560	11505	31916	1644

5-13 续 表

单位：万元

项 目	单位从业人员劳动报酬	在岗职工工资总额	其他从业人员劳动报酬
总 计	**2294505**	**2198848**	**95657**
按企业、事业、机关分组			
#企业	1741671	1655290	86381
事业	385341	380263	5078
机关	167493	163295	4198
按国民经济行业分组			
农、林、牧、渔业	10734	10734	
采矿业	44816	42994	1822
制造业	863538	841818	21720
电力、燃气及水的生产和供应业	117745	117131	614
建筑业	252032	205779	46253
批发和零售业	74587	74155	432
交通运输、仓储和邮政业	48448	47826	622
住宿和餐饮业	24771	24074	697
信息传输、软件和信息技术服务业	24370	24277	93
金融业	129618	121191	8427
房地产业	42270	40775	1495
租赁和商务服务业	40687	40506	181
科学研究和技术服务业	53818	52606	1212
水利、环境和公共设施管理业	31037	26058	4979
居民服务、修理和其他服务业	4516	4458	58
教育	212066	210748	1318
卫生和社会工作	107333	106299	1034
文化、体育和娱乐业	18126	17947	179
公共管理、社会保障和社会组织	193993	189472	4521

5-14　城镇单位女性从业人员（2014年）

单位：人

项　目	合　计	国有单位	集体单位	其他单位
总　计	**143568**	**58734**	**5781**	**79053**
按企业、事业、机关分组				
#企业	100014	16245	5066	78703
事业	33873	32808	715	350
机关	9681	9681		
按国民经济行业分组				
农、林、牧、渔业	1448	1448		
采矿业	1620	690	73	857
制造业	42437	1866	2524	38047
电力、燃气及水的生产和供应业	5258	2828	41	2389
建筑业	7600	60	961	6579
批发和零售业	7747	836	170	6741
交通运输、仓储和邮政业	3876	1839	96	1941
住宿和餐饮业	4130	218	50	3862
信息传输、软件和信息技术服务业	2267	160		2107
金融业	8869	2495	819	5555
房地产业	5194	394		4800
租赁和商务服务业	3862	817	145	2900
科学研究和技术服务业	2736	1336	42	1358
水利、环境和公共设施管理业	3334	2424	340	570
居民服务、修理和其他服务业	409	47	145	217
教育	18894	18293	10	591
卫生和社会工作	10819	10089	365	365
文化、体育和娱乐业	1563	1389		174
公共管理、社会保障和社会组织	11505	11505		

5-15 国有单位从业人员和劳动报酬（2014年）

单位：人

项　目	单位从业人员年末人数	#女性	在岗职工	其他从业人员
总　计	123453	58734	118182	5271
按企业、事业、机关分组				
#企业	33505	16245	32192	1313
事业	61192	32808	58852	2340
机关	28756	9681	27138	1618
按国民经济行业分组				
农、林、牧、渔业	2686	1448	2686	
采矿业	2404	690	2404	
制造业	5206	1866	4567	639
电力、燃气及水的生产和供应业	7831	2828	7733	98
建筑业	186	60	186	
批发和零售业	1945	836	1817	128
交通运输、仓储和邮政业	3788	1839	3754	34
住宿和餐饮业	378	218	378	
信息传输、软件和信息技术服务业	438	160	438	
金融业	4232	2495	4125	107
房地产业	845	394	845	
租赁和商务服务业	1666	817	1651	15
科学研究和技术服务业	3663	1336	3509	154
水利、环境和公共设施管理业	5500	2424	4010	1490
居民服务、修理和其他服务业	315	47	315	
教育	30540	18293	29936	604
卫生和社会工作	15527	10089	15189	338
文化、体育和娱乐业	2743	1389	2723	20
公共管理、社会保障和社会组织	33560	11505	31916	1644

5-15 续 表

单位：万元

项　目	单位从业人员劳动报酬	在岗职工工资总额	其他从业人员劳动报酬
总　计	**773595**	**760363**	**13232**
按企业、事业、机关分组			
#企业	230820	226768	4052
事业	375282	370300	4982
机关	167493	163295	4198
按国民经济行业分组			
农、林、牧、渔业	10734	10734	
采矿业	20560	20560	
制造业	28821	26687	2134
电力、燃气及水的生产和供应业	68147	67944	203
建筑业	702	702	
批发和零售业	9828	9635	193
交通运输、仓储和邮政业	18154	18115	39
住宿和餐饮业	1338	1338	
信息传输、软件和信息技术服务业	2825	2825	
金融业	38859	38236	623
房地产业	4521	4521	
租赁和商务服务业	7890	7863	27
科学研究和技术服务业	19323	18866	457
水利、环境和公共设施管理业	22434	19638	2796
居民服务、修理和其他服务业	1442	1442	
教育	206528	205275	1253
卫生和社会工作	100643	99705	938
文化、体育和娱乐业	16853	16805	48
公共管理、社会保障和社会组织	193993	189472	4521

5-16　集体单位从业人员和劳动报酬（2014年）

单位：人

项　目	单位从业人员年末人数	#女性	在岗职工	其他从业人员
总　计	**13551**	**5781**	**12723**	**828**
按企业、事业、机关分组				
#企业	12228	5066	11433	795
事业	1323	715	1290	33
机关				
按国民经济行业分组				
农、林、牧、渔业				
采矿业	572	73	421	151
制造业	5792	2524	5527	265
电力、燃气及水的生产和供应业	99	41	99	
建筑业	2184	961	2058	126
批发和零售业	480	170	474	6
交通运输、仓储和邮政业	349	96	194	155
住宿和餐饮业	63	50	63	
信息传输、软件和信息技术服务业				
金融业	1675	819	1604	71
房地产业				
租赁和商务服务业	636	145	636	
科学研究和技术服务业	81	42	81	
水利、环境和公共设施管理业	519	340	519	
居民服务、修理和其他服务业	297	145	276	21
教育	11	10	11	
卫生和社会工作	793	365	760	33
文化、体育和娱乐业				
公共管理、社会保障和社会组织				

5-16 续 表

单位：万元

项 目	单位从业人员劳动报酬	在岗职工工资总额	其他从业人员劳动报酬
总 计	**52736**	**50347**	**2389**
按企业、事业、机关分组			
#企业	47086	44793	2293
事业	5650	5554	96
机关			
按国民经济行业分组			
农、林、牧、渔业			
采矿业	2737	2230	507
制造业	16993	16119	874
电力、燃气及水的生产和供应业	312	312	
建筑业	4446	4068	378
批发和零售业	1383	1373	10
交通运输、仓储和邮政业	812	434	378
住宿和餐饮业	113	113	
信息传输、软件和信息技术服务业			
金融业	16008	15912	96
房地产业			
租赁和商务服务业	3055	3055	
科学研究和技术服务业	383	383	
水利、环境和公共设施管理业	1638	1638	
居民服务、修理和其他服务业	845	795	50
教育	65	65	
卫生和社会工作	3946	3850	96
文化、体育和娱乐业			
公共管理、社会保障和社会组织			

5-17 其他单位从业人员和劳动报酬（2014年）

单位：人

项　　目	单位从业人员年末人数	#女性	在岗职工	其他从业人员
总　计	**271429**	**79053**	**254461**	**16968**
按企业、事业、机关分组				
#企业	270761	78703	253793	16968
事业	668	350	668	
机关				
按国民经济行业分组				
农、林、牧、渔业				
采矿业	4366	857	4247	119
制造业	140472	38047	135596	4876
电力、燃气及水的生产和供应业	7549	2389	7421	128
建筑业	49660	6579	42511	7149
批发和零售业	15413	6741	15256	157
交通运输、仓储和邮政业	7268	1941	7200	68
住宿和餐饮业	6948	3862	6702	246
信息传输、软件和信息技术服务业	3783	2107	3750	33
金融业	9489	5555	6621	2868
房地产业	9886	4800	9554	332
租赁和商务服务业	8332	2900	8183	149
科学研究和技术服务业	4143	1358	3974	169
水利、环境和公共设施管理业	1763	570	1213	550
居民服务、修理和其他服务业	536	217	533	3
教育	966	591	920	46
卫生和社会工作	498	365	498	
文化、体育和娱乐业	357	174	282	75
公共管理、社会保障和社会组织				

5-17 续 表

单位：万元

项　目	单位从业人员劳动报酬	在岗职工工资总额	其他从业人员劳动报酬
总　计	**1468174**	**1388138**	**80036**
按企业、事业、机关分组			
#企业	1463765	1383729	80036
事业	4409	4409	
机关			
按国民经济行业分组			
农、林、牧、渔业			
采矿业	21519	20204	1315
制造业	817724	799012	18712
电力、燃气及水的生产和供应业	49286	48875	411
建筑业	246884	201009	45875
批发和零售业	63376	63147	229
交通运输、仓储和邮政业	29482	29277	205
住宿和餐饮业	23320	22623	697
信息传输、软件和信息技术服务业	21545	21452	93
金融业	74751	67043	7708
房地产业	37749	36254	1495
租赁和商务服务业	29742	29588	154
科学研究和技术服务业	34112	33357	755
水利、环境和公共设施管理业	6965	4782	2183
居民服务、修理和其他服务业	2229	2221	8
教育	5473	5408	65
卫生和社会工作	2744	2744	
文化、体育和娱乐业	1273	1142	131
公共管理、社会保障和社会组织			

主要统计指标解释

经济活动人口　指在16岁以上，有劳动能力，参加或要求参加社会经济活动的人口。包括就业人员和失业人员。

从业人员　指从事一定社会劳动并取得劳动报酬或经营收入的人员，包括在岗职工、再就业的离退休人员、私营业主、个体户主、私营和个体就业人员、乡镇企业就业人员、农村就业人员、其他就业人员(包括民办教师、宗教职业者、现役军人等)。这一指标反映了一定时期内全部劳动力资源的实际利用情况，是研究我国基本国情国力的重要指标。

各单位的从业人员　指在各级国家机关、政党机关、社会团体及企业、事业单位中工作，取得工资或其他形式的劳动报酬的全部人员。包括在岗职工、再就业的离退休人员、民办教师以及在各单位中工作的外方人员和港澳台方人员、兼职人员、借用的外单位人员和第二职业者。不包括离开本单位仍保留劳动关系的职工。各单位的从业人员反映了各单位实际参加生产或工作的全部劳动力。

城镇私营和个体从业人员　城镇私营从业人员指在工商管理部门注册登记，其经营地址设在县城关镇(含城关镇)以上的私营企业从业人员，包括私营企业投资者和雇工。城镇个体就业人员指在工商管理部门注册登记，并持有城镇户口或在城镇长期居住，经批准从事个体工商经营的从业人员，包括个体经营者和在个体工商户劳动的家庭帮工和雇工。

城镇登记失业人员　指有非农业户口，在一定的劳动年龄内（16岁以上及男50岁以下、女45岁以下），有劳动能力，无业而要求就业，并在当地就业服务机构进行求职登记的人员。

城镇登记失业率　指城镇登记失业人员与城镇单位就业人员（扣除使用的农村劳动力、聘用的离退休人员、港澳台及外商人员）、城镇单位中的不在岗职工、城镇私营业主、个体户主、城镇私营企业和个体就业人员、城镇登记失业人员之和的比。计算公式为：

城镇登记失业率=城镇登记失业人数/((城镇单位就业人员-使用的农村劳动力-聘用的离退休人员-港澳台及外商人员)+不在岗职工+城镇私营业主+个体户主+城镇私营企业和个体就业人员+城镇登记失业人数)×100%

职工　指在国有经济、城镇集体经济、联营经济、股份制经济、外商和港、澳、台投资经济、其他经济单位及其附属机构工作，并由其支付工资的各类人员，不包括下列人员：(1)乡镇企业就业人员；(2)私营企业就业人员；(3)城镇个体劳动者；(4)离休、退休、退职人员；(5)再就业的离、退休人员；(6)民办教师；(7)在城镇单位中工作的外方人员和港、澳、台人员；(8)其他按有关规定不列入职工统计范围的人员。(1998年以后的数据均为在岗职工数据，其他相关指标如职工工资总额，职工平均工资等指标也从1998年按此口径进行了相应调整)。

在岗职工　指在本单位工作并由单位支付工资的人员，以及有工作岗位，但由于学习、病伤产假等原因暂未工作，仍由单位支付工资的人员。

工资总额　指各单位在一定时期内直接支付给本单位全部职工的劳动报酬总额。

工资总额的计算原则应以直接支付给职工的全部劳动报酬为根据。各单位支付给职工的劳动报酬以及其他根据有关规定支付的工资，不论是计入成本的还是不计入成本的，不论是按国家规定列入计征奖金税项目的，还是未列入计征奖金税项目的，不论是以货币形式支付的还是以实物形式支付的，均包括在工资总额内。

平均工资　指企业、事业、机关单位的职工在一定时期内平均每人所得的货币工资额。它表明一定时期职工工资收入的高低程度，是反映职工工资水平的主要指标。计算公式为：

平均工资=报告期实际支付的全部职工工资总额/报告期全部职工平均人数

6

INVESTMENT IN FIXED ASSETS

固定资产投资

6-1 固定资产投资

指　标	单 位	2014	2014年比2013年增长（%）
投资总额	**万 元**	**22397985**	**15.02**
#住宅	万 元	1912524	18.60
#国有经济控股	万 元	7362295	31.93
按构成分			
建筑安装工程	万 元	14987827	9.92
设备工器具的购置	万 元	5394038	13.97
其他费用	万 元	2016120	88.67
按三次产业分			
第一产业	万 元	589367	8.50
第二产业	万 元	11204969	11.02
第三产业	万 元	10603649	20.16
按登记类型分			
国有经济	万 元	6901645	36.68
集体经济	万 元	278059	-25.85
私营个体经济	万 元	5581390	46.10
股份制经济	万 元	9008807	-7.92
港澳台投资经济	万 元	111072	125.00
外商投资经济	万 元	53384	-19.47
其他经济	万 元	463628	54.60
本年资金来源合计	**万 元**	**25385769**	**16.68**
#国家预算内资金	万 元	476616	187.32
国内贷款	万 元	4838253	185.88
利用外资	万 元	21000	115.29
自筹资金	万 元	17654190	0.59
其他资金来源	万 元	1547032	21.20
本年新增固定资产	**万 元**	**15997946**	**6.73**
本年施工房屋面积	**万平方米**	**2970.60**	**-0.91**
#住宅	万平方米	1747.40	-2.67
本年竣工房屋面积	**万平方米**	**356.88**	**-50.36**
#住宅	万平方米	208.08	-41.59

注：1、2014年起，固定资产投资统计范围调整为计划总投资500万元以上的项目投资及所有房地产开发项目投资（后同）。
2、按资金来源分组为财务拨款数，各项相加不等于投资总额（后同）。

6-2　1992-2014年固定资产投资及分组

单位：万元

年份	投资总额	#住宅	按经济类型分				
			国有经济	集体经济	#城镇集体	个体经济	其他经济
1992	177003	34313	168403	7397	7397	1203	
1993	371725	86700	332281	15696	15696	3777	19971
1994	464517	87120	430219	11739	11739	3215	19344
1995	610503	88814	583493	5452	5452	6840	14718
1996	459118	115335	421441	3890	3890	9387	24400
1997	419178	120864	380650	5237	5237	5120	28171
1998	434333	123472	367865	5453	5453	16830	44185
1999	419715	82860	343520	3328	3328	1742	71125
2000	539492	111175	423378	3736	3736	2819	109559
2001	652392	132483	471553	6430	6430	2537	171872
2002	1094680	129148	670781	11366	11366	2265	410268
2003	2236495	252415	947407	44454	44454	6384	1238250
2004	3402847	279486	1444269	49536	49536	20151	1888891
2005	5010844	315768	2278316	89861	88391	30480	2612187
2006	6001727	614789	2397165	140436	140036	14079	3450047
2007	8035077	906148	3228469	232658	211558	28179	4545771
2008	10800593	1481358	3944978	309539	299639	45681	6500395
2009	15002586	1238877	4661089	272435	272435	32130	10036932
2010	18005021	1539606	5472181	529261	495376	7918	11995661
2011	21605981	2099181	5533705	614584	607534	19149	15438543
2012	25342444	1454888	5294599	1664519	1645744	103192	18280134
2013	29913703	1681116	6971048	767192	755302	225668	21949795
2014	22397985	1912524	6901645	278059	266659	41890	15176391

6-2 续 表

单位：万元

年 份	按隶属关系分			按三次产业分			房屋建筑面积（万平方米）		
	中央项目	地方项目	#市属项目	第一产业	第二产业	第三产业	施工面积	竣工面积	#住宅
1992	18485	158518	78040	332	132874	43797	288.37	123.05	69.98
1993	61432	310293	125539	232	267767	103726	364.08	171.30	112.56
1994	44965	419552	119201	284	345614	118619	363.67	197.46	135.47
1995	101717	508786	101569	302	506819	103382	305.38	182.87	136.62
1996	53515	405603	131756	1133	341171	116814	416.28	163.64	132.55
1997	68082	351096	162595	1157	271677	146344	449.30	298.29	238.08
1998	55903	378430	238789	5511	226065	202757	379.15	236.15	175.16
1999	72127	347588	205617	7148	220981	191586	326.63	191.28	138.80
2000	52129	487363	254914	13165	285204	241123	383.78	217.48	158.76
2001	50855	601537	304342	12940	354608	284844	439.69	228.15	171.62
2002	79493	1015187	775529	61475	522060	511145	490.20	224.31	122.59
2003	178539	2057956	1602431	40726	1384192	811577	772.22	456.78	292.31
2004	246450	3156397	2168766	39283	2277917	1085647	742.07	372.22	183.94
2005	398960	4611884	3741612	66711	3012598	1931535	806.02	487.29	252.18
2006	391756	5609971	4565905	79838	3641701	2280188	1068.71	465.06	222.68
2007	414169	7620908	6623323	94158	4236294	3704625	1761.36	776.12	327.77
2008	715505	10085088	9168279	189973	5373898	5236722	1998.31	469.23	227.76
2009	975632	14026954	11057519	284930	7832050	6885606	2158.88	845.51	430.77
2010	1129775	16875246	15811600	436764	9186411	8381846	2744.85	976.94	424.45
2011	500285	21105696	20359019	383180	10161949	11060852	3523.34	1382.32	562.00
2012	466782	24875662	24245354	646531	13774896	10921017	2890.85	806.52	330.87
2013	523493	29390210	27896249	819978	15791445	13302280	3140.20	813.57	356.27
2014	1153385	21244600	20198883	589367	11204969	10603649	2970.60	356.88	208.08

6-3 1992-2014年固定资产投资资金来源

单位：万元

年 份	资金来源				构成（%）			
	国家预算内资金	国内贷款	利用外资	自筹和其他资金	国家预算内资金	国内贷款	利用外资	自筹和其他资金
1992	7185	56438	8291	110313	3.9	31.0	4.5	60.6
1993	14017	66471	22370	191178	4.8	22.6	7.6	65.0
1994	9529	97697	9527	394000	1.9	19.1	1.9	77.1
1995	12639	46414	41422	445600	2.3	8.5	7.6	81.6
1996	17283	58992	11215	266134	4.9	16.7	3.2	75.2
1997	7556	56059	12536	301553	2.0	14.8	3.3	79.9
1998	44030	45772	10126	273960	11.8	12.2	2.7	73.3
1999	28341	85834	35396	285063	6.5	19.7	8.1	65.7
2000	43935	127328	27122	257493	9.6	27.9	5.9	56.6
2001	37518	162306	110695	344931	5.7	24.8	16.9	52.6
2002	87077	114409	11497	786836	8.7	11.4	1.2	78.7
2003	128451	236429	25505	1812771	5.8	10.7	1.2	82.3
2004	79030	339617	17374	2812462	2.4	10.5	0.5	86.6
2005	179120	536836	29767	4327554	3.5	10.6	0.6	85.3
2006	32146	277437	45697	5629168	0.5	4.6	0.8	94.1
2007	84671	257022	39515	7676387	1.0	3.2	0.5	95.3
2008	83458	157790	80500	10133535	0.8	1.5	0.8	96.9
2009	94460	241667	48000	14597096	0.6	1.6	0.3	97.5
2010	146469	783129	32889	17437205	0.8	4.2	0.2	94.8
2011	120533	2034978	33480	20002962	0.5	9.2	0.2	90.1
2012	346239	1678139	9900	23789510	1.2	6.4	0.1	92.3
2013	182710	2015920	13320	28729015	0.6	6.5	0.0	92.9
2014	476616	4859253	21000	19212322	1.9	19.8	0.1	78.2

6-4　1992-2014年固定资产投资构成

单位：万元

年份	固定资产投资	建筑安装工程	设备工具器具购置	其他费用	构成（%）		
					建筑安装工程	设备工具器具购置	其他费用
1992	177003	113568	52815	10620	64.2	29.8	6.0
1993	371725	247048	102467	22210	66.5	27.6	5.9
1994	464517	322472	122478	19567	69.5	26.4	4.1
1995	610503	331720	232752	46031	54.3	38.1	7.6
1996	459118	292415	153207	13496	63.7	33.4	2.9
1997	419178	286671	121816	10691	68.4	29.1	2.5
1998	434333	324956	92391	16986	74.8	21.3	3.9
1999	419715	261819	136200	21696	62.4	32.5	5.1
2000	539492	293274	216950	29268	54.4	40.2	5.4
2001	652392	391111	174074	87207	60.0	26.7	13.3
2002	1094680	598831	354335	141514	54.7	32.4	12.9
2003	2236495	1228152	695329	313014	54.9	31.1	14.0
2004	3402847	2113747	1006513	282587	62.1	29.6	8.3
2005	5010844	3425515	1272251	313078	68.4	25.4	6.2
2006	6001727	4337554	1220997	443176	72.3	20.3	7.4
2007	8035077	5516793	1700713	817571	68.6	21.2	10.2
2008	10800593	7336893	2184764	1278936	67.9	20.2	11.9
2009	15002586	10083637	3641573	1277376	67.2	24.3	8.5
2010	18005021	11698160	4405767	1901094	65.0	24.5	10.5
2011	21605981	14687647	5497787	1420547	68.0	25.4	6.6
2012	25342444	17140507	6626404	1575533	67.6	26.2	6.2
2013	29913703	20341012	8049657	1523034	68.0	26.9	5.1
2014	22397985	14987827	5394038	2016120	66.9	24.1	9.0

6-5 历年固定资产投资

单位：万元

年 份	投资总额	城镇投资	房地产开发	农村非农户
1953	800	800		
1954	5460	5460		
1955	6051	6051		
1956	17418	17418		
1957	15707	15707		
1958	50285	50285		
1959	66776	66776		
1960	53740	53740		
1961	11202	11202		
1962	7879	7879		
1963	8267	8267		
1964	12031	12031		
1965	21354	21354		
1966	26376	26376		
1967	10257	10257		
1968	13950	13950		
1969	8455	8455		
1970	17187	17187		
1971	17037	17037		
1972	13814	13814		
1973	11527	11527		
1974	13945	13945		
1975	16197	16197		
1976	12428	12428		
1977	10664	10664		
1978	19252	19252		
1979	23215	23215		
1980	22913	22913		
1981	20624	20624		
1982	24759	24759		
1983	25292	25292		

6-5 续表

单位：万元

年 份	投资总额	城镇投资	房地产开发	农村非农户
1984	26021	26021		
1985	55188	55188		
1986	58636	58636		
1987	74546	74546		
1988	85584	85584		
1989	93873	93873		
1990	94322	92145	2177	
1991	110183	107294	2889	
1992	177003	170560	1203	
1993	371725	352291	19434	
1994	464517	443917	20600	
1995	610503	590377	20126	
1996	459118	432956	26162	
1997	419178	386098	33080	
1998	434333	374985	59348	
1999	419715	359634	60081	
2000	539492	461434	78058	
2001	652392	539675	112717	
2002	1094680	990925	103755	
2003	2236495	2057383	179112	
2004	3402847	3104964	297883	
2005	5010844	4688838	309976	12030
2006	6001727	5384194	592948	24585
2007	8035077	6985110	819340	230627
2008	10800593	9355012	1396036	49545
2009	15002586	13287131	1404316	311139
2010	18005021	15720249	2028264	256508
2011	21605981	19191460	2341741	72780
2012	25342444	23644182	1585583	112679
2013	29913703	27728720	2064694	120289
2014	22397985	20264103	1978681	155201

6-6 按经济类型分的

指　标	总　计	国有经济	集体经济
投资总额（万元）	**22397985**	**6901645**	**278059**
按管理渠道分			
城镇投资	20264103	6719104	266659
农村非农户	155201	122591	11400
房地产开发	1978681	59950	
按构成分			
建筑安装工程	14987827	5076864	199456
设备工器具购置	5394038	1097806	66616
其他费用	2016120	726975	11987
本年资金来源合计（万元）	**25385769**	**7913232**	**292446**
#国家预算内资金	476616	474836	1150
国内贷款	4859253	2303895	44300
利用外资	21000		
自筹资金	17665290	4397540	235596
其他资金来源	1547032	732223	11400
新增固定资产（万元）	**16028025**	**4445734**	**244874**
房屋建筑面积（万平方米）			
施工面积	2970.60	501.61	30.90
#住宅	1747.40	175.85	22.20
竣工面积	356.88	37.57	27.05
#住宅	208.08	19.54	22.20
房屋竣工价值（万元）	**1018915**	**43106**	**55567**
#住宅	539685	5246	50722

固定资产投资（2014年）

私营个体经济	股份制经济	港澳台投资经济	外商投资经济	其他经济（含联营）
5581390	**9008807**	**111072**	**53384**	**463628**
4681760	7980010	111072	43100	462398
14580	5400			1230
885050	1023397		10284	
3413820	5881481	67710	35640	312856
1503658	2637097	28709	12800	47352
663912	490229	14653	4944	103420
6199610	**10267843**	**120598**	**55351**	**536689**
	330			300
1373264	1004806	50288		82700
		21000		
4261845	8392716	21610	43100	312883
186841	464313	27700	7749	116806
3595813	**7281557**	**63288**	**43100**	**353659**
1208.69	1192.18		30.89	6.33
716.65	806.18		26.52	
158.22	130.93			3.11
78.97	87.36			
440013	**464179**			**16050**
173771	309946			

6-7　按行业分的固定资产投资（2014年）

单位：万元

行　业	投资额	城镇投资	农村非农户	房地产开发
农、林、牧、渔业	**589367**	**555678**	**33689**	
农业	153152	148902	4250	
林业	8300	6900	1400	
畜牧业	289156	270877	18279	
渔业	4820	4820		
农、林、牧、渔服务业	133939	124179	9760	
采矿业	**1732140**	**1720940**	**11200**	
煤炭开采和洗选业	367414	367414		
黑色金属矿采选业	1092144	1085544	6600	
有色金属矿采选业	140322	136022	4300	
非金属矿采选业	116107	115807	300	
开采辅助活动	2600	2600		
其他采矿业	7553	7553		
制造业	**7183701**	**7181271**	**2430**	
农副食品加工业	212880	211250	1630	
食品制造业	164813	164813		
酒、饮料和精制茶制造业	69406	69406		
纺织业	36362	36362		
纺织服装、服饰业	28169	28169		
皮革、毛皮、羽毛及其制品和制鞋业	4760	4760		
木材加工和木、竹、藤、棕、草制品业	15650	15650		
家具制造业	68552	68552		
造纸和纸制品业	48436	48436		
印刷和记录媒介复制业	40573	40573		
文教、工美、体育和娱乐用品制造业	19380	19380		
石油加工、炼焦和核燃料加工业	52192	52192		
化学原料和化学制品制造业	254696	254696		
医药制造业	31735	31735		
橡胶和塑料制品业	160601	160601		
非金属矿物制品业	690957	690157	800	
黑色金属冶炼和压延加工业	1357425	1357425		
有色金属冶炼和压延加工业	649370	649370		
金属制品业	729607	729607		
通用设备制造业	681311	681311		
专用设备制造业	456972	456972		

6-7 续 表 1

单位：万元

行 业	投资额	城镇投资	农村非农户	房地产开发
汽车制造业	780736	780736		
铁路、船舶、航空航天和其他运输设备制造业	93212	93212		
电气机械和器材制造业	343810	343810		
计算机、通信和其他电子设备制造业	38432	38432		
仪器仪表制造业	33243	33243		
其他制造业	37572	37572		
废弃资源综合利用业	24580	24580		
金属制品、机械和设备修理业	58269	58269		
电力、热力、燃气及水生产和供应业	**1795528**	**1793428**	**2100**	
电力、热力生产和供应业	1521172	1519672	1500	
燃气生产和供应业	181484	181484		
水的生产和供应业	92872	92272	600	
建筑业	**493600**	**461500**	**32100**	
房屋建筑业	87717	87717		
土木工程建筑业	205395	181895	23500	
建筑安装业	39915	39915		
建筑装饰和其他建筑业	160573	151973	8600	
批发和零售业	**1565990**	**1564390**	**1600**	
批发业	1174805	1174805		
零售业	391185	389585	1600	
交通运输、仓储和邮政业	**586716**	**585116**	**1600**	
铁路运输业	12400	12400		
道路运输业	332364	330764	1600	
水上运输业	2850	2850		
航空运输业	22730	22730		
管道运输业	12923	12923		
装卸搬运和运输代理业	98324	98324		
仓储业	97255	97255		
邮政业	7870	7870		
住宿和餐饮业	**240076**	**235976**	**4100**	
住宿业	119380	115280	4100	
餐饮业	120696	120696		
信息传输、软件和信息技术服务业	**253025**	**253025**		
电信、广播电视和卫星传输服务	24480	24480		
互联网和相关服务	20595	20595		
软件和信息技术服务业	207950	207950		

6-7 续 表2

单位：万元

行 业	投资额	城镇投资	农村非农户	房地产开发
金融业	**91881**	**91881**		
货币金融服务	78813	78813		
资本市场服务	7113	7113		
保险业	4155	4155		
其他金融业	1800	1800		
房地产业	**2943658**	**960077**	**4900**	**1978681**
租赁和商务服务业	**450000**	**441500**	**8500**	
租赁业	9153	9153		
商务服务业	440847	432347	8500	
科学研究和技术服务业	**435935**	**435935**		
研究和试验发展	41376	41376		
专业技术服务业	83645	83645		
科技推广和应用服务业	310914	310914		
水利、环境和公共设施管理业	**2894631**	**2856549**	**38082**	
水利管理业	95751	89531	6220	
生态保护和环境治理业	142280	142280		
公共设施管理业	2656600	2624738	31862	
居民服务、修理和其他服务业	**114315**	**114315**		
居民服务业	64178	64178		
机动车、电子产品和日用产品修理业	30027	30027		
其他服务业	20110	20110		
教育	**208795**	**207295**	**1500**	
卫生和社会工作	**102949**	**101349**	**1600**	
卫生	72399	71799	600	
社会工作	30550	29550	1000	
文化、体育和娱乐业	**235256**	**224756**	**10500**	
新闻和出版业	700	700		
广播、电视、电影和影视录音制作业	21528	21528		
文化艺术业	135434	124934	10500	
体育	37632	37632		
娱乐业	39962	39962		
公共管理、社会保障和社会组织	**480422**	**479122**	**1300**	
国家机构	332892	331592	1300	
社会保障	6050	6050		
群众团体、社会团体和其他成员组织	56886	56886		
基层群众自治组织	84594	84594		

6-8 分组固定资产投资（2014年）

单位：万元

指 标	本年完成投资	城镇投资	农村非农户	房地产开发
按登记注册类型分				
内资企业	22191639	20068041	155201	1968397
国有企业	6757280	6611539	121791	23950
集体企业	278059	266659	11400	
股份合作企业	400	400		
联营企业				
国有联营企业				
有限责任公司	8661741	7653397	6200	1002144
国有独资公司	144365	107565	800	36000
其他有限责任公司	8517376	7545832	5400	966144
股份有限公司	491031	433778		57253
私营企业	5539500	4639870	14580	885050
其他企业	463628	462398	1230	
港澳台商投资企业	111072	111072		
外商投资企业	53384	43100		10284
个体经营	41890	41890		
按隶属关系分				
中央	1153385	1128151		25234
地方	21244600	19135952	155201	1953447
自治区	1045717	1045717		
盟市旗县	20198883	18090235	155201	1953447
盟（市）	1258832	1095821		163011
县（旗、县级市）	5246531	4706809	136821	402901
其他	13693520	12287605	18380	1387535
按建设性质分				
新建	11720047	11564846	155201	
扩建	1828324	1828324		
改建和技术改造	5563446	5563446		
单纯建造生活设施	26926	26926		
迁建	30880	30880		
恢复	7070	7070		
单纯购置	1242611	1242611		
按控股情况分				
国有控股	7362295	7055816	123821	182658
集体控股	1707170	1519598	11400	176172
私人控股	12748076	11160898	15180	1571998
港澳台商控股	165084	165084		
外商控股	38684	28400		10284
按期末项目建设状态分				
在建	5356264	5273154	83110	
全部投产	15063040	14990949	72091	

6-9 国民经济各行业按建设性质分的城镇投资（2014年）

单位：万元

行　业	投资额	#新建	#扩建	#改建	#单纯购置
农、林、牧、渔业	**555678**	**388549**	**137240**	**16750**	**8179**
农业	148902	99572	32530	11930	4870
林业	6900	6900			
畜牧业	270877	166107	99810		
渔业	4820			4820	
农、林、牧、渔服务业	124179	115970	4900		3309
采矿业	**1720940**	**1181702**	**318223**	**212685**	**8330**
煤炭开采和洗选业	367414	324900	4379	38135	
石油和天然气开采业	6000	6000			
黑色金属矿采选业	1085544	705402	313844	63563	2735
有色金属矿采选业	136022	36820		93607	5595
非金属矿采选业	115807	101080		14727	
开采辅助活动	2600			2600	
其他采矿业	7553	7500		53	
制造业	**7181271**	**3332126**	**777327**	**2094270**	**948488**
农副食品加工业	211250	138598	16630	46482	9540
食品制造业	164813	73420	49960	41433	
酒、饮料和精制茶制造业	69406	58420	3200	6786	1000
纺织业	36362	21650	7060	4018	3634
纺织服装、服饰业	28169	5400	6700	13091	2978
皮革、毛皮、羽毛及其制品和制鞋业	4760			4760	
木材加工和木、竹、藤、棕、草制品业	15650	300		15350	
家具制造业	68552	36580	17300	10887	3785
造纸和纸制品业	48436	28396	4750	13400	1890
印刷和记录媒介复制业	40573	27900		10760	1913
文教、工美、体育和娱乐用品制造业	19380	3800		12100	3480
石油加工、炼焦和核燃料加工业	52192	9516	28378	9648	4650
化学原料和化学制品制造业	254696	114759	6119	103584	30234
医药制造业	31735	10670	8200	12865	
橡胶和塑料制品业	160601	40455	6750	92644	15762
非金属矿物制品业	690157	415103	41360	142888	87106
黑色金属冶炼和压延加工业	1357425	840450	13700	459015	44260
有色金属冶炼和压延加工业	649370	369971	32970	246429	
金属制品业	729607	208698	254960	189859	76090
通用设备制造业	681311	337168	44366	211916	82871
专用设备制造业	456972	198939	49240	148248	54055

6-9 续 表 1

单位：万元

行 业	投资额	#新建	#扩建	#改建	#单纯购置
汽车制造业	780736	119996	90684	121536	444620
铁路、船舶、航空航天和其他运输设备制造业	93212	47390	10870	17552	17400
电气机械和器材制造业	343810	159642	66440	69608	43130
计算机、通信和其他电子设备制造业	38432	5475	7890	16747	8320
仪器仪表制造业	33243	14180	5700	9163	4200
其他制造业	37572	16800	4100	12222	4450
废弃资源综合利用业	24580	18600		5980	
金属制品、机械和设备修理业	58269	9850		45299	3120
电力、热力、燃气及水生产和供应业	**1793428**	**1303948**	**191756**	**279510**	**18214**
电力、热力生产和供应业	1519672	1078164	185256	242538	13714
燃气生产和供应业	181484	160584	6500	9900	4500
水的生产和供应业	92272	65200		27072	
建筑业	**461500**	**250772**	**6878**	**167401**	**31949**
房屋建筑业	87717	63957	6878	9482	2900
土木工程建筑业	181895	110550		59426	11919
建筑安装业	39915	6400		29715	3800
建筑装饰和其他建筑业	151973	69865		68778	13330
批发和零售业	**1564390**	**604062**	**99997**	**770522**	**89809**
批发业	1174805	446087	52998	589686	86034
零售业	389585	157975	46999	180836	3775
交通运输、仓储和邮政业	**585116**	**352194**	**69171**	**148230**	**12145**
铁路运输业	12400	12400			
道路运输业	330764	170952	21321	130046	8445
水上运输业	2850	2850			
航空运输业	22730		22730		
管道运输业	12923	12923			
装卸搬运和运输代理业	98324	87000	4860	6464	
仓储业	97255	66069	20260	3850	3700
邮政业	7870			7870	
住宿和餐饮业	**235976**	**87507**	**31787**	**109805**	**6877**
住宿业	115280	34097	13294	61012	6877
餐饮业	120696	53410	18493	48793	
信息传输、软件和信息技术服务业	**253025**	**206460**	**19210**	**24260**	**3095**
电信、广播电视和卫星传输服务	24480	22167		2313	
互联网和相关服务	20595	15300		2200	3095
软件和信息技术服务业	207950	168993	19210	19747	

6-9　续　表 2

单位：万元

行　业	投资额	#新建	#扩建	#改建	#单纯购置
金融业	**91881**	**62937**	**3000**	**25944**	
货币金融服务	78813	59737	3000	16076	
资本市场服务	7113	1000		6113	
保险业	4155	2200		1955	
其他金融业	1800			1800	
房地产业	**960077**	**866565**		**87703**	**5809**
租赁和商务服务业	**441500**	**176867**	**16359**	**205256**	**38318**
租赁业	9153	2246		6907	
商务服务业	432347	174621	16359	198349	38318
科学研究和技术服务业	**435935**	**145825**	**470**	**280191**	**9449**
研究和试验发展	41376	40176		1200	
专业技术服务业	83645	35279	300	46388	1678
科技推广和应用服务业	310914	70370	170	232603	7771
水利、环境和公共设施管理业	**2856549**	**1947109**	**97129**	**790831**	**7200**
水利管理业	89531	83159		4292	
生态保护和环境治理业	142280	102134	21461	18685	
公共设施管理业	2624738	1761816	75668	767854	7200
居民服务、修理和其他服务业	**114315**	**51130**	**7500**	**47485**	**8200**
居民服务业	64178	45150	4900	12307	1821
机动车、电子产品和日用产品修理业	30027	3800		21427	4800
其他服务业	20110	2180	2600	13751	1579
教育	**207295**	**85366**	**17180**	**85649**	**15100**
卫生和社会工作	**101349**	**61912**	**4900**	**29165**	**5372**
卫生	71799	40962	4900	20565	5372
社会工作	29550	20950		8600	
文化、体育和娱乐业	**224756**	**110442**	**16857**	**75980**	**21477**
新闻和出版业	700	700			
广播、电视、电影和影视录音制作业	21528	7000		13668	860
文化艺术业	124934	73152	4130	30676	16976
体育	37632	18390	12727	6515	
娱乐业	39962	11200		25121	3641
公共管理、社会保障和社会组织	**479122**	**349373**	**13340**	**111809**	**4600**
国家机构	331592	241134	9340	80418	700
社会保障	6050	6050			
群众团体、社会团体和其他成员组织	56886	34746	3800	14440	3900
基层群众自治组织	84594	67443	200	16951	

6-10 国民经济各行业城镇投资和新增固定资产（2014年）

单位：万元

行业	投资额	#地方	#市属	新增固定资产	#地方	#市属
农、林、牧、渔业	**555678**	**555678**	**555678**	**439927**	**439927**	**439927**
农业	148902	148902	148902	153472	153472	153472
林业	6900	6900	6900	3000	3000	3000
畜牧业	270877	270877	270877	181532	181532	181532
渔业	4820	4820	4820	4820	4820	4820
农、林、牧、渔服务业	124179	124179	124179	97103	97103	97103
采矿业	**1720940**	**1685982**	**1485307**	**679624**	**647980**	**623068**
煤炭开采和洗选业	367414	332456	327082	196174	164530	164530
石油和天然气开采业	6000	6000	6000			
黑色金属矿采选业	1085544	1085544	979243	401674	401674	376762
有色金属矿采选业	136022	136022	47022	10202	10202	10202
非金属矿采选业	115807	115807	115807	61474	61474	61474
开采辅助活动	2600	2600	2600	2600	2600	2600
其他采矿业	7553	7553	7553	7500	7500	7500
制造业	**7181271**	**6888097**	**6139750**	**5764655**	**5439687**	**5421097**
农副食品加工业	211250	211250	211250	190650	190650	190650
食品制造业	164813	164813	164813	156043	156043	156043
酒、饮料和精制茶制造业	69406	69406	69406	56286	56286	56286
纺织业	36362	36362	36362	35312	35312	35312
纺织服装、服饰业	28169	28169	28169	28169	28169	28169
皮革、毛皮、羽毛及其制品和制鞋业	4760	4760	4760	4760	4760	4760
木材加工和木、竹、藤、棕、草制品业	15650	15650	15650	15350	15350	15350
家具制造业	68552	68552	68552	66572	66572	66572
造纸和纸制品业	48436	48436	48436	41302	41302	41302
印刷和记录媒介复制业	40573	40573	40573	40373	40373	40373
文教、工美、体育和娱乐用品制造业	19380	19380	19380	19380	19380	19380
石油加工、炼焦和核燃料加工业	52192	23814	23789	75017	19139	19139
化学原料和化学制品制造业	254696	225436	225436	243895	214635	214635
医药制造业	31735	31735	31735	21065	21065	21065
橡胶和塑料制品业	160601	160601	160601	150939	150939	150939
非金属矿物制品业	690157	690157	685257	554893	554893	549993
黑色金属冶炼和压延加工业	1357425	1329060	595057	484356	455991	455991
有色金属冶炼和压延加工业	649370	649370	648871	550433	550433	550433
金属制品业	729607	729156	729156	686209	681209	681209
通用设备制造业	681311	680916	680916	664666	663266	663266
专用设备制造业	456972	456972	451982	411362	411362	406372

6-10 续 表 1

单位：万元

行 业	投资额	#地方	#市属	新增固定资产	#地方	#市属
汽车制造业	780736	587011	583081	640692	435627	426927
铁路、船舶、航空航天和其他运输设备制造业	93212	80612	80612	74250	74250	74250
电气机械和器材制造业	343810	343810	343810	365820	365820	365820
计算机、通信和其他电子设备制造业	38432	38432	38432	44267	44267	44267
仪器仪表制造业	33243	33243	33243	27643	27643	27643
其他制造业	37572	37572	37572	33122	33122	33122
废弃资源综合利用业	24580	24580	24580	24580	24580	24580
金属制品、机械和设备修理业	58269	58269	58269	57249	57249	57249
电力、热力、燃气及水生产和供应业	**1793428**	**1035493**	**954742**	**769435**	**711926**	**696274**
电力、热力生产和供应业	1519672	766137	692927	595325	542216	534105
燃气生产和供应业	181484	181484	173943	86178	86178	78637
水的生产和供应业	92272	87872	87872	87932	83532	83532
建筑业	**461500**	**461500**	**452500**	**333390**	**333390**	**324390**
房屋建筑业	87717	87717	87717	71817	71817	71817
土木工程建筑业	181895	181895	172895	126595	126595	117595
建筑安装业	39915	39915	39915	35615	35615	35615
建筑装饰和其他建筑业	151973	151973	151973	99363	99363	99363
批发和零售业	**1564390**	**1564390**	**1563890**	**1492339**	**1492339**	**1492339**
批发业	1174805	1174805	1174305	1122796	1122796	1122796
零售业	389585	389585	389585	369543	369543	369543
交通运输、仓储和邮政业	**585116**	**585116**	**584793**	**634675**	**634675**	**634675**
铁路运输业	12400	12400	12400	18800	18800	18800
道路运输业	330764	330764	330764	443276	443276	443276
水上运输业	2850	2850	2850	2850	2850	2850
航空运输业	22730	22730	22730			
管道运输业	12923	12923	12600	9800	9800	9800
装卸搬运和运输代理业	98324	98324	98324	60424	60424	60424
仓储业	97255	97255	97255	91655	91655	91655
邮政业	7870	7870	7870	7870	7870	7870
住宿和餐饮业	**235976**	**221926**	**221926**	**208693**	**208693**	**208693**
住宿业	115280	101230	101230	101017	101017	101017
餐饮业	120696	120696	120696	107676	107676	107676
信息传输、软件和信息技术服务业	**253025**	**253025**	**253025**	**241218**	**241218**	**241218**
电信、广播电视和卫星传输服务	24480	24480	24480	20080	20080	20080
互联网和相关服务	20595	20595	20595	25178	25178	25178
软件和信息技术服务业	207950	207950	207950	195960	195960	195960

6-10 续 表 2

单位：万元

行　业	投资额	#地方	#市属	新增固定资产	#地方	#市属
金融业	**91881**	**91881**	**91881**	**50862**	**50862**	**50862**
货币金融服务	78813	78813	78813	40994	40994	40994
资本市场服务	7113	7113	7113	6113	6113	6113
保险业	4155	4155	4155	1955	1955	1955
其他金融业	1800	1800	1800	1800	1800	1800
房地产业	**960077**	**960077**	**960077**	**315929**	**315929**	**315929**
租赁和商务服务业	**441500**	**436546**	**435046**	**353728**	**348774**	**347274**
租赁业	9153	9153	9153	6907	6907	6907
商务服务业	432347	427393	425893	346821	341867	340367
科学研究和技术服务业	**435935**	**427435**	**427435**	**417878**	**409378**	**409378**
研究和试验发展	41376	41376	41376	46289	46289	46289
专业技术服务业	83645	75145	75145	74045	65545	65545
科技推广和应用服务业	310914	310914	310914	297544	297544	297544
水利、环境和公共设施管理业	**2856549**	**2851849**	**2849063**	**2453949**	**2449249**	**2444841**
水利管理业	89531	89531	88031	71544	71544	70044
生态保护和环境治理业	142280	142280	142194	109132	109132	107424
公共设施管理业	2624738	2620038	2618838	2273273	2268573	2267373
居民服务、修理和其他服务业	**114315**	**114315**	**114315**	**134805**	**134805**	**134805**
居民服务业	64178	64178	64178	71148	71148	71148
机动车、电子产品和日用产品修理业	30027	30027	30027	45727	45727	45727
其他服务业	20110	20110	20110	17930	17930	17930
教育	**207295**	**197415**	**195642**	**194183**	**184303**	**184303**
卫生和社会工作	**101349**	**101349**	**101287**	**86633**	**86633**	**86633**
卫生	71799	71799	71737	61433	61433	61433
社会工作	29550	29550	29550	25200	25200	25200
文化、体育和娱乐业	**224756**	**224756**	**224756**	**204906**	**204906**	**204906**
新闻和出版业	700	700	700			
广播、电视、电影和影视录音制作业	21528	21528	21528	21528	21528	21528
文化艺术业	124934	124934	124934	115834	115834	115834
体育	37632	37632	37632	29982	29982	29982
娱乐业	39962	39962	39962	37562	37562	37562
公共管理、社会保障和社会组织	**479122**	**479122**	**479122**	**515835**	**515835**	**515835**
国家机构	331592	331592	331592	334903	334903	334903
社会保障	6050	6050	6050	6050	6050	6050
群众团体、社会团体和其他成员组织	56886	56886	56886	49858	49858	49858
基层群众自治组织	84594	84594	84594	125024	125024	125024

6-11 固定资产投资新增生产能力（2014年）

能力名称	单 位	新增生产能力
原煤开采	万吨/年	169
洗煤	万吨/年	300
铁矿开采(原矿)	万吨/年	169
铁矿选矿处理原矿量	万吨/年	246
铁合金	万吨/年	300
钢材	万吨/年	10.25
铝加工	万吨/年	25
风力发电	万千瓦	100
太阳能发电	万千瓦	2.1
输电线路长度(110KV及以上)	公里	79
水泥	万吨/年	212
平板玻璃	万重量箱/年	30
新建铁路里程	公里	1.4
新建公路	公里	134.8
#一级公路	公里	23
改建公路	公里	320.1
#一级公路	公里	92.9
新建独立公路桥梁	延长米	120
新建独立公路桥梁	座	1
新(扩)建公路客、货运站	个	2
新(扩)建公路客、货运站	平方米	5800

6-12 2009-2014年房地产开发主要指标

项 目	2009	2010	2011	2012	2013	2014
企业个数（个）	**394**	**307**	**322**	**324**	**331**	**328**
内资	289	302	317	320	327	324
#国有	10	10	11	12	13	4
集体						
港、澳、台投资	4	4	4	3	3	3
外商投资	1	1	1	1	1	1
平均从业人员（人）	**7500**	**7211**	**10522**	**9962**	**9963**	**9808**
内资	7273	6999	10328	9845	9858	9699
#国有	309	230	443	322	327	116
集体						
港、澳、台投资	203	188	174	21	9	10
外商投资	24	24	20	96	96	99
土地开发及购置						
本年土地购置面积（万平方米）	133.25	423.91	251.62	143.96	186.97	130.48
本年土地成交价款（万元）	152414	424489	238720	251819	265835	306075
本年完成投资额（万元）	**1404316**	**2028264**	**2341741**	**1585583**	**2064694**	**1978681**
#住宅	1121850	1411621	1682473	1086398	1423593	1327232
资金来源小计（万元）	**1469164**	**2180662**	**2661313**	**1679640**	**2364356**	**2294768**
#国内贷款	13156	46419	71615	56185	242255	219702
自筹资金	1291352	1779788	2116252	1086651	1345221	1103787
房屋建筑面积（万平方米）						
施工面积	1189.04	1621.77	1990.18	1633.77	2028.12	2162.32
竣工面积	376.96	398.17	523.61	253.29	263.16	205.46
本年新开工面积	615.69	883.71	783.54	598.52	721.27	531.84
#住宅	531.47	618.18	620.08	423.01	535.24	331.70
竣工房屋价值（万元）	904113	892222	1167737	722208	819242	591129
竣工房屋造价（元/平方米）	2398.4	2240.8	2230.2	2851.3	3113.1	2877.1
商品房屋销售面积（万平方米）	**570.05**	**597.72**	**730.65**	**354.30**	**408.28**	**377.43**
#住宅	517.66	473.96	591.97	314.15	352.30	317.16
商品房屋销售价格（元/平方米）	**3380.8**	**4459.8**	**4421.8**	**4566.8**	**5245.2**	**5144.6**
#住宅	3218.0	3426.7	3997.9	4292.6	4707.6	4810.9

注：2011年起平均从业人员指标取消，用期末从业人员数代替。

6-13 2009-2014年房地产开发企业（单位）的土地购置及成交价款

年 份	待开发的土地面积（万平方米）	本年购置土地面积（万平方米）	本年土地成交价款（万元）
2009	72.57	133.25	152414
2010	214.93	423.91	424489
2011	100.91	251.62	238720
2012	53.00	143.96	251819
2013	24.80	186.97	265835
2014	27.17	130.48	306075

6-14 2009-2014年房地产开发建设投资情况

单位：万元

年 份	实际需要总投资	自开始建设至本年底累计完成投资	#本年完成投资	全部建成尚需投资
2009	3801114	2623127	1404316	1177987
2010	5869558	3892267	2028264	1977291
2011	7846489	5479813	2341741	2366676
2012	8418309	5091113	1585583	3327196
2013	9580831	6264967	2064694	3315864
2014	11322323	7702763	1978681	3619560

6-15 2009-2014年按用途分的房地产开发投资完成额

单位：万元

年 份	本年完成投资额	住宅	#别墅、高档公寓	办公楼	商业营业用房	其 他
2009	1404316	1121850	27105	66368	123174	92924
2010	2028264	1411621	29717	126665	362730	127248
2011	2341741	1682473	33037	98851	410815	149602
2012	1585583	1086398	13851	97337	240015	161833
2013	2064694	1423593	68444	101279	355236	184586
2014	1978681	1327232	64894	93506	399833	158110

6-16　1994-2014年商品房屋销售情况

年 份	房屋销售面积（万平方米）	#住宅	商品房屋销售额（万元）	#住宅
1994	13.27	12.04	12730	11769
1995	15.21	14.16	16454	14440
1996	16.85	15.52	16348	14258
1997	24.68	22.02	23429	17854
1998	36.39	31.59	30748	23581
1999	55.49	45.06	48567	36633
2000	64.08	56.04	61546	49041
2001	67.95	64.81	68892	63328
2002	75.21	68.94	76286	61997
2003	114.04	99.05	127351	101913
2004	137.52	125.22	184962	156725
2005	217.49	182.54	376736	281228
2006	262.03	229.25	508412	387547
2007	306.86	265.63	940240	699922
2008	418.73	337.65	1353379	1008590
2009	570.05	517.66	1927244	1665846
2010	597.72	473.96	2665691	1624098
2011	730.65	591.97	3230772	2366622
2012	354.30	314.15	1618014	1348541
2013	408.28	352.30	2141525	1658466
2014	377.43	317.16	1941711	1525817

主要统计指标解释

全社会固定资产投资　以货币形式表现的在一定时期内全社会建造和购置固定资产的工作量以及与此有关的费用的总称。该指标是反映固定资产投资规模、结构和发展速度的综合性指标,又是观察工程进度和考核投资效果的重要依据。全社会固定资产投资按登记注册类型可分为国有、集体、个体、联营、股份制、外商、港澳台商、其他等。

城镇固定资产投资　指城镇各种登记注册类型的企业、事业、行政单位及个体户进行的计划总投资（或实际需要总投资）500万元及500万元以上的建设项目投资、房地产开发投资、城镇和工矿区私人建房投资。县城及以上区域内发生的投资，县及县以上各级政府及主管部门直接领导、管理的建设项目和企业事业单位的投资均为城镇固定资产投资。

房地产开发投资　指各种登记注册类型的房地产开发公司、商品房建设公司及其他房地产开发法人单位和附属于其他法人单位实际从事房地产开发或经营活动的单位统一开发的包括统代建、拆迁还建的住宅、厂房、仓库、饭店、宾馆、度假村、写字楼、办公楼等房屋建筑物和配套的服务设施，土地开发工程（如道路、给水、排水、供电、供热、通讯、平整场地等基础设施工程）的投资；不包括单纯的土地交易活动。

农村投资　包括在农村区域范围内进行固定资产投资活动的企业、事业、行政单位及农村个人投资。

固定资产投资的资金来源　根据固定资产投资的资金来源不同，分为国家预算内资金、国内贷款、利用外资、自筹资金和其他资金来源。

（1）国家预算内资金：分为财政拨款和财政安排的贷款两部分。包括中央财政的基本建设基金（分经营性基金和非经营性基金两部分）、专项支出（如煤代油专项等）、收回再贷、贴息资金，财政安排的挖潜改造和新产品试制支出、城建支出、商业部门简易建筑支出、不发达地区发展基金等资金中用于固定资产投资的资金；地方财政中由国家统筹安排的资金等。

（2）国内贷款：指报告期内企、事业单位向银行及非银行金融机构借入的用于固定资产投资的各种国内借款。包括银行利用自有资金及吸收的存款发放的贷款、上级主管部门拨入的国内贷款、国家专项贷款（包括煤代油贷款、劳改煤矿专项贷款等）、地方财政专项资金安排的贷款、国内储备贷款、周转贷款等。

（3）利用外资：指报告期收到的用于固定资产建造和购置的国外资金（包括设备、材料、技术在内）。包括对外借款（外国政府、国际金融组织贷款、出口信贷、外国银行商业贷款、对外发行债券和股票）、外商直接投资及外商其他投资。不包括我国自有外汇资金（国家外汇、地方外汇、留成外汇、调剂外汇和中国银行自有资金发行的外汇贷款等）。计算利用外资时，需要折算成人民币，折算中所使用的外汇汇率按现汇计算，即按使用外

（4）自筹资金：指建设单位报告期内收到的，用于进行固定资产投资的上级主管部门、地方和企、事业单位自筹资金。

（5）其他资金来源：指报告期内收到的除以上各种拨款、借款、自筹资金之外，其他用于固定资产投资的资金。

固定资产投资按国民经济行业分　建设项目归哪个行业，按其建成投产后的主要产品或主要用途及社会经济活动性质来确定。基本

建设按建设项目划分国民经济行业，更新改造、国有单位其他固定资产投资及城镇集体投资根据整个企业、事业单位所属的行业来划分。一般情况下，一个建设项目或一个企业、事业单位只属于一种国民经济行业。为了更准确地反映国民经济各行业之间的比例关系，联合企业（总厂）所属分厂属于不同行业，原则上按分厂划分行业。

固定资产投资按隶属关系分 是按建设单位或企业、事业、行政单位的主管上级机关确定的。

（1）中央：是指中共中央、人大常委会和国务院各部、委、局、总公司以及直属机构直接领导的建设项目和企业、事业、行政单位。这些单位的固定资产投资计划由国务院各部门直接编制和下达，建设中所需物资、主要设备以及建设中的问题都由中央有关部门安排和解决。

（2）地方：是由省（自治区、直辖市）、地区（州、盟、省辖市）、县（旗、县级市）三级政府及业务主管部门直接领导和管理的建设项目、企业、事业、行政单位。地方项目还包括不隶属以上各级政府及主管部门的建设项目和企业、事业单位，如外商投资企业和无主管部门的企业等。

固定资产投资按建设性质分 根据整个建设项目情况来确定。建设项目的性质一般分为新建、扩建、改建和技术改造、迁建、恢复。房地产开发单位、农村投资、城镇工矿区私人建房投资不划分建设性质。

（1）新建：一般指从无到有“平地起家”开始建设的企业、事业和行政单位或建设项目。现有企业、事业、行政单位一般不属于新建。但如有的单位原有基础很小，经过建设后新增的固定资产价值超过该企、事业、行政单位原有固定资产价值（原值）三倍以上的也应作为新建。

（2）扩建：指在厂内或其他地点，为扩大原有产品的生产能力（或效益）或增加新的产品生产能力，而增建主要的生产车间（或主要工程）、分厂、独立的生产线。行政、事业单位在原单位增建业务用房（如学校增建教学用房、医院增建门诊部、病房等）也作为扩建。

现有企、事业单位为扩大原有主要产品生产能力或增加新的产品生产能力，增建一个或几个主要生产车间（或主要工程）、分厂，同时进行一些更新改造工程的，也应作为扩建。

（3）改建和技术改造：指现有企业、事业单位，对原有设施进行技术改造或更新（包括相应配套的辅助性生产、生活福利设施）的建设项目。现有企业、事业单位为适应市场变化的需要，而改变企业的主要产品种类（如军工企业转产民用品等）的建设项目，应作为改建。原有产品生产作业线由于各工序（车间）之间能力不平衡，为填平补齐充分发挥原有生产能力而增建不增加本企业主要产品设计能力的车间，也应作为改建。技术改造是指企业、事业单位在现有基础上，用先进的技术代替落后的技术，用先进的工艺和装备代替落后的工艺和装备，以改变企业落后的技术经济面貌，实现以内涵为主的扩大再生产，达到提高产品质量、促进产品更新换代、节约能源、降低消耗、扩大生产规模、全面提高社会经济效益的目的。技术改造具体包括以下内容：机器设备和工具的更新改造；生产工艺改革、节约能源和原材料的改造；厂房建筑和公共设施的改造；劳动条件和生产环境的改造等。

固定资产投资按构成分 固定资产投资活动按其工作内容和实现方式分为建筑安装工程，设备、工具、器具购置，其他费用三个部分。

（1）建筑安装工程（建筑安装工作量）：指各种房屋、建筑物的建造工程和各种设备、装置的安装工程。包括各种房屋建造工程，各种用途设备基础和各种工业窑炉的砌筑工程及金属结构工程；为施工而进行的各种准备工作和临时工程以及完工后的清理工作等；铁路、道路的铺设，矿井的开凿及石油管道的架设等；水利工程；防空地下建筑等特殊工程；列入房屋工程预算内的暖气、卫生、通风、照明、煤气等设备的价值及装设油饰工程；列入建筑工程预算内的各种管道（蒸汽、压缩空气、石油、给排水等管道）、电力、电讯电缆导线等的敷设工程；以及各种机械设备的安装工程；为测定安装工程质量，对设备进行的试运工作；房地产开发单位进行的商品房屋开发建设工程、土地开发工程。

在安装工程中，不包括被安装设备本身的价值。

（2）设备、工具、器具购置：指建设单位或企、事业单位购置或自制的，达到固定资产标准的设备、工具、器具的价值。新建单位及扩建单位的新建车间，按照设计或计划要求购置或自制的全部设备、工具、器具，不论是否达到固定资产标准均计入“设备、工具、器具购置”中。

（3）其他费用：指在固定资产建造和购置过程中发生的，除上述几项内容以外的各种应分摊计入固定资产的费用。

施工项目　指报告期内进行过建筑或安装施工活动的项目。凡是报告期内施过工的建设项目，不论施工时间长短，均作为施工项目统计。施工项目个数可以反映一定时期固定资产投资的实际规模，与同期全部建成投产项目个数相比，可以从建设速度的角度反映固定资产投资的效果。根据建设项目施工活动的不同性质，施工项目又分为：本年正式施工项目、本年收尾项目和以前年度全部停缓建项目。

全部建成投产项目　工业项目指设计文件规定形成生产能力的主体工程及其相应配套的辅助设施全部建成，经负荷试运转，证明具备生产设计规定合格产品的条件，并经过验收鉴定合格或达到竣工验收标准，与生产性工程配套的生活福利设施可以满足近期正常生产的需要，正式移交生产的建设项目。非工业项目指设计文件规定的主体工程和相应的配套工程全部建成，能够发挥设计规定的全部效益，经验收鉴定合格或达到竣工验收标准，正式移交使用的建设项目。

新增生产能力　指通过固定资产投资活动而增加的设计能力（或工程效益），该指标是以实物形态表现的反映固定资产投资成果的指标，也是考核投资经济效果的重要依据之一。

新增生产能力（或工程效益）一般有以下几种表现形式：

（1）用产品数量表示，以工程在单位时间内（一般是一年）所能生产的产品数量（即年产量）表示。如原煤开采用万吨／年表示，化学农药用吨／年表示，拖拉机制造用台／年表示等。某些化工产品由于含量差别较大，按其设计含量计算折合量表示，如硫酸、纯碱、烧碱等。

（2）用单位时间内所能处理的原料数量表示，以工程每天（或小时）所能处理原料的数量表示。如机制糖工程日处理原料吨，食用植物油日处理原料吨，城市污水处理能力用万吨／日表示等。

（3）用新增加的主要设备的数量或容量表示，如新增棉布织机、丝织机等台数，毛纺锭等锭数，发电厂新增发电机组容量用千瓦表示等。

（4）用建筑物容积、容量、面积、长度表示，是非工业项目或工程新增效益的一种表现形式。如铁路投产里程、新建公路、水库容量、粮食仓库、学校学生席位、医院病床、有效灌溉面积等。

根据工程的特点，有时需要用两种或两种以上的复合计量单位表示新增生产能力（或工程效益），如新增内燃机生产能力同时用年产台数、千瓦数表示等。

为了规范新增生产能力（或工程效益）的名称和计算单位，国家统计局制订了《新增生产能力（或工程效益）目录及代码》。各固定资产投资单位在统计新增生产能力（或工程效益）时，必须按目录中规定的名称、计量单位和代码填报。

房屋建筑面积　指房屋建筑物勒脚以上外墙外围的水平截面面积，包括有效面积和结构面积。该指标是从实物形态上反映建设规模和建设成果的重要指标之一，也是检查工程形象进度、计算工程造价、分析投资效果、研究施工任务和建筑材料之间平衡情况的重要依据。

住宅建筑面积　指施工和竣工房屋建筑面积中供居住用的施工和竣工房屋建筑面积。

施工面积　指报告期内施工的全部房屋建筑面积。包括本期新开工的面积、上期跨入本期继续施工的房屋面积、上期停缓建在本期恢复施工的房屋面积、本期竣工的房屋面积及本期施工后又停缓建的房屋面积，其建筑面积仍计入本期房屋施工面积中。

竣工面积　指在报告期内房屋建筑按照设计要求已经全部完工，达到住人和使用条件，经验收鉴定合格（或达到竣工验收标准），正式移交使用单位的各栋房屋建筑面积的总和。

新增固定资产　指报告期内以完成建造和购置的过程通过投资活动所形成的新的固定资产价值，包括已经建成投入生产或交付使用的工程价值和达到固定资产标准的设备、工具、器具的价值及有关应摊入的费用。它是以价值形式表示的固定资产投资成果的综合性指标，可以综合反映不同时期、不同部门、不同地区的固定资产投资成果，计算固定资产投资效果的重要指标。

7

ENERGY

能源

7-1 2010-2014年能源消费总量及构成

年 份	能源消费总量（万吨标准煤）	占能源消费总量的比重（%）	
		原煤	天然气
2010	3135.24	80.00	4.05
2011	3525.31	83.90	4.56
2012	3664.40	84.01	2.67
2013	3800.14	84.46	2.26
2014	3937.05	87.56	2.21

注：根据第三次经济普查结果，对2010-2014年能源数据进行调整（后同）。

7-2 2010-2014年能源消费指标

年 份	单位地区生产总值能耗（等价值）		单位工业增加值能耗（规模以上，当量值）		单位地区生产总值电耗（等价值）	
	指标值（吨标煤/万元）	上升或下降（±%）	指标值（吨标煤/万元）	上升或下降（±%）	指标值（千瓦小时/万元）	上升或下降（±%）
2010	1.3673	-4.74	2.631	-6.74	1438.72	2.29
2011	1.3318	-2.60	2.511	-4.55	1501.16	4.34
2012	1.2306	-7.60	2.125	-15.38	1366.36	-8.98
2013	1.1681	-5.08	1.916	-9.82	1259.24	-7.84
2014	1.1150	-4.55	1.749	-8.73	1226.06	-2.62

注：本表数据均按2010年价格计算。

7-3　2013-2014年综合能源平衡表

单位：万吨标煤

项　目	2013	2014
可供本地区消费的能源量	**3800.14**	**3937.05**
一次能源生产量	1393.61	1224.10
外市调入量	2713.04	3241.55
本市调出量（-）	-307.98	-514.72
年初年末库存差额	1.46	-13.88
能源消费总量	**3800.14**	**3937.05**
在消费总量中：		
1.农、林、牧、渔业	30.03	31.04
2.工业	2980.74	3037.80
3.建筑业	58.85	64.70
4.交通运输、仓储和邮政业	198.93	212.31
5.批发、零售业和住宿、餐饮业	229.53	252.86
6.其他	169.62	181.35
7.生活消费	132.46	156.99
在消费总量中：		
（一）终端消费量	3780.83	3918.05
#工业	2961.43	3018.80
（二）加工转换损失量	19.46	18.86
平衡差额	**-0.010**	**-0.001**

7-4　2013-2014年电力平衡表

单位：亿千瓦时

项　目	2013	2014
可供量	**409.66**	**438.47**
生产量	395.86	438.47
火电	373.32	414.66
风电	22.54	23.81
外市调入量	13.80	
消费量	**409.66**	**432.92**
在消费总量中：		
1. 农、林、牧、渔业	8.33	6.60
2. 工业	369.25	392.91
3. 建筑业	0.22	0.20
4. 交通运输、仓储和邮政业	2.56	2.65
5. 批发、零售业和住宿、餐饮业	3.48	3.37
6. 其他	4.31	3.87
7. 生活消费	21.51	21.51
在消费总量中：		
终端消费	409.66	432.92
#工业	369.25	392.91

7-5 规模以上工业企业能源

能源名称	计量单位	年初库存量	购进量	
			实物量	金额（万元）
原煤	吨	1821282	44351673	9529811
洗精煤	吨	402953	5462959	4099890
其他洗煤	吨	17356	4457	2396
焦炭	吨	136989	3178932	2845299
其他焦化产品	吨		10776	7443
焦炉煤气	万立方米		68	395
高炉煤气	万立方米		3209	580
转炉煤气	万立方米			
天然气（气态）	万立方米	31	83777	1137045
液化天然气（液态）	吨		42	281
汽油	吨	161	3358	28297
煤油	吨	35	1817	15048
柴油	吨	19666	180199	1573351
燃料油	吨	195	473	3006
润滑油	吨		95	951
石油焦	吨	3134	223160	299356
石油沥青	吨	1254	37838	97089
其他石油制品	吨	612	2216	24376
热力	百万千焦		827671	28306
电力	万千瓦时		2557658	11305795
煤矸石用于燃料	吨		2168434	203791
余热余压	百万千焦			
其他燃料	吨标准煤	16545	57794	94790
能源合计	**吨标准煤**			

购进、消费与库存（2014年）

消费量				年末库存
合计	工业生产消费	#用于原材料	非工业生产消费	
43995628	43885649	2767124	109979	2003412
7366337	7366336	118034	1	159784
20515	4822		15693	3780
6142027	6142027	130499		457689
10776	10776	8176		
123102	123102			
1629179	1629179			
74858	74858			
83249	82648		600	
42	42			
3629	2956	132	674	218
1822	1680	195	142	30
176137	122545	48787	53592	23590
508	508			159
95	95			
217117	217117			9177
38245	38245			847
2382	1243		1139	446
8190352	6730620		1459731	
3974051	3879315		94736	
2168434	2168434			
3978794	3978794			
66562	66562			9914
50583053	**50249578**		**333476**	

7-6 规模以上工业企业主要能源

行业名称	原煤（吨）	洗精煤（吨）	焦炭（吨）	焦炉煤气（万立方米）
煤炭开采和洗选业	14729524			
黑色金属矿采选业	1131820			
有色金属矿采选业	1156			
非金属矿采选业	5436			
农副食品加工业	19021			
食品制造业	4378			
酒、饮料和精制茶制造业	30673			
纺织业	1752			
纺织服装、服饰业	17168			
皮革、毛皮、羽毛及其制品和制鞋业				
木材加工和木、竹、藤、棕、草制品业				
造纸和纸制品业	76997			
印刷和记录媒介复制业				
文教、工美、体育和娱乐用品制造业	1			
石油加工、炼焦和核燃料加工业	25	958089		
化学原料和化学制品制造业	4121461	24400	12373	1
医药制造业	2192			
橡胶和塑料制品业	972			
非金属矿物制品业	106317			
黑色金属冶炼和压延加工业	2317089	5521175	6064420	123033
有色金属冶炼和压延加工业	6234698	862667	65199	
金属制品业	882			
通用设备制造业	7445		35	67
专用设备制造业	105			
汽车制造业				
铁路、船舶、航空航天和其他运输设备制造业	25			
电气机械和器材制造业	1300			
计算机、通信和其他电子设备制造业				
仪器仪表制造业				
其他制造业	1212			
废弃资源综合利用业	61			
金属制品、机械和设备修理业				
电力、热力生产和供应业	15183919			
燃气生产和供应业				
水的生产和供应业	8017			

按行业分组消费量（2014年）

高炉煤气（万立方米）	转炉煤气（万立方米）	天然气（万立方米）	汽油（吨）	柴油（吨）	燃料油（吨）	石油焦（吨）	石油沥青（吨）
			8	25464			
			460	67079			
				150			
		266	95	32			
		236	9				
			243	83			
		7	15	1			
		41	20	50			
			35	46			
		1029	30	780			
		40	88				
		1879	52	2551		217117	37156
1625970	74858	7686	826	72722			
		4749	722	3650	508		1089
		890	9	31			
		546	76	127			
		859	24	66			
		863	25	707			
		6	89	28			
		115	70	69			
			30				
			5	25			
			4	4			
3209		64029	692	2472			
		63945	55	195			
		84	153	11			

7-6 续 表

行业名称	热力（百万千焦）	电力（万千瓦时）	煤矸石用于燃料（吨）	余热余压（百万千焦）
煤炭开采和洗选业		9127		
黑色金属矿采选业		135422		
有色金属矿采选业		6156		
非金属矿采选业		6196		
农副食品加工业	135705	6027		
食品制造业		4604		
酒、饮料和精制茶制造业		7333		
纺织业		667		
纺织服装、服饰业		1384		
皮革、毛皮、羽毛及其制品和制鞋业		315		
木材加工和木、竹、藤、棕、草制品业		207		
造纸和纸制品业	47000	1999		
印刷和记录媒介复制业	47000	260		
文教、工美、体育和娱乐用品制造业		5		
石油加工、炼焦和核燃料加工业		888		
化学原料和化学制品制造业		129747	806050	
医药制造业		114		
橡胶和塑料制品业	39980	4011		
非金属矿物制品业		107902		
黑色金属冶炼和压延加工业	7483502	1261978		3978794
有色金属冶炼和压延加工业	50594	2006999		
金属制品业	5537	5757		
通用设备制造业	72967	25069		
专用设备制造业	13413	5514		
汽车制造业	110955	7844		
铁路、船舶、航空航天和其他运输设备制造业	172854	1202		
电气机械和器材制造业		6540		
计算机、通信和其他电子设备制造业		714		
仪器仪表制造业		322		
其他制造业		176		
废弃资源综合利用业		1143		
金属制品、机械和设备修理业	57844	87		
电力、热力生产和供应业		227983	1362384	
燃气生产和供应业		4359		
水的生产和供应业		9453		

7-7 规模以上工业企业能源加工转换情况（2014年）

能源名称	计量单位	加工转换投入合计						能源加工转换产出	回收利用
			火力发电	供热	原煤入洗	炼焦	天然气液化		
原煤	万吨	3830.20	1937.52	326.74	1565.95				
洗精煤	万吨	714.57				714.57		556.52	
其他洗煤	万吨							751.85	
焦炭	万吨							483.74	
其他焦化产品	万吨							20.18	
焦炉煤气	亿立方米	3.64	2.84	0.80				18.55	
高炉煤气	亿立方米	60.59	47.85	12.74					165.09
转炉煤气	亿立方米	5.45		5.45					9.78
天然气（气态）	亿立方米	6.39					6.39		
液化天然气（液态）	万吨							41.81	
汽油	吨	46	46						
柴油	吨	1076	997	79					
热力	万百万千焦							4964.60	
电力	亿千瓦时							414.66	
煤矸石用于燃料	万吨	216.84	216.84						
余热余压	万百万千焦	397.88	397.88						397.88
能源合计	**万吨标准煤**	**3234.52**	**1268.34**	**230.89**	**1005.31**	**649.48**	**80.50**	**2274.39**	**240.09**

主要统计指标解释

能源消费总量　指一定时期内全国物质生产部门、非物质生产部门和生活消费的各种能源的总和。该指标是观察能源消费水平、构成和增长速度的总量指标。能源消费总量包括原煤和原油及其制品、天然气、电力，不包括低热值燃料、生物质能和太阳能等的利用。能源消费总量分为终端能源消费量、能源加工转换损失量和能源损失量三部分。

（1）终端能源消费量：　指一定时期内全国生产和生活消费的各种能源在扣除了用于加工转换二次能源消费量和损失量以后的数量。

（2）能源加工转换损失量：指一定时期内全国投入加工转换的各种能源数量之和与产出各种能源产品之和的差额。该指标是观察能源在加工转换过程中损失量变化的指标。

（3）能源损失量：指一定时期内能源在输送、分配、储存过程中发生的损失和由客观原因造成的各种损失量，不包括各种气体能源放空、放散量。

能源加工转换效率　指一定时期内能源经过加工、转换后，产出的各种能源产品的数量与同期内投入加工转换的各种能源数量的比率。它是观察能源加工转换装置和生产工艺先进与落后、管理水平高低等的重要指标。计算公式为：

能源加工转换效率=能源加工、转换产出量/能源加工、转换投入量×100%

8

GOVERMENT FINANCE

财政

8-1　财政收支情况（2014年）

单位：万元

指　标	2014	指　标	2014
公共财政预算收入	**2343186**	**公共财政预算支出**	**3546074**
税收收入	1499648	一般公共服务支出	263855
增值税	145321	外交支出	
其中:改征增值税	31251	国防支出	3840
营业税	371113	公共安全支出	144959
企业所得税	115672	教育支出	425716
企业所得税退税		科学技术支出	52740
个人所得税	34107	文化体育与传媒支出	64225
资源税	48987	社会保障和就业支出	583987
城市维护建设税	75622	医疗卫生与计划生育支出	165608
房产税	64014	节能环保支出	113497
印花税	23783	城乡社区支出	934972
城镇土地使用税	156687	农林水支出	321671
土地增值税	54915	交通运输支出	94432
车船税	19579	资源勘探信息等支出	144832
耕地占用税	318709	商业服务业等支出	53434
契税	71139	金融支出	1061
烟叶税		援助其他地区支出	
其他税收收入		国土海洋气象等支出	13518
非税收入	843538	住房保障支出	89465
专项收入	60836	粮油物资储备支出	5612
行政事业性收费收入	168473	预备费	
罚没收入	54070	国债还本付息支出	19788
国有资本经营收入	374438	其他支出	48862
国有资源(资产)有偿使用收入	155431		
其他收入	30290		
政府性基金收入	**575212**	**政府性基金支出**	**662017**

注：从2014年起，根据自治区财政厅要求，不再公布地方财政总收支数据（后同）。

8-2　2007-2013年财政收入情况

单位：万元

指　标	2007	2008	2009	2010	2011	2012	2013
地方财政总收入	**1437712**	**1818057**	**2172366**	**2433151**	**2954983**	**3267779**	**3450009**
公共财政预算收入	767476	964808	1303120	1391830	1618571	1857557	2151179
税收收入	534824	692399	825995	942677	1136263	1251286	1321226
#增值税	115245	144399	143787	157257	176955	157986	163771
营业税	148355	159304	184587	256484	267000	342875	388265
企业所得税	50902	69973	60854	83006	142028	180818	135503
个人所得税	18490	21243	24005	30996	42077	41997	34187
城市维护建设税	47745	55454	62988	73789	81164	81142	89595
印花税	13222	16906	15191	18873	24294	23529	23933
非税收入	232652	272409	477125	449153	482308	606271	829953
上划中央税收	576111	735347	739096	866047	1101110	1150058	1041739
#增值税	437637	555376	560205	620741	707820	677087	676153
企业所得税	96651	132190	118545	163994	285628	363733	272345
个人所得税	35108	40851	46764	61176	84155	83993	68374
上划自治区税收	94125	117902	130150	175274	235302	260164	257091
#增值税	30635	40728	42950	49659	58985	67709	68278
营业税	39436	44933	55138	80995	89000	38098	43142
政府性基金收入	**192366**	**233951**	**269636**	**534637**	**604775**	**508046**	**866645**
财政总收入（原口径）	**1630078**	**2052008**	**2442002**	**2967788**	**3559758**	**3775825**	**4316654**

注：1、从2007年起，全市各级财政统一按剔除基金收入和基金支出后统计地方财政总收入和地方财政支出，同时按财政决算进行相应数据调整；
2、2012年以前公共财政预算收入为地方财政一般预算收入。

8-3 2007-2013年财政支出情况

单位：万元

指　标	2007	2008	2009	2010	2011	2012	2013
公共财政预算支出	**1143996**	**1531681**	**1955634**	**2049617**	**2512724**	**2911038**	**3552582**
#一般公共服务	201266	221665	251449	242146	281211	326460	298080
公共安全	54797	72699	88236	101063	118322	130861	132082
教育	149685	184248	239935	281619	365274	403763	431563
科学技术	16705	20895	27231	29227	36556	38200	44914
文化体育与传媒	11860	16504	23594	25628	37401	45498	47073
社会保障和就业	207235	265359	357417	306442	337339	389005	453880
医疗卫生	37281	55737	75922	78962	103896	120209	149311
节能环保	25536	53466	50586	76050	63336	111849	78273
城乡社区事务	172279	253441	443583	451018	521101	565971	825031
农林水事务	83388	99458	129151	153203	214191	302194	300424
交通运输	18981	22010	44180	38752	57673	94474	90199
资源勘探电力信息等事务			114259	87786	94459	89222	160181
粮油物资储备管理事务			31699	4237	2790	5006	3894
住房保障支出				44711	135195	127765	398303
政府性基金支出	**201369**	**239393**	**314340**	**497045**	**622342**	**463693**	**872030**
财政总支出（原口径）	**1345365**	**1771074**	**2269974**	**2546662**	**3135066**	**3374731**	**4424612**

注：2012年以前公共财政预算支出为地方财政支出。

8-4 1950-2013年财政收支总额及增长速度

年 份	财政总收入（万元）	财政总支出（万元）	增长速度（%）	
			财政总收入	财政总支出
1950	147	95		
1951	283	220	92.5	131.6
1952	374	338	32.2	53.6
1953	275	594	-26.5	75.7
1954	599	1400	117.8	135.7
1955	1033	1367	72.5	-2.4
1956	3496	4261	238.4	211.7
1957	3378	3387	-3.4	-20.5
1958	5622	8598	66.4	153.9
1959	7676	10707	36.5	24.5
1960	10110	13061	31.7	22.0
1961	5014	4798	-50.4	-63.3
1962	4651	2608	-7.2	-45.6
1963	5587	2629	20.1	0.8
1964	6605	2895	18.2	10.2
1965	6850	2866	3.7	-1.0
1966	7319	3849	6.8	34.3
1967	6392	2981	-12.7	-22.6
1968	6318	2393	-1.2	-19.7
1969	6331	3256	0.2	36.1
1970	9598	4636	51.6	42.4
1971	17552	7669	82.9	65.4
1972	11659	7427	-33.6	-3.2
1973	12700	6563	8.9	-11.6
1974	8710	6073	-31.4	-7.5
1975	8510	6825	-2.3	12.4
1976	8454	6832	-0.7	0.1
1977	10558	8092	24.9	18.4
1978	16091	10332	52.0	27.7
1979	15646	10928	-2.7	5.8
1980	14681	11202	-6.2	2.5
1981	14116	10572	-3.8	-5.6

8-4 续 表

年份	财政总收入（万元）	财政总支出（万元）	增长速度（%）	
			财政总收入	财政总支出
1982	15145	12681	7.3	19.9
1983	13447	13989	-11.2	10.3
1984	16792	18742	24.9	34.0
1985	24228	22338	44.3	19.2
1986	35527	35161	46.6	57.4
1987	43271	36428	21.6	3.6
1988	53112	39672	22.9	8.9
1989	62205	49665	17.1	25.2
1990	75927	62151	22.1	25.1
1991	85721	70092	12.9	12.8
1992	92097	70181	7.4	0.1
1993	169862	140335	84.4	99.9
1994	188676	104576	11.1	-25.5
1995	199145	109770	5.5	5.0
1996	221228	145990	11.1	33.0
1997	243174	165297	9.9	13.2
1998	265538	177821	9.2	7.6
1999	272394	202951	2.6	14.1
2000	273236	216546	0.3	6.7
2001	283980	245235	3.9	13.2
2002	353386	312753	24.4	27.5
2003	502386	497066	42.2	58.9
2004	732737	643749	45.9	30.4
2005	1021695	778564	39.4	20.9
2006	1301171	1057327	27.4	35.8
2007	1630078	1345365	25.3	27.2
2008	2052008	1771074	25.9	31.6
2009	2442002	2269974	19.0	28.2
2010	2967788	2546662	21.5	12.2
2011	3559758	3135066	19.9	23.2
2012	3775825	3374731	6.1	7.6
2013	4316654	4424612	14.3	31.1

8-5　1950-2006年财政分项收入

单位：万元

年 份	财 政 总收入	#地方财政 总 收 入	#工商税收	#增值税	#农牧业税和 耕地占用税	#企 业 所得税
1950	147	147	14			
1951	283	283	43			
1952	374	374	48			
1953	275	275	30			
1954	599	599	222			
1955	1033	1033	285			
1956	3496	3496	2310			
1957	3378	3378	1788			
1958	5622	5622	3244			
1959	7676	7676	4457			
1960	10110	10110	6243			
1961	5014	5014	4102			
1962	4651	4651	4128			
1963	5587	5587	4828			
1964	6605	6605	5063			
1965	6850	6850	4474			
1966	7319	7319	4969			
1967	6392	6392	4899			
1968	6318	6318	4778			
1969	6331	6331	4157			
1970	9598	9598	6132			
1971	17552	17552	8486			
1972	11659	11659	8434			
1973	12700	12700	9788			
1974	8710	8710	8533			
1975	8510	8510	9238			
1976	8454	8454	9487			
1977	10558	10558	10772			

注：本表中地方财政总收入为地方财政收入数据（不含上划中央、自治区税收收入），营业税、增值税、企业所得税数据为地方财政一般预算收入中的相应数据（后同）。

8-5 续 表

单位：万元

年 份	财 政总收入	#地方财政总 收 入	#营业税	#增值税	#农牧业税和耕地占用税	#企 业所得税
1978	16091	16091	13373			
1979	15646	15646	12446			
1980	14681	14681	12536			
1981	14116	14116	12512			
1982	15145	15145	14921			
1983	13447	13447	16557			
1984	16792	16792	19020			
1985	24228	24228	29044			
1986	35527	35527	35534			
1987	43217	43217	43215			
1988	53122	53122	52618			
1989	62205	62205	63073			
1990	75927	75927	72897			
1991	85721	85721	78513			
1992	92097	92097	88816			
1993	169862	169862	166586			
1994	188676	80543	72045			
1995	199145	90473	77170			
1996	221228	116866	17746	33205	4672	6673
1997	243174	124922	18724	33384	5014	7333
1998	265538	144454	21564	35570	4618	8278
1999	272394	156698	22438	34244	4850	11227
2000	273236	161794	25931	35873	5393	15556
2001	283980	167707	22157	37479	5789	21766
2002	353386	200015	32506	44407	8065	10890
2003	502386	297638	51358	59547	12777	8977
2004	732737	452387	85723	80180	23168	12937
2005	1021695	612049	146427	115813	30993	22429
2006	1301171	784019	130725	97141	32847	25794

注：1995年以前营业税为工商税收。

8-6　1950-2006年地方财政支出及主要支出项目

单位：万元

年 份	地方财政支出	基本建设支出	技术改造	支援农业	工交商事 业	教科文卫	#教育事业	城市维护	社会保障补助支 出	抚恤社救	行政管理	公检法司	政策补贴
1950	95					31	18				47		
1951	220					47	27				105		
1952	338			3		94	55				131		
1953	594			4		209	118				187		
1954	1400	124		12		266	149				510		
1955	1367	885		49		262	149				364		
1956	4261	891		88		681	384				544		
1957	3387	798		91		855	484				659		
1958	8598	5446		602		791	448				744		
1959	10707	5740		475		940	533				836		
1960	13061	8950		991		1374	778				914		
1961	4798	2472		675		907	517				739		
1962	2608	289		462		853	488				626		
1963	2629	139		281		807	457				607		
1964	2895	555		235		928	528				683		
1965	2866	64		197		1068	607				630		
1966	3849	421		387		1243	710				656		
1967	2981	214		187		1237	708				586		
1968	2393	262		99		971	554				648		
1969	3256	327		117		1058	596				843		
1970	4636	1109		196		1104	624				879		
1971	7669	2872		306		1301	740				1023		
1972	7427	2596		351		1736	996				1060		
1973	6563	90		814		1908	1156				1084		
1974	6073	121		791		1970	1129				1079		
1975	6825	127		921		2071	1204				1152		
1976	6832	164		873		2308	1252				1243		
1977	8092	400		1043		2337	1308				1281		

注：农、林、水利、气象支出一栏2003年以前数据为支援农业支出。

8-6 续 表

单位：万元

年 份	地方财政支出	基本建设支出	技术改造	支援农业	工交商事业	教科文卫	#教育事业	城市维护	社会保障补助支出	抚恤社救	行政管理	公检法司	政策补贴
1978	10332	1452		1266		2803	1605				1361		
1979	10928	1290		1398		3132	1749				1515		
1980	11202	627		1465		3505	2051				1820		
1981	10572	341		1126		3663	2088				1758		
1982	12681	312		1318		4282	2321				1950		
1983	13989	1229		666		5091	2683				2541		
1984	18742	2354		783		5581	2916				3599		
1985	22338	3274		632		6855	3744				2904		
1986	35161	7430		1311		8287	4266				3694		
1987	36428	4791		1302		8779	5043				3638		
1988	39672	5953		1296		10698	5980				3377		
1989	49665	8701		2041		11634	6577				3595		
1990	62151	10312		2424		13756	7472				5267		
1991	70092	10739		2909		14493	7613				6494		
1992	70181	12113		3542		16643	8924				8543		
1993	140335	65597		3460		20919	11791				11339		
1994	104576	18025		3462		26991	15260				14124		
1995	109770	18629		3517		28395	16147				16115		
1996	145990	10055	12525	4300	1547	32136	19306	14242		5871	19363	7967	1005
1997	165297	13900	12617	3925	1881	27060	21291	11870		3478	23381	9579	1016
1998	177821	25172	10585	3471	1649	34097	19726	11795		3783	18085	9814	504
1999	202951	21736	10150	4187	1414	40060	23047	12741	11813	3507	19480	11521	511
2000	216546	25597	9969	2143	1810	42016	24142	12079	23048	4190	20490	12157	527
2001	245235	36861	7005	3345	1776	48054	29196	13392	18417	4196	23172	13013	4309
2002	312753	46931	16431	2405	2089	54233	33640	16502	28089	7685	28241	16066	5477
2003	497066	64678	39130	13107	3553	71842	44462	19844	37093	13348	47879	25794	4671
2004	643749	73143	73729	32895	5136	86445	56233	28041	38177	13103	77743	32506	2356
2005	778564	87929	64551	43410	4681	107004	72366	49825	44614	17405	107591	34037	1335
2006	1057327	129145	72643	62871	3926	139395	96894	95095	80572	21885	110806	34964	5981

8-7　1951-2006年各项税收收入

单位：万元

年 份	税收总额	#地方税收					税收总额占财政总收入比重（%）
			#工商税收	#增值税	#农业各税	#企 业所得税	
1951	207	207	43				73.1
1952	254	254	48				67.9
1953	228	228	30				82.9
1954	457	457	222				76.3
1955	843	843	285				81.6
1956	2918	2918	2310				83.5
1957	2666	2666	1788				78.9
1958	3829	3829	3244				68.1
1959	5053	5053	4457				65.8
1960	6716	6716	6243				66.4
1961	4317	4317	4102				86.1
1962	4483	4483	4128				96.4
1963	5057	5057	4828				90.5
1964	5700	5700	5063				86.3
1965	5692	5692	4474				83.1
1966	6167	6167	4969				84.3
1967	6182	6182	4899				96.7
1968	5900	5900	4778				94.8
1969	5536	5536	4157				87.4
1970	7793	7793	6132				81.2
1971	9420	9420	8486				53.7
1972	9122	9122	8434				78.2
1973	10221	10221	9788				80.5
1974	9083	9083	8533				104.3
1975	9690	9690	9238				113.9
1976	10188	10188	9487				120.5
1977	13840	13840	10772				131.1

注：农业各税包括农业税、牧业税、耕地占用税、农业特产税和契税。2006年，农业各税不包括农业税、牧业税和农业特产税。

8-7 续 表

单位：万元

年 份	税收总额	#地方税收	#营业税	#增值税	#农业各税	#企 业所得税	税收总额占财政总收入比重（%）
1978	13718	13718	13373				85.3
1979	12796	12796	12446				81.8
1980	12786	12786	12536				87.1
1981	12833	12833	12512				90.9
1982	15202	15202	14921				100.4
1983	16861	16861	16557				125.4
1984	15960	15960	19020				95.0
1985	31397	31397	29044				129.6
1986	38929	38929	35534				109.6
1987	49033	49033	43215				113.5
1988	58561	58561	52618				110.2
1989	69750	69750	63703				112.1
1990	79250	79250	72897				104.4
1991	83035	83035	78513				96.9
1992	92430	92430	88816				100.4
1993	170065	170065	166586				100.1
1994	184563	76917	72045	33499	1646	3382	97.8
1995	191065	82752	77170	32181	2207	3654	95.9
1996	206418	101610	17746	33205	4672	6164	93.3
1997	223171	118478	18724	33384	5014	7333	91.8
1998	249895	127209	21564	35570	4618	8278	94.1
1999	244856	137504	22438	34244	4850	11227	89.9
2000	253219	141777	25931	35873	5393	15556	92.7
2001	262515	146242	22157	37479	5789	21766	92.4
2002	306214	152897	32506	44407	8065	10890	86.7
2003	408552	203804	51358	59547	12777	8977	81.3
2004	584945	304595	85723	80180	23168	12937	79.8
2005	850592	440946	146427	115813	40095	22429	83.3
2006	974138	456986	130725	97141	47136	25794	74.9

注：1995年以前营业税为工商税收。

主要统计指标解释

公共财政预算收入 是指政府凭借国家政治权力，以社会管理者身份筹集以税收为主体的财政收入，主要用于保障和改善民生、维持国家行政职能正常运转、保障国家安全等方面。从2012年起各级政府一般预算收入改称为公共财政预算收入，在口径上与2011年以前的“一般预算收入”相同。公共财政预算收入包括税收收入和非税收收入，其中税收收入包括增值税、营业税、消费税、土地增值税、城市维护建设税、资源税、城市土地使用税、企业所得税、个人所得税、关税、证券交易印花税、车辆购置税、农牧业税和耕地占用税等。

非税收入 是指由各级人民政府及其所属部门和单位依法利用行政权力、政府信誉、国家资源、国有资产或提供特定公共服务征收、收取、提取、募集的除税收和政府债务收入以外的财政收入，包括行政事业性收费、政府性基金、国有资源有偿使用收入、国有资产有偿使用收入、国有资本经营收入、彩票公益金、罚没收入、以政府名义接受的捐赠收入、主管部门集中收入、政府财政资金产生的利息收入等十类。

财政收入统计口径 按照财政部、自治区财政厅要求，从2007年起，全市各级财政统一按剔除基金收入和基金支出后统计地方财政总收入和地方财政支出。

新统计口径：

地方财政总收入=公共财政预算收入+上划中央税收+上划自治区税收

地方财政支出=公共财政预算支出

原统计口径：

财政总收入=地方财政收入+上划中央收入+上划自治区收入

地方财政收入=公共财政预算收入+基金收入

财政总支出=公共财政预算支出+基金支出

财政支出 国家财政将筹集起来的资金进行分配使用，以满足经济建设和各项事业的需要，主要包括：

（1）基本建设支出：指按国家有关规定，属于基本建设范围内的基本建设有偿使用、拨款、资本金支出以及经国家批准对专项和政策性基建投资贷款，在部门的基建投资额中统筹支付的贴息支出。

（2）企业挖潜改造资金：指国家预算内拨给的用于企业挖潜、革新和改造方面的资金。包括各部门企业挖潜改造资金和企业挖潜改造贷款资金，为农业服务的县办“五小”企业技术改造补助，挖潜改造贷款贴息资金。

（3）地质勘探费用：指国家预算用于地质勘探单位的勘探工作费用，包括地质勘探管理机构及其事业单位经费、地质勘探经费。

（4）科技三项费用：指国家预算用于科技支出的费用，包括新产品试制费、中间试验费、 重要科学研究补助费。

（5）支援农村生产支出：指国家财政支援农村集体(户)各项生产的支出。包括对农村举办的小型农田水利和打井、喷灌等的补助费，对农村水土保持措施的补助费，对农村举办的小水电站的补助费，特大抗旱的补助费，农村开荒补助费，扶持乡镇企业资金，支援农村合作生产组织资金、农村农技推广和植保补助费，农村草场和畜禽保护补助费，农村造林和林木保护补助费，农村水产补助费，发展粮食生产专项资金。

（6）农林水利气象等部门的事业费用：指国家财政用于农垦、农场、农业、畜牧、农机、林 业、森工、水利、水产、气象、乡镇企业的技术推广、良种推广(示范)、动植物(畜禽、森 林)保护、水质监测、勘探设计、资源调查、干部训练等项费用，园艺特产场补助费，中等专业学校经费，飞播牧草试验补助费，营林机构、气象机构经费，渔政费以及农业管理事业费等。

（7）工业交通商业等部门的事业费：指国家预算支付给工交商各部门用于事业发展的经费， 包括勘探设计费、中等专业学校经费、技术学校经费、干部训练费。

（8）文教科学卫生事业费：指国家预算用于文化、出版、文物、教育、卫生、中医、公费医疗、体育、档案、地震、海洋、通讯、电影电视、计划生育、党政群干部训练、自然科学、社会科学、科协等项事业的人员和公用经费支出以及高技术研究专项经费。主要包括工资、补助工资、福利费、离退休费、助学金、公务费、设备购置费、修缮费、业务费、差额补助费。

（9）抚恤和社会福利救济费：指国家预算用于抚恤和社会福利救济事业的经费。包括由民政部门开支的烈士家属和牺牲病残人员家属的一次性、定期抚恤金，革命伤残人员的抚恤金，各种伤残 补助费，烈军属、复员退伍军人生活补助费，退伍军人安置费，优抚事业单位经费，烈士纪念建筑物管理、维修费，自然灾害救济事业费和特大自然灾害灾后重建补助费等。

（10）行政事业单位离退休支出：指实行归口管理的行政事业单位离退休经费。

（11）社会保障补助支出：指国家预算用于社会保障的补助支出，包括对社会保障基金的补助、促进就业补助、国有企业下岗职工补助、补充全国社会保障基金等。

（12）国防支出：指国家预算用于国防建设和保卫国家安全的支出，包括国防费、国防科研事业费、民兵建设以及专项工程支出等。

（13）行政管理费：包括行政管理支出，党派团体补助支出，外交支出、公安安全支出，司法 支出、法院支出，检察院支出和公检法办案费用补助。

（14）政策性补贴支出：指经国家批准，由国家财政拨给用于粮棉油等产品的价格补贴支出。主要包括粮、棉、油差价补贴，平抑物价和储备糖补贴，农业生产资料价差补贴，粮食风险基金，副食品风险基金，地方煤炭风险基金等。

（15）债务利息支出：指国家预算用于偿还国内外债务利息的支出。

中央财政收入和地方财政收入 指按现行分税制财政体制划分的中央本级收入和地方本级收入。1994年分税制财政体制以后，属于中央财政的收入包括关税、海关代征消费税和增值税，消费税，中央企业所得税，地方银行和外资银行及非银行金融企业所得税，铁道、银行总行、保险总公司等集中缴纳的营业税、所得税、利润和城市维护建设税，增值税的75%部分，证券交易税（印花税）50%部分和海洋石油资源税。属于地方财政的收入包括营业税，地方企业所得税，个人所得税，城镇土地使用税，固定资产投资方向调节税，城镇维护建设税，房产税，车船使用税，印花税、屠宰税，农牧业税，农业特产税，耕地占用税，契税，增值税25%部分，证券交易税（印花税）6%部分和除海洋石油资源税以外的其他资源税。

中央财政支出和地方财政支出 指根据政府在经济和社会活动中的不同职责，划分中央和地方政府的责权，按照政府的责权划分确定的支出。中央财政支出包括国防支出，武装警察部队支出，中央级行政管理费和各项事业费，重点建设支出以及中央政府调整国民经济结构、协调地区发展、实施宏观调控的支出。

地方财政支出主要包括地方行政管理和各项事业费，地方统筹的基本建设、技术改造支出，支援农村生产支出，城市维护和建设经费，价格补贴支出等。

9

PRICE INDICES

价格指数

9-1　历年各种价格总指数

上年=100

年　份	居民消费价格指数	商品零售价格指数
1953	105.5	105.1
1954	103.9	103.6
1955	101.9	101.9
1956	97.2	98.4
1957	103.3	103.8
1958	98.1	98.2
1959	100.2	100.5
1960	108.1	109.0
1961	105.5	106.2
1962	99.7	99.9
1963	100.9	101.4
1964	96.9	96.6
1965	98.2	98.1
1966	99.4	99.4
1967	100.9	101.1
1968	100.0	100.1
1969	100.0	100.0
1970	99.4	99.4
1971	99.7	99.7
1972	99.9	99.8
1973	100.4	100.4
1974	100.3	100.4
1975	100.0	100.0
1976	100.1	100.1
1977	99.7	99.6
1978	100.2	100.2
1979	101.8	101.8
1980	104.1	104.4
1981	101.7	101.2
1982	101.0	101.0
1983	100.8	100.7

9-1 续 表

上年=100

年　份	居民消费价格指数	商品零售价格指数
1984	102.1	102.0
1985	109.6	109.3
1986	105.1	104.7
1987	108.9	109.2
1988	117.7	117.4
1989	113.4	113.9
1990	102.8	102.8
1991	105.5	106.5
1992	108.8	108.9
1993	116.7	115.4
1994	125.1	118.2
1995	115.7	114.3
1996	108.0	106.4
1997	105.1	102.6
1998	99.6	98.1
1999	101.6	97.6
2000	102.6	99.0
2001	100.0	100.2
2002	99.5	99.3
2003	101.4	98.9
2004	103.0	102.3
2005	101.7	101.8
2006	101.5	101.4
2007	103.7	102.6
2008	104.9	105.0
2009	99.8	98.9
2010	102.8	102.2
2011	105.2	104.5
2012	103.1	102.1
2013	102.8	101.8
2014	101.8	100.2

9-2　1978-2014年各种价格总指数

1978年=100

年　份	居民消费价格指数	商品零售价格指数
1978	100.0	100.0
1979	101.8	101.8
1980	106.0	106.2
1981	107.7	107.4
1982	108.8	108.5
1983	109.7	109.3
1984	112.0	111.4
1985	122.7	121.8
1986	129.0	127.5
1987	140.5	138.3
1988	165.3	163.5
1989	187.5	186.2
1990	192.7	191.4
1991	203.3	203.9
1992	221.2	222.0
1993	258.2	256.2
1994	323.0	302.8
1995	373.7	346.1
1996	403.5	368.3
1997	424.1	377.8
1998	422.4	370.6
1999	429.2	361.7
2000	440.3	358.1
2001	440.3	358.8
2002	438.1	356.3
2003	444.3	352.4
2004	457.6	360.5
2005	465.4	367.0
2006	472.4	372.2
2007	489.8	381.8
2008	513.8	400.9
2009	512.8	396.5
2010	527.2	405.2
2011	554.6	423.5
2012	571.8	432.4
2013	590.7	438.9
2014	601.3	439.8

9-3　2012-2014年居民消费价格分类指数

上年=100

指　标	2012	2013	2014
居民消费价格总指数	**103.1**	**102.8**	**101.8**
非食品价格指数	102.7	101.5	100.9
服务项目价格指数	104.5	103.7	102.8
扣除鲜菜鲜果总指数	103.0	102.5	101.6
消费品价格指数	102.7	102.5	101.4
食品	**104.0**	**105.8**	**103.8**
粮食	103.1	106.2	107.1
淀粉及制品	87.5	93.2	98.0
干豆类及豆制品	101.2	107.2	103.0
油脂	104.8	103.1	99.8
肉禽及其制品	105.4	108.0	98.9
食用畜肉及副产品	104.8	110.2	98.4
禽	100.4	98.4	99.4
加工肉禽	111.5	103.3	100.8
蛋	97.3	101.9	110.1
水产品	110.7	106.8	104.7
鱼	106.9	102.1	98.7
其他水产品	115.2	112.1	110.8
菜	108.9	109.6	98.2
#鲜菜	110.7	109.9	97.5
调味品	102.1	106.8	99.8
糖	103.0	98.9	100.7
茶及饮料	101.4	103.0	99.3
茶叶	100.0	100.0	100.0
饮料	102.2	104.6	99.0
干鲜瓜果	104.5	108.1	113.7
#鲜果	101.1	109.6	116.4
糕点饼干面包	105.5	100.9	100.5
液体乳及乳制品	101.9	110.7	122.6
在外用膳食品	103.1	103.0	100.8

9-3 续 表 1

上年=100

指 标	2012	2013	2014
其他食品	102.8	102.8	98.4
烟酒及用品	**104.8**	**102.2**	**101.1**
烟草	100.9	101.8	101.8
酒	110.0	102.8	101.1
衣着	**101.4**	**101.8**	**101.2**
服装	101.0	102.1	99.2
男式服装	100.0	102.5	96.7
女式服装	102.8	102.5	100.9
儿童服装	98.6	99.9	99.9
衣着材料	110.2	109.8	104.3
鞋袜帽	101.7	100.2	106.9
鞋	102.1	100.1	108.5
袜子	99.8	99.9	100.0
帽子	100.0	101.6	98.6
衣着加工服务费	104.8	103.6	108.6
家庭设备用品及维修服务	**103.8**	**100.5**	**100.2**
耐用消费品	104.4	99.8	99.7
家具	102.9	102.8	101.5
家庭设备	105.7	97.2	98.2
室内装饰品	102.2	100.7	100.0
床上用品	100.4	100.2	97.7
家庭日用杂品	101.7	100.6	100.9
家庭服务及加工维修服务	117.4	109.0	107.4
医疗保健和个人用品	**103.8**	**102.9**	**102.9**
医疗保健	103.7	103.1	101.2
医疗器具及用品	97.1	103.3	100.6
中药材及中成药	108.6	104.0	102.0
西药	103.8	105.1	101.8
保健器具及用品	101.0	100.8	100.2
医疗保健服务	100.1	100.1	100.0

9-3 续 表 2

上年=100

指 标	2012	2013	2014
个人用品及服务	103.9	102.4	100.9
化妆美容用品	101.2	100.3	99.5
清洁化妆用品	102.6	101.3	99.1
个人饰品	99.4	96.5	95.5
个人服务	114.6	112.7	109.0
交通和通信	**100.6**	**97.3**	**98.6**
交通	101.0	96.8	99.4
交通工具	99.6	94.2	98.9
车用燃料及零配件	103.7	98.6	97.6
车辆使用及维修费	101.1	101.5	102.4
市区公共交通费	109.0	100.9	100.7
城市间交通费	100.1	100.1	100.0
通信	99.2	99.0	96.3
通信工具	99.4	96.5	84.0
通信服务	99.1	99.8	100.0
娱乐教育文化用品及服务	**101.8**	**100.9**	**100.8**
文娱用耐用消费品及服务	95.9	95.2	96.7
教育	100.4	101.2	100.5
教材及参考书	100.0	100.0	99.9
教育服务	100.4	101.3	100.5
文化娱乐类	103.0	101.8	100.0
文化娱乐用品	102.6	96.9	98.9
书报杂志	101.6	100.1	100.0
文娱费	103.7	105.2	100.6
旅游	109.3	103.0	105.5
居住	**104.4**	**103.7**	**102.1**
建房及装修材料	101.1	100.2	99.0
住房租金	101.2	101.4	101.7
自有住房	107.9	106.7	104.8
水、电、燃料	100.7	100.5	98.9

9-4　2012-2014年商品零售价格分类指数

上年=100

指　标	2012	2013	2014
商品零售价格总指数	**102.1**	**101.8**	**100.2**
食品	**103.9**	**105.8**	**103.8**
粮食	103.1	106.2	107.1
淀粉及制品	87.5	93.2	98.0
干豆类及豆制品	101.2	107.2	103.0
油脂	104.8	103.1	99.8
肉禽及其制品	105.4	108.0	98.9
食用畜肉及副产品	104.8	110.2	98.4
禽	100.4	98.4	99.4
肉禽加工制品	111.5	103.3	100.8
蛋	97.3	101.9	110.1
水产品	110.7	106.8	104.7
鱼	106.9	102.1	98.7
其他水产品	115.2	112.1	110.8
菜	108.9	109.6	98.2
鲜菜	110.7	109.9	97.5
调味品	102.1	106.8	99.8
糖	103.0	98.9	100.7
干鲜瓜果	104.5	108.1	113.7
糕点饼干面包	105.5	100.9	100.5
液体乳及乳制品	101.9	110.7	122.6
在外用膳食品	103.1	103.0	100.8
其他食品	102.8	102.8	98.4
饮料、烟酒	**104.2**	**102.4**	**100.6**
茶及饮料	101.4	103.0	99.3
茶叶	100.0	100.0	100.0
饮料	102.2	104.6	99.0
烟草	100.9	101.8	101.0
酒	112.6	103.0	101.0
服装、鞋帽	**101.1**	**101.6**	**101.0**
服装	101.0	102.1	99.2
男式服装	100.0	102.5	96.7
女式服装	102.8	102.5	100.9
儿童服装	98.6	99.9	99.9
鞋袜帽	101.7	100.2	106.9
鞋	102.1	100.1	108.5
袜子	99.8	99.9	100.0
帽子	100.0	101.6	98.6

9-4 续 表

上年=100

指 标	2012	2013	2014
其他	96.7	99.5	100.0
纺织品	**102.4**	**102.5**	**97.6**
衣着材料	110.8	111.5	105.5
床上用品	100.3	99.9	95.2
家用电器及音像器材	**100.1**	**96.6**	**97.2**
家庭设备	102.4	97.2	98.4
文娱用耐用消费品	96.4	95.3	94.8
音像器材	100.0	100.0	100.0
文化办公用品	**97.8**	**97.8**	**99.6**
日用品	**102.2**	**101.3**	**99.8**
日用百货	102.7	100.5	99.6
日用杂品	96.5	100.1	100.8
洗涤用品	104.6	102.7	99.8
其他日用品	100.6	100.2	99.5
体育娱乐用品	**99.4**	**100.0**	**100.0**
体育用品	96.6	99.4	99.9
娱乐用品	102.1	100.5	100.0
交通、通信用品	**99.7**	**97.6**	**94.6**
交通运输机械	99.8	97.6	98.1
通信器材	99.6	97.5	88.3
家具	**104.2**	**103.1**	**102.1**
化妆品	**102.1**	**100.5**	**98.5**
金银珠宝	**97.4**	**90.3**	**88.4**
中西药品及医疗保健用品	**104.0**	**103.7**	**101.4**
医疗器具及用品	97.1	103.3	100.6
中药材及中成药	108.6	104.0	102.0
西药	103.2	105.1	101.7
保健品及器具	101.0	100.8	100.2
书报杂志及电子出版物	**100.8**	**100.1**	**99.9**
教材及参考书	100.0	100.0	99.7
书报杂志	101.6	100.1	100.0
电子音像制品	100.6	100.1	100.2
燃料	**103.7**	**100.5**	**95.9**
煤炭及制品	102.4	87.0	83.5
石油及制品	104.0	103.9	98.6
建筑材料及五金电料	**100.8**	**100.0**	**99.7**
建筑装璜材料	100.9	99.9	99.4
五金电料	100.5	100.3	101.0

9-5　2012-2014年工业生产者出厂价格指数

上年=100

指　标	2012	2013	2014
总指数	**100.2**	**97.0**	**97.3**
按轻、重工业分			
轻工业	102.9	102.4	101.6
以农产品为原料	103.1	102.5	101.6
以非农产品为原料	100.5	100.3	100.5
重工业	99.6	95.6	96.3
采　掘	99.5	92.4	94.8
原　料	100.8	97.2	97.1
加　工	97.9	96.5	96.5
按生产资料、生活资料分			
生产资料	99.6	95.8	96.3
采　掘	99.5	92.4	94.8
原　料	100.9	97.1	97.1
加　工	98.1	97.1	96.7
生活资料	103.3	102.5	102.1
食　品	103.4	102.8	102.6
衣　着	105.1	101.7	100.1
一般日用品	100.0	101.6	100.5
耐用消费品	102.5	98.4	99.1
按工业行业大类分			
煤炭开采和洗选业	99.9	90.3	93.5
黑色金属矿采选业	96.5	96.6	94.9
有色金属矿采选业	96.8	95.8	97.6
非金属矿采选业	102.8	100.7	101.2
农副食品加工业	102.3	101.6	100.1
食品制造业	103.6	104.1	105.0

9-5 续 表

上年=100

指 标	2012	2013	2014
饮料制造业	106.7	102.5	100.6
纺织业	102.7	103.5	99.7
纺织服装、鞋、帽制造业	102.8	98.8	100.2
皮革、毛皮、羽毛(绒)及其制品业	99.1	98.3	100.5
家具制造业	102.9	98.2	98.9
造纸及纸制品业	99.1	97.6	99.8
印刷业和记录媒介的复制	97.9	101.4	100.8
石油加工、炼焦及核燃料加工业	96.0	89.1	88.9
化学原料及化学制品制造业	99.1	94.2	94.6
医药制造业	100.5	102.0	102.6
橡胶制品业	100.1	100.0	100.0
塑料制品业	99.3	97.7	99.9
非金属矿物制品业	97.9	96.2	96.3
黑色金属冶炼及压延加工业	95.4	95.9	95.4
有色金属冶炼及压延加工业	97.2	94.1	95.3
金属制品业	102.4	99.0	98.9
通用设备制造业	101.5	100.1	97.1
专用设备制造业	100.4	100.9	100.2
交通运输设备制造业	105.1	98.8	103.0
电器机械及器材制造业	97.3	97.2	98.5
通信设备、计算机及其他电子设备制造业	100.0	100.0	100.0
仪器仪表及文化、办公用机械制造业	101.6	100.0	100.0
工艺品及其他制造业	104.8	97.4	100.3
电力、热力的生产和供应业	104.8	99.9	98.7
燃气生产和供应业		108.0	107.8
水的生产和供应业	103.6	102.0	100.2

9-6 2012-2014年工业生产者出厂价格指数(按新行业分)

上年=100

指 标	2012	2013	2014
总指数	**100.2**	**97.0**	**97.3**
核心指数	98.3	96.7	96.7
高技术	100.3	101.1	101.6
能源	101.7	95.0	96.1
按轻重工业分			
轻工业	102.9	102.4	101.6
以农产品为原料	103.1	102.5	101.6
以非农产品为原料	100.5	100.3	100.5
重工业	99.6	95.6	96.3
采掘	99.5	92.4	94.8
原料	100.8	97.2	97.1
加工	97.9	96.5	96.5
按生产生活资料分			
生产资料	99.6	95.8	96.3
采掘	99.5	92.4	94.8
原料	100.9	97.1	97.1
加工	98.1	97.1	96.7
生活资料	103.3	102.5	102.1
食品	103.4	102.8	102.6
衣着	105.1	101.7	100.1
一般日用品	100.0	101.6	100.5
耐用消费品	102.5	98.4	99.1
按初级中间最终产品分			
初级产品	99.5	92.4	94.8
矿产品	99.5	92.4	94.8
废料	78.0	65.6	98.9
中间产品	100.1	98.2	97.8

注：2012年起《国民经济行业分类》（GB/T4754-2011）开始全面推行，本表中数据均为按新行业进行汇总的数据（后同）。

9-6 续 表 1

上年=100

指 标	2012	2013	2014
最终产品	103.2	100.8	100.2
最终投资品	101.4	98.4	98.2
最终消费品	103.9	101.7	101.0
按工业部门分			
冶金工业	96.5	95.5	95.6
电力工业	104.8	99.9	98.7
煤炭及炼焦工业	99.3	89.8	92.7
石油工业	100.7	101.9	102.7
化学工业	99.7	96.0	96.6
机械工业	101.7	99.4	100.1
建筑材料工业	98.9	97.3	97.0
森林工业	105.6	98.9	98.3
食品工业	103.3	102.7	102.2
纺织工业	99.7	104.2	99.3
缝纫工业	105.5	102.0	100.1
皮革工业	100.8	98.5	100.0
造纸工业	99.1	97.6	99.8
文教艺术用品工业	97.9	101.4	100.8
其它工业	98.5	96.6	98.5
按工业行业大类分			
煤炭开采和洗选业	99.5	90.3	93.5
石油和天然气开采业	95.1	90.0	94.1
黑色金属矿采选业	103.7	96.6	94.9
有色金属矿采选业	96.8	95.8	97.6
非金属矿采选业	102.0	100.7	101.2
农副食品加工业	102.3	101.6	100.1
食品制造业	103.8	104.1	105.0
酒、饮料和精制茶制造业	106.7	102.5	100.6
烟草制品业	101.2	99.4	99.5

9-6 续 表2

上年=100

指 标	2012	2013	2014
纺织业	101.8	103.5	99.7
纺织服装、服饰业	102.8	98.8	100.2
皮革、毛皮、羽毛及其制品和制鞋业	99.1	98.3	100.5
木材加工和木、竹、藤、棕、草制品业	106.0	99.0	98.2
家具制造业	102.9	98.2	98.9
造纸和纸制品业	99.1	97.6	99.8
印刷和记录媒介复制业	97.9	101.4	100.8
文教、工美、体育和娱乐用品制造业	105.3	97.2	100.1
石油加工、炼焦和核燃料加工业	96.0	89.1	88.9
化学原料和化学制品制造业	99.1	94.2	94.6
医药制造业	100.5	102.0	102.6
橡胶和塑料制品业	99.3	97.8	99.9
非金属矿物制品业	97.9	96.2	96.3
黑色金属冶炼和压延加工业	95.8	96.2	95.4
有色金属冶炼和压延加工业	97.2	94.1	95.3
金属制品业	102.5	99.1	98.8
通用设备制造业	99.0	100.0	98.3
专用设备制造业	100.4	100.9	100.2
汽车制造业	96.1	98.8	103.5
铁路、船舶、航空航天和其他运输设备制造业	100.4	99.0	99.7
电气机械和器材制造业	97.3	97.2	98.5
计算机、通信和其他电子设备制造业	100.0	100.0	100.0
仪器仪表制造业	101.6	100.0	100.0
其他制造业	100.0	100.0	102.5
废弃资源综合利用业	78.0	65.6	98.9
金属制品、机械和设备修理业	98.4	98.1	100.7
电力、热力生产和供应业	104.8	99.9	98.7
燃气生产和供应业	101.2	108.0	107.8
水的生产和供应业	103.6	102.0	100.2

9-7　2012-2014年工业生产者购进价格指数

上年=100

指　标	2012	2013	2014
总指数	**102.0**	**99.3**	**98.4**
按类别分			
燃料、动力类	103.4	97.5	97.4
黑色金属材料类	101.3	98.4	98.1
#钢材	101.7	97.2	97.7
其它	100.8	99.9	98.6
有色金属材料和电线类	96.9	95.1	97.2
化工原料类	96.6	99.4	98.7
木材及纸浆类	102.9	99.2	100.3
建筑材料及非金属矿类	99.8	99.5	98.6
其它工业原材料及半成品类	105.0	102.3	98.1
农副产品类	102.4	103.2	101.4
纺织原料类	100.3	98.9	100.6
按工业行业大类分			
煤炭开采和洗选业	102.1	94.3	95.4
黑色金属矿采选业	103.0	102.1	97.7
有色金属矿采选业	98.6	95.9	98.4
非金属矿采选业	101.0	100.9	100.0
农副食品加工业	111.8	99.5	98.4
食品制造业	102.1	108.6	95.1
饮料制造业	101.1	99.4	99.8
纺织业	100.3	98.9	100.6
纺织服装、鞋、帽制造业			

9-7 续 表

上年=100

指 标	2012	2013	2014
皮革、毛皮、羽毛(绒)及其制品业	100.0	100.0	100.0
木材加工及木、竹、藤、棕、草制品业	103.3	100.4	100.1
造纸及纸制品业	100.7	98.4	99.9
印刷业和记录媒介的复制			
石油加工、炼焦及核燃料加工业	102.6	100.6	98.3
化学原料及化学制品制造业	96.2	99.5	98.7
医药制造业	101.7	93.3	99.1
橡胶制品业	100.0	100.0	100.0
塑料制品业	99.3	98.5	99.0
非金属矿物制品业	98.4	97.9	97.2
黑色金属冶炼及压延加工业	100.9	97.8	98.2
有色金属冶炼及压延加工业	96.5	94.9	96.9
金属制品业	100.8	95.1	100.0
通用设备制造业	100.0	100.0	100.0
专用设备制造业			
交通运输设备制造业	100.5	100.1	99.9
电气机械及器材制造业	99.4	100.0	100.0
通信设备、计算机及其他电子设备制造业	96.8	100.0	100.0
仪器仪表及文化、办公用机械制造业		97.9	
电力、热力的生产和供应业	104.9	101.5	99.8
燃气生产和供应业	103.7	99.6	99.7
水的生产和供应业	100.8	100.3	99.9

9-8　2012-2014年工业生产者购进价格指数(按新行业分)

上年=100

指　　标	2012	2013	2014
总指数	**102.0**	**99.3**	**98.4**
按初级中间最终产品分			
初级产品	102.3	99.0	98.6
农产品	102.5	103.0	101.4
矿产品	102.2	96.4	96.7
废料	98.9	97.9	99.8
中间产品	101.9	99.5	98.3
九大类原材料购进价格指数			
燃料、动力类	103.4	97.5	97.4
黑色金属材料类	101.3	98.4	98.1
钢材	101.7	97.2	97.7
其它	100.8	99.9	98.6
有色金属材料及电线类	96.9	95.1	97.2
化工原料类	96.6	99.4	98.7
木材及纸浆类	102.9	99.2	100.3
建筑材料及非金属类	99.8	99.5	98.6
其它工业原材料及半成品类	105.0	102.3	98.1
农副产品类	102.4	103.2	101.4
纺织原料类	100.3	98.9	100.6
按行业大类分			
农业	99.2	102.2	101.2
林业	108.1	98.7	100.8
畜牧业	106.2	104.8	101.8
渔业			
农、林、牧、渔服务业	109.4	100.8	98.7
煤炭开采和洗选业	102.1	94.3	95.4
石油和天然气开采业	110.7	93.3	96.7
黑色金属矿采选业	103.0	102.1	97.7

注：2012年起《国民经济行业分类》（GB/T4754-2011）开始全面推行，本表中数据均为按新行业进行汇总的数据（后同）。

9-8 续 表

上年=100

指 标	2012	2013	2014
有色金属矿采选业	98.6	95.9	98.4
非金属矿采选业	101.0	100.9	100.0
农副食品加工业	111.8	99.5	98.4
食品制造业	102.1	108.6	95.1
饮料制造业	101.1	99.4	99.8
烟草制品业	106.4	100.6	100.0
纺织业	100.3	98.9	100.6
皮革、毛皮、羽毛(绒)及其制品业	100.0	100.0	100.0
木材加工及木、竹、藤、棕、草制品业	103.3	100.4	100.1
造纸及纸制品业	100.7	98.4	99.9
印刷业和记录媒介的复制			
石油加工、炼焦及核燃料加工业	102.6	100.6	98.3
化学原料及化学制品制造业	96.2	99.5	98.7
医药制造业	101.8	93.3	99.1
化学纤维制造业	80.9	99.4	100.0
橡胶制品业	100.0	100.0	100.0
塑料制品业	99.3	98.5	99.0
非金属矿物制品业	98.4	97.9	97.2
黑色金属冶炼及压延加工业	100.9	97.8	98.2
有色金属冶炼及压延加工业	96.5	94.9	96.9
金属制品业	100.8	95.1	100.0
通用设备制造业	100.0	100.0	100.0
交通运输设备制造业	100.5	100.1	99.9
电气机械及器材制造业	99.4	100.0	100.0
通信设备、计算机及其他电子设备制造业	96.8	100.0	100.0
废弃资源和废旧材料回收加工业	98.9	97.9	99.8
电力、热力的生产和供应业	104.9	101.5	99.8
燃气生产和供应业	103.7	99.6	99.7
水的生产和供应业	100.8	100.3	99.9

9-9 房屋销售价格指数（2014年）

指 标	新建住宅	#新建商品住宅	二手房住宅
环比价格指数（以上月价格为100）			
1月	99.9	99.9	100.4
2月	100.1	100.1	100.1
3月	100.2	100.2	100.0
4月	100.1	100.1	100.1
5月	99.7	99.6	99.8
6月	99.5	99.4	99.4
7月	98.9	98.8	98.7
8月	98.5	98.3	99.4
9月	99.3	99.2	98.9
10月	99.4	99.3	99.0
11月	99.3	99.2	99.5
12月	99.5	99.4	99.8
同比价格指数（以上年同月价格为100）			
1月	107.3	108.5	103.3
2月	105.5	106.4	102.9
3月	104.7	105.4	102.7
4月	104.2	104.9	102.5
5月	102.7	103.1	102.1
6月	102.0	102.4	101.5
7月	100.4	100.5	100.0
8月	99.0	98.8	99.1
9月	98.0	97.6	97.7
10月	96.7	96.1	96.3
11月	95.5	94.7	95.6
12月	94.4	93.5	95.2
定基价格指数（以2010年价格为100）			
1月	113.0	114.6	103.4
2月	113.0	114.7	103.5
3月	113.2	114.9	103.5
4月	113.3	115.1	103.5
5月	113.0	114.6	103.4
6月	112.4	113.9	102.7
7月	111.2	112.5	101.4
8月	109.5	110.6	100.8
9月	108.8	109.7	99.7
10月	108.1	108.8	98.7
11月	107.3	107.9	98.2
12月	106.8	107.3	98.1

主要统计指标解释

商品零售价格指数 是反映一定时期内城乡商品零售价格变动趋势和程度的相对数。零售物价的调整变动直接影响到城乡居民的生活支出和国家的财政收入，影响居民购买力和市场供需平衡，影响消费与积累的比例。因此，计算零售价格指数，可以从一个侧面对上述经济活动进行观察和分析。

居民消费价格指数（CPI） 是反映一定时期内城乡居民所购买的生活消费品价格和服务项目价格变动趋势和程度的相对数，是对城市居民消费价格指数和农村居民消费价格指数进行综合汇总计算的结果。利用居民消费价格指数，可以观察和分析消费品的零售价格和服务价格变动对城乡居民实际生活费支出的影响程度。

新的CPI采用链式拉氏公式计算，包括城市和农村指数，这些指数分别是在城市和农村基础数据的基础上进行汇总的，权数来源于城市和农村住户调查。目前，我国用于计算CPI的商品和服务项目共计八大类（包括食品、烟酒、衣着、家庭设备用品及维修服务、医疗保健和个人用品、交通和通信、娱乐教育文化用品及服务、居住）、262个基本分类，涵盖了城乡居民的全部消费内容，每个基本分类下又设置一定数量的代表规格品作为经常性调查项目。

生产者价格指数 是用当月国内市场的工业品价格与上年同月价格相比来衡量月度的价格变动。除了武器弹药生产、放射性矿石的采挖及为自己使用的产品外，生产者价格指数覆盖了所有生产部门。

工业生产是社会再生产的重要组成部分。在我国，工业部门是国民经济中所占比重较高的生产部门，其发展速度、规模、效益以及生产结构的调整直接影响着国民经济的发展。工业生产者价格包括工业企业产品第一次出售时的出厂价格和企业作为中间投入的原材料、燃料、动力购进价格（下简称工业生产者购进价格）。工业生产者价格调查的目的在于及时、准确、科学地反映各工业行业产品价格水平及其变动趋势和幅度，为国民经济核算、计算工业发展速度、宏观经济分析和调控、理顺价格体系等提供科学、准确的依据。工业生产者价格调查采用重点调查与典型调查相结合的调查方法。重点调查将全部年主营业务收入2000万元以上的企业列为调查对象，采用主观选样的方法选择调查企业；典型调查是把年主营业务收入2000万元以下的企业作为抽样对象，采用随机抽样的调查方法。

工业生产者出厂价格指数 是反映一定时期内全部工业产品出厂价格总水平的变动趋势和程度的相对数，包括工业企业售给本企业以外所有单位的各种产品和直接售给居民用于生活消费的产品。该指数可以观察出厂价格变动对工业总产值及增加值的影响。

工业生产者购进价格指数 是反映工业企业作为生产投入，而从物资交易市场和能源、原材料生产企业购买原材料、燃料和动力产品时，所支付的价格水平变动趋势和程度的统计指标，是扣除工业企业物质消耗成本中的价格变动影响的重要依据。

目前，我国编制的原材料、燃料和动力购进价格指数所调查的产品包括燃料动力、黑色金属、有色金属、化工、建材等九大类的近1800种产品。

房地产价格指数 是反映一定时期内房地产价格变动趋势和程度的相对数，包括房屋销售价格指数、房屋租赁价格指数、土地交易价格指数和物业管理价格指数。

10

PEOPLE'S LIVING CONDITIONS

人民生活

10-1　全体居民主要收支情况

单位：元/人

指　标	2013	2014	2014年比2013年增加	
			绝对额	%
可支配收入	**28069**	**30704**	**2635**	**9.4**
工资性收入	14068	18939	4871	34.6
经营净收入	6423	4092	-2331	-36.3
第一产业净收入	825	470	-355	-43.0
#农业净收入	478	293	-185	-38.7
牧业净收入	312	177	-135	-43.3
第二产业净收入	734	364	-370	-50.4
第三产业净收入	4864	3258	-1606	-33.0
财产净收入	2910	2885	-25	-0.9
转移净收入	4668	4788	120	2.6
消费性支出	**19413**	**22110**	**2697**	**13.9**
食品	6312	6854	542	8.6
衣着	2584	3115	531	20.5
居住	1704	3186	1482	87.0
生活用品及服务	1539	2089	550	35.7
交通通讯	2926	2033	-893	-30.5
交通	2004	1462	-542	-27.0
通信	922	571	-351	-38.1
教育文化娱乐	2291	2272	-19	-0.8
教育	969	869	-100	-10.3
文化娱乐	1322	1403	81	6.1
医疗保健	1445	1819	374	25.9
其它商品和服务	612	742	130	21.2
恩格尔系数（%）	**32.51**	**31.00**		

注：本表数据为城乡住户一体化调查数据（新口径数据）。

10-2 城镇常住居民主要收支情况

单位：元/人

指　标	2013	2014	2014年比2013年增加	
			绝对额	%
可支配收入	**32694**	**35506**	**2812**	**8.6**
工资性收入	16757	22422	5665	33.8
经营净收入	6646	4067	-2579	-38.8
第一产业净收入	37	3	-34	-91.8
#农业净收入	51	4	-47	-92.2
牧业净收入	-19		19	
第二产业净收入	874	401	-473	-54.1
第三产业净收入	5735	3663	-2072	-36.1
财产净收入	3626	3390	-236	-6.5
转移净收入	5665	5627	-38	-0.7
消费性支出	**22967**	**24920**	**1953**	**8.5**
食品	7392	7019	-373	-5.0
衣着	3084	4477	1393	45.2
居住	1971	3270	1299	65.9
生活用品及服务	1861	1735	-126	-6.8
交通通讯	3478	2272	-1206	-34.7
交通	2402	1646	-756	-31.5
通信	1076	626	-450	-41.8
教育文化娱乐	2716	3119	403	14.8
教育	1094	1158	64	5.9
文化娱乐	1622	1961	339	20.9
医疗保健	1721	1898	177	10.3
其它商品和服务	745	1130	385	51.7
恩格尔系数（%）	**32.18**	**28.17**		

注：本表数据为城乡住户一体化调查数据（新口径数据）。

10-3　农村牧区常住居民主要收支情况

单位：元/人

指　标	2013	2014	2014年比2013年增加	
			绝对额	%
可支配收入	**11547**	**12713**	**1166**	**10.1**
工资性收入	3781	4202	421	11.1
经营净收入	6542	7204	662	10.1
第一产业净收入	3382	3842	460	13.6
#农业净收入	2035	2289	254	12.5
牧业净收入	1282	1465	183	14.3
第二产业净收入	510	564	54	10.5
第三产业净收入	2650	2798	148	5.6
财产净收入	507	534	27	5.3
转移净收入	717	773	56	7.8
消费性支出	**8930**	**9724**	**794**	**8.9**
食品	3249	3358	109	3.4
衣着	1006	1078	72	7.2
居住	1562	1690	128	8.2
生活用品及服务	395	648	253	64.1
交通通讯	1128	1212	84	7.4
交通	716	824	108	15.1
通信	428	388	-40	-9.3
教育文化娱乐	760	841	81	10.7
教育	466	529	15	2.9
文化娱乐	294	312	18	6.1
医疗保健	655	710	55	8.4
其它商品和服务	175	187	12	6.9
恩格尔系数（%）	**36.38**	**34.53**		

注：本表数据为城乡住户一体化调查数据（新口径数据）。

10-4　1980-2013年城镇居民家庭人均收支情况

年 份	城镇居民人均可支配收入		城镇居民人均消费性支出（元）	恩格尔系数（%）
	绝对数（元）	指数（1980=100）		
1980	486	100.0	432	56.75
1981	491	99.3	436	55.20
1982	499	99.9	446	56.79
1983	514	102.1	455	58.17
1984	581	113.1	480	54.68
1985	766	136.0	656	49.09
1986	848	143.2	739	51.00
1987	954	148.0	786	52.89
1988	1025	135.1	916	49.67
1989	1169	135.9	980	51.99
1990	1305	147.6	1075	51.03
1991	1516	162.5	1242	37.36
1992	1742	171.6	1340	51.46
1993	2215	187.0	1731	50.47
1994	2922	197.2	2104	53.96
1995	3385	197.4	2615	54.90
1996	3916	211.4	2755	53.49
1997	4426	227.4	3165	48.74
1998	4654	240.1	3190	43.38
1999	5061	256.9	3592	41.01
2000	5436	269.0	4257	38.00
2001	5883	291.1	4537	37.20
2002	6980	347.2	5058	34.49
2003	9216	452.0	6817	31.55
2004	11508	548.0	8722	33.45
2005	13218	618.9	10056	32.64
2006	15122	697.6	11549	31.40
2007	17876	795.2	13613	33.26
2008	20861	884.6	16254	32.82
2009	23089	981.0	18950	31.58
2010	25862	1069.5	20994	31.62
2011	29628	1164.5	23570	30.40
2012	33485	1250.6	26009	30.80
2013	36576	1324.9	26035	31.20

注：本表中数据均为旧口径数据。

10-5 1980-2013年农村牧区居民家庭人均收支情况

单位：元

年份	农牧民人均总收入	农牧民人均纯收入	农牧民人均可支配收入	农牧民人均生活消费支出	农牧民人均生产消费支出
1980	217	195	190	174	17
1981	269	237	232	196	45
1982	344	310	303	232	53
1983	484	361	361	272	127
1984	539	383	366	302	159
1985	604	419	414	330	178
1986	741	417	413	389	304
1987	698	454	444	400	241
1988	947	533	517	451	385
1989	891	523	505	555	344
1990	1074	640	621	597	359
1991	1099	669	637	608	404
1992	1259	803	772	644	404
1993	1388	910	882	781	514
1994	1721	1163	1097	975	629
1995	2102	1424	1393	1327	760
1996	2703	1785	1728	1295	668
1997	3204	2080	2033	1617	969
1998	3518	2301	2250	1558	1057
1999	3592	2426	2380	1632	994
2000	3874	2548	2511	1626	1168
2001	4047	2558	2520	1810	1227
2002	4477	2864	2833	2083	2067
2003	5485	3435	3342	2191	2066
2004	6667	4136	4066	2600	2135
2005	7759	4667	4562	2952	2670
2006	8899	5338	5269	3640	3098
2007	9940	6148	6046	4381	3327
2008	11262	7076	6865	4966	3753
2009	12465	7826	7472	5522	4190
2010	13391	8766	8296	6132	4145
2011	15099	10059		6943	4162
2012	16789	11421		7869	4489
2013	17371	12801		9069	3795

注：本表中数据均为旧口径数据。

10-6 城镇常住居民家庭基本情况

指　　标	2000	2005	2010	2013	2014
调查户数（户）	**400**	**500**	**500**	**850**	**850**
平均每户家庭人口（人）	**3.03**	**2.69**	**2.64**	**2.69**	**2.48**
平均每户就业人口（人）	**1.59**	**1.46**	**1.43**	**1.42**	**1.41**
平均每户就业面（%）	**52.48**	**54.28**	**54.17**	**52.79**	**71.07**
平均每一就业者负担人数（包括就业者本人）（人）	**1.90**	**1.84**	**1.85**	**1.89**	**1.76**
居民家庭总收入（元）	**5458**	**13863**	**27774**	**34758**	**42985**
工资性收入	3248	10035	18989	16757	22422
经营性收入	952	718	2160	7411	8586
财产性收入	45	126	700	3662	3333
转移性收入	1213	2984	5925	6928	8644
平均每人消费性支出（元）	**4257**	**10056**	**20994**	**22967**	**24920**
食品	1619	3283	6639	7392	7019
衣着	559	1550	2876	3084	4477
居住	379	879	1871	1971	1898
生活用品及服务	257	717	1613	1861	3270
交通通讯	389	1029	2688	3478	2272
教育文化娱乐	489	1283	2734	2716	3119
医疗保健	303	838	1626	1721	1735
其他商品及服务	262	477	947	745	1130

注：1、2013年及以后的数据均为城乡住户一体化调查数据（后同）。
　　2、2013年以前工资性收入为工薪收入数据，经营性收入为个体经营劳动者收入数据。

10-7 按收入等级分的城镇常住居民家庭基本情况（2014年）

指 标	全市	按收入等级分				
		低收入	中低收入	中等收入	中高收入	高收入
调查户数（户）	850	170	170	170	170	170
平均每户家庭人口（人）	2.48	2.72	2.66	2.42	2.33	2.20
平均每户就业人口（人）	1.41	1.43	1.46	1.29	1.42	1.43
平均每户就业面（%）	71.07	69.96	68.27	77.63	70.25	69.96
平均每一就业者负担人数（包括就业者本人）（人）	1.76	1.90	1.81	1.88	1.64	1.54
平均每人全部年收入（元）	42985	17005	25982	35090	47542	100702
平均每人可支配收入（元）	35506	15320	24529	32808	44774	94762
平均每人消费性支出（元）	24920	14752	22296	25345	30454	57450

10-8 按收入等级分的城镇常住居民家庭平均每人全年收入(2014年)

指 标	全市	按收入等级分				
		低收入	中低收入	中等收入	中高收入	高收入
可支配收入（元）	**35506.00**	**15320.25**	**24528.67**	**32808.07**	**44773.70**	**94762.22**
工资性收入	22422.32	9874.80	14205.24	21737.41	27063.49	37055.42
#工资	20742.14	8930.09	13330.56	20362.00	25093.00	33986.96
实物福利	17.68	2.92	28.45	15.64	26.60	15.66
经营净收入	4067.33	1484.13	2683.06	2086.14	5390.21	36290.26
财产净收入	3390.21	1931.54	2452.37	2880.52	4043.97	5186.82
#利息净收入	210.91	14.81	-65.20	57.40	255.79	845.24
红利收入	98.48	49.54	88.36	39.76	171.86	128.37
转移净收入	5627.00	2029.78	5188.01	6104.01	8276.03	16229.72
#养老金或离退休金	6444.00	2494.90	6151.70	7550.54	9625.19	17349.44
赡养收入	141.61	3.09	32.78	190.20	150.68	608.64
借贷性所得（元）	**63.82**	**42.94**	**7.06**	**25.39**	**59.36**	**204.65**
提取储蓄存款	41.74	2.58	3.07	23.91	40.50	159.26
借入款	9.49	1.05	3.99		13.55	32.99
收回借出款	0.60	2.58				
住房贷款	3.67	0.76		1.47	5.32	12.39
汽车贷款	0.36	1.55				

10-9　按收入等级分的城镇常住居民家庭平均每人全年消费性支出（2014年）

单位：元

项　目	全市	按收入等级分				
		低收入	中低收入	中等收入	中高收入	高收入
消费性支出	**24920.00**	**14752.47**	**22295.96**	**25344.50**	**30453.51**	**57449.83**
食品	7018.82	4643.32	6949.50	7779.92	9434.32	12966.35
#食品	4374.58	3501.71	4843.75	5147.48	5882.21	6354.78
烟酒	1090.87	562.53	862.54	1097.41	1258.40	2824.95
衣着	4476.99	1711.20	2372.75	3066.54	4014.76	6629.04
#衣类	3507.31	1312.89	1791.38	2404.50	3168.62	5275.22
鞋类	969.68	398.31	581.37	662.04	846.15	1353.82
居住	3270.13	2891.92	3807.57	4689.48	5020.89	8439.07
租赁房房租	76.87	126.79	191.82	123.99	24.29	86.76
住房维修及管理	548.87	743.44	315.16	408.23	369.43	2381.96
水电燃料及其他	675.30	655.87	860.42	1136.99	1136.40	1288.38
生活用品及服务	1735.00	1086.50	1483.53	1533.27	2133.41	5569.69
交通通讯	2272.00	1696.50	2859.62	2474.56	3447.31	11799.15
交通	1646.00	1091.38	1820.34	1218.60	2136.84	10023.80
通信	626.00	605.12	1039.29	1255.96	1310.47	1775.35
教育文化娱乐	3119.00	1425.78	2239.11	3159.62	3327.25	6562.98
教育	1158.00	626.74	1110.70	1600.68	920.57	1688.47
文化娱乐	1961.00	799.03	1128.41	1558.94	2406.68	4874.51
医疗保健	1898.00	972.95	1688.94	1634.64	2093.51	2857.05
其他用品及服务	1130.00	324.31	894.94	1006.48	982.05	2626.50

10-10 按收入等级分的城镇常住居民家庭平均每人全年购买的主要商品数量（2014年）

指　标	全市	按收入等级分				
		低收入	中低收入	中等收入	中高收入	高收入
粮食（公斤）	173.29	154.04	168.49	166.21	193.86	189.71
蔬菜及菜制品（公斤）	122.57	99.12	138.92	115.96	137.59	124.99
#鲜菜	116.92	94.60	133.07	110.72	131.85	117.75
肉类（公斤）	41.26	31.80	40.43	40.33	44.84	51.76
#猪肉	18.36	16.38	19.18	19.01	18.38	19.25
牛肉	4.68	2.52	4.33	4.31	5.30	7.67
羊肉	10.80	6.91	10.40	9.60	13.11	15.17
禽类	6.78	6.30	8.14	5.72	6.18	7.58
蛋类及蛋制品（公斤）	11.22	9.00	11.44	11.73	11.45	13.03
奶和奶制品（公斤）	44.51	33.74	47.76	39.59	47.26	57.14
水产品（公斤）	9.75	6.69	9.37	8.40	11.52	13.76
油脂类（公斤）	11.03	9.06	11.04	10.87	12.67	12.00
#植物油	10.94	8.99	10.95	10.76	12.63	11.90
糖果糕点类（公斤）	11.40	6.61	9.36	10.70	14.36	17.67
干鲜瓜果（公斤）	84.09	59.44	82.03	83.44	99.18	103.22
#鲜瓜果	73.65	51.30	73.25	74.21	86.06	89.41
#坚果	8.77	7.19	7.70	7.64	10.95	11.01
茶叶（公斤）	0.77	0.22	0.54	0.34	0.91	2.06
烟叶（公斤）	29.82	25.97	29.43	30.36	29.80	34.75
酒（公斤）	10.44	7.97	9.31	8.40	9.53	18.19
#白酒	4.97	3.75	3.68	4.31	4.40	9.44
啤酒	4.95	4.06	5.37	3.76	4.64	7.23

10-11　按收入等级分的城镇常住居民家庭平均每百户耐用消费品年末拥有量（2014年）

指　标	全市	按收入等级分				
		低收入	中低收入	中等收入	中高收入	高收入
家用汽车（辆）	41	22	28	43	39	51
摩托车（辆）	30	40	25	25	33	27
助力车（台）	43	43	52	43	43	36
洗衣机（台）	99	96	94	99	99	99
电冰箱（柜）（台）	102	96	94	104	102	110
微波炉（台）	49	23	39	53	63	66
彩色电视机（台）	104	99	99	104	106	103
#接入有线电视	83	69	77	88	94	88
空调（台）	20	8	17	21	20	37
热水器（台）	79	38	57	78	73	81
#太阳能热水器	17	14	19	27	18	24
消毒碗柜（台）	2	1	1	2	2	4
排油烟机（台）	65	40	56	76	76	78
固定电话（线）	40	21	35	48	42	52
移动电话（部）	210	212	206	210	216	206
#接入互联网	90	79	90	85	96	97
计算机（台）	65	46	55	62	72	78
#接入互联网	55	40	44	53	60	64
摄像机（台）	7	1	2	9	8	12
照相机（台）	39	24	24	37	41	51
中高档乐器（架）	4	3	6	2	2	8
健身器材（台）	3	1	1	4	1	6
组合音响（套）	6	6	7	6	5	8

10-12 农村牧区常住居民家庭基本情况

指 标	2000	2005	2010	2013	2014
调查户数（户）	400	305	305	320	320
调查户常住人口（人）	1590	1142	1106	877	878
平均每户常住人口（人）	3.98	3.74	3.63	2.74	2.74
平均每户整半劳力（人）	2.76	2.77	2.80	2.15	2.21
平均每个劳动力负担人口（含本人）（人）	1.44	1.35	1.30	1.28	1.31
劳动力按文化程度分组比重（%）					
文盲或半文盲	11.60	8.16	6.67	9.50	6.00
小学	27.65	21.06	17.92	22.24	23.70
初中	48.78	49.59	46.72	48.00	49.00
高中	9.52	17.40	22.60	13.59	13.50
中专	2.18	1.78	1.87		
大专及以上	0.27	2.01	4.22	6.67	7.80
平均每人年收入（元）					
总收入	3873.52	7759.30	13390.52	15833.18	19942.70
纯收入	2548.43	4667.00	8766.38		
现金收入	2870.83	6831.90	11885.50	15178.24	17154.01
平均每人年支出（元）					
总支出	3204.66	5982.40	10973.17	12849.57	15716.34
#家庭经营费用支出	986.48	2670.20	4145.02	3207.78	2562.99
生活消费支出	1625.75	2952.50	6132.18	7721.68	9724.00
现金支出	2619.54	5397.80	10486.63	11842.26	14476.80
#生产费用	990.50	2708.80	4127.26	3205.16	2551.91
缴纳税金和上交集体承包费支出	171.49	10.64	18.74		
生活消费支出	1220.80	2557.80	5832.94	6716.98	8346.21

注：2013年及以后的数据均为城乡住户一体化调查数据（后同）。

10-13　按收入等级分的农村牧区常住居民家庭基本情况（2014年）

指　标	全市	按收入等级分				
		低收入	中低收入	中等收入	中高收入	高收入
调查户数（户）	320	64	64	64	64	64
平均每户家庭人口（人）	2.74	2.78	2.88	2.93	2.60	2.53
平均每户就业人口（人）	1.95	2.06	2.09	2.03	1.75	1.83
平均每户就业面（%）	51.20	48.48	47.76	49.23	57.14	54.70
平均每一就业者负担人数（包括就业者本人）（人）	1.40	1.35	1.37	1.44	1.48	1.38
平均每人全部年收入（元）	19943	8723	11673	17512	21043	43401
平均每人可支配收入（元）	12713	3947	9014	13059	18802	38949
平均每人消费性支出（元）	9724	7086	6696	7863	10796	16244

10-14　按收入等级分的农村牧区常住居民家庭平均每人全年收入(2014年)

指　标	全市	按收入等级分				
		低收入	中低收入	中等收入	中高收入	高收入
可支配收入（元）	**12713.00**	**3946.78**	**9014.25**	**13058.77**	**18802.20**	**38949.32**
工资性收入	4202.00	1731.57	3837.08	5807.87	7340.93	7705.97
#工资	1533.32	165.08	602.13	2173.91	3326.03	3464.34
实物福利	1.90	0.98		10.40		
经营净收入	7204.00	807.13	3971.23	6214.62	8890.62	27227.22
财产净收入	534.00	35.29	138.02	-95.80	603.95	1331.54
#利息收入	22.54	7.01		30.78	35.11	6.08
红利收入	31.87	11.26	7.69	29.11	21.43	46.13
转移净收入	773.00	672.78	567.91	1132.08	1966.69	2684.58
#养老金或离退休金	185.92	273.95	79.16	43.33	244.49	1427.81
赡养收入	30.02	100.16	79.64	9.48	7.84	124.20
借贷收入（元）	**1740.95**	**386.22**	**234.90**	**208.77**	**5154.83**	**2951.52**
提取储蓄存款	1520.06	6.00	44.38	99.61	5140.82	2514.52
收回借出款	0.94		4.49			
借入款	46.32	149.79	78.17			
汽车贷款	15.20			72.78		
其它贷款	101.81		107.86			437.00
其他借贷所得	49.03	230.44			14.01	

10-15 按收入等级分的农村牧区常住居民家庭平均每人全年消费性支出（2014年）

项　目	全市	按收入等级分				
		低收入	中低收入	中等收入	中高收入	高收入
消费性支出	**9724.00**	**7086.04**	**6695.53**	**7862.81**	**10796.44**	**16244.08**
食品	3358.00	2442.13	2388.03	2694.19	3336.86	4102.03
#食品	2404.40	1778.06	1878.35	2053.67	2336.29	2626.18
烟酒	953.60	498.17	392.24	451.09	1063.65	1211.31
衣着	1078.00	549.41	699.76	705.22	1041.08	1628.32
衣类	796.63	388.45	524.64	501.90	780.35	1225.83
鞋类	281.37	160.96	175.12	203.31	260.73	402.49
居住	1690.00	1419.77	1398.07	1583.59	1885.35	3433.83
#租赁房房租	32.49	63.83	10.48	56.27	40.01	10.56
住房维修及管理	354.81	257.94	261.88	206.35	272.63	1082.87
水电燃料及其他	438.23	431.16	487.31	430.86	513.32	627.43
生活用品及服务	648.00	238.80	425.75	339.85	671.38	2437.52
交通通讯	1212.00	884.66	810.60	885.88	2344.57	2140.22
交通	824.14	561.02	472.02	474.29	1805.69	1504.35
通信	387.86	323.64	338.57	411.59	538.88	635.86
教育文化娱乐	841.00	751.10	372.98	904.85	801.85	1224.06
教育	529.45	600.40	246.42	702.56	358.14	625.76
文化娱乐	311.55	150.70	126.57	202.29	443.71	598.30
医疗保健	710.00	760.36	523.75	612.96	592.38	873.77
其他用品及服务	187.00	39.81	76.58	136.27	122.98	404.33

10−16　农村牧区常住居民家庭平均每人主要消费品消费量

指　　标	2013	2014
粮　　食（原粮）（公斤）	121.03	129.19
蔬　　菜（公斤）	68.43	69.09
食　　油（公斤）	9.50	8.20
猪牛羊肉（公斤）	31.38	23.63
家禽及禽肉制品（公斤）	36.44	38.99
蛋及制品（公斤）	4.21	5.38
水 产 品（公斤）	2.41	2.73
食　　糖（公斤）	4.01	3.78
酒（公斤）	7.70	7.00

10−17　农村牧区常住居民家庭平均每百户耐用消费品年末拥有量

指　　标	2013	2014
家用汽车（辆）	22	23
洗衣机（台）	89	94
家用电冰箱（台）	92	95
摩托车（辆）	65	78
计算机（台）	16	19
彩色电视机（台）	99	99
照相机（架）	7	9

10−18　农村牧区常住居民家庭住房基本情况

指　　标	2013	2014
年末使用房屋		
居住面积（平方米/人）	29.22	26.19
砖木结构（%）	67.28	72.00
钢筋混凝土结构（%）	2.37	1.40
自建住房（%）	95.59	97.00
购买商品房（%）	1.36	1.00
房屋价值（万元/户）	8.76	11.65
本年新建房屋面积（平方米/户）	**0.95**	**0.69**
每平方米价值（元）	821.42	724.64

10-19　农牧民家庭平均每户年末固定资产原价

指　标	2013	2014
年末生产性固定资产原价（元）	**12075.31**	**25868.54**
农业生产性固定资产原价	7224.04	14711.45
生产用房	2219.37	7119.97
农业设施	3210.29	1525.14
农业机械	1752.45	6096.11
役畜	111.24	309.94
产品畜	4041.55	8882.64

10-20　农牧民家庭平均每百户年末拥有固定资产数量

指　标	2013	2014
生产性用房及建筑物（平方米）	2453	2747
大中型农用拖拉机（台）	4	4
小型农用拖拉机（台）	42	42
收割机（台）	5	9
脱粒机（台）	2	2
役畜（头）	5	2
产品畜（头）	483	304

主要统计指标解释

全体居民收入 自2012年开始，实施城乡住户一体化调查改革。按照国家统计局制订的统一调查方案、抽样方法、指标名称、分类标准和计算方法，将过去独立开展的城镇住户调查和农村住户调查合二为一，建立了科学统一的城乡一体化住户调查体系。通过实际调查，准确地获得了全体居民人均收入和支出、城镇居民人均收入和支出、农牧民人均收入和支出。

住户成员 指居住在一个住宅内，所有与本住户分享生活开支或收入的人员。还包括：①由本住户供养的在外学生（包括大中专学生和研究生）；②未分家的农村外出从业人员和随迁家属，无论其外出时间长短；③轮流居住的老人；④因探亲访友、旅游、住医院、培训或出差等原因临时外出的人员。

常住成员 指住户成员中，经常在家居住、或者调查期内居住时间超过一半的人员，以及本住户供养的学生。常住成员是住户收支的调查对象。

总收入 是调查期内全部收入的总和，其中未扣除为获得收入所发生的支出（生产费用）。包括工资性收入、经营性收入、财产性收入、转移性收入、非收入所得、借贷性所得。

可支配收入 指调查户在调查期内获得的、可用于最终消费支出和储蓄的总和，即调查户可以用来自由支配的收入。可支配收入既包括现金，也包括实物收入。按照收入的来源，可支配收入包含：工资性收入、经营净收入、财产净收入、转移净收入。

工资性收入 指就业人员通过各种途径得到的全部劳动报酬和各种福利，包括受雇于单位或个人、从事各种自由职业、兼职和零星劳动得到的全部劳动报酬和福利。

经营净收入 指住户或住户成员从事生产经营活动所获得的净收入，是全部经营收入中扣除经营费用、生产性固定资产折旧和生产税净额（生产税减去生产补贴）之后得到的净收入。计算公式具体为：经营净收入 = 经营收入 − 经营费用 − 生产性固定资产折旧− 生产税净额（生产税−生产补贴）

财产净收入 指住户或住户成员将其所拥有的金融资产和自然资源交由其他机构单位、住户或个人支配而获得的回报并扣除相关的费用之后得到的净收入。财产净收入包括利息净收入、红利收入、储蓄性保险净收益和转让承包土地经营权租金净收入等。

转移净收入 指国家、单位、社会团体对住户的各种经常性转移支付和住户之间的经常性收入转移，并扣除相关的支出和费用之后得到的净收入。包括政府、非行政事业单位、社会团体对居民转移的养老金或退休金、社会救济和补助、政策性生活补贴、救灾款、经常性捐赠和赔偿以及报销医疗费等；住户之间的赡养收入、经常性捐赠和赔偿以及农村地区（村委会）在外（含国外）工作的本住户非常住成员寄回带回的收入等。

总支出 指住户用于生产、生活和再分配的全部支出。包括消费支出、生产经营费用支出、财产性支出、转移性支出、购置资产及非经常性转移支出、借贷性支出。

消费支出 指住户用于满足家庭日常生活消费需要的全部支出，包括用于消费品的支出和用于服务性消费的支出。根据用途不同，消费支出可划分为食品烟酒、衣着、居住、生活用品及服务、交通通信、教育文化娱乐、医疗保健、其他用品及服务八大类。根据来源不同，消费支出可划分为现金消费支出、实物消费支出（含自产自用、来自单位、来自政府和其他社会组织）。

生产经营费用支出 指住户以家庭为基本生产经营单位从事生产经营活动而消费的商品和服务、自产自用产品。

生产性固定资产 在家庭或个人从事的生产经营活动中，所拥有的使用期限在两年以上、单位价值在1000元以上的房屋建筑物、机器设备、器具工具、役畜、产品畜等资产应作为固定资产统计。

固定资产原价 按照当初固定资产的购进价或建购价来记录。自繁自养的幼畜成龄转作役畜、产品畜、种畜，按市场同类牲畜的平均价格计价。

生产性固定资产折旧 指住户在家庭经营生产活动中，因使用固定资产，而转移到新产品中的那部分固定资产价值。在住户调查中，生产性固定资产的使用年限定为15年。

财产性支出 指家庭购买或维护财产所支付的利息等有关费用。

转移性支出 指调查户对国家、单位、住户或个人的经常性或义务性转移支付。包括缴纳的税款、各项社会保障支出、赡养支出、经常性捐赠和赔偿支出以及其他经常转移支出等。

11

城市概况

CENERAL SURVEY OF CITIES

11-1 城市建设用地（2014年）

指　标	单　位	全市	#市区
区划面积	平方公里	27768	2965
建成区面积	平方公里	222.66	190.46
城市建设用地面积	平方公里	221.59	190.46
居住用地	平方公里	69.13	58.60
公共管理与公共服务用地	平方公里	19.57	15.82
工业用地	平方公里	56.05	52.50
物流仓储用地	平方公里	8.56	7.50
交通设施用地	平方公里	24.77	19.40
商务服务业设施用地	平方公里	11.94	9.83
公用设施用地	平方公里	4.59	3.16
绿地	平方公里	26.98	23.65

注：市区数据不包括土默特右旗、固阳县和达尔罕茂明安联合旗。

11-2 城市自来水情况（2014年）

指　标	单　位	全市	#市区
年末自来水实际生产能力	万立方米／日	93.34	91.3
年末供水管道长度(不包括自备水源井)	公里	1860.87	1665.2
全年供水总量	万立方米	16615.7	16129.2
#生产用水	万立方米	7762.9	7721.9

注：表中年末自来水综合生产能力为城市公共供水系统口径。

11-3 城市煤气、液化石油气、天然气情况（2014年）

指　标	单　位	全市	#市区
人工煤气			
人工煤气生产能力	万立方米／日	164	
人工煤气储气能力	万立方米	15	
供气管道长度	公里	507	
自制气量	万立方米	3370	
全年供气总量	万立方米	3500	
#家庭用气	万立方米	2944	
用气户数	万户	13.87	
#家庭用户	万户	13.87	
用气人口	万人	41.2	
液化石油气			
储气能力	吨	1169	1097
全年供气总量	吨	9688	9220
#家庭用气	万立方米	9413	9020
用气户数	万户	9.79	8.82
#家庭用户	万户	7.06	6.22
用气人口	万人	24.00	21.00
天然气			
供气管道长度	公里	1411	1236
供气总量	万立方米	42740	38265
#家庭用量	万立方米	6240	5835
用气户数	万户	39.07	35.76
用气人口	万人	126.75	114.70

11-4 城市集中供热情况（2014年）

指　标	单　位	全市	#市区
供热能力			
热水	兆瓦	8571	7361
全年供热总量			
热水	万吉焦	4743	4438
供热管道长度			
热水	公里	1057	865
供热面积	万平方米	8155	7618
#住宅	万平方米	6070	5683

11-5 城市市政工程情况（2014年）

指　标	单　位	全市	#市区
年末实有铺装道路长度	公里	1674.07	1456.50
年末实有铺装道路面积	万平方米	3162.99	2669.20
#人行道面积	万平方米	1003.00	853.80
桥梁数	座	62	40
路灯盏数	盏	90898	81533
排水管道长度	公里	2335.60	2087.10
建成区排水管道密度	公里／平方公里	10.49	10.96
污水年排放量	万立方米	9719	9255
污水处理厂座数	座	10	7
污水处理能力	万立方米／日	39.00	35.20
污水处理总量	万立方米	8297	7965
再生水利用量	万立方米	1988	1958

11-6　城市公共汽车、出租汽车情况

指　标	单　位	2013	2014
年末实有公共汽车运营车数	辆	1194	1304
年末实有标准运营车数	标台	1495	1462
运营线路长度	公里	1296	1296
客运总量	万人次	15740	17533
出租汽车数	辆	5827	5827

11-7　城市园林绿化面积（2014年）

指　标	单　位	全市	
			#市区
园林绿化覆盖面积	公顷	9563	8391
#建成区	公顷	9064	8114
园林绿地面积	公顷	8845	7841
#建成区园林绿地面积	公顷	8460	7556
#公园绿地面积	公顷	2635	2400
公园个数	个	33	28
公园面积	公顷	2045	1936

11-8 城市公共卫生情况（2014年）

指　标	单　位	全市	#市区
道路清扫保洁面积	万平方米	3550	3080
生活垃圾清运量	万吨	59.49	49.10
生活垃圾无害化处理厂（场）数	座	6	3
生活垃圾无害化处理能力	吨/日	2670	2400
生活垃圾无害化处理量	万吨	56.79	47.12
公共厕所数	座	582	302
#三级以上	座	384	287

11-9 城市设施水平（2014年）

指　标	单　位	全市	#市区
每万人拥有公共汽车量	标台	10.53	11.60
人均城市道路面积	平方米	15.28	14.51
污水处理率	%	85.37	86.06
建成区绿地率	%	38.00	39.67
建成区绿化覆盖率	%	40.71	42.60
生活垃圾处理率	%	95.46	95.97

注：人均拥有指标按公安户籍人口中非农业人口计算。

11-10 城 市

年 份	自来水			煤气	
	年底水管总长度（公里）	水厂综合生产能力（万吨/日）	供水总量（万立方米）	供气总量（万立方米）	用气人口（万人）
1949	17	1.4	29		
1950	24	0.4	30		
1952	42	0.4	36		
1957	220	1.4	321		
1962	261	12.2	2984		
1965	325	11.2	2725		
1970	417	11.7	4105		
1975	567	13.9	4736		
1978	578	18.0	5096		
1980	610	19.5	5148		
1985	872	63.5	5364	956	8.40
1990	931	59.4	21456	3040	21.90
1991	941	68.4	22465	3296	24.00
1992	958	68.5	22724	3609	25.90
1993	973	69.0	23033	3476	28.00
1994	985	70.7	23775	3720	29.50
1995	966	71.5	25453	3984	31.03
1996	981	71.5	25425	4213	33.16
1997	1055	71.5	24826	4592	35.25
1998	1253	71.5	23833	4580	38.56
1999	1303	71.5	24763	4547	39.80
2000	1323	101.5	24830	4161	43.73
2001	1384	97.6	22088	3080	43.96
2002	1547	105.8	22166	3167	48.87
2003	1740	108.0	22712	3418	51.14
2004	1740	108.0	34568	3849	66.41
2005	1740	104.5	34568	4006	70.93
2006	1370	51.0	7025	3084	56.00
2007	1548	102.7	12080	3084	56.70
2008	1406	108.0	13330	3084	51.94
2009	1409	51.0	10915	3084	52.41
2010	1480	51.0	11704	3069	51.94
2011	1722	56.6	13853	2806	49.00
2012	1745	53.2	12928	2786	46.16
2013	1746	53.2	15973	3500	40.20
2014	1861	93.3	16616	3500	41.20

注：2006年及2009年以后自来水数据为公共供水企业数据，不含自备水。

公 用 事 业

园林绿化		铺装道路长度（公里）	排水管道长度（公里）	路灯盏数（盏）	公共汽车营运车辆（辆）
城市绿化覆盖面积（公顷）	公园（个）				
		4		43	
		4	2	92	
		6	3	279	
29	2	161	41	2035	21
	3	199	81	2522	65
190	3	187	77	2616	67
51	3	256	80	3241	90
832	4	195	96	3447	169
1091	4	200	102	3463	215
1174	4	220	138	3398	251
1338	7	332	201	5993	265
3692	9	421	610	7800	486
3838	39	426	627	8930	448
3858	39	435	635	9267	465
3881	39	442	645	9565	538
3904	39	468	678	9635	585
4394	38	382	686	7797	1019
4272	39	445	713	8260	538
4487	39	468	724	9253	540
4620	9	506	731	9869	538
4736	13	525	733	11007	610
4870	13	544	766	12542	682
5265	11	583	810	13820	813
5361	12	733	960	18761	788
5626	12	784	1026	20892	772
5941	13	828	1038	23659	984
6755	15	873	1097	31540	1125
6971	15	1028	1279	30000	1094
7224	17	1142	1423	38000	1174
7364	17	1142	1423	38000	1174
7596	20	1280	1665	60773	1321
7845	21	1304	1750	66153	1342
7860	24	1479	2105	75296	1395
8527	24	1529	2212	80281	1342
8730	26	1617	2241	83754	1194
9563	33	1674	2335	90898	1304

主要统计指标解释

年末自来水生产能力 指年底城建部门管理的自来水厂和自备水源的社会单位取水、净化、送水、出厂输水干管等环节的实际生产能力。

年末供水管道长度 指从送水泵到用户水表之间所有管道的长度。

全年供水总量 指公用自来水厂和自备水源的社会单位全年的供水总量，包括有效供水量及损失水量。

生活用水量 包括公共服务用水和居民家庭用水。公共服务用水指为城市社会公共生活的用水。包括行政事业、部队营区、公共设施服务、社会服务业、批发零售贸易业、旅游饮食业以及其他公共服务业等单位的用水。居名家庭用水指城市范围内所有居民家庭生活的日常用水。包括城市居民、农民家庭、公共供水站用水。

用水普及率 指城市用水人口数与城市人口总数之比。计算公式为：

用水普及率=城市用水人口数/城市人口总数×100%

人工煤气生产能力 指报告期末人工煤气生产厂制气、净化、输送等环节的综合生产能力，不包括备用设备能力。一般按设计能力计算，如果实际生产能力大于设计能力时，应按实际测定的生产能力计算。测定时应以制气、净化、输送三个环节中最薄弱的环节为主。

输气管道长度 指由压缩机、鼓风机、储气罐的出口到用户煤气表之间的全部管道长度。

全年供气总量 指全年售给各类用户的全部煤气量，包括销售量和损失量。

用气普及率 指报告期末使用煤气(包括人工煤气、液化石油气、天然气)的城市人口数与城市人口总数之比。计算公式为：

城市煤气普及率=城市用气人口数/城市人口总数×100%

城市供热能力 指供热企业（单位）向城市输送的供热源的设计能力。

城市供热总量 指在报告期末热电厂、热力公司和达到标准的集中采暖锅炉房向城市输送的全部蒸汽、热水量。

城市供热管道长度 指从各类热源到用户接入口之间的全部供气、供热水的管道长度。不包括各类热源厂内部的管道长度。

年底实有铺装道路长度 指年末除土路外，路面经过铺装宽度在3.5米以上的道路，包括高级、次高级道路和普通道路。

城市桥梁 指城市范围内，修建在河道上的桥梁和道路与道路立交、道路跨越铁路的立交桥及人行天桥。包括永久性桥和半永久性桥，不包括临时性桥、铁路桥、涵洞。

城市排水管道长度 指所有排水总管、干管、支管及暗渠、检查井、连接井进出水口等长度之和。

城市污水日处理能力 指污水处理厂每昼夜处理污水量的设计能力。

城镇生活污水排放量 指城镇居民每年排放的生活污水。用人均系数法测算。测算公式为：

城镇生活污水排放量=城镇生活污水排放系数×市镇非农业人口×365

生活垃圾清运量 指报告期内收集和运送到垃圾处理厂(场)的生活垃圾数量。生活垃圾指城市日常生活或为城市日常生活提供服务的活动中产生的固体废物以及法律行政规定的视为城市生活垃圾的固体废物。包括：居民生活垃圾、商业垃圾、集市贸易市场垃圾、街道清扫垃圾、公共场所垃圾和机关、学校、厂矿等单位的生活垃圾。

生活垃圾无害化处理率 指报告期生活垃圾无害化处理量与生活垃圾产生量比率。在统计上，由于生活垃圾产生量不易取得，可用清运量代替。计算公式为：

生活垃圾无害化处理率=生活垃圾无害化处理量/生活垃圾产生量×100%

年末实有公共汽车 指年底可参加营运的全部车辆数，包括营运车辆数和库存查封未参加营运的车辆。不包括非营运车辆，如架线车、油罐车、工程车、货车及其他专用车辆和借入的客运车辆。

城市园林绿地面积 指报告期末用作园林和绿化的各种绿地面积。包括公共绿地、专用绿地、生产绿地、防护绿地、郊区风景林地的面积。

公共绿地 指向公众开放的市级、区级、居住区级各类公园、街旁游园，包括其范围内的水域。其中、居住区级公园应不小于1万平方米，、街旁游园的宽度不小于8米，面积不小于400平方米。

12

农业

AGRICULTURE

12-1 农村牧区基层组织和农牧业基本情况（2014年）

指　标	总　计	农　村	牧　区
农村牧区基层组织情况			
乡镇（苏木）个数（个）	39	30	9
#镇个数	29	24	5
村委会（嘎查）个数（个）	638	596	42
农村牧区社会基础设施			
自来水受益村数（个）	632	596	36
通汽车村数（个）	562	555	7
通电话村数（个）	524	485	39
农牧业生产条件			
年末实有耕地面积（千公顷）	425.85		
农作物总播种面积（千公顷）	335.88		
年末草场面积（千公顷）	1932.91		
有效灌溉面积（千公顷）	127.97		
农牧业机械总动力（万千瓦）	161.00		
化肥施用量（折纯）（万吨）	77268.00		
农村牧区用电量（万千瓦小时）	35680.00		
主要农牧业生产情况			
粮食总产量（万吨）	108.30		
年中牲畜总增头数（万头只）	377.51		
肉类总产量（万吨）	16.19		
蔬菜总产量（万吨）	102.71		

12-2　1984-2014年农林牧渔业总产值

单位：万元

年份	农林牧渔业总产值	农业	#种植业	林业	牧业	渔业	农林牧渔服务业
1984	29438	23027	19415	811	5568	32	
1985	30139	21364	19733	695	7993	87	
1986	28856	18628	16539	834	9223	171	
1987	30268	18434	15983	599	10922	313	
1988	49693	27856	25514	914	20669	254	
1989	48515	29884	27717	646	17614	371	
1990	68643	49518	47029	1503	17070	552	
1991	65085	43235	40166	1438	19690	722	
1992	81801	55461	52031	1402	23609	1329	
1993	108378	71198	65723	2405	33105	1670	
1994	152304	93772	85051	2682	53889	1961	
1995	198825	132292	123861	3430	60380	2723	
1996	244235	164195	150943	4656	72973	2411	
1997	267164	175844	159847	4672	83518	3130	
1998	260602	158517	144068	6895	91182	4008	
1999	273356	172166	157948	6709	91034	3447	
2000	287128	185527	170142	6937	91279	3385	
2001	284176	170545	155898	9345	100987	3299	
2002	345441	200086	185963	12021	129872	3462	
2003	367968	192999	192263	8557	155818	3648	6946
2004	497986	219725	219725	7942	254159	5481	10679
2005	550274	227965	227965	4985	296891	5401	15032
2006	614098	253953	253953	4565	334117	5694	15769
2007	747625	293454	293454	4152	437553	2607	9859
2008	915330	358776	358776	6984	516623	8447	24500
2009	967302	362964	362964	8400	563466	8000	24472
2010	1181436	421199	421199	10080	709967	9600	30590
2011	1430113	413289	413289	7516	984821	7630	16857
2012	1596220	475268	475268	7351	1086537	8606	18458
2013	1768698	584615	584615	8297	1144924	10761	20101
2014	1796369	632897	632897	9232	1121147	11686	21407

注：本表数据按现行价格计算。

12-3　历年农林牧渔业总产值指数

上年=100

年份	农林牧渔业总产值	农业	#种植业	林业	牧业	渔业	农林牧渔服务业
1949	100.00	100.00	100.00	100.00	100.00	100.00	
1950	105.02	102.27	101.99	112.50	112.42	100.00	
1951	112.43	111.18	111.14	111.11	115.59	100.00	
1952	141.39	163.06	146.91	125.00	129.77	320.00	
1953	90.00	80.92	80.62	108.00	114.20	100.00	
1954	143.38	155.49	156.27	126.85	120.57	100.00	
1955	90.26	84.81	84.52	108.03	103.26	102.50	
1956	128.54	142.36	142.29	133.11	100.42	119.23	
1957	71.25	60.60	59.76	145.18	99.68	141.94	
1958	126.96	122.14	120.74	144.41	134.88	100.00	
1959	143.33	162.15	165.02	101.21	115.07	184.09	
1960	93.68	78.15	78.33	151.91	126.53	54.32	
1961	77.02	68.81	68.44	38.43	90.14	36.36	
1962	105.98	120.70	121.32	83.20	90.83	162.50	
1963	92.44	89.10	88.23	119.21	96.68	88.46	
1964	113.24	130.11	130.94	233.47	88.99	108.70	
1965	85.78	78.93	78.14	121.95	97.46	100.00	
1966	91.75	112.92	113.68	156.17	55.25	68.00	
1967	122.95	116.86	116.77	49.91	156.33	64.71	
1968	86.16	78.45	77.80	70.58	104.95	154.55	
1969	113.64	122.63	123.50	69.13	99.91	100.00	
1970	112.60	116.26	116.52	159.92	103.46	105.88	
1971	101.83	100.67	100.22	92.60	105.09	66.67	
1972	99.36	95.09	98.59	83.25	109.76	108.33	
1973	107.77	107.16	106.98	191.95	106.58	30.77	
1974	112.48	126.51	129.25	68.87	86.77	150.00	
1975	95.24	89.30	88.99	145.90	110.31	200.00	
1976	98.08	107.17	107.38	101.28	20.64	191.67	
1977	101.90	96.80	96.78	171.63	113.60	100.00	
1978	85.75	76.28	75.52	118.74	108.75	69.57	
1979	126.19	134.26	135.43	87.87	114.94	137.50	
1980	79.44	72.81	72.91	83.01	94.39	81.82	
1981	117.20	127.90	128.04	73.56	101.71	144.44	

注：本表指数按可比价格计算。

12-3 续 表

上年=100

年 份	农林牧渔业总产值	农 业	#种植业	林 业	牧 业	渔 业	农林牧渔服务业
1982	102.39	100.76	100.70	119.57	105.03	103.85	
1983	102.15	108.25	108.88	133.82	86.82	133.33	
1984	134.28	148.19	143.08	99.37	100.71	125.00	
1985	105.87	100.55	100.59	94.90	127.42	242.22	
1986	91.78	81.05	78.30	93.76	124.61	133.94	
1987	89.26	82.19	78.30	64.96	104.11	186.30	
1988	119.67	127.98	135.44	137.38	106.48	72.79	
1989	105.96	106.81	109.02	78.76	105.00	161.62	
1990	122.24	130.93	131.83	199.71	102.14	150.00	
1991	95.51	88.79	87.47	68.25	113.34	131.46	
1992	119.53	128.84	130.13	104.71	101.70	126.47	
1993	111.80	108.51	105.60	149.34	117.09	149.37	
1994	103.55	96.61	95.73	120.45	118.63	102.77	
1995	112.56	117.22	117.59	132.48	103.42	94.53	
1996	111.04	107.48	102.78	100.77	118.74	127.40	
1997	100.76	103.32	100.44	82.56	106.84	105.49	
1998	97.30	91.97	88.52	120.76	105.32	119.22	
1999	105.37	108.67	111.97	78.54	101.11	112.88	
2000	108.01	112.89	114.78	133.32	98.49	107.33	
2001	97.00	89.93	86.12	119.46	109.74	100.23	
2002	118.10	114.82	118.74	124.37	123.89	101.09	
2003	121.75	116.36	116.92	82.72	131.44	104.81	142.99
2004	120.84	98.77	99.45	88.77	148.59	124.34	153.27
2005	114.67	101.16	101.16	65.18	124.21	99.69	187.51
2006	113.95	102.90	102.90	85.00	120.03	118.28	139.87
2007	121.16	120.97	120.97	121.08	121.16	121.28	125.47
2008	114.00	106.00	106.00	120.00	118.00	116.00	122.00
2009	105.84	102.37	102.37	119.40	107.73	97.19	101.02
2010	107.42	103.56	103.56	120.00	114.79	119.75	121.05
2011	105.91	91.53	91.53	65.29	118.00	60.67	52.23
2012	105.73	109.67	109.67	104.15	104.09	105.36	106.10
2013	104.53	123.02	123.02	108.58	96.70	113.19	105.42
2014	102.96	104.97	104.97	99.81	101.92	103.50	105.03

12-4　2009-2014年主要农牧业机械拥有量

指　标	2009	2010	2011	2012	2013	2014
农牧业机械总值（万元）	123993	90833	149140	173355	178574	188839
农牧业机械净值（万元）	89842	67254	116666	132001	134556	143450
农牧业机械总动力（千瓦）	1467188	1490333	1506511	1553210	1573312	1606729
大中型农用拖拉机（混合台）	3585	3964	4461	4884	5650	6619
大中型农用拖拉机（千瓦）	113518	132102	165223	184629	207198	242744
小型拖拉机（台）	30121	29416	29321	30037	29250	28871
小型拖拉机（千瓦）	352279	342189	341171	354432	343892	339238
联合收割机（台）	449	569	687	1110	1308	1505
联合收割机（千瓦）	24068	31948	38412	64258	75676	109738
排灌用电动机（台）	10800	11030	11048	11097	11082	7320
排灌用电动机（千瓦）	133609	135653	135763	137035	136298	105291
排灌用柴油机（台）	653	536	536	536	536	536
排灌用柴油机（千瓦）	6544	5330	5330	5330	5330	5330
大中型拖拉机配套农具（台）	1999	2501	3042	3283	3474	4962
小拖拉机配套农具（台）	34833	43410	43149	44596	36572	38688
机动脱粒机（台）	2087	2096	2098	2107	2114	1072
机动割晒机（台）	1897	1897	1927	1927		
机引牧草收割机（台）	19	26	26	34	33	35
饲料粉碎机（台）	3016	2997	3107	2626	3077	7750
农用水泵（台）	11400	9839	10098	10158	10158	6290

12-5　2009-2014年农村牧区灌溉、化肥施用量、用电、水库和水土治理情况

指　标	2009	2010	2011	2012	2013	2014
有效灌溉面积（千公顷）	**135.72**	**142.26**	**142.33**	**144.27**	**127.34**	**127.97**
#万亩以上灌区	71.74	73.67	73.98	73.98	81.35	81.35
节水灌溉面积（千公顷）	**77.20**	**87.47**	**97.66**	**107.99**	**97.71**	**98.17**
#喷灌和微灌	4.63	7.47	13.99	22.01	23.15	23.61
化肥施用量（吨）	**67089**	**66165**	**67021**	**69648**	**75953**	**77268**
#氮　肥	36552	36690	37160	37478	40959	41889
磷　肥	5193	4725	4981	6044	6501	6776
钾　肥	3418	1955	1775	3147	2974	2741
复合肥	21926	22602	22784	22667	25519	25862
农村用电量（万千瓦小时）	**28252**	**29678**	**30107**	**31983**	**35628**	**35680**
水库个数（座）	**12**	**12**	**14**	**14**	**16**	**16**
大型水库						
中型水库	3	3	4	4	5	5
小型水库	9	9	10	10	11	11
水库容量（万立方米）	**14272**	**14368**	**21081**	**21075**	**24324**	**24325**
大型水库						
中型水库	11370	11370	17834	17834	20735	20821
小型水库	2902	2998	3247	3241	3589	3504

12-6　2009-2014年农业机械化、电气化情况

指　标	2009	2010	2011	2012	2013	2014
农业机械化程度						
机耕地面积（千公顷）	279.21	282.63	283.40	286.67	280.00	282.67
占耕地面积的比重（%）	66.15	66.96	67.14	67.91	66.33	66.38
机械播种面积（千公顷）	243.13	246.73	258.27	270.00	273.33	275.33
占农作物总播种面积的比重（%）	79.57	79.57	82.56	86.46	86.85	81.97
机械收割面积（千公顷）	121.20	98.53	167.60	204.67	214.67	188.80
占农作物总播种面积的比重（%）	39.66	31.78	53.58	65.54	68.21	56.21
农业电气化情况						
农村用电量（万千瓦小时）	28252	29678	30107	31983	35628	35680
平均每公顷耕地用电量（千瓦小时）	669.30	703.09	713.25	757.69	844.05	837.85

12-7　2009-2014年自然灾害面积

单位:千公顷

指　标	2009	2010	2011	2012	2013	2014
农作物受灾面积	**137.40**	**209.92**	**161.07**	**165.66**	**176.40**	**116.94**
旱　灾	93.20	201.06	77.14	71.91	124.03	55.43
洪 涝 灾	1.76	1.51	12.31	56.03	18.27	0.25
风 雹 灾	14.55	0.89	32.82	8.42	31.41	61.14
低温冷冻灾	0.59		30.23	5.23		0.12
雪　灾				0.01		
生 物灾 害	27.30	6.46	8.57	24.06	2.69	
农作物绝收面积	**42.40**	**111.66**	**26.33**	**5.59**	**72.48**	**9.74**
旱　灾	16.07	110.79	0.42		53.38	
洪 涝 灾	1.39	0.83	10.94	0.96	11.92	0.03
风 雹 灾	4.35	0.04	12.84	2.00	7.18	9.70
低温冷冻灾	0.59		2.13	2.62		0.01
雪　灾				0.01		
生 物 灾 害	20.00					

注:数据来源于民政报表，2012年开始增加雪灾，将原病虫害改名为生物灾害。

12-8 历年耕地面积、造林面积和播种面积

单位：千公顷

年 份	年末实有耕地面积	旱 地	#水浇地	当年造林面 积	总播种面 积	#粮食作物播种面积	#经济作物播种面积
1949	275.00	275.00			197.30	173.50	23.70
1950	304.80	304.80			222.60	196.10	26.40
1951	337.50	337.50			267.20	233.60	33.50
1952	345.90	345.90			268.70	235.60	33.00
1953	357.20	357.20			277.30	242.70	34.50
1954	353.90	353.90			275.90	242.70	32.80
1955	359.50	359.50			282.00	245.30	35.80
1956	364.10	364.10		1.35	295.90	254.10	40.60
1957	372.30	372.30		2.29	300.60	250.70	49.00
1958	372.20	372.20	24.40	7.38	305.80	259.70	40.90
1959	368.00	368.00	25.30	5.27	273.30	212.30	57.80
1960	398.40	398.40	27.20	9.11	353.50	276.30	54.40
1961	383.50	383.50	25.50	1.04	343.80	288.30	47.30
1962	366.70	366.70	18.70	0.77	312.00	269.00	39.00
1963	357.40	357.40	26.20	0.77	302.20	260.60	37.80
1964	364.20	364.20	33.10	4.00	309.60	262.60	43.00
1965	366.00	366.00	49.40	3.08	312.30	267.20	42.30
1966	364.00	364.00	78.80	4.64	306.10	262.60	38.30
1967	357.90	357.90	75.40	2.97	296.30	247.80	44.20
1968	359.90	359.90	68.50	2.06	282.70	243.40	38.00
1969	343.10	343.10	69.00	1.53	280.20	238.50	39.10
1970	352.30	352.30	72.90	2.18	294.60	250.50	40.80
1971	352.10	352.10	73.80	1.82	291.30	252.30	30.90
1972	351.60	351.60	75.70	1.35	290.40	249.10	33.30
1973	350.40	350.40	81.10	2.10	285.10	241.40	35.00
1974	350.40	350.40	82.20	2.08	285.20	242.00	35.80
1975	351.00	351.00	90.70	2.80	281.60	237.90	36.30
1976	346.60	346.60	88.70	2.65	281.40	233.00	38.70
1977	340.00	340.00	91.10	5.13	274.50	230.10	38.90
1978	347.40	347.40	91.10	4.25	269.30	225.10	39.30
1979	342.10	342.10	92.60	4.92	275.20	224.40	43.90
1980	336.00	336.00	74.80	4.59	262.50	210.30	43.60
1981	327.80	327.80	81.10	4.16	242.70	196.70	38.90

12-8 续 表

单位：千公顷

年 份	年末实有耕地面积	旱 地	水浇地	当年造林面 积	总播种面 积	#粮食作物播种面积	#经济作物播种面积
1982	326.00	326.00	71.00	4.65	244.60	197.20	41.60
1983	316.70	316.70	70.40	6.24	255.70	195.90	53.30
1984	310.50	310.50	71.20	9.43	257.20	187.60	60.50
1985	307.40	307.40	71.20	10.18	248.70	175.30	61.40
1986	297.00	297.00	69.70	6.47	241.60	172.90	46.10
1987	296.00	296.00	73.80	5.75	224.60	148.80	59.50
1988	293.60	293.60	72.40	6.86	254.20	177.60	60.60
1989	291.10	291.10	75.90	4.79	234.80	174.20	50.40
1990	292.40	292.40	81.50	8.40	268.90	199.80	54.00
1991	293.10	293.10	85.10	9.67	271.50	196.60	68.00
1992	293.00	293.00	91.00	10.72	278.00	200.00	72.50
1993	290.50	290.50	90.60	10.74	258.00	191.80	60.60
1994	293.80	293.80	95.10	11.76	274.30	196.50	66.60
1995	293.80	293.80	97.90	16.23	278.80	198.80	73.60
1996	303.20	303.20	99.60	8.37	279.20	206.90	59.40
1997	470.28	301.50	107.60	8.67	279.80	209.80	57.90
1998	468.87	302.20	111.60	8.49	284.70	213.20	61.20
1999	464.30	464.30	149.80	7.57	278.70	213.00	56.80
2000	447.40	447.40	148.80	17.47	276.30	189.70	75.70
2001	405.80	405.80	149.70	26.15	204.80	128.90	65.10
2002	396.03	396.03	128.50	26.37	261.69	160.62	75.20
2003	429.62	429.62	134.67	18.47	267.10	156.80	67.06
2004	428.73	428.73	146.16	17.14	285.09	178.20	63.61
2005	423.96	423.96	145.60	7.21	294.71	190.87	67.28
2006	423.14	423.14	153.95	2.73	317.15	199.20	70.62
2007	421.29	421.29	153.85	5.23	317.89	226.19	47.48
2008	422.11	422.11	136.99	8.67	304.61	216.02	52.99
2009	427.76	242.24	185.52	47.32	305.57	220.29	54.89
2010	426.85	241.90	184.94	26.86	310.07	225.29	55.48
2011	426.04	241.72	184.32	21.33	312.82	226.67	58.41
2012	425.48	241.16	184.33	34.37	312.27	227.80	84.47
2013	425.85	241.13	184.72	40.26	314.48	228.95	85.53
2014	425.85	241.13	184.72	31.10	335.88	230.32	105.56

注：2009年以后耕地面积为国土局提供数据（耕地面积=旱地+水浇地），2009年以前数据水浇地为旱地的组成项。

12-9 历 年 主 要 粮 食

年 份	农作物总播种面积	粮食作物播种面积	谷 物	#小麦	#玉米
1949	197.30	173.50		36.40	
1950	222.60	196.10		38.90	
1951	267.20	233.60		42.30	
1952	268.70	235.60		46.40	
1953	277.30	242.70		49.40	
1954	275.90	242.70		56.10	
1955	282.00	245.30		57.70	
1956	295.90	254.10		53.20	0.70
1957	300.60	250.70	225.10	62.50	0.80
1958	305.80	259.70	221.50	63.70	0.80
1959	273.30	212.30	186.50	56.30	1.00
1960	353.50	276.30	237.20	76.80	1.20
1961	343.80	288.30	248.40	74.30	1.30
1962	312.00	269.00	239.00	73.30	1.30
1963	302.20	260.60	181.70	73.80	1.20
1964	309.60	262.60	237.90	75.60	1.30
1965	312.30	267.20	245.10	77.30	1.50
1966	306.10	262.60	242.30	70.70	3.10
1967	296.30	247.80	227.40	73.50	2.50
1968	282.70	243.40	225.70	71.60	1.70
1969	280.20	238.50	221.10	74.40	1.70
1970	294.60	250.50	241.60	88.10	1.30
1971	291.30	252.30	234.30	88.80	5.10
1972	290.40	249.10	231.90	87.80	7.60
1973	285.10	241.40	224.50	88.20	5.40
1974	285.20	242.00	224.60	86.30	5.10
1975	281.60	237.90	219.80	88.80	3.80
1976	281.40	233.00	212.60	97.80	3.60
1977	274.50	230.10	209.10	100.80	3.60
1978	269.30	225.10	199.80	91.70	4.70
1979	275.20	224.40	197.80	80.00	4.10
1980	262.50	210.30	187.60	83.30	3.50
1981	242.70	196.70	179.00	84.40	2.10

作 物 播 种 面 积

单位：千公顷

#荞麦	#谷子	#莜麦	#糜黍	薯类	豆类	#大豆
0.60	1.90	6.20	14.60			2.20
2.50	2.10	7.50	21.10			6.00
0.40	5.60	8.80	20.60			4.60
0.10	6.50	10.00	20.00			3.40
0.20	5.70	9.00	16.00			3.20
0.30	4.80	8.50	16.70			2.80
0.40	7.80	8.70	19.00			1.50
0.40	5.40	9.70	13.40	17.80	7.80	1.80
1.10	8.20	37.30	16.80	33.00	5.20	1.20
1.00	5.10	27.50	13.40	20.80	5.00	0.30
28.20	14.50	40.20	43.70	32.90	6.20	0.60
21.80	15.50	51.60	42.30	33.80	6.10	0.90
2.80	10.40	14.50	4.40	24.30	5.70	1.20
5.50	7.60	16.00	14.10	19.30	5.60	1.20
5.20	8.10	17.00	14.70	18.70	6.00	1.70
6.00	8.60	16.80	15.70	16.20	5.90	1.80
7.50	8.50	13.40	19.60	14.80	5.50	1.70
5.10	7.70	16.60	13.70	15.90	4.50	1.40
6.30	5.80	15.70	14.40	13.30	4.40	1.30
5.80	6.20	15.10	13.00	12.70	4.70	1.30
5.00	6.80	15.90	13.20	7.50	1.40	1.30
18.70	15.30	47.90	39.00	14.30	3.70	3.70
17.70	15.60	43.70	38.40	14.20	3.00	3.00
19.70	15.20	38.70	40.00	14.50	2.40	2.40
19.80	17.50	36.00	39.80	14.70	2.70	2.70
27.70	13.60	30.40	34.90	16.10	2.00	2.00
19.00	13.00	28.70	31.90	18.40	2.00	2.00
17.60	12.10	29.70	31.30	18.80	2.20	2.20
17.20	11.30	28.50	32.30	23.00	2.30	2.30
17.60	11.30	31.50	40.80	24.10	2.50	2.50
15.60	8.30	43.70	35.50	20.90	1.80	1.80
16.80	7.00	30.20	32.10	16.60	1.10	1.10

12-9 续

年 份	农作物总播种面积	粮食作物播种面积	谷 物	#小麦	#玉米
1982	244.60	197.20	179.30	86.20	1.90
1983	255.70	195.90	179.90	89.60	2.20
1984	257.20	187.60	171.40	87.30	1.90
1985	248.70	175.30	159.30	81.50	3.00
1986	241.60	172.90	156.70	80.60	3.80
1987	224.60	148.80	133.40	83.10	5.90
1988	254.20	177.60	161.10	86.90	4.80
1989	234.80	174.20	158.10	86.60	6.40
1990	268.90	199.80	183.40	93.00	10.00
1991	271.50	196.60	179.00	89.80	12.40
1992	278.00	200.00	180.70	99.80	13.10
1993	258.00	191.80	175.70	93.60	18.00
1994	274.30	196.50	176.20	92.50	25.10
1995	278.80	198.80	179.00	88.00	29.60
1996	279.20	206.90	178.00	90.30	31.90
1997	279.80	209.80	180.90	93.30	31.30
1998	284.70	213.20	178.20	87.70	35.80
1999	278.70	213.00	170.80	74.40	43.30
2000	276.30	189.70	138.10	56.90	35.70
2001	204.80	128.90	94.70	42.60	33.20
2002	261.69	160.62	124.57	38.53	45.12
2003	267.10	156.80	108.69	15.93	69.42
2004	285.09	178.20	126.31	34.94	72.76
2005	294.71	190.87	137.64	38.24	85.50
2006	317.15	199.20	127.10	26.65	85.60
2007	317.89	226.19	150.57	18.96	98.05
2008	304.61	216.02	154.08	23.30	94.22
2009	305.57	220.29	150.51	29.58	96.06
2010	310.07	225.29	141.15	30.44	97.46
2011	312.82	226.67	140.49	32.31	95.31
2012	312.27	227.80	156.35	51.48	100.03
2013	314.72	228.95	164.78	40.77	103.93
2014	335.88	230.32	172.9	43.07	116.19

表

单位：千公顷

#荞麦	#谷子	#莜麦	#糜黍	薯 类	豆 类	#大豆
19.50	6.80	28.60	30.20	16.90	1.00	1.00
20.60	6.10	27.80	27.40	15.90	0.10	0.90
20.70	5.60	26.30	24.60	15.50	0.70	0.70
19.30	4.70	23.60	22.50	15.10	0.90	0.90
19.50	3.10	17.00	19.50	15.70	0.50	0.50
20.10	1.80	19.20	13.30	15.10	0.30	0.30
21.80	3.30	22.40	17.70	16.20	0.30	0.30
21.80	2.90	17.40	18.20	15.50	0.60	0.60
26.80	3.50	23.00	17.90	15.80	0.60	0.60
23.30	3.40	21.70	19.00	16.50	1.10	1.10
22.20	3.10	22.00	14.10	16.80	2.50	0.50
23.90	2.00	17.30	8.10	15.20	0.90	0.90
33.40	1.80	12.50	7.30	17.50	2.80	0.80
25.10	1.70	14.90	6.60	17.50	2.30	0.40
29.00	1.70	14.20	9.30	21.40	7.50	0.70
29.10	2.00	14.70	8.90	20.90	8.00	0.90
29.60	2.00	12.80	9.00	25.40	9.60	0.90
31.70	1.70	9.60	9.40	36.00	6.30	0.70
34.00	1.10	5.00	5.00	48.10	3.50	0.80
13.60	0.30	2.20	2.40	29.50	4.70	0.90
30.49	0.87	5.57	3.53	30.25	5.80	0.46
17.50	0.61	2.70	2.24	44.16	3.95	0.52
13.56	0.37	2.99	1.37	48.55	3.34	0.25
9.41	0.44	2.16	1.61	49.32	3.91	0.39
10.71	0.26	1.95	1.84	68.70	3.40	0.21
31.09	0.36	0.69	1.27	74.43	1.19	0.06
33.15	0.29	1.33	1.09	60.82	1.12	0.07
19.26	0.35	2.87	1.63	67.96	1.83	0.06
9.14	0.20	2.48	1.23	82.11	2.03	0.07
9.14	0.13	0.48	0.71	85.75	0.43	0.10
2.35	0.08	1.63	0.62	71.26	0.20	0.09
15.52	0.21	3.55	0.44	63.96	0.21	0.07
9.81	0.27	2.03	0.69	57.24	0.17	0.08

12-10　历年主要经济作物播种面积

单位：千公顷

年 份	经济作物播种面积	油 料	#葵花籽	#胡麻籽	#油菜籽	甜 菜	药 材	蔬 菜	瓜 类	其它作物播种面积	#青饲料
1949	23.70	21.20						0.40		0.10	0.10
1950	26.40	23.70		0.80	4.60			0.40		0.10	0.10
1951	33.50	30.60		2.10	6.80			0.40		0.10	0.10
1952	33.00	29.00		2.10	5.20			0.60	0.60	0.10	0.10
1953	34.50	29.50		1.80	6.50			0.50	0.60	0.10	0.10
1954	32.80	27.50		1.80	5.70	0.10		0.50	0.70	0.40	0.30
1955	35.80	28.90		2.50	6.10	0.90		0.80	0.80	0.90	0.90
1956	40.60	31.60		1.70	8.50	1.10		1.60	0.90	1.20	1.20
1957	49.00	36.10		1.90	8.90	1.90		2.10		0.90	0.90
1958	40.90	29.00		8.70	12.40	1.70		2.90	1.40	5.20	5.20
1959	57.80	37.70	0.10	10.10	14.50	2.00		5.40	1.20	3.20	3.20
1960	54.40	32.80	0.10	13.60	15.60	4.70		11.70	1.30	22.80	22.80
1961	47.30	28.40	0.10	11.90	11.90	1.70		11.00	1.40	8.20	7.00
1962	39.00	21.90		0.20	5.40	1.00		7.80		4.00	4.00
1963	37.80	24.10		0.70	5.50	0.90		7.10	0.80	3.80	3.80
1964	43.00	27.40		0.90	6.80	2.40		7.20	0.80	4.00	4.00
1965	42.30	25.80		0.90	5.40	2.90		8.20		2.80	2.80
1966	38.30	18.60		0.60	3.90	2.90		5.90	0.50	5.20	5.20
1967	44.20	23.70		0.90	6.00	4.60		5.60	0.70	4.30	4.30
1968	38.00	20.00			5.00	3.20		5.40		1.30	1.30
1969	39.10	20.60		0.60	5.30	3.90		5.90	0.40	2.60	2.60
1970	40.80	21.40		0.80	5.20	3.50		5.50	0.40	3.40	3.40
1971	30.90	18.40		5.80	7.60	2.70	0.30	8.70	1.10	8.10	8.10
1972	33.30	17.90		4.80	8.60	4.00	0.10	8.70	1.20	8.00	7.90
1973	35.00	18.00		5.00	8.20	4.40	0.10	9.50	1.10	8.70	8.70
1974	35.80	19.20		4.70	9.00	4.90	0.30	9.50	1.80	7.40	7.40
1975	36.30	19.90	1.30	4.80	9.00	4.50	0.30	8.00	1.50	7.40	7.30
1976	38.70	21.90	1.80	4.90	10.30	5.00	0.30	8.80	1.50	9.70	9.60
1977	38.90	22.80	2.60	4.70	10.70	4.80	0.30	9.70	1.30	7.30	7.10
1978	39.30	23.00	3.90	4.30	10.00	4.30	0.50	9.70	1.80	8.00	7.50
1979	43.90	27.60	3.70	4.40	13.90	3.10	0.20	10.40	2.00	6.90	6.50
1980	43.60	30.40	7.20	4.00	14.40	2.10	0.20	8.30	1.60	8.60	8.00
1981	38.90	28.00	7.90	3.20	13.40	1.50	0.40	7.50	1.50	7.10	6.00

12-10　续　　表

单位：千公顷

年份	经济作物播种面积	油料	#葵花籽	#胡麻籽	#油菜籽	甜菜	药材	蔬菜	瓜类	其它作物播种面积	#青饲料
1982	41.60	31.10	12.40	3.20	13.00	0.90	0.60	7.40	1.30	5.80	5.30
1983	53.30	42.40	24.00	3.20	12.50	1.30	1.20	6.60	0.80	6.50	6.00
1984	60.50	45.50	27.50	2.90	11.80	2.70	2.90	6.80	1.70	9.10	8.10
1985	61.40	41.90	15.50	6.00	17.70	8.90	1.80	6.00	1.90	12.00	9.80
1986	46.10	29.50	13.70	7.70	6.70	5.60	0.70	7.00	2.20	22.60	21.70
1987	59.50	34.60	16.70	8.30	8.70	4.40	0.40	5.70	1.00	16.30	15.50
1988	60.60	43.20	22.10	8.10	11.60	6.10	1.20	6.80	1.20	16.00	15.10
1989	50.40	35.20	22.70	7.00	4.20	6.20	1.10	6.50	0.50	10.20	9.90
1990	54.00	42.10	23.20	6.80	10.20	6.60	0.40	6.80	0.20	15.10	12.90
1991	68.00	43.80	20.80	8.40	13.80	9.20	0.50	5.30	0.30	6.90	4.90
1992	72.50	47.30	26.60	9.40	10.50	7.90	0.90	7.20	0.60	5.50	4.20
1993	60.60	36.20	24.30	6.70	4.80	7.90	2.10	7.50	0.50	5.60	4.90
1994	66.60	45.90	28.10	7.20	6.80	6.40	1.40	6.90	0.80	11.20	9.50
1995	73.60	47.80	26.10	8.00	12.40	9.10	1.10	7.60	0.50	6.40	6.20
1996	59.40	41.80	20.10	8.80	12.80	8.60	0.20	7.90	0.80	12.90	12.70
1997	57.90	42.60	18.10	9.60	14.70	7.00	0.50	6.90	0.90	12.10	11.30
1998	61.20	43.40	20.60	8.20	14.50	7.40	1.00	8.50	1.00	10.30	9.70
1999	56.80	43.80	21.80	8.00	12.90	2.90	1.20	7.80	1.10	8.90	8.60
2000	75.70	55.30	29.00	7.00	17.10	2.90	4.20	10.10	3.10	10.90	9.70
2001	65.10	43.90	34.20	4.20	5.50	3.10	6.50	8.80	2.70	10.80	9.60
2002	75.20	54.73	35.87	5.79	12.31	2.87	5.69	9.74	2.17	25.87	24.23
2003	67.06	48.93	27.48	4.97	15.54	1.62	6.02	9.19	1.30	43.24	34.45
2004	63.61	45.20	22.62	2.62	16.95	1.82	6.89	8.44	1.26	43.29	38.83
2005	67.28	46.72	15.54	3.41	20.80	3.63	6.36	9.01	1.56	36.57	28.33
2006	70.62	48.07	18.56	2.42	21.92	4.46	6.63	9.82	1.64	47.34	38.07
2007	47.48	27.06	16.28	1.64	6.02	4.87	4.59	9.54	1.42	44.23	33.63
2008	52.99	35.34	19.27	2.38	11.03	2.70	4.64	8.82	1.50	35.60	27.84
2009	54.89	39.48	18.19	3.98	15.30	2.25	1.04	10.63	1.49	30.39	25.48
2010	55.48	39.98	20.19	3.04	15.54	1.76	0.83	11.63	1.28	29.30	24.41
2011	58.41	42.79	28.42	2.74	10.81	0.63	0.59	12.95	1.45	27.74	18.07
2012	56.03	39.15	22.10	1.97	14.70	0.13	0.83	14.56	1.36	28.43	22.46
2013	85.53	40.39	23.69	1.41	15.29	0.02	0.66	13.45	1.43	29.58	24.46
2014	105.56	68.09	26.25	2.93	38.91	0.01	0.77	14.33	1.66	20.70	18.30

12-11 历年主要粮食作物产量

单位：万吨

年 份	粮 食	谷 物							薯 类	豆 类	
			#小麦	#玉米	#荞麦	#谷子	#莜麦	#糜黍			#大豆
1949	9.80	9.80	2.20								
1950	10.50	10.43	1.90		0.79	0.11	0.20	0.79			
1951	11.80	11.72	2.30		0.48	0.10	0.53	0.48			
1952	18.20	17.97	3.30		1.30	0.50	0.34	1.30			
1953	13.90	13.76	2.80		0.80	0.33	0.36	0.80			
1954	22.70	22.50	5.00		1.59	0.56	0.74	1.59			
1955	18.20	18.11	4.30		1.10	0.43	0.30	1.10			
1956	25.30	25.23	4.20		1.44	0.75	0.67	1.44			
1957	14.30	12.60	3.60		0.53	0.24	0.25	0.53	1.50	0.20	0.20
1958	15.90	10.80	1.40		1.22	0.83	1.25	1.22	4.90	0.20	0.20
1959	20.90	17.40	5.80		1.39	0.54	3.26	1.39	3.20	0.30	0.30
1960	14.30	10.90	4.60	0.10	1.63	0.61	1.48	1.63	3.10	0.30	0.30
1961	11.60	8.70	1.80	0.10	2.40	0.84	1.22	2.40	2.70	0.20	0.20
1962	13.60	11.20	4.20	0.10	0.10	0.64	0.58	0.10	2.20	0.20	0.20
1963	13.80	11.80	3.00	0.20	0.93	0.44	0.45	0.93	1.80	0.20	0.20
1964	18.90	16.89	3.80	0.20	1.39	0.77	0.75	1.39	1.90	0.11	0.11
1965	12.00	10.60	3.70	0.20	0.70	0.35	0.28	0.70	1.20	0.20	0.20
1966	14.80	13.00	2.40	0.70	1.35	0.63	0.13	1.35	1.40	0.40	0.40
1967	17.50	15.60	3.70	0.60	1.24	0.80	0.81	1.24	1.60	0.30	0.30
1968	13.80	12.00	3.50	0.40	1.06	0.45	0.28	1.06	1.50	0.30	0.30
1969	16.90	15.80	5.80	0.40	0.96	0.58	0.54	0.96	0.90	0.20	0.20
1970	19.70	17.80	6.80	0.50	1.14	0.77	0.49	1.14	1.50	0.40	0.40
1971	20.80	19.90	6.60	1.20	3.87	1.79	2.33	3.87	0.60	0.30	0.30
1972	18.50	16.96	5.80	1.70	3.66	1.59	1.60	3.66	1.30	0.24	0.24
1973	20.20	18.36	5.20	1.70	4.34	1.85	1.54	4.34	1.60	0.24	0.24
1974	27.10	25.30	9.00	1.70	4.79	2.25	2.48	4.79	1.50	0.30	0.30
1975	23.90	21.50	7.80	1.50	3.87	1.53	1.07	3.87	2.10	0.30	0.30
1976	24.40	21.97	10.80	1.00	2.43	1.59	2.31	2.43	2.30	0.13	0.13
1977	23.80	20.98	9.80	1.30	3.23	1.61	1.80	3.23	2.70	0.20	0.20
1978	17.20	14.00	4.90	1.70	2.45	1.19	0.97	2.45	3.00	0.20	0.20
1979	23.70	19.70	8.90	1.40	3.54	1.31	2.09	3.54	3.80	0.20	0.20
1980	16.20	13.60	5.90	1.00	3.24	0.93	1.08	3.24	2.50	0.10	0.10
1981	21.40	18.40	8.30	0.70	5.09	0.96	1.37	5.09	2.90	0.10	0.10

12-11 续 表

单位：万吨

年份	粮食	谷物	#小麦	#玉米	#荞麦	#谷子	#莜麦	#糜黍	薯类	豆类	#大豆
1982	18.40	16.20	9.30	0.60	3.46	0.60	0.92	3.46	2.10	0.10	0.10
1983	19.70	16.90	9.90	0.70	3.22	0.76	0.75	3.22	2.70	0.10	0.10
1984	26.50	22.10	13.10	0.70	3.60	0.85	1.86	3.60	4.30	0.10	0.10
1985	22.30	18.44	11.00	1.00	2.66	0.50	1.73	2.66	3.80	0.06	0.06
1986	16.30	13.65	8.70	1.00	1.44	0.29	0.59	1.44	2.60	0.05	0.05
1987	12.80	10.48	7.20	1.70	0.87	0.13	0.11	0.87	2.30	0.02	0.02
1988	23.30	18.78	10.50	1.80	2.20	0.65	1.86	2.20	4.50	0.02	0.02
1989	23.20	19.06	11.10	3.00	1.86	0.45	0.61	1.86	4.10	0.04	0.04
1990	35.60	30.20	16.40	5.70	2.77	0.65	2.03	2.77	5.30	0.10	0.10
1991	27.50	24.00	12.00	7.70	1.84	0.42	0.73	1.84	3.40	0.10	0.10
1992	37.10	31.77	16.20	9.40	2.02	0.51	1.14	2.02	5.20	0.13	0.13
1993	39.70	34.90	17.20	13.30	1.40	0.34	0.86	1.40	4.60	0.20	0.20
1994	41.30	36.98	12.60	19.30	1.38	0.40	0.45	1.38	4.00	0.32	0.13
1995	49.50	43.55	18.50	20.40	0.98	0.31	0.79	0.98	5.70	0.25	0.06
1996	58.70	50.45	19.40	25.10	1.61	0.33	1.21	1.61	7.50	0.79	0.09
1997	59.00	50.45	21.20	23.70	1.76	0.44	1.04	1.76	7.69	0.84	0.19
1998	49.70	39.68	13.10	20.90	1.66	0.32	0.94	1.66	9.08	0.95	0.13
1999	59.60	49.57	17.50	28.90	1.55	0.22	0.19	1.55	9.67	0.37	0.12
2000	55.30	55.30	15.40	24.60	0.73	0.16	0.20	0.73	12.16	0.43	0.16
2001	42.87	37.12	10.95	25.34	0.36	0.03	0.01	0.36	5.41	0.35	0.18
2002	54.64	42.84	8.87	30.42	2.47	0.15	0.34	0.48	11.08	0.72	0.09
2003	66.10	50.25	3.41	44.73	1.42	0.10	0.19	0.37	15.36	0.49	0.10
2004	91.17	73.41	11.21	60.15	1.35	0.08	0.30	0.26	17.28	0.48	0.05
2005	84.78	77.12	10.69	66.22	0.01	0.04		0.14	7.44	0.22	0.07
2006	98.29	80.96	9.81	70.31	0.48	0.02	0.07	0.24	17.05	0.28	0.04
2007	100.36	86.42	5.11	79.85	1.22	0.02		0.20	13.81	0.13	0.02
2008	100.15	87.73	6.59	78.91	1.91	0.02	0.08	0.17	12.31	0.11	0.02
2009	100.60	88.16	7.56	79.84	0.42	0.03	0.07	0.21	12.32	0.12	0.01
2010	99.25	86.71	6.23	80.13	0.05	0.02	0.01	0.27	12.44	0.10	0.02
2011	100.25	87.63	6.45	80.45	0.14	0.02	0.01	0.16	12.56	0.06	0.02
2012	101.75	87.03	8.02	78.38	0.24	0.02	0.20	0.13	14.69	0.03	0.02
2013	111.75	96.82	6.58	89.07	0.79	0.04	0.19	0.12	14.90	0.03	0.01
2014	108.30	92.75	6.02	85.58	0.75	0.03	0.16	0.15	15.52	0.03	0.01

12-12　历年主要经济作物产量

单位：万吨

年份	油料	#葵花籽	#胡麻籽	#油菜籽	甜菜	药材	蔬菜	瓜类
1949	0.80						0.50	
1950	0.80		0.03	0.13			0.50	
1951	0.90		0.07	0.13			0.50	
1952	1.00		0.05	0.12	1.60		1.20	
1953	1.00		0.04	0.26	1.60		1.00	
1954	1.30		0.08	0.33	1.70		1.00	
1955	0.90		0.06	0.20	1.70		1.60	
1956	1.40		0.05	0.43	2.20		3.20	
1957	0.90		0.04	0.20	1.60		4.50	
1958	0.40		0.14	0.08	1.10		6.00	
1959	1.80		0.26	1.11	2.70		10.00	
1960	0.50		0.17	0.20	2.40		17.00	
1961	0.40		0.15	0.08	0.40		16.00	
1962	0.40		0.02	0.10	0.40		15.80	
1963	0.50		0.02	0.91	1.20		14.71	
1964	0.90		0.03	0.17	4.20		18.00	
1965	0.60		0.03	0.04	3.80		19.86	
1966	0.30		0.02	0.01	3.40		23.99	
1967	0.60		0.02	0.09	7.40		20.33	
1968	0.50			0.06	3.10		17.53	
1969	0.60		0.02	0.14	5.90		18.70	
1970	0.70		0.02	0.15	4.40		24.32	
1971	0.50		0.17	0.22	3.10	0.02	23.64	
1972	0.50		0.16	0.14	4.40	0.01	25.43	
1973	0.50		0.13	0.20	4.10	0.01	27.28	
1974	0.80		0.16	0.44	2.40	0.01	24.48	
1975	0.50	0.10	0.12	0.20	2.60	0.03	27.63	
1976	0.90	0.08	0.14	0.57	2.30	0.02	28.90	
1977	1.00	0.22	0.19	0.45	4.50	0.02	26.57	
1978	0.60	0.15	0.12	0.16	4.30	0.03	27.30	
1979	1.00	0.25	0.13	0.57	1.60	0.01	29.34	
1980	1.30	0.70	0.15	0.33	1.70	0.02	23.95	
1981	2.80	2.21	0.18	0.26	1.50	0.04	20.75	

12-12 续 表

单位：万吨

年份	油料	#葵花籽	#胡麻籽	#油菜籽	甜菜	药材	蔬菜	瓜类
1982	2.90	2.23	0.12	0.48	1.50	0.09	27.59	
1983	3.50	3.04	0.23	0.18	2.80	0.20	29.07	
1984	2.30	1.27	0.23	0.57	7.40	1.27	30.11	
1985	3.10	1.28	0.66	1.01	27.60	0.89	28.45	
1986	3.10	2.13	0.75	0.18	13.40	0.23	28.96	
1987	3.10	2.35	0.74	0.05	8.50		29.52	
1988	3.20	2.26	0.62	0.30	12.60		27.38	
1989	4.20	3.72	0.38	0.07	17.00		31.81	
1990	4.90	3.71	0.58	0.73	19.80		33.28	
1991	3.80	3.04	0.68	0.08	25.50		31.91	
1992	6.30	5.04	0.86	0.35	25.50		37.50	
1993	6.00	4.98	0.78	0.21	26.90		39.48	
1994	3.90	2.90	0.60	0.18	12.40	0.05	36.36	
1995	5.80	4.32	0.70	0.76	26.90	0.25	39.48	
1996	5.52	3.59	1.00	0.93	29.00	0.11	41.70	2.96
1997	5.72	3.69	1.09	0.92	23.72	0.32	41.48	3.05
1998	4.04	2.19	0.70	0.70	14.87	0.42	43.62	3.13
1999	5.90	4.05	0.88	0.88	8.16	0.62	45.66	4.54
2000	7.41	5.36	0.81	0.81	9.40	2.12	57.89	13.78
2001	6.66	5.98	0.48	0.48	10.05	2.44	55.30	12.89
2002	7.63	5.69	0.60	1.23	10.79	1.69	62.15	9.66
2003	6.34	4.00	0.59	1.61	6.33	1.45	58.08	5.11
2004	6.53	3.70	0.40	1.91	9.47	1.89	44.45	5.73
2005	3.06	1.53	0.39	0.09	17.80	1.65	48.48	7.26
2006	4.46	2.39	0.36	0.75	25.33	2.14	55.29	8.28
2007	3.23	1.94	0.29	0.34	27.03	1.46	56.58	7.91
2008	3.45	1.61	0.37	1.08	13.33	1.48	63.63	7.73
2009	3.66	2.15	0.47	0.72	11.00	3.87	74.32	6.16
2010	3.16	2.53	0.41	0.03	8.71	0.24	82.23	5.28
2011	4.18	3.68	0.42	0.03	3.18	0.25	95.39	5.20
2012	5.06	3.96	0.27	0.78	0.62	0.28	104.88	5.12
2013	5.26	4.41	0.20	0.55	0.13		107.96	5.32
2014	7.34	4.21	0.29	2.81	0.04		102.71	6.27

12-13 2011-2014年主要农作物总产量及单位面积产量

指 标	2011		2012		2013		2014	
	总产量（万吨）	单位面积产量（公斤/公顷）	总产量（万吨）	单位面积产量（公斤/公顷）	总产量（万吨）	单位面积产量（公斤/公顷）	总产量（万吨）	单位面积产量（公斤/公顷）
粮 食	100.25	4223	101.75	4467	111.75	4881	108.30	4702
谷 物	87.63	6237	87.03	5566	96.82	5876	92.75	5364
#小麦	6.45	1996	8.02	1559	6.58	1614	6.02	1399
玉米	80.45	8441	78.38	7836	89.07	8570	85.58	7366
高粱								
谷子	0.02	1633	0.02	2171	0.04	1836	0.03	1266
莜麦	0.02	333	0.20	1223	0.19	543	0.16	800
糜黍	0.16	2216	0.13	2167	0.12	2702	0.15	2106
荞麦	0.14	149	0.24	1042	0.79	508	0.75	769
豆 类	0.06	1530	0.03	1750	0.03	1512	0.03	1471
#大豆	0.02	1911	0.02	1908	0.01	1884	0.01	1526
薯 类	12.56	1464	14.69	2061	14.90	2329	15.52	2712
油 料	4.18	977	5.06	1292	5.26	1212	7.34	1078
#葵花籽	3.68	1296	3.96	1793	4.41	1724	4.21	1603
油菜籽	0.03	27	0.78	532	0.55	334	2.81	723
胡麻籽	0.42	1539	0.27	1390	0.20	1417	0.29	986
甜 菜	3.18	50292	0.62	47892	0.13	52792	0.04	60500
蔬 菜	95.40	73659	104.88	72025	107.96	73660	102.71	71664
瓜类（果用瓜）	5.20	35928	5.12	37555	5.32	36423	6.27	37780
水 果	2.26	10314	2.57	11784	4.22	8162	9.47	25913

12-14　历年牲畜总头数

单位：万头（只）

年份	年中数				年末数			
	合计	大牲畜	羊	猪	合计	大牲畜	羊	猪
1949	54.26	11.36	37.10	5.80	51.30	9.70	27.60	4.00
1950	60.85	12.71	41.74	6.40	50.70	11.40	34.80	4.50
1951	70.71	14.06	50.15	6.50	60.60	13.40	42.70	4.50
1952	85.42	16.21	62.41	6.80	75.10	15.30	54.80	5.00
1953	107.21	18.90	79.21	9.10	88.90	17.30	65.30	6.30
1954	119.08	20.03	90.25	8.80	99.10	18.60	74.20	6.30
1955	121.81	20.78	92.43	8.60	106.90	19.40	80.20	6.30
1956	130.01	20.03	102.48	7.50	110.80	17.90	86.90	6.00
1957	117.94	18.92	91.12	7.90	99.60	17.60	76.40	5.60
1958	131.97	16.16	104.91	10.90	112.00	14.70	88.40	8.90
1959	149.96	16.73	122.83	10.40	132.60	16.10	105.80	10.70
1960	181.22	19.36	145.56	16.30	163.70	19.60	133.40	10.70
1961	189.72	19.41	156.11	14.20	159.70	19.50	131.50	8.70
1962	168.95	18.75	136.80	13.40	143.90	17.90	117.00	9.00
1963	195.54	19.82	161.42	14.30	165.40	19.20	136.20	9.90
1964	209.03	20.62	174.71	13.70	173.40	20.20	142.70	10.50
1965	219.30	21.62	181.88	15.80	156.30	19.60	125.80	10.90
1966	148.55	17.27	120.18	11.10	115.00	16.10	89.50	9.40
1967	157.37	17.33	127.44	12.60	130.90	16.60	101.60	12.70
1968	165.75	18.17	131.98	15.60	132.10	16.40	103.50	12.20
1969	175.45	19.12	142.13	14.20	146.40	18.00	117.60	10.80
1970	190.19	20.59	155.70	13.90	161.80	20.60	129.20	12.00
1971	184.76	21.82	150.64	12.30	166.10	20.90	133.40	11.80
1972	190.64	21.72	155.52	13.40	167.70	20.70	134.10	12.90
1973	211.63	20.97	174.16	16.50	174.60	19.90	141.00	13.70
1974	213.42	21.09	175.73	16.60	174.10	20.00	140.70	13.40
1975	216.16	21.97	175.79	18.40	174.30	20.90	138.60	14.80
1976	197.39	21.78	153.41	22.20	158.60	20.70	121.20	16.70
1977	196.41	21.78	152.83	21.80	157.10	20.70	118.90	17.50
1978	180.93	21.03	136.40	23.50	148.80	20.10	109.90	18.80
1979	194.29	21.28	148.51	24.50	161.60	20.10	123.20	18.30
1980	204.67	21.55	160.62	22.50	165.30	20.10	128.10	17.10
1981	193.91	20.53	154.48	18.90	158.50	19.50	124.80	14.20

12-14 续 表

单位：万头（只）

年份	年中数				年末数			
	合计	大牲畜	羊	猪	合计	大牲畜	羊	猪
1982	193.70	20.48	157.22	16.00	150.10	19.30	118.20	12.60
1983	169.54	19.78	135.86	13.90	129.50	18.70	100.80	10.00
1984	166.73	19.56	134.37	12.80	138.30	18.20	109.90	10.20
1985	184.29	19.49	148.30	16.50	159.30	18.40	127.60	13.30
1986	205.14	19.71	167.03	18.40	174.10	18.30	141.40	14.40
1987	225.23	18.93	191.00	15.30	168.10	14.30	143.00	10.80
1988	214.69	13.65	189.24	11.80	185.10	12.80	161.60	10.70
1989	250.06	13.41	223.05	13.60	195.30	12.30	171.60	11.40
1990	252.87	13.15	224.52	15.20	196.60	12.50	171.10	13.00
1991	262.64	13.56	229.78	19.30	192.90	12.50	166.00	14.40
1992	262.73	13.83	223.14	25.76	187.90	12.20	156.10	19.60
1993	262.99	13.79	214.30	34.90	187.60	12.30	152.60	22.70
1994	271.31	13.34	216.17	41.80	198.50	12.40	159.80	26.30
1995	298.97	14.19	232.30	52.48	210.80	12.70	170.10	28.00
1996	318.37	15.53	249.14	53.70	225.40	13.80	183.60	28.00
1997	339.42	16.32	263.16	59.94	226.99	13.80	182.72	30.47
1998	343.04	16.24	268.53	58.27	231.58	13.08	184.91	33.59
1999	340.13	16.28	269.58	54.27	218.07	12.00	175.54	30.53
2000	317.09	15.45	255.34	46.30	202.19	11.62	162.62	27.95
2001	290.29	14.98	234.25	41.06	178.94	12.35	140.14	26.44
2002	253.13	17.52	197.62	37.99	161.63	16.86	119.56	25.21
2003	250.47	25.39	190.06	35.02	176.44	29.43	123.85	23.16
2004	281.88	35.48	210.34	36.06	196.65	41.60	131.07	23.98
2005	359.49	46.63	275.04	37.81	202.71	49.85	128.51	24.35
2006	353.76	52.10	263.10	38.56	253.67	46.57	184.31	22.79
2007	375.39	49.25	288.27	37.87	249.04	45.27	180.04	23.73
2008	351.17	43.96	265.26	41.95	234.14	44.61	163.43	26.10
2009	351.19	41.71	266.26	43.22	226.71	40.67	159.20	26.84
2010	354.20	37.27	274.49	42.44	250.28	40.17	183.00	27.11
2011	355.99	37.26	275.71	43.02	256.03	39.70	189.22	27.11
2012	384.26	34.22	307.60	42.44	254.21	37.51	189.23	27.47
2013	402.85	32.52	326.05	44.28	254.42	36.41	191.13	26.88
2014	426.40	26.41	364.53	35.46	261.60	30.77	204.59	26.23

12-15 历年大牲畜和羊年中存栏数

单位：万头（只）

年 份	合计	牛	马	驴	骡	骆驼	绵羊	山羊
1949	48.46	6.90	1.94	1.43	0.38	0.71	24.03	13.07
1950	54.45	7.70	2.12	1.71	0.44	0.74	27.27	14.47
1951	64.21	8.80	2.19	1.78	0.53	0.77	32.94	17.21
1952	78.62	10.30	2.50	1.94	0.62	0.85	40.90	21.51
1953	98.11	12.30	2.89	2.42	0.57	0.72	52.77	26.44
1954	110.28	13.20	3.26	2.18	0.63	0.76	61.57	28.68
1955	113.21	13.40	3.63	2.18	0.76	0.81	62.45	29.98
1956	122.51	12.10	3.91	2.04	1.05	0.93	67.40	35.08
1957	110.04	11.30	4.04	1.67	1.02	0.89	62.20	28.92
1958	121.07	8.70	4.01	1.74	0.91	0.80	72.04	32.87
1959	139.56	8.90	4.43	1.59	0.99	0.82	81.14	41.69
1960	164.92	10.70	5.11	1.53	1.11	0.91	95.05	50.51
1961	175.52	10.60	5.42	1.46	1.01	0.92	101.81	54.30
1962	155.55	9.70	5.71	1.43	0.96	0.95	87.35	49.45
1963	181.24	10.30	6.22	1.40	1.01	0.89	104.63	56.79
1964	195.33	10.50	6.71	1.51	1.01	0.89	116.47	58.24
1965	203.50	11.00	7.00	1.63	1.11	0.88	122.04	59.84
1966	137.45	7.90	5.96	1.62	1.17	0.62	81.21	38.97
1967	144.77	7.70	6.24	1.53	1.33	0.53	83.60	43.84
1968	150.15	7.90	6.52	1.64	1.53	0.58	87.22	44.76
1969	161.25	8.20	7.10	1.56	1.69	0.57	91.40	50.73
1970	176.29	8.90	7.55	1.61	1.89	0.64	101.67	54.03
1971	172.46	9.40	8.04	1.55	2.12	0.71	99.64	51.00
1972	177.24	9.40	7.91	1.47	2.23	0.71	106.03	49.49
1973	195.13	8.50	7.95	1.46	2.35	0.71	120.91	53.25
1974	196.82	8.30	8.18	1.43	2.45	0.73	122.84	52.89
1975	197.76	8.90	8.33	1.50	2.54	0.70	125.83	49.96
1976	175.19	8.80	8.24	1.50	2.55	0.69	112.74	40.67
1977	174.61	8.90	8.18	1.45	2.58	0.67	111.88	40.95
1978	157.43	8.90	7.45	1.48	2.57	0.63	98.69	37.71
1979	169.79	9.00	7.63	1.50	2.53	0.62	107.36	41.15
1980	182.17	9.50	7.40	1.56	2.48	0.61	119.24	41.38
1981	175.01	8.90	7.01	1.61	2.40	0.61	116.72	37.76

12-15　续　表

单位：万头（只）

年 份	合计	牛	马	驴	骡	骆驼	绵羊	山羊
1982	177.70	8.40	7.26	1.71	2.50	0.61	119.31	37.91
1983	155.64	7.70	6.94	1.82	2.64	0.68	103.81	32.05
1984	153.93	7.40	6.78	1.94	2.77	0.67	103.25	31.12
1985	167.79	7.50	6.46	2.09	2.92	0.52	114.35	33.95
1986	186.74	7.70	6.18	2.28	3.07	0.48	127.88	39.15
1987	209.93	7.10	5.56	2.46	3.27	0.54	144.54	46.46
1988	202.89	4.40	3.44	2.16	3.10	0.55	137.24	52.00
1989	236.46	4.50	3.01	2.24	3.08	0.58	156.90	66.15
1990	237.67	4.50	2.70	2.32	3.03	0.60	156.60	67.92
1991	243.34	4.73	2.60	2.56	3.09	0.63	159.39	70.39
1992	236.97	4.54	2.43	2.88	3.26	0.72	152.81	70.33
1993	228.09	4.53	2.18	3.05	3.29	0.74	144.46	69.84
1994	229.51	4.76	1.93	2.86	3.15	0.61	144.27	71.90
1995	246.49	6.56	1.68	2.50	2.93	0.52	150.08	82.22
1996	264.67	7.90	1.62	2.63	2.82	0.56	161.39	87.75
1997	279.48	8.60	1.46	2.83	2.81	0.62	170.09	93.07
1998	284.77	8.11	1.39	3.13	2.93	0.68	169.53	99.00
1999	285.86	8.08	1.33	3.21	2.93	0.73	168.15	101.43
2000	270.78	8.36	0.84	3.08	2.68	0.48	159.79	95.55
2001	249.23	8.27	0.55	3.06	2.53	0.57	143.40	90.85
2002	215.14	11.40	0.36	2.95	2.19	0.62	117.54	80.08
2003	215.45	19.88	0.33	2.69	1.97	0.52	113.43	76.63
2004	245.82	30.29	0.33	2.58	1.74	0.54	127.51	82.83
2005	321.67	41.78	0.36	2.41	1.59	0.49	175.54	99.50
2006	315.20	47.91	0.32	2.14	1.26	0.47	169.88	93.22
2007	337.52	45.21	0.29	2.13	1.22	0.39	193.10	95.18
2008	309.22	40.43	0.27	1.88	1.06	0.33	186.60	78.67
2009	307.97	38.40	0.26	1.76	0.97	0.32	185.14	81.12
2010	311.76	33.78	0.38	1.91	0.89	0.31	190.70	83.79
2011	312.98	33.82	0.52	1.81	0.81	0.29	192.02	83.70
2012	341.82	30.84	0.67	1.67	0.75	0.29	204.52	103.08
2013	358.57	29.00	1.04	1.57	0.65	0.26	219.99	106.06
2014	390.94	22.66	1.42	1.44	0.59	0.29	252.50	112.03

12-16 2012-2014年牲畜总头数

单位：万头（只）

指 标	2012		2013		2014	
	年中数	年末数	年中数	年末数	年中数	年末数
大牲畜和羊合计	**341.82**	**226.74**	**358.57**	**227.54**	**390.94**	**235.36**
大牲畜	34.22	37.51	32.52	36.41	26.41	30.77
牛	30.84	35.22	29.00	33.42	22.66	27.48
#良种及改良种乳牛	27.01	32.10	24.35	29.66	18.32	20.05
马	0.67	0.51	1.04	1.35	1.42	1.68
驴	1.67	1.17	1.57	1.06	1.44	1.03
骡	0.75	0.39	0.65	0.34	0.59	0.32
骆驼	0.29	0.22	0.26	0.24	0.29	0.26
羊	307.60	189.23	326.05	191.13	364.53	204.59
绵羊	204.52	125.94	219.99	127.46	252.50	134.42
山羊	103.08	63.29	106.06	63.67	112.02	70.17
猪	**42.44**	**27.47**	**44.28**	**26.88**	**35.46**	**26.23**

12-17 2012-2014年年中牲畜总增情况

单位：万头（只）

指 标	总增头数			总增率（%）		
	2012	2013	2014	2012	2013	2014
大牲畜和羊合计	**306.92**	**360.14**	**353.50**	**98.06**	**105.36**	**155.36**
大牲畜	16.50	15.06	14.66	44.28	44.01	40.26
牛	15.73	14.18	13.60	46.52	45.98	40.69
#良种及改良种乳牛	9.61	9.05	8.65	32.12	33.51	29.16
马	0.16	0.27	0.51	31.26	40.30	37.78
驴	0.47	0.50	0.44	25.93	29.94	41.51
骡	0.01	0.01		0.17	1.33	
骆驼	0.13	0.11	0.11	45.36	37.93	45.83
羊	290.42	320.63	338.84	105.33	104.24	177.28
绵羊	225.18	251.36	264.54	117.27	122.90	207.55
山羊	65.24	69.27	74.30	77.95	67.20	116.70
猪	**24.37**	**24.45**	**24.01**	**56.65**	**57.61**	**89.32**

12-18　牲畜增减变化情况（2014年，年末数）

单位：万头（只）

指　标	繁殖仔畜		成活仔畜		成幼畜死亡	
	头数	繁殖率(%)	头数	繁殖率(%)	头数	繁殖率(%)
大牲畜和羊合计	**181.16**	**114.64**	**177.46**	**97.96**	**2.65**	**1.13**
大牲畜	15.16	77.51	14.75	97.30	0.27	0.88
牛	14.17	78.46	13.80	97.39	0.25	0.91
#良种及改良种乳牛	9.25	63.62	8.91	96.32	0.16	0.80
马	0.66	68.04	0.63	95.45	0.01	0.60
驴	0.23	53.49	0.23	100.00		
骡						
骆驼	0.10	111.11	0.09	90.00		
羊	166.00	119.88	162.71	98.02	2.38	1.16
绵羊	129.64	138.43	127.01	97.97	1.68	1.25
山羊	36.36	81.12	35.70	98.18	0.71	1.01
猪	**25.26**	**982.88**	**24.66**	**97.62**	**0.39**	**1.49**

12-18　续　　表

单位：万头（只）

指　标	自宰自食	出　卖	#出卖肉畜	出栏率（%）	商品率（%）
大牲畜和羊合计	**40.00**	**412.41**	**393.68**	**190.60**	**111.37**
大牲畜	1.56	28.21	24.00	70.20	163.71
牛	1.52	27.10	23.20	73.97	170.59
#良种及改良种乳牛	0.84	23.63	20.54	72.08	237.46
马		0.57	0.31	22.96	60.78
驴	0.03	0.37	0.35	35.85	79.55
骡		0.05	0.04	11.76	
骆驼		0.10	0.10	41.67	90.91
羊	38.44	384.20	369.68	213.53	109.10
绵羊	25.67	296.42	285.90	244.45	108.07
山羊	12.77	87.79	83.78	151.64	112.76
猪	**11.95**	**47.46**	**43.77**	**207.29**	**182.30**

12-19 牲畜增减变化情况（2014年，年中数）

单位：万头（只）

指　标	繁殖仔畜		成活仔畜		成幼畜死亡	
	头数	繁殖率(%)	头数	成活率(%)	头数	死亡率(%)
大牲畜和羊合计	**366.88**	**140.54**	**357.61**	**97.47**	**4.11**	**1.15**
大牲畜	15.31	75.05	14.93	97.52	0.27	0.83
牛	14.20	74.78	13.85	97.54	0.25	0.86
#良种及改良种乳牛	9.28	61.42	8.84	95.26	0.19	0.78
马	0.54	77.14	0.52	96.30	0.02	1.92
驴	0.45	78.95	0.44	97.78		
骡	0.01		0.01	100.00		
骆驼	0.11	42.31	0.11	100.00		
羊	351.57	146.09	342.68	97.47	3.84	1.18
绵羊	274.28	1683.73	267.54	97.54	3.00	1.36
山羊	77.30	99.43	75.14	97.21	0.83	0.78
猪	**25.06**	**636.04**	**24.46**	**97.61**	**0.46**	**1.04**

12-20　能繁殖母畜、耕役畜及改良畜（2014年，年末数）

单位：万头（只）

指　标	能繁殖母畜	耕役畜	良种牲畜	改良种牲畜
大牲畜和羊合计	**158.02**	**0.78**	**70.43**	**131.23**
大牲畜	19.56	0.78	12.45	13.15
牛	18.06		11.84	11.86
马	0.97	0.01	0.43	0.60
驴	0.43	0.53	0.14	0.63
骡		0.17		
骆驼	0.09	0.07	0.04	0.06
羊	138.47		57.97	118.08
绵羊	93.65		38.83	77.59
山羊	44.82		19.14	40.49
猪	**2.57**		**7.67**	**16.71**

12-21　能繁殖母畜、耕役畜及改良畜（2014年，年中数）

单位：万头（只）

指　标	能繁殖母畜	耕役畜	良种牲畜	改良种牲畜
大牲畜和羊合计	**276.07**	**1.35**	**117.80**	**243.87**
大牲畜	16.51	1.35	10.18	13.48
牛	15.22	0.01	8.84	12.23
#良种及改良种乳牛	11.75			
马	0.65		0.63	0.37
驴	0.50	0.87	0.57	0.75
骡		0.37		
骆驼	0.14	0.09	0.13	0.14
羊	259.57		107.63	230.39
绵羊	180.00		77.28	153.74
山羊	79.56		30.35	76.65
猪	**3.88**		**10.26**	**23.89**

12-22 2009-2014年主要畜禽产品产量

指 标	2009	2010	2011	2012	2013	2014
当年出栏肉猪头数（头）	495846	519900	519900	529700	529689	557200
当年出栏和自宰的肉用牛（头）	256117	257370	244312	256418	246625	247200
当年出栏和自宰的肉用羊 （只）	3254500	3515044	3515052	3857411	3895379	4081156
当年肉类总产量（吨）	146127	156731	157382	158373	157638	162433
#猪肉产量	46051	46961	46961	46393	46393	46393
牛肉产量	38414	39520	39520	40364	38818	40130
羊肉产量	55836	63693	63693	64127	65538	68289
奶类产量（吨）	1460134	1550196	1559471	1575073	1417597	1019629
#牛奶	1459155	1550196	1559397	1574991	1417492	1019523
山羊毛产量（吨）	179	239	218	208	414	315
绵羊毛产量（吨）	2846	2879	2900	2937	3064	3272
山羊绒产量（吨）	187	145	159	166	198	255
蜂蜜产量（吨）	40	42	39	40	35	35
禽蛋产量（吨）	25721	26109	27636	28647	28163	26853
年末实有家禽（万只）	167.69	167.71	179.61	190.72	187.86	191.50
牛皮产量（张）	205232	234617	238535	252950	248332	254573
绵羊皮产量（张）	2445537	2100696	2893257	3023273	2985223	3270617
山羊皮产量（张）	804071	806180	626701	913038	975287	975814
驼绒产量（吨）	16	19	20	23	11	10
出售肉类总量（吨）	129976	100855	126783	133952	128860	141010
#出售猪肉	34526	28082	35700	35733	34494	37181
出售牛肉	36124	34323	36908	37168	33265	34125
出售羊肉	50754	29595	48677	54912	55484	64199
出售牛羊奶数量（吨）	1360396	1382163	1469666	1493635	1267290	954563
出售羊毛数量（吨）	2779	2843	2782	2942	3182	3424
出售家禽只数（万只）	175.40	201.00	203.57	227.17	119.91	271.71
水产品（吨）	6953	7103	7412	7705	8112	8625

12-23 2009-2014年生态建设基本情况

指　标	2009	2010	2011	2012	2013	2014
荒山荒(沙)地造林面积（公顷）	**47321**	**26857**	**21329**	**34370**	**40256**	**31104**
人工造林		5522	7995	10036	7254	16103
无林地和疏林地新封		21335	13334	24334	33002	15001
林业重点工程合计（公顷）	**45200**	**25788**	**17333**	**31667**	**38003**	**20308**
天然林资源保护工程		10788	1333	16001	8002	10335
退耕还林工程		1000		1667	1000	1467
荒山荒地造林		1000		1667	1000	1467
京津风沙源治理工程		11333	11333	11333	27001	8506
三北及长江流域等防护工程		2667	4667	2666	2000	
当年造林面积（千公顷）	**47.32**	**26.86**	**21.33**	**34.37**	**40.26**	**31.10**
按经济成份分						
国有造林	23.93	10.89	3.88	9.75	11.11	16.69
集体造林	9.97	3.92	5.07	12.37	8.29	5.81
非公有制造林	13.42	12.05	12.39	12.25	20.86	8.60
按主要林种用途分						
用材林						
经济林						1.67
防护林	47.32	26.07	20.82	34.37	40.26	29.44
#农田防护林						
薪炭林						
其他林		0.79	0.51			
草场面积（千公顷）	**2120.04**	**2013.04**	**2013.04**	**2013.04**	**2013.04**	**2013.04**
#承包到户面积	1364.57	1537.07	1593.44	1588.00	1588.00	1588.00
围栏草场面积（万亩）	**764.70**	**764.70**	**764.70**	**535.87**	**535.87**	**535.87**
人工种草保有面积（千公顷）	**139.33**	**44.01**	**13.50**	**91.96**	**108.50**	**100.00**
#当年种草面积	106.67	23.65	26.73	67.83	102.21	86.70
年末实有自然保护区（个）	**4**	**3**	**3**	**4**	**7**	**7**
年末实有自然保护区面积（公顷）	**141900**	**73901**	**73951**	**104117**	**118667**	**154667**

主要统计指标解释

农林牧渔业总产值　指以货币表现的农、林、牧、渔业全部产品和对农林牧渔业生产活动进行的各种支持性服务活动的价值总量，它反映一定时期内农林牧渔业生产总规模和总成果。1957年以前的农林牧渔业总产值中包括了厩肥和农民自给性手工业（如农民自制衣服、鞋、袜，自己从事粮食初步加工等）。1958年及以后，林业中增加了村及村以下竹木采伐产值；牧业中取消了厩肥产值；副业中取消了农民自给性手工业产值，增加了村及村以下办的工业产值；渔业中增加了海洋捕捞水产品产值。1980年及以后，在副业中增加了农民家庭兼营工业商品部分的产值。从1984年起村及村以下工业产值划归工业。从1993年起取消副业，将野生动物的捕猎划入牧业、野生植物采集和农民家庭兼营商品性工业划归农业。从2003年起，执行新的国民经济行业分类标准，农林牧渔业总产值中包括了农林牧渔服务业产值。林业中增加了森林采运业产值。农业中取消了家庭兼营商品性工业产值，将野生林产品的采集划归林业。第一次农业普查以后，由于畜牧业产品年报数据与普查数据之间存在一定的差距，国家统计局农调总队对畜牧业年报数据与普查数据进行衔接，相应的畜牧业产值进行调整。

农林牧渔业总产值的计算方法通常是按农、林、牧、渔业产品及其副产品的产量分别乘以各自单位产品价格求得；少数生产周期较长，当年没有产品或产品产量不易统计的，则采用间接方法匡算其产值；然后将四业产品产值相加即为农林牧渔业总产值。

粮食产量　指全社会的产量。包括国有经济经营的、集体统一经营的和农民家庭经营的粮食产量，还包括工矿企业办的农场和其他生产单位的产量。粮食除包括稻谷、小麦、玉米、高粱、谷子及其他杂粮外，还包括薯类和豆类。其产量计算方法，豆类按去豆荚后的干豆计算；薯类（包括甘薯和马铃薯，不包括芋头和木薯）1963年以前按每4公斤鲜薯折1公斤粮食计算，从1964年开始改为按5公斤鲜薯折1公斤粮食计算。城市郊区作为蔬菜的薯类（如马铃薯等）按鲜品计算，并且不作粮食统计。其他粮食一律按脱粒后的原粮计算。1989年以前全国粮食产量数据主要靠全面报表取得，1989年以后开始使用抽样调查数据。

油料产量　指全部油料作物的生产量。包括花生、油菜籽、芝麻、向日葵籽、胡麻籽（亚麻籽）和其他油料。不包括大豆、木本油料和野生油料。花生以带壳干花生计算。

水产品产量　指人工养殖的水产品和天然生长的水产品的捕捞量。包括海水的鱼类、虾蟹类、贝类和藻类以及内陆水域的鱼类、虾蟹类和贝类，不包括淡水生植物。水产品产量是通过各级水产和统计部门逐级上报取得数据。1995年及以前，贝类中牡蛎按鲜肉计算；蚶、蛤、蛙按5斤鲜品折1斤计算。1996年以后则统一按鲜品计算。

猪、牛、羊肉产量　指当年出栏并已屠宰、除去头蹄下水后带骨肉（即胴体重）的重量。包括全社会范围内的产量。1996年前为各级逐级上报数据。1996年第一次农业普查以后，由于畜牧业产品年报数据与普查数据之间存在一定的差距，国家统计局农调总队对畜牧业年报数据与普查数据进行衔接。1999年以后，国家统计局开展了猪、牛、羊、禽等主要畜禽品种的抽样调查，并用抽样数据作为国家定案数据使用。未开展抽样调查的品种，仍使用各级统计部门逐级上报数据。

牲畜总增头数　是反映牲畜的总体增长

情况、牲畜头数增殖情况和死亡损失情况的一项数量指标，以大畜、小畜和猪分畜种计算。计算公式为：

总增头数=期内繁殖成活仔畜头数—期内成幼畜死亡头数。

期末畜禽存栏头(只)数 指报告期末农村各种合作经济组织和国营农场、农民个人、机关、团体、学校、工矿企业、部队等单位以及城镇居民饲养的大牲畜、猪、羊、家禽等畜禽的存栏数。数据上报方式及数据调整情况同猪、牛、羊肉产量。

常用耕地 是指耕地总资源中专门种植农作物并经常进行耕种、能够正常收获的土地。包括当年实际耕种的熟地；弃耕、休闲不满三年，随时可以复耕的地；开荒利用三年以上的土地。在统计口径上包括南方小于1米、北方小于2米宽的沟、渠、路和田埂。不包括临时种植农作物的坡度在25度以上的陡坡地；在河套、湖畔、库区临时开发的成片或零星土地；也不包括已列为国家和省（区、市）退耕计划但临时耕种的土地。常用耕地是国家需要重点保护的耕地，是反映我国农业综合生产能力的一个重要指标。

农作物播种面积 指实际播种或移植有农作物的面积。凡是实际种植有农作物的面积，不论种植在耕地上还是种植在非耕地上，均包括在农作物播种面积中。在播种季节基本结束后，因遭灾而重新改种和补种的农作物面积，也包括在内。农作物播种面积主要包括粮食、棉花、油料、糖料、麻类、烟叶、蔬菜和瓜类、药材和其他农作物九大类。

有效灌溉面积 指具有一定的水源，地块比较平整，灌溉工程或设备已经配套，在一般年景下当年能够进行正常灌溉的耕地面积。

农用化肥施用量 指本年内实际用于农业生产的化肥数量，包括氮肥、磷肥、钾肥和复合肥。化肥施用量要求按折纯量计算数量。折纯量是把氮肥、磷肥、钾肥分别按含氮、含五氧化二磷、含氧化钾的百分之一百成份进行折算后的数量。复合肥按其所含主要成分折算。

农业机械总动力 指主要用于农、林、牧、渔业的各种动力机械的动力总和。包括耕作机械、排灌机械、收获机械、农用运输机械、植物保护机械、牧业机械、林业机械、渔业机械和其他农业机械［内燃机按引擎马力折成瓦(特)计算、电动机按功率折成瓦(特)计算］。不包括专门用于乡、镇、村、组办工业、基本建设、非农业运输、科学试验和教学等非农业生产方面用的动力机械与作业机械。

农林牧渔业劳动力 指全社会直接参加农林牧渔业生产活动的劳动力。

乡村从业人员 指乡村人口中劳动年龄在16周岁以上实际参加生产经营活动并取得实物或货币收入的人员，包括劳动年龄内经常参加劳动的人员，也包括超过劳动年龄但经常参加劳动的人员，但不包括户口在家的在外学生、现役军人和丧失劳动能力的人，也不包括待业人员和家务劳动者。从业人员按从事主业时间最长（时间相同按收入）分为农业从业人员、工业从业人员、建筑业从业人员、交通运输业、仓储及邮电通信业从业人员、批零贸易及餐饮业从业人员、其他非农行业从业人员。

13

INDUSTRY

工 业

13-1　2009-2014年工业企业单位数和工业总产值

指　标	2009	2010	2011	2012	2013	2014
企业单位数(个)	**25347**	**33071**	**34181**	**34116**	**34441**	**34448**
#规模以上	705	715	625	618	654	660
在总计中:						
国有及国有控股	187	186	171	171	154	154
在总计中:						
轻工业	13029	17073	17679	17649	17801	17808
重工业	12318	15998	16502	16467	16640	16640
在总计中:						
国有企业	34	31	29	28	26	19
集体企业	281	243	252	251	104	107
个体企业	21286	29468	30842	30789	31042	31217
其他经济类型企业	3746	3329	3058	3049	3269	3105
#股份制经济	2571	2065	2766	2683	2914	2509
外商及港澳台投资企业	97	87	82	79	72	15
工业总产值(现价、万元)	**26520378**	**29568722**	**36944587**	**39526384**	**41630189**	**41788728**
在总计中:						
国有及国有控股	17494213	14854136	15048837	15731825	14222488	12986351
在总计中:						
轻工业	4195243	5389520	6653523	6979408	5881179	6056543
重工业	22325135	24179202	30291064	32546976	35749010	35732185
在总计中:						
国有企业	1487014	2120095	2759518	2655396	2730543	1773618
集体企业	249367	212285	235336	219939	144671	171513
个体企业	2479994	4075353	5188192	4362541	5516713	6109087
其他经济类型企业	22304003	23160989	28761541	32288509	33238262	33734510
#股份制经济	16340025	18736727	18763891	20785582	21500216	7896041
外商及港澳台投资企业	1367625	1469365	1875510	1252626	1922684	243783

13-2 工业总产值

单位：万元

年份	工业总产值（当年价格）	按轻重工业分		按经济类型分				在总计中：国有及国有控股
		轻工业	重工业	国有企业	集体企业	个体企业	其他经济类型企业	
1978	141531	39063	102468	118782	22749			118782
1979	150620	36375	114245	124524	26095			124524
1980	182581	42040	140541	156071	26440	70		156071
1981	182069	46774	135295	157083	24960	26		157083
1982	237932	50613	187319	211114	26718	100		211114
1983	259829	54717	205112	228264	31416	149		228264
1984	274183	56904	217279	237195	36714	274		237195
1985	347137	70532	276605	295737	47572	827	3001	295737
1986	358693	72769	285924	302461	53112	1907	1213	302461
1987	417420	77812	339608	356518	53989	2488	4425	356518
1988	505578	98989	406589	424333	67949	3407	9889	424333
1989	625662	124101	501561	521745	88287	4716	10914	521745
1990	701769	141943	559826	583262	95932	5581	16994	583262
1991	851612	153951	697661	704543	112903	10123	24043	704543
1992	1102850	170039	932811	894488	145719	18460	44183	894488
1993	1728827	220531	1508296	1319324	239294	52127	118082	1319324
1994	2060622	309154	1751468	1390771	314582	109137	246132	1390771
1995	2161436	325147	1836289	1403377	340552	77464	340043	1403377
1996	2775737	524575	2251162	1502877	497646	348894	426320	1502877

13-2 续 表

单位：万元

年 份	工业总产值（当年价格）	按轻重工业分		按经济类型分				在总计中：国有及国有控股
		轻工业	重工业	国有企业	集体企业	个体企业	其他经济类型企业	
1997	3123889	722036	2401853	1533182	509722	511973	569012	1533182
1998	3292152	742427	2549725	308968	357364	763913	1861907	1695487
1999	3813207	915125	2898082	271151	254328	703839	2583889	2134938
2000	3727669	873707	2853962	190499	193463	600236	2743471	2272273
2001	3933916	934951	2998965	211352	192259	597521	2932784	2403372
2002	4259991	957609	3302382	259179	174632	574811	3251369	2662914
2003	5647813	1231499	4416314	421775	211699	691068	4323271	3599030
2004	8123792	1459342	6664450	606679	304506	994031	6218576	5297953
2005	10599499	1904073	8695426	981424	177304	1170260	8270511	6798492
2006	12867476	2141774	10725702	1206236	138754	1363200	10159286	7507191
2007	15420278	2389563	13030715	1412955	188489	1136300	12682534	8874579
2008	22954939	3557152	19397787	2103353	280588	1770796	18800202	13397900
2009	26520378	4195243	22325135	1487014	249367	2479994	22304003	17494213
2010	29568722	5389520	24179202	2120095	212285	4075353	23160989	14854136
2011	36944587	6653523	30291064	2759518	235336	5188192	28761541	15048837
2012	39526384	6979408	32546976	2655396	219939	4362541	32288509	15731825
2013	41630189	5881179	35749010	2730543	144671	5516713	33238262	14222488
2014	41788728	6056543	35732185	1773618	171513	6109087	33734510	12986351

13-3 规模以上工业企业

指标	企业单位数（个）	#亏损企业	工业总产值（当年价格）
总　计	**660**	**130**	**33205186**
按隶属关系分			
中央企业	17	6	4792293
内蒙企业	11	5	5508790
市属企业	632	119	22904103
市直属企业	23	6	891871
旗县区属企业	609	113	22012232
按企业规模分			
大型企业	29	12	13228058
中型企业	125	28	7808266
小型企业	506	90	12168862
按登记注册类型分			
内资企业	628	122	31748135
国有企业	17	5	1770971
中央企业	4	1	258965
地方企业	13	4	1512006
集体企业	19	4	89383
股份合作企业	3	1	26402
有限责任公司	256	64	13448805
国有独资公司	15	8	3792257
其他有限责任公司	241	56	9656548
股份有限公司	33	7	5510595
私营企业	295	40	10703865
私营独资企业	8		212990
私营合伙企业	1	1	4320
私营有限责任公司	270	36	9800696
私营股份有限公司	16	3	685859
其他企业	5	1	198115
港、澳、台商投资企业	10		239552
合资经营企业（港或澳、台资）	5		89258
港澳台商独资经营企业	5		150294
外商投资企业	22	8	1217499
中外合资经营企业	15	6	1075897
外资企业	6	1	122215
在总计中:亏损企业	130	130	6269017
在总计中:国有控股企业	95	42	12784291

主要经济指标（2014年）

单位：万元

工业销售产值（当年价格）	资产总计	流动资产合计	应收账款	产成品	固定资产合计	负债合计
32230592	**44648299**	**19296109**	**3928553**	**1800213**	**16102152**	**30426590**
4770289	9188128	4303924	919916	321785	4015168	5929249
5280461	17068366	6469173	1449705	788106	4832724	12398431
22179842	18391805	8523012	1558932	690322	7254260	12098910
856853	1340130	623474	98651	104689	284438	792400
21322989	17051675	7899538	1460281	585633	6969822	11306510
12919842	29502563	13008056	2621854	1286686	9682436	20482299
7386092	6880870	3107227	524793	184243	3038223	4729266
11924658	8264866	3180826	781906	329284	3381493	5215025
30828986	43041678	18606463	3754459	1721348	15442017	29367319
1791764	2242571	630271	91942	29114	960190	1532220
276048	974026	273837	20998	27328	433756	592100
1515716	1268545	356434	70945	1786	526434	940119
89060	112976	75643	36871	2302	21299	78225
28755	67676	18748	11017	639	4046	38442
13240514	20407924	9933013	2319121	615521	7276717	13585025
3781428	7289144	3305433	377208	283888	3576377	4493174
9459087	13118780	6627580	1941913	331633	3700340	9091851
5220548	13892388	5239655	749295	924702	4822298	9830023
10278579	6064599	2609629	518938	144052	2260882	4123802
212056	88182	23838	12025	2772	37945	50288
4312	2502	1615	4		887	82
9416314	5725661	2493726	500709	119885	2135867	3916578
645897	248254	90451	6199	21395	86183	156855
179767	253544	99506	27276	5017	96586	179582
238168	461069	68311	16270	2546	304175	259135
87245	95135	24239	5965	2137	65472	70264
150923	365934	44072	10305	409	238703	188871
1163438	1145551	621335	157824	76320	355961	800136
1024765	871185	507265	102451	72899	212697	598940
119286	239150	110240	55374	2821	124883	158700
6215916	14411803	7387844	2233344	677931	3880314	9936583
12499637	30812778	12883050	2734898	1361650	10751099	21114871

指 标	企业单位数（个）	#亏损企业	工业总产值（当年价格）
按轻重工业分			
轻工业	83	9	1906002
重工业	577	121	31299184
按行业分			
煤炭开采和洗选业	36	2	1941719
黑色金属矿采选业	61	5	2846324
有色金属矿采选业	3		93424
非金属矿采选业	3		121652
农副食品加工业	22	1	470690
食品制造业	14	1	330675
酒、饮料和精制茶制造业	8		300468
纺织业	6	2	58324
纺织服装、服饰业	2	1	91172
皮革、毛皮、羽毛及其制品和制鞋业	2		41623
木材加工和木、竹、藤、棕、草制品业	1		38856
造纸和纸制品业	6		172781
印刷和记录媒介复制业	3		49854
文教、工美、体育和娱乐用品制造业	1		27197
石油加工、炼焦和核燃料加工业	3	1	163867
化学原料和化学制品制造业	22	4	1017203
医药制造业	1		6188
橡胶和塑料制品业	14	3	287491
非金属矿物制品业	50	10	1050915
黑色金属冶炼和压延加工业	103	17	8340338
有色金属冶炼和压延加工业	70	26	4675461
金属制品业	30	6	2977305
通用设备制造业	52	16	1409773
专用设备制造业	29	12	804603
汽车制造业	15	7	1366743
铁路、船舶、航空航天和其他运输设备制造业	7	2	449417
电气机械和器材制造业	33	4	1144476
计算机、通信和其他电子设备制造业	4		62784
仪器仪表制造业	3		78178
其他制造业	3	1	10302
废弃资源综合利用业	3		79578
金属制品、机械和设备修理业	3		17654
电力、热力生产和供应业	31	6	2279131
燃气生产和供应业	11	0	346527
水的生产和供应业	5	3	52493

表 1

单位：万元

工业销售产值（当年价格）	资产总计	流动资产合计	应收账款	产成品	固定资产合计	负债合计
1851888	1835550	786565	115982	86982	469943	980504
30378704	42812749	18509544	3812571	1713231	15632209	29446086
1605799	1533590	721762	52808	9674	630056	854823
2824132	2167784	1023112	131464	150780	1024096	1268118
93424	40951	9837	5243		19266	21152
121665	51506	17816	7767	98	33689	31846
466359	496030	155070	18686	15379	89886	204175
327775	362382	164020	28182	8799	78519	195913
279373	342399	147076	9993	3776	121380	219235
60366	93863	35636	5455	11250	48059	80008
75331	154541	121616	19669	45703	18935	92573
41623	19687	3795	1148		1394	4531
37856	15959	766	256		2969	4412
172490	78890	30614	7437	595	41222	56983
49854	21824	3226	887	156	2394	8373
27197	397	216	71		181	274
161625	48808	32661	1345	11473	11955	20406
1054327	2037824	508561	169646	13673	1275568	1222903
6466	10911	7940	2252		2866	5008
268913	189786	44426	9308	6100	88338	109957
1045673	1252623	529820	108973	43707	523951	1025096
8058516	16973705	6609618	1231734	583279	5033418	12626200
4480769	5657570	2857266	578694	461009	1755466	3159838
2963315	4317971	2618913	360517	192598	1440648	2971295
1366971	919074	370291	97678	26216	382366	556216
789423	503420	379429	125041	53236	64548	338979
1350378	1847477	1335588	558132	95337	366249	1594013
415408	407188	282056	53985	36480	70523	135013
1141771	624056	353337	137726	25922	136329	351775
62784	26815	6976	1590	792	10018	11869
78178	7806	5171	2400	683	1413	4268
10286	6707	4245	554	51	2104	1821
79292	25604	8615	4135	3	2378	14367
16899	41442	31458	16742		5209	28123
2297090	3652602	613154	154870	1014	2529358	2725548
346771	442532	173215	13222	2404	148707	281025
52493	274575	88807	10943	26	138694	200454

指　标	主营业务收入	主营业务成本	主营业务税金及附加	销售费用
总　计	**31612986**	**27577936**	**156259**	**470774**
按隶属关系分				
中央企业	4730633	4156788	23792	70045
内蒙企业	4147367	3604103	5985	76776
市属企业	22734986	19817045	126482	323953
市直属企业	835055	739942	7786	21334
旗县区属企业	21899931	19077103	118696	302619
按企业规模分				
大型企业	11752750	10362069	41238	178592
中型企业	7848140	6573287	57488	136754
小型企业	12012096	10642580	57533	155428
按登记注册类型分				
内资企业	30206846	26299492	151520	440466
国有企业	628811	548474	6395	10994
中央企业	297754	290686	3731	5745
地方企业	331057	257788	2664	5248
集体企业	106081	90549	1001	606
股份合作企业	30351	33594	19	1530
有限责任公司	13229004	11693488	63987	186854
国有独资公司	3740026	3189102	19830	35242
其他有限责任公司	9488977	8504386	44157	151611
股份有限公司	5346111	4845014	12813	85309
私营企业	10634230	8878423	66890	152979
私营独资企业	212056	167455	2067	964
私营合伙企业	4320	4287	2	
私营有限责任公司	9762444	8104536	63068	148473
私营股份有限公司	655410	602144	1754	3542
其他企业	232259	209950	415	2194
港、澳、台商投资企业	238821	196389	1836	2784
合资经营企业（港或澳、台资）	87606	76907	735	160
港澳台商独资经营企业	151215	119482	1101	2624
外商投资企业	1167318	1082056	2903	27524
中外合资经营企业	1038303	982292	2102	19902
外资企业	114719	83805	801	7392
在总计中:亏损企业	6059694	5630366	20067	113798
在总计中:国有控股企业	11347873	9962435	44089	180426

表 2

单位：万元

管理费用	财务费用	利润总额	亏损企业亏损总额	利税总额	本年应交增值税	全部从业人员年平均人数（人）
1416765	**626153**	**1319494**	**370467**	**2389377**	**897064**	**243373**
341803	148066	85157	145330	216020	106900	48252
253350	245894	-48535	65907	108030	134926	53872
821612	232193	1282872	159230	2065327	655238	141249
49851	15254	20376	7952	46093	17876	10553
771761	216939	1262496	151278	2019234	637362	130696
667723	447929	148333	213013	536944	331596	119315
457671	84784	538532	78828	882586	286172	65184
291371	93440	632629	78626	969847	279296	58874
1379729	598660	1284958	346214	2326574	873535	235500
80907	21314	-21084	52539	46811	61213	15826
29505	8242	-32056	43738	-13841	14362	5324
51402	13071	10972	8801	60652	46851	10502
5993	465	5760	871	10346	3445	2724
2387	2795	-12253	12347	-12064	169	254
649175	375695	402559	179747	779634	312867	107405
250115	120489	175898	38193	307798	112067	36722
399059	255205	226661	141553	471836	200800	70683
168246	147077	36169	58101	174015	109315	51280
463896	48084	866344	41501	1318339	384959	56756
9728	139	24091		38084	11926	1470
91		-64	64	-43	19	36
441921	43530	817955	40786	1246435	365265	52813
12156	4415	24361	651	33864	7749	2437
9126	3230	7463	1110	9494	1566	1255
8903	6297	24364		36839	10639	1715
4479	77	5345		7960	1880	613
4424	6220	19019		28879	8759	1102
28133	21197	10172	24253	25964	12889	6158
20711	14764	3016	13760	12128	7010	5171
6015	4983	11853	5796	18532	5879	855
401550	309444	-370467	370467	-270442	79822	73729
709648	481703	73908	282207	446167	312007	131988

13－3 续

指　标	主营业务收入	主营业务成本	主营业务税金及附加	销售费用
按轻重工业分				
轻工业	1837486	1482463	17435	71392
重工业	29775500	26095473	138824	399382
按行业分				
煤炭开采和洗选业	2012120	1462638	28376	59376
黑色金属矿采选业	2820556	2400322	23446	21940
有色金属矿采选业	88272	64298	836	59
非金属矿采选业	121665	95388	1084	62
农副食品加工业	493309	398830	2789	8470
食品制造业	306775	228660	1792	25036
酒、饮料和精制茶制造业	266885	211102	7983	11133
纺织业	61610	56938	129	1124
纺织服装、服饰业	74901	58911	319	6425
皮革、毛皮、羽毛及其制品和制鞋业	41623	31032	339	630
木材加工和木、竹、藤、棕、草制品业	37857	31598	243	486
造纸和纸制品业	162730	133733	1171	4757
印刷和记录媒介复制业	49854	33939	400	744
文教、工美、体育和娱乐用品制造业	27197	18764	97	450
石油加工、炼焦和核燃料加工业	151915	145655	1444	2471
化学原料和化学制品制造业	1103906	784545	11096	10636
医药制造业	6471	4278	80	826
橡胶和塑料制品业	281540	223398	1440	2960
非金属矿物制品业	1075597	948166	5308	17368
黑色金属冶炼和压延加工业	8192759	7460315	16794	110096
有色金属冶炼和压延加工业	4588748	4232920	10202	47529
金属制品业	2930932	2655005	10381	26372
通用设备制造业	1391379	1271443	4061	7265
专用设备制造业	782085	737796	3026	11969
汽车制造业	1269357	1214635	3124	31064
铁路、船舶、航空航天和其他运输设备制造业	412958	339131	1351	7023
电气机械和器材制造业	1087773	950080	4786	23327
计算机、通信和其他电子设备制造业	61994	47156	306	1146
仪器仪表制造业	69001	67689	46	203
其他制造业	10286	8887	79	957
废弃资源综合利用业	79783	71311	317	489
金属制品、机械和设备修理业	18277	16857	306	15
电力、热力生产和供应业	1092712	881730	7882	1015
燃气生产和供应业	380464	248070	4712	22643
水的生产和供应业	59695	42716	514	4708

表 3

单位：万元

管理费用	财务费用	利润总额	亏损企业亏损总额	利税总额	本年应交增值税	全部从业人员年平均人数（人）
106868	17975	171250	13655	236478	47661	20592
1309897	608178	1148244	356812	2152899	849403	222781
227973	8730	218640	43753	392426	145381	14515
64095	35013	238298	6005	422913	161168	14396
3447	-7	12800		20739	7103	587
3879	72	18823		29890	9982	677
29342	5535	56200	3981	73928	14929	4728
16472	1688	46331	2706	54096	5973	2783
16093	5075	20095		35325	7191	3496
3638	216	-361	821	-132	100	667
4576	4550	2088	133	3456	1051	2633
807	19	5808		6605	458	477
676	26	5829		6440	369	311
12556	510	10021		18573	7381	1056
1587	53	7103		8035	532	503
2992		4896		7902	2910	649
1813	291	240	212	2881	1196	623
97770	33098	168283	1297	249893	70513	6015
1041	121	163		243		303
9830	376	27625	34	35480	6415	2191
46938	9980	28157	37394	54248	20782	9004
259055	223014	140388	46564	317230	144106	65459
143064	68094	21814	52229	102729	70689	26416
181749	41563	61680	13286	100240	27870	32949
37203	9238	40492	12617	63796	19137	11381
22650	5571	3381	15041	11026	4611	4894
43343	63716	-55786	79118	-38118	14542	8360
29811	-2991	32882	456	38605	4371	2484
45455	4876	62557	4989	99483	32070	4741
1892	18	6044		6864	515	448
556	145	99		163	19	159
404	-1	501	62	684	103	126
469	19	3647		4566	602	330
1124	524	323		1790	1161	930
66348	95246	62378	42075	165347	95082	14435
26209	6541	72980		94179	16488	2324
11908	5234	-4925	7694	-2148	2264	2323

13-4 大中型工业企业

指 标	企业单位数（个）	#亏损企业	工业总产值（当年价格）
总 计	**154**	**40**	**21036324**
按隶属关系分			
中央企业	11	5	4639677
内蒙企业	11	5	5508790
市属企业	132	30	10887857
市直属企业	9	2	347145
旗县区属企业	123	28	10540712
按企业规模分			
大型企业	29	12	13228058
中型企业	125	28	7808266
按登记注册类型分			
内资企业	147	39	20035807
国有企业	11	4	1726231
中央企业	2	1	235880
地方企业	9	3	1490351
集体企业	5	1	39157
有限责任公司	73	27	9183050
国有独资公司	12	7	3664699
其他有限责任公司	61	20	5518352
股份有限公司	13	4	5003101
私营企业	44	3	4053156
私营独资企业	1		45945
私营有限责任公司	42	3	3897032
私营股份有限公司	1		110180
其他企业	1		31111
港、澳、台商投资企业	2		57272
合资经营企业（港或澳、台资）	1		31337
港澳台商独资经营企业	1		25935
外商投资企业	5	1	943245
中外合资经营企业	5	1	943245
在总计中：亏损企业	40	40	4460911
在总计中：国有控股企业	59	32	11908537

主要经济指标（2014年）

单位：万元

工业销售产值（当年价格）	资产总计	流动资产合计	应收账款	产成品	固定资产合计	负债合计
20305934	**36383432**	**16115283**	**3146647**	**1470930**	**12720658**	**25211566**
4617259	8695508	4209187	902267	320792	3653942	5747668
5280463	17068365	6469173	1449705	788106	4832723	12398430
10408212	10619559	5436923	794675	362032	4233993	7065468
312430	825262	457264	62827	95801	97517	453428
10095782	9794297	4979659	731848	266231	4136476	6612040
12919842	29502562	13008056	2621854	1286686	9682435	20482299
7386092	6880870	3107227	524793	184244	3038223	4729267
19336893	35682119	15676811	3063341	1407252	12599352	24729002
1742627	2108698	604435	80470	27620	867980	1429132
252963	885368	259257	14896	27218	373578	523961
1489664	1223330	345178	65575	403	494402	905171
39153	45859	30369	10483	988	15227	38328
9090223	17372182	8652945	2041280	445434	6082217	11795392
3653303	6928371	3152542	368545	266906	3342214	4396170
5436919	10443811	5500403	1672735	178529	2740002	7399223
4726092	13493777	5052364	719536	911733	4706056	9621094
3707760	2546531	1280477	197199	21115	910632	1777452
45945	6265	773	773		5493	154
3552185	2516583	1279504	196375	20999	896571	1754669
109630	23683	200	51	117	8569	22629
31038	115070	56221	14373	362	17240	67603
57682	49923	16318	2862	163	30886	26708
31337	25570	7803	1656		17767	9717
26345	24353	8515	1206	163	13119	16992
911360	651391	422154	80443	63514	90421	455855
911360	651391	422154	80443	63514	90421	455855
4381595	12758743	6504177	2029335	580413	3359460	8630419
11639680	29609176	12373019	2631918	1298137	10191282	20536188

13-4 续

指 标	企业单位数（个）	#亏损企业	工业总产值（当年价格）
按轻重工业分			
轻工业	21	3	709369
重工业	133	37	20326955
按行业分			
煤炭开采和洗选业	17	1	1640996
黑色金属矿采选业	9	1	1193530
农副食品加工业	8	1	229445
食品制造业	4		208217
酒、饮料和精制茶制造业	3		57785
纺织服装、服饰业	2	1	91172
木材加工和木、竹、藤、棕、 制鞋业	1		38857
造纸和纸制品业	1		28770
文教、工美、体育和娱乐用品	1		27197
化学原料和化学制品制造业	4		779993
非金属矿物制品业	13	4	466257
黑色金属冶炼和压延加工业	20	2	6133526
有色金属冶炼和压延加工业	14	3	3007041
金属制品业	7	3	2416384
通用设备制造业	10	6	358652
专用设备制造业	6	5	134418
汽车制造业	8	6	1170770
铁路、船舶、航空航天和其他运输设备制造	3		386980
电气机械和器材制造业	3	1	350089
计算机、通信和其他电子设备制造业	1		44625
金属制品、机械和设备修理业	1		15438
电力、热力生产和供应业	13	4	2010764
燃气生产和供应业	3		211125
水的生产和供应业	2	2	34293

表 1

单位：万元

工业销售产值（当年价格）	资产总计	流动资产合计	应收账款	产成品	固定资产合计	负债合计
691639	865729	379408	54712	52417	197323	415265
19614295	35517703	15735875	3091935	1418513	12523335	24796301
1305128	1437783	672701	40010	6776	600098	790131
1187558	1645120	825842	74981	102082	732340	939006
229445	352075	81922	7628	2565	60276	130226
208218	111301	70582	21797	872	36281	44179
56895	158704	80951	2997	3276	33878	76675
75331	154541	121616	19669	45703	18935	92575
37857	15959	766	256		2969	4412
28770	20140	2300	1400		17840	17520
27197	397	216	71		181	274
820668	1943352	460378	155413	12091	1255668	1170645
464078	575181	179032	28094	14645	325376	489920
5844362	15650286	6051336	1140790	523470	4547048	11741139
2936444	4505050	2462161	489650	392848	1295858	2409811
2403327	4161540	2531732	319299	188754	1402310	2854590
359174	456737	277225	56190	22626	135484	289699
132747	221980	182755	61513	40983	26182	206100
1155121	1793242	1291362	544110	79533	358900	1558164
349887	371764	254440	38929	33808	65133	114103
350089	190719	70288	36574	785	87616	98891
44625	18420	3370	230		5648	6452
15438	39362	29734	16025		4853	26388
2028157	2261392	305322	80107	113	1591917	1937456
211125	239896	134488	9544		86734	162066
34293	58491	24764	1370		29133	51144

指　　标	主营业务收入	主营业务成本	主营业务税金及附加	销售费用
总　计	**19600890**	**16935356**	**98726**	**315346**
按隶属关系分				
中央企业	4579205	4033620	23788	69450
内蒙企业	4147367	3604103	5985	76776
市属企业	10874318	9297633	68953	169120
市直属企业	339035	289340	5043	11774
旗县区属企业	10535283	9008293	63910	157346
按企业规模分				
大型企业	703374	537955	11350	40648
中型企业	18897516	16397401	87376	274698
按登记注册类型分				
内资企业	18632638	16023500	96965	296471
国有企业	583129	512255	6302	10577
中央企业	274669	274128	3729	5426
地方企业	308461	238128	2572	5151
集体企业	46855	40768	666	189
有限责任公司	8910098	7729436	45188	130128
国有独资公司	3613230	3078459	19754	35117
其他有限责任公司	5296869	4650978	25434	95010
股份有限公司	4845428	4390641	11600	77872
私营企业	4182758	3298580	33185	77456
私营独资企业	45945	32436	643	
私营有限责任公司	4026633	3158179	32208	77456
私营股份有限公司	110180	107965	334	
其他企业	64370	51819	24	249
港、澳、台商投资企业	59466	47828	493	822
合资经营企业（港或澳、台资）	31337	22064	376	121
港澳台商独资经营企业	28129	25764	117	700
外商投资企业	908786	864028	1268	18054
中外合资经营企业	908786	864028	1268	18054
在总计中:亏损企业	4291699	3903233	17349	88586
在总计中:国有控股企业	10425574	9125762	40376	174121

表 2

单位：万元

管理费用	财务费用	利润总额	亏损企业亏损总额	利税总额	本年应交增值税	全部从业人员年平均人数（人）
1125394	**532713**	**686865**	**291841**	**1419530**	**617768**	**184499**
332239	142165	73537	145059	201878	104383	47743
253350	245895	-48535	65907	108030	134925	53872
539805	144653	661863	80875	1109622	378460	82884
35388	8864	7835	5202	20389	7457	8918
504417	135789	654028	75673	1089233	371003	73966
61160	8287	66062	9563	102647	25181	12705
1064234	524426	620803	282278	1316883	592587	171794
1108263	522693	674006	287888	1398014	610872	179480
79882	16597	-24439	52359	40812	58663	15284
29256	5368	-35136	43738	-18765	12520	5227
50627	11230	10697	8621	59577	46143	10057
2601	225	3328	110	5872	1877	1307
563706	344259	259809	159304	553217	248112	86388
242181	117585	169849	32135	301668	112060	35828
321526	226675	89959	127169	251549	136051	50560
157897	143215	14999	57352	148416	106110	49033
296194	18378	415996	18763	644659	195463	26448
5973	1	6892		13516	5981	301
289370	17821	408629	18763	629891	189037	25678
851	556	474		1252	444	469
7984	19	4315		5038	649	1020
4590	243	5670		9144	2981	887
3447	6	5323		7579	1880	305
1143	237	347		1565	1101	582
12541	9778	7190	3952	12372	3914	4132
12541	9778	7190	3952	12372	3914	4132
358915	277562	-291841	291841	-205661	68725	64162
683238	466920	42336	269751	393059	294193	127734

13-4 续

指　标	主营业务收入	主营业务成本	主营业务税金及附加	销售费用
按轻重工业分				
轻工业	703374	537955	11350	40648
重工业	18897516	16397401	87376	274698
按行业分				
煤炭开采和洗选业	1714872	1218023	23003	51986
黑色金属矿采选业	1171513	1016423	6026	18588
农副食品加工业	258835	212635	1827	3626
食品制造业	191343	142006	1168	18477
酒、饮料和精制茶制造业	52700	29622	7199	4456
纺织服装、服饰业	74901	58911	319	6425
木材加工和木、竹、藤、棕、草制品业	37857	31598	243	486
造纸和纸制品业	28770	20409	280	2020
文教、工美、体育和娱乐用品制造业	27197	18764	97	450
化学原料和化学制品制造业	871245	565262	10282	8285
非金属矿物制品业	462597	398075	3602	7495
黑色金属冶炼和压延加工业	5939509	5436373	8910	79875
有色金属冶炼和压延加工业	2969281	2684654	7679	31971
金属制品业	2402493	2159364	9769	24104
通用设备制造业	353772	324119	1702	2600
专用设备制造业	129115	126388	141	3872
汽车制造业	1081073	1033286	2796	29941
铁路、船舶、航空航天和其他运输设备制造业	348258	280608	1122	4445
电气机械和器材制造业	348979	278373	2458	7854
计算机、通信和其他电子设备制造业	44625	32613	146	495
金属制品、机械和设备修理业	15521	13622	223	15
电力、热力生产和供应业	825670	684761	7078	913
燃气生产和供应业	212626	140326	2438	2259
水的生产和供应业	38138	29141	218	4708

表 3

单位：万元

管理费用	财务费用	利润总额	亏损企业亏损总额	利税总额	本年应交增值税	全部从业人员年平均人数（人）
61160	8287	66062	9562	102647	25181	12705
1064234	524426	620803	282279	1316883	592587	171794
209703	7898	198162	43738	349196	128014	13231
29263	33155	62254	3293	126138	57857	5863
21112	3526	29425	3981	41213	9961	3257
11066	191	18796		23264	3300	1488
9001	-222	8291		20468	4924	2492
4576	4550	2088	133	3458	1051	2633
676	26	5829		6440	369	311
3740	135	2186		3667	1200	240
2992		4896		7902	2910	649
93648	32514	162166		242113	69665	4824
28074	6672	4543	30380	20648	12503	5042
223863	206409	41664	20786	175702	109309	54155
108979	59508	18775	33321	76026	49571	19151
171701	38991	54370	7099	91001	26690	31053
24429	2506	-884	11325	6633	5711	8164
8945	3849	-12334	12882	-11116	1078	2617
41621	63115	-58349	78272	-42126	13425	7930
27676	-3163	31233		35486	3132	1822
26015	4030	33998	1456	60438	23982	1818
655	11	5501		6032	385	328
892	524	316		1422	883	680
52738	67633	26297	38916	117250	83871	13080
13757	777	53901		62850	6510	1587
10272	78	-6259	6259	-4575	1467	2084

13-5 规模以上国有控股工业

指　标	企业单位数（个）	#亏损企业	工业总产值（当年价格）
总　计	**95**	**42**	**12784291**
按隶属关系分			
中央企业	17	6	4792293
内蒙企业	9	5	5455141
市属企业	69	31	2536857
市直属企业	8	2	197692
旗县区属企业	61	29	2339165
按企业规模分			
大型企业	21	11	10529276
中型企业	38	21	1379262
小型企业	36	10	875753
按登记注册类型分			
内资企业	92	40	12728285
国有企业	17	5	1770971
中央企业	4	1	258965
地方企业	13	4	1512006
有限责任公司	59	31	6019560
国有独资公司	15	8	3792257
其他有限责任公司	44	23	2227303
股份有限公司	15	4	4906643
外商投资企业	3	2	56006
中外合资经营企业	3	2	56006
在总计中:亏损企业	42	42	4095297

企业主要经济指标（2014年）

单位：万元

工业销售产值（当年价格）	资产总计	流动资产合计	应收账款	产成品	固定资产合计	负债合计
12499637	**30812778**	**12883050**	**2734898**	**1361650**	**10751099**	**21114871**
4770289	9188128	4303924	919915	321785	4015168	5929249
5224068	16992762	6439385	1446341	787803	4798091	12374084
2505280	4631888	2139741	368642	252062	1937840	2811538
174457	683542	342936	45689	51132	84458	349816
2330823	3948346	1796805	322953	200930	1853382	2461722
10233566	26634615	11252783	2352982	1199090	8733552	18438523
1406115	2974560	1120236	278936	99047	1457730	2097666
859956	1203603	510031	102980	63513	559817	578682
12445838	30709905	12809990	2720840	1344172	10724172	21024603
1791764	2242571	630271	91942	29114	960190	1532220
276048	974026	273837	20998	27328	433756	592101
1515716	1268545	356434	70945	1786	526434	940119
5976596	15119978	7352789	1923380	441980	5042420	9928914
3781428	7289144	3305433	377208	283888	3576377	4493174
2195168	7830834	4047356	1546172	158093	1466043	5435740
4646440	13232285	4770710	691145	872715	4704322	9495866
53799	102874	73060	14058	17478	26927	90268
53799	102874	73060	14058	17478	26927	90268
4019233	12554654	6461723	2031175	589319	3263122	8343156

13-5 续

指　标	企业单位数（个）	#亏损企业	工业总产值（当年价格）
按轻重工业分			
轻工业	7	2	132359
重工业	88	40	12651932
按行业分			
煤炭开采和洗选业	2	1	212418
黑色金属矿采选业	3	2	504766
农副食品加工业	1		170
食品制造业	1		58261
酒、饮料和精制茶制造业	2		34962
纺织业	1		601
化学原料和化学制品制造业	2		549863
橡胶和塑料制品业	1		14580
非金属矿物制品业	3	2	96651
黑色金属冶炼和压延加工业	9	3	3569332
有色金属冶炼和压延加工业	11	4	1376083
金属制品业	6	3	2375453
通用设备制造业	9	6	302881
专用设备制造业	11	8	189828
汽车制造业	5	4	781273
铁路、船舶、航空航天和其他运输设备制造业	2	1	336028
电气机械和器材制造业	3	1	236121
金属制品、机械和设备修理业	1		15438
电力、热力生产和供应业	19	5	2095289
燃气生产和供应业	1		
水的生产和供应业	2	2	34293

表 1

单位：万元

工业销售产值（当年价格）	资产总计	流动资产合计	应收账款	产成品	固定资产合计	负债合计
136654	545659	194509	22636	4832	90608	229646
12362983	30267119	12688541	2712262	1356818	10660491	20885225
215078	418478	68500	15219	6776	277911	221914
504765	1230741	633179	37125	71644	510624	692936
170	250493	45607	1296	1576	21578	77450
58261	44386	34454	9949	560	9305	25690
37305	133793	69078	616	1550	22232	67131
3978	6468	6416	2631	895	10	2282
601892	1333547	109135	15746	4390	1094178	687585
13514	16938	12332	2332	5051	1204	8617
97784	125207	21583	5289	2493	101501	106321
3361173	14510558	5563389	1099435	490463	3921935	10811692
1290676	2575029	1219679	356016	400979	757301	1027456
2362396	4117977	2497879	312622	177890	1395474	2820884
303145	401459	257781	48451	21952	102726	258907
183909	339843	257266	87161	51110	37315	254816
765623	1760539	1270315	538774	79105	349961	1530531
299843	353661	254752	38475	35771	56414	107970
239956	147611	71622	34839	9332	32105	64316
15438	39362	29734	16025		4853	26388
2110438	2946020	434491	111350	113	2024384	2270640
	2177	1094	177		955	201
34293	58491	24764	1370		29133	51144

指　标	主营业务收入	主营业务成本	主营业务税金及附加	销售费用
总　计	**11347873**	**9962435**	**44089**	**180426**
按隶属关系分				
中央企业	4730633	4156788	23792	70046
内蒙企业	4093783	3557683	5673	75116
市属企业	2523457	2247964	14624	35264
市直属企业	201279	173673	4035	5017
旗县区属企业	2322178	2074291	10589	30247
按企业规模分				
大型企业	9018820	7913700	30508	149640
中型企业	1406755	1212062	9869	24481
小型企业	922298	836673	3712	6305
按登记注册类型分				
内资企业	11295278	9912675	43852	179295
国有企业	628811	548474	6395	10994
中央企业	297754	290686	3731	5745
地方企业	331057	257788	2664	5248
有限责任公司	5891392	5046918	29360	91912
国有独资公司	3740026	3189102	19830	35242
其他有限责任公司	2151366	1857816	9531	56670
股份有限公司	4710706	4265464	8073	76140
外商投资企业	52594	49760	237	1130
中外合资经营企业	52594	49760	237	1130
在总计中:亏损企业	3929632	3537072	17165	83079

表 2

单位：万元

管理费用	财务费用	利润总额	亏损企业亏损总额	利税总额	本年应交增值税	全部从业人员年平均人数（人）
709648	**481703**	**73908**	**282207**	**446167**	**312007**	**131988**
341803	148066	85153	145330	216020	106900	48252
241024	245899	-51897	65907	101704	132273	53142
126821	87738	40648	70970	128443	72834	30594
27598	4171	1642	5202	12980	7248	6436
99223	83567	39006	65768	115463	65586	24158
577229	403159	19520	212860	313782	247978	104430
106009	63761	22816	56891	79277	46215	23304
26410	14783	31572	12456	53108	17814	4254
704214	478923	80458	275006	451125	310652	131329
80907	21314	-21084	52539	46811	61213	15826
29505	8242	-32056	43738	-13841	14362	5324
51402	13071	10972	8801	60652	46851	10502
463347	315642	86498	165342	260905	144938	67352
250115	120489	175898	38193	307798	112067	36722
213232	195153	-89400	127149	-46893	32871	30630
151977	141948	10730	57125	138371	103851	47131
5434	2780	-6550	7201	-4958	1355	659
5434	2780	-6550	7201	-4958	1355	659
353347	276108	-282207	282207	-197000	67937	60256

13-5 续

指 标	主营业务收入	主营业务成本	主营业务税金及附加	销售费用
按轻重工业分				
轻工业	164605	129040	4565	14580
重工业	11183268	9833395	39524	165846
按行业分				
煤炭开采和洗选业	212418	213470	5766	4740
黑色金属矿采选业	505293	457209	1324	11922
农副食品加工业	27316	28963	1	287
食品制造业	58046	46741	263	4418
酒、饮料和精制茶制造业	34490	18729	4024	4183
纺织业	3978	3496	26	96
化学原料和化学制品制造业	601173	394428	6734	581
橡胶和塑料制品业	13426	11824		281
非金属矿物制品业	88440	89312	89	1628
黑色金属冶炼和压延加工业	3451342	3061905	2235	69746
有色金属冶炼和压延加工业	1302532	1131683	2589	11528
金属制品业	2390018	2150409	9676	24098
通用设备制造业	292062	274981	1073	1764
专用设备制造业	168781	161153	253	4773
汽车制造业	692861	646570	2598	29835
铁路、船舶、航空航天和其他运输设备制造业	299606	248998	727	3886
电气机械和器材制造业	239276	232712	186	1839
金属制品、机械和设备修理业	15521	13622	223	15
电力、热力生产和供应业	908534	743768	6061	98
燃气生产和供应业	4622	3321	23	
水的生产和供应业	38138	29141	218	4708

表 3

单位：万元

管理费用	财务费用	利润总额	亏损企业亏损总额	利税总额	本年应交增值税	全部从业人员年平均人数（人）
25584	3535	4094	5948	15426	6713	4677
684064	478168	69814	276259	430741	305294	127311
21373	3110	-35616	43738	-12692	17157	2540
6996	29949	-3703	4202	16343	18721	2796
7130	3087	1512		1513		933
2264	244	4382		6298	1653	382
5097	-168	4148		11601	3375	1426
384		1		27		62
57730	27307	115009		173316	51571	1994
1201	149	55		55		248
4234	5831	-12252	15252	-11506	657	789
193308	196360	-6031	26872	86830	74808	42853
85630	29523	-29695	36569	-16211	10896	13852
169374	38880	53134	7099	88751	25769	30785
16002	2382	-6274	11135	-3442	1653	6215
13133	4089	-12814	14272	-11094	1458	3151
39005	62015	-55895	75814	-40404	12894	6841
27033	-3341	23125	351	26862	3010	1452
3545	2315	1654	1456	3449	1608	670
892	524	316		1422	883	680
44863	79370	38012	39188	127301	83225	12215
182	-1	1099		2323	1202	20
10272	78	-6259	6259	-4575	1467	2084

13-6 规模以上集体工业

指　标	企业单位数（个）	#亏损企业	工业总产值（当年价格）
总　计	**19**	**4**	**89383**
按隶属关系分			
市属企业	19	4	89383
旗县区属企业	19	4	89383
按企业规模分			
中型企业	5	1	39157
小型企业	14	3	50226
按轻重工业分			
轻工业	1		21083
重工业	18	4	68300
按行业分			
农副食品加工业	1		21083
化学原料和化学制品制造业	1	1	2106
非金属矿物制品业	4	1	13089
黑色金属冶炼和压延加工业	5		20905
金属制品业	3	1	5838
通用设备制造业	2		5284
汽车制造业	1	1	7689
铁路、船舶、航空航天和其他运输设备制造业	1		10618
废弃资源综合利用业	1		2771

企业主要经济指标（2014年）

单位：万元

工业销售产值（当年价格）	资产总计	流动资产合计	应收账款	产成品	固定资产合计	负债合计
89060	**112976**	**75643**	**36871**	**2302**	**21299**	**78225**
89060	112976	75643	36871	2302	21299	78225
89060	112976	75643	36871	2302	21299	78225
39153	45859	30369	10483	988	15227	38328
49907	67117	45274	26388	1314	6072	39897
21083	13926	1753	230			6322
67977	99050	73890	36641	2302	21299	71903
21083	13925	1752	230			6322
2076	3569	3265	100	379	305	4156
13086	25343	16242	2388	713	9096	19734
20900	27753	19443	10628	603	5882	23448
5838	9042	7529	4408	446	1480	4809
5285	17296	13641	10690	158	2770	8586
7689	6677	5834	2919		843	2788
10618	8127	6941	5116		923	7276
2485	1244	996	392	3		1106

13-6 续

指 标	主营业务收入	主营业务成本	主营业务税金及附加	销售费用
总 计	**106081**	**90549**	**1001**	**606**
按隶属关系分				
市属企业	106081	90549	1001	606
旗县区属企业	106081	90549	1001	606
按企业规模分				
中型企业	46855	40768	666	189
小型企业	59226	49781	335	417
按轻重工业分				
轻工业	21083	18519	44	98
重工业	84998	72030	957	508
按行业分				
农副食品加工业	21083	18519	44	98
化学原料和化学制品制造业	2076	2141	33	
非金属矿物制品业	25933	22483	135	189
黑色金属冶炼和压延加工业	21966	18034	503	216
金属制品业	9706	6950	22	10
通用设备制造业	5772	5206	24	
汽车制造业	7579	7425	32	
铁路、船舶、航空航天和其他运输设备制造业	8990	6954	200	
废弃资源综合利用业	2976	2837	8	94

表

单位：万元

管理费用	财务费用	利润总额	亏损企业亏损总额	利税总额	本年应交增值税	全部从业人员年平均人数（人）
5993	**465**	**5760**	**871**	**10346**	**3445**	**2724**
5993	465	5760	871	10346	3445	2724
5993	465	5760	871	10346	3445	2724
2601	225	3328	111	5873	1876	1307
3392	240	2432	760	4473	1569	1417
101	2	2319		2490	126	45
5892	463	3441	871	7856	3319	2679
101	2	2319		2490	127	45
456	18	-539	539	-478	28	137
1072	-7	989	4	2166	1042	449
1646	91	2447		4209	1259	931
950	92	-178	217	159	177	370
479	61	38		238	175	259
450	48	-110	110	202	278	313
826	160	769		1011	42	170
14		25		349	316	50

13-7 规模以上三资工业

指　　标	企业单位数（个）	#亏损企业	工业总产值（当年价格）
总　计	**32**	**8**	**1457051**
按隶属关系分			
市属企业	32	8	1457051
市直属企业	2		97527
旗县区属企业	30	8	1359524
按企业规模分			
大型企业	1		85657
中型企业	6	1	914860
小型企业	25	7	456534
按登记注册类型分			
港、澳、台商投资企业	10		239552
合资经营企业（港或澳、台资）	5		89258
港澳台商独资经营企业	5		150294
外商投资企业	22	8	1217499
中外合资经营企业	15	6	1075897
外资企业	6	1	122215
按轻重工业分			
轻工业	8		322209
重工业	24	8	1134842
按行业分			
农副食品加工业	3		65777
食品制造业	2		103851
酒、饮料和精制茶制造业	1		66559
纺织业	1		364
纺织服装、服饰业	1		85657
化学原料和化学制品制造业	1		23910
非金属矿物制品业	2	1	72972
黑色金属冶炼和压延加工业	3		7950
有色金属冶炼和压延加工业	9	4	811514
金属制品业	1	1	20492
通用设备制造业	2		87930
专用设备制造业	2	1	64809
汽车制造业	1		14445
电力、热力生产和供应业	3	1	30821

企业主要经济指标（2014年）

单位：万元

工业销售产值（当年价格）	资产总计	流动资产合计	应收账款	产成品	固定资产合计	负债合计
1401606	**1606620**	**689645**	**174094**	**78866**	**660135**	**1059271**
1401606	1606620	689645	174094	78866	660135	1059271
82443	173389	132318	21774	46153	27098	92110
1319163	1433231	557327	152320	32713	633037	967161
69829	148079	117023	19212	45300	17158	90488
899213	553235	321449	64093	18378	104149	392075
432564	905306	251173	90789	15188	538828	576708
238168	461069	68311	16270	2546	304175	259135
87245	95135	24239	5965	2137	65472	70264
150923	365934	44072	10305	409	238703	188871
1163438	1145551	621335	157824	76320	355961	800136
1024765	871185	507265	102451	72899	212697	598940
119286	239150	110240	55374	2821	124883	158700
285256	311975	169726	36413	48217	112646	183602
1116350	1294645	519919	137681	30649	547489	875669
64554	41570	14733	2925	1325	25933	17491
101461	46872	30675	11223	1459	11535	8583
49048	73965	6125	3041		57702	65473
364	1489	1170	12	134	318	1568
69829	148079	117024	19212	45300	17158	90488
23910	13435	1212	157		3503	4058
70959	88675	16896	2695	2599	58772	87351
8804	4785	3664	1077	64	1542	2643
794154	510863	283993	49784	2998	104214	350321
20222	42982	34425	18815	1106	7107	54445
87930	230143	11173	4594	248	144144	124966
65105	111800	97686	34320	16625	10980	89346
14445	20027	19586	7177	7008	54	5663
30821	271935	51283	19062		217173	156875

13-7 续

指　标	主营业务收入	主营业务成本	主营业务税金及附加	销售费用
总　计	**1406139**	**1278444**	**4739**	**30308**
按隶属关系分				
市属企业	1406139	1278444	4739	30308
市直属企业	82003	62855	374	6704
旗县区属企业	1324136	1215589	4365	23604
按企业规模分				
大型企业	69500	54035	281	6315
中型企业	898752	857821	1480	12561
小型企业	437887	366588	2978	11432
按登记注册类型分				
港、澳、台商投资企业	238821	196389	1836	2784
合资经营企业（港或澳、台资）	87606	76907	735	160
港澳台商独资经营企业	151215	119482	1101	2624
外商投资企业	1167318	1082056	2903	27524
中外合资经营企业	1038303	982292	2102	19902
外资企业	114719	83805	801	7392
按轻重工业分				
轻工业	276015	221631	806	16238
重工业	1130124	1056813	3933	14070
按行业分				
农副食品加工业	59666	44192	376	1885
食品制造业	82366	63515	142	8031
酒、饮料和精制茶制造业	63968	59541		
纺织业	514	347	8	6
纺织服装、服饰业	69500	54035	281	6315
化学原料和化学制品制造业	23910	19995	144	338
非金属矿物制品业	65868	67121	324	248
黑色金属冶炼和压延加工业	9254	8471	281	150
有色金属冶炼和压延加工业	814615	792619	1628	5326
金属制品业	20222	22119		189
通用设备制造业	87596	65750	690	1509
专用设备制造业	65105	49709	343	5876
汽车制造业	14445	10207	93	435
电力、热力生产和供应业	29110	20823	429	

表

单位：万元

管理费用	财务费用	利润总额	亏损企业亏损总额	利税总额	本年应交增值税	全部从业人员年平均人数（人）
37036	**27494**	**34536**	**24253**	**62803**	**23528**	**7873**
37036	27494	34536	24253	62803	23528	7873
5923	4418	2871		5157	1912	2355
31113	23076	31665	24253	57646	21616	5518
4012	4532	2221		3552	1051	2198
13119	5489	10639	3952	17964	5845	2821
19905	17473	21676	20301	41287	16632	2854
8903	6297	24364		36839	10639	1715
4479	77	5345		7960	1880	613
4424	6220	19019		28879	8759	1102
28133	21197	10172	24253	25964	12889	6158
20711	14764	3016	13760	12128	7010	5171
6015	4983	11853	5796	18532	5879	855
11480	7546	20366		25828	4656	3467
25556	19948	14170	24253	36975	18872	4406
4903	259	8085		10349	1889	515
2323	40	8436		10293	1716	489
89	2714	1625		1625		210
153				7		55
4012	4532	2220		3552	1051	2198
416	9	3008		3395	242	165
1771	1450	-4693	4697	-4369		260
308	10	62		407	63	174
12730	3637	-1862	6921	3938	4171	2487
993	1473	-5796	5796	-5796		260
1982	4419	13491		19899	5719	260
5265	2914	2183	3952	5363	2837	595
442	162	3349		4490	1047	36
1649	5875	4428	2887	9650	4793	169

13-8 主要工业

年份	钢（万吨）	铁（万吨）	钢材（万吨）	铝锭（万吨）	发电量（亿千瓦时）	原煤（万吨）
1962	8.24	31.85	0.66	1.04	6.70	164.46
1965	34.22	51.03	1.34	2.43	10.19	161.91
1970	80.05	64.15	14.52	2.12	17.37	190.31
1975	41.40	44.28	32.45	1.09	19.18	229.23
1978	89.23	97.73	55.53	1.93	20.45	303.71
1980	130.83	128.12	84.07	2.67	21.24	290.92
1985	166.97	170.75	82.93	2.73	32.00	444.93
1990	261.90	258.24	146.64	5.91	44.19	476.77
1991	256.17	246.27	147.23	6.45	46.50	498.80
1992	289.80	274.68	167.84	7.18	55.12	532.16
1993	324.07	298.02	214.53	7.07	58.29	588.88
1994	316.00	296.37	234.46	7.18	56.49	631.00
1995	339.25	313.35	233.80	7.27	57.80	722.96
1996	412.71	396.30	269.26	7.59	55.89	701.03
1997	431.34	412.75	317.85	9.11	54.35	648.76
1998	385.91	373.15	319.44	11.43	55.85	447.76
1999	393.49	380.71	342.05	11.79	49.73	399.49
2000	399.67	392.87	355.42	11.84	49.60	375.45
2001	428.34	421.44	360.35	11.95	54.08	177.81
2002	489.31	498.41	457.34	14.23	61.59	248.99
2003	539.95	546.51	517.66	20.10	65.21	233.91
2004	576.42	565.46	567.56	34.40	75.75	285.99
2005	740.69	749.62	700.01	40.69	100.74	326.07
2006	799.22	871.84	742.82	49.52	165.99	181.66
2007	919.44	1032.82	862.25	66.69	242.52	180.08
2008	1052.73	1081.03	1010.21	81.19	262.78	241.45
2009	1108.42	1127.83	1051.51	83.60	274.86	1490.13
2010	1112.67	1135.35	1119.40	87.13	262.06	2235.00
2011	1176.53	1187.98	1187.29	101.71	353.26	1963.22
2012	1397.53	1126.13	1311.99	116.85	373.80	2174.39
2013	1565.52	1143.82	1388.14	120.08	395.90	1997.26
2014	1314.97	1183.70	1307.65	125.54	438.47	2041.62

产 品 产 量

布（万米）	糖（万吨）	白酒（千升）	啤酒（万千升）	硫酸（吨）	电石（吨）	农用化肥（吨）	水泥（万吨）
37	0.12	973		43	2968	4945	0.86
232	2.52	927			3614	5595	
5352	2.73	1283		622	4963	14516	0.11
2936	1.27	1600		6186	5701	10437	2.02
5720	1.42	1797		8336	9270	22838	2.49
5889	2.59	2730		21611	10910	30011	6.20
4987	5.22	6077	1.39	27091	21833	30928	10.74
7775	2.89	9477	2.42	38445	33997	14446	14.98
7466	4.56	9962	2.71	41120	31487	14448	19.85
6507	6.14	10762	3.00	46352	37284	14289	23.76
526	5.28	15000	3.64	55500	31400	14800	31.53
5440	3.80	14939	3.65	65068	36239	16520	23.00
4839	2.18	10896	4.00	71443	60593	16366	25.74
5432	4.60	11652	4.30	59038	59039	17852	30.83
5292	4.19	15608	5.01	71475	57867	16664	38.17
4065	3.66	15206	4.77	85111	59719	16524	50.31
3146	3.79	19581	5.12	81801	69014	19983	54.01
392	3.21	18818	4.85	90772	72455	18948	46.93
2522	4.47	13351	5.61	103509	68077	22230	64.61
2941	4.50	10662	6.20	179076	138474	23734	60.03
2669	4.02	8315	6.91	118282	123423	22781	60.32
2053	2.74	8020	8.01	185864	149144	23473	138.17
2230	3.36	9192	12.80	215898	224071	32265	157.43
2564	3.71	9387	16.88	233524	223918	27468	200.80
1848	3.38	8878	20.01	157203	265695	25525	242.90
1268	1.90	6828	21.18	202288	316250	19540	272.94
203	1.00	8819	22.96	227059	254742	12389	309.80
	0.09	8050	17.21	162768	152833		476.18
	0.44	10196	15.86	82945	119518		442.47
		9121	13.92		18348		578.78
		8744	13.60		8782		730.21
		8568	11.39		96591		532.66

13-9　规模以上工业企业主要产品产量（2014年）

产品名称	计量单位	生产量合　计	产品名称	计量单位	生产量合　计
原煤	万吨	2041.62	针织服装	万件	69.90
烟煤	万吨	1671.42	机制纸及纸板（外购原纸加工除外）	万吨	19.27
一般烟煤	万吨	1997.26	包装用纸及纸板	万吨	19.27
洗煤	万吨	1308.37	纸制品	万吨	13.79
#洗精煤	万吨	556.52	瓦楞纸箱	万吨	13.79
铁矿石原矿	万吨	2369.56	烧碱（折100%）	万吨	16.54
铜金属含量	万吨	7.85	离子膜法烧碱（折100%）	万吨	16.54
石灰石	万吨	162.15	碳化钙（电石，折 300升/千克）	万吨	9.66
小麦粉	万吨	21.42	精甲醇	万吨	159.47
饲料	万吨	20.35	初级形态的塑料	万吨	73.43
#配合饲料	万吨	17.19	高密度聚乙烯树酯（HDPE）	万吨	26.11
精制食用植物油	万吨	0.92	聚丙烯树脂	万吨	26.39
乳制品	万吨	16.58	聚氯乙烯树脂	万吨	20.93
液体乳	万吨	16.21	化学试剂	万吨	0.28
乳粉	万吨	0.36	中成药	万吨	0.10
饮料酒	千升	122450	塑料制品	万吨	2.93
白酒（折65度，商品量）	千升	8568	硅酸盐水泥熟料	万吨	55.42
啤酒	千升	113882	水泥	万吨	532.66
软饮料	万吨	218.80	商品混凝土	万立方米	65.99
包装饮用水类	万吨	218.80	水泥混凝土排水管	千米	101.80
绒线（俗称毛线）	吨	13.00	水泥混凝土压力管	千米	116.80
毛机织物（呢绒）	万米	1	石膏板	万平方米	2304
亚麻布(含亚麻≥55%)	万米	1584	砖	万块	153727
无纺布（无纺织物）	吨	69	玻璃包装容器	吨	72608
服装	万件	69.90	耐火材料制品	万吨	0.99

13-9 续 表

产品名称	计量单位	生产量合计	产品名称	计量单位	生产量合计
石墨及炭素制品	万吨	23.92	铁合金	万吨	70.52
生铁	万吨	1183.70	十种有色金属	万吨	125.54
粗钢	万吨	1314.97	原铝（电解铝）	万吨	125.54
铸铁件	万吨	0.38	黄金	千克	1747.20
铸钢件	万吨	1.05	单一稀土金属	吨	281.76
钢材	万吨	1307.65	铝合金	万吨	6.46
铁道用钢材	万吨	101.41	铝材	万吨	39.88
#重轨	万吨	97.25	钢结构	万吨	3.06
大型型钢	万吨	51.84	泵	台	26507
棒材	万吨	42.75	液压元件	万件	10.74
钢筋	万吨	107.51	矿山专用设备	万吨	0.03
线材（盘条）	万吨	157.46	灭火器	台	49207
特厚板	万吨	13.52	汽车	辆	10196
厚钢板	万吨	63.43	载货汽车	辆	10196
中板	万吨	67.71	改装汽车	辆	1614
热轧薄板	万吨	0.16	铁路货车	辆	3173
冷轧薄板	万吨	0.85	变压器	千伏安	245455
中厚宽钢带	万吨	229.31	蓄电池	千伏安时	97.30
热轧薄宽钢带	万吨	16.25	太阳能电池（光伏电池）	千瓦	72269.40
冷轧薄宽钢带	万吨	116.21	发电量	亿千瓦小时	438.47
热轧窄钢带	万吨	9.56	#火力发电量	亿千瓦小时	414.66
镀层板（带）	万吨	42.65	风力发电量	亿千瓦小时	23.81
无缝钢管	万吨	123.03	煤气生产量	亿立方米	187.3
焊接钢管	万吨	18.47	自来水生产量	万立方米	20993.6
其它钢材	万吨	145.50			

主要统计指标解释

工业 指从事自然资源的开采，对采掘品和农产品进行加工和再加工的物质生产部门。具体包括：（1）对自然资源的开采，如采矿、晒盐、森林采伐等（但不包括禽兽捕猎和水产捕捞）；（2）对农副产品的加工、再加工，如粮油加工、食品加工、轧花、缫丝、纺织、制革等；（3）对采掘品的加工、再加工，如炼铁、炼钢、化工生产、石油加工、机器制造、木材加工等，以及电力、自来水、煤气的生产和供应等；（4）对工业品的修理、翻新，如机器设备的修理，交通运输工具（包括小卧车）的修理等。

工业统计调查单位 为独立核算法人工业企业。

独立核算法人工业企业指从事工业生产经营活动的单位。独立核算法人工业企业应同时具备以下条件：①依法成立，有自己的名称、组织机构和场所，能够承担民事责任；②独立拥有和使用资产，承担负债，有权与其他单位签订合同；③独立核算盈亏，并能够编制资产负债表。

本年鉴中涉及的企业登记注册类型：

国有及国有控股企业 指国有企业加上国有控股企业。国有企业（即原全民所有制工业或国营工业）指企业全部资产归国家所有，并按《中华人民共和国企业法人登记管理条例》规定登记注册的非公司制的经济组织。包括国有企业、国有独资公司和国有联营企业。1957年以前的公私合营和私营工业，后均改造为国营工业，1992年改为国有工业，这部分工业的资料不单独分列时，均包括在国有企业内。国有控股企业是对混合所有制经济的企业进行的"国有控股"分类。它是指这些企业的全部资产中国有资产（股份）相对其他所有者中的任何一个所有者占资（股）最多的企业。该分组反映了国有经济控股情况。

集体企业 指企业资产归集体所有，并按《中华人民共和国企业法人登记管理条例》规定登记注册的经济组织。是社会主义公有制经济的组成部分。包括城乡所有使用集体投资举办的企业，以及部分个人通过集资自愿放弃所有权并依法经工商行政管理机关认定为集体所有制的企业。

股份合作企业 指以合作制为基础，由企业职工共同出资入股，吸收一定比例的社会资产投资组建，实行自主经营，自负盈亏，共同劳动，民主管理，按劳分配与按股分红相结合的一种集体经济组织。

联营企业 指两个及两个以上相同或不同所有制性质的企业法人或事业单位法人，按自愿、平等、互利的原则，共同投资组成的经济组织。联营企业包括：

国有联营企业指国有企业与国有企业间的联营；

集体联营企业指集体企业与集体企业间的联营；

国有与集体联营企业指国有企业与集体企业间的联营。

有限责任公司 指根据《中华人民共和国公司登记管理条例》规定登记注册，由两个以上，五十个以下的股东共同出资，每个股东以其所认缴的出资额对公司承担有限责任，公司以其全部资产对其债务承担责任的经济组织。

有限责任公司包括国有独资公司以及其他有限责任公司。

股份有限公司 指根据《中华人民共和国企业法人登记管理条例》规定登记注册，其全部注册资本由等额股份构成并通过发行股票筹集资本，股东以其认购的股份对公司承担有限责任，公司以其全部资产对其债务承担责任的经济组织。

私营企业 指由自然人投资设立或由自然人控股，以雇佣劳动为基础的营利性经济组织。包括按照《公司法》、《合伙企业法》、《私营企业暂行条例》规定登记注册的私营有限责任公司、私营股份有限公司、私营合伙企业和私营独资企业。

港、澳、台商投资企业 指企业注册登记类型中的港、澳、台资合资、合作、独资经营企业和股份有限公司之和。

外商投资企业 指企业注册登记类型中的中外合资、合作经营企业、外资企业和外商投资股份有限公司之和。

“三资”企业系指港、澳、台商投资企业和外资企业的简称。

轻工业 指主要提供生活消费品和制作手工工具的工业。按其所使用的原料不同，可分为两大类：（1）以农产品为原料的轻工业，是指直接或间接以农产品为基本原料的轻工业。主要包括食品制造、饮料制造、烟草加工、纺织、缝纫、皮革和毛皮制作、造纸以及印刷等工业；（2）以非农产品为原料的轻工业，是指以工业品为原料的轻工业。主要包括文教体育用品、化学药品制造、合成纤维制造、日用化学制品、日用玻璃制品、日用金属制品、手工工具制造、医疗器械制造、文化和办公用机械制造等工业。

重工业 是指为国民经济各部门提供物质技术基础的主要生产资料的工业。按其生产性质和产品用途，可以分为下列三类：（1）采掘（伐）工业，是指对自然资源的开采，包括石油开采、煤炭开采、金属矿开采、非金属矿开采和木材采伐等工业；（2）原材料工业，指向国民经济各部门提供基本材料、动力和燃料的工业。包括金属冶炼及加工、炼焦及焦炭、化学、化工原料、水泥、人造板以及电力、石油和煤炭加工等工业；（3）加工工业，是指对工业原材料进行再加工制造的工业。包括装备国民经济各部门的机械设备制造工业、金属结构、水泥制品等工业，以及为农业提供的生产资料如化肥、农药等工业。

根据上述划分原则，修理业中以重工业产品为修理作业对象的划为重工业，反之划为轻工业。

工业总产值 是以货币表现的工业企业在一定时期内生产的已出售或可供出售工业产品总量，它反映一定时间内工业生产的总规模和总水平。它包括：在本企业内不再进行加工，经检验、包装入库（规定不需包装的产品除外）的成品价值，对外加工费收入，自制半成品、在产品期末期初差额价值。工业总产值采用“工厂法”计算，即以工业企业作为一个整体，按企业工业生产活动的最终成果来计算，企业内部不允许重复计算，不能把企业内部各个车间（分厂）生产的成果相加。但在企业之间、行业之间、地区之间存在着重复计算。

工业增加值 是指工业行业在报告期内以货币表现的工业生产活动的最终成果。

工业增加值有两种计算方法：一是生产法，即工业总产出减去工业中间投入加上应交增值税；二是收入法，即从收入的角度出发，根据生产要素在生产过程中应得到的收入份额计算，具体构成项目有固定资产折旧、劳动者报酬、生产税净额、营业盈余，这种方法也称要素分配法。本年鉴中的工业增加值是以生产法计算的。

生产法工业增加值的计算方法为：

工业增加值=工业总产出−工业中间投入+应交增值税

（1）工业总产出：指工业企业在一定时期内工业生产活动的总成果。工业总产出包括：成品生产价值，对外加工费收入，自制半成品、在产品期末期初差额价值。1995年后用新规定计算的工业总产值代替。

（2）工业中间投入：指工业企业在工业生产活动中消耗的外购物质产品和对外支付的服务费用。服务费用包括支付给物质生产部门（工业、农业、批发零售贸易业、建筑业、运输邮电业）的服务费用和支付给非物质生产部门（如保险、金融、文化教育、科学研究、医疗卫生、行政管理等）的服务费用。工业中间投入的确定须遵循以下原则：必须从外部购入的，并已计入工业总产出的产品和服务价值；必须是本期投入生产，并一次性消耗掉（包括本期摊销的低值易耗品等）的产品和服务价值。

工业中间投入包括直接材料费用、制造费用中的工业中间投入、管理费用中的工业中间投入、销售费用中的工业中间投入和利息支出五部分。

实收资本　指企业实际收到的投资人投入的资本。按投资主体可分为国家资本、集体资本、法人资本、个人资本、港澳台资本和外商资本等。

资产总计　指企业拥有或控制的能以货币计量的经济资源，包括各种财产、债权和其他权利。资产按流动性分为流动资产、长期投资、固定资产、无形资产、递延资产和其他资产。该指标根据企业会计“资产负债表”中“资产总计”项目的期末数增列。

负债合计　指企业承担的能以货币计量，将以资产或劳务偿付的债务。负债一般按偿还期长短分为流动负债和长期负债、递延税项等。

（1）流动负债指企业在一年内或者超过一年的一个营业周期内需要偿还的债务合计，其中包括短期借款、应付及预收款项、应付工资、应交税金和应交利润等。

（2）长期负债指企业在一年以上或者超过一年的一个营业周期以上需要偿还的债务合计，其中包括长期借款、应付债务、长期应付款项等。

所有者权益　指企业投资人对企业净资产的所有权。企业净资产等于企业全部资产减去全部负债后的余额，其中包括投资者对企业的最初投入，以及资本公积金、盈余公积金和未分配利润，对股份制企业即为股东权益。

固定资产原价　指企业在建造、购置、安装、改建、扩建、技术改造某项固定资产时所支出的全部货币总额。它一般包括买价、包装费、运杂费和安装费等。

固定资产净值　是指固定资产原价减去历年已提折旧额后的净额。

主营业务收入　指企业销售产品和提供劳务等主要经营业务取得的业务总额。

主营业务成本　指企业销售产品和提供劳务等主要经营业务的实际成本。

主营业务费用　指工业企业销售产品和提供劳务等过程中所发生的费用。

主营业务税金及附加　指企业销售产品和提供工业性劳务等主要经营业务应负担的城市维护建设税、消费税、资源税和教育费附加。

产品销售利润　指企业销售产品和提供工业性劳务等主要经营业务收入扣除其成本、费用、税金后的利润。

利润总额　指企业实现的利润。

应交增值税　指企业在报告期内应交纳的增值税额。它等于本年销项税额加上出口退税加上进项税额转出数减去本年进项税额。小规模纳税企业直接按全年计税销售额乘以征收率计算取得。

总资产贡献率　反映企业全部资产的获

利能力，是企业经营业绩和管理水平的集中体现，是评价和考核企业盈利能力的核心指标。计算公式为：

总资产贡献率（%）=（利润总额+税金总额+利息支出）/平均资产总额×100%

资产负债率 该指标既反映企业经营风险的大小，也反映企业利用债权人提供的资金从事经营活动的能力。计算公式为：

资产负债率（%）=负债总额/资产总额×100%

工业成本费用利润率 指在一定时期内实现的利润与成本费用之比，是反映工业生产成本及费用投入的经济效益指标，同时也是反映降低成本的经济效益的指标。计算公式为：

工业成本费用利润率（%）=利润总额/成本费用总额×100%

工业增加值率 指在一定时期内工业增加值占同期工业总产值的比重，反映降低中间消耗的经济效益。计算公式为：

工业增加值率（%）=工业增加值（现价）/工业总产值（现价）×100%

流动资产周转次数 指一定时期内流动资产完成的周转次数，反映投入工业企业流动资金的周转速度。计算公式为：

流动资产周转资转=产品销售收入/全部流动资产平均余额

公式中：全部流动资产平均余额为期初和期末的流动资产之和的算术平均值。

产品销售率 指报告期工业销售产值与同期全部工业总产值之比，是反映工业产品已实现销售的程度，分析工业产销衔接情况，研究工业产品满足社会需求程度的指标。计算公式为：

产品销售率（%）=工业销售产值/工业总产值（现价）×100%

14

CONSTRUCTION

建筑业

14-1　2005-2014年建筑业企业概况

年　份	总　计	#国有及国有控股
企业单位数（个）		
2005	94	20
2006	91	20
2007	95	16
2008	102	16
2009	102	15
2010	98	14
2011	99	15
2012	101	14
2013	97	13
2014	100	13
从业人员（万人）		
2005	6.84	2.82
2006	6.78	2.53
2007	8.98	2.41
2008	9.18	2.52
2009	10.16	2.59
2010	12.06	2.58
2011	12.16	2.54
2012	7.89	1.66
2013	8.29	1.70
2014	6.24	1.53
建筑业总产值（万元）		
2005	739986	512441
2006	837981	512130
2007	1086886	500053
2008	1346522	708853
2009	1624474	696748
2010	1922125	704562
2011	2380333	912483
2012	2355490	898510
2013	2387822	942884
2014	2218730	1013800

注：2010年及以前年度从业人员为年平均从业人员，2011年为计算劳动生产率的平均人数，2012年起为从事主营业务活动的平均人数。

14-2 建筑业企业

指　标	企业个数（个）	有工作量企业数（个）	建筑业总产值（万元）	建筑工程产　值
总计	**100**	**90**	**2218730**	**1967715**
#国有及国有控股企业	13	13	1013800	897140
按登记注册类型分组				
内资企业	100	90	2218730	1967715
有限责任公司	74	69	1716396	1492524
国有独资公司	2	2	578313	528031
其他有限责任公司	72	67	1138083	964493
股份有限公司	6	5	247334	238270
私营企业	20	16	255000	236921
私营有限责任公司	18	14	90390	72327
私营股份有限公司	2	2	164610	164594
按国民经济行业分组				
房屋建筑业	56	51	1734564	1644495
土木工程建筑业	27	25	342969	285332
建筑安装业	8	7	121980	19909
建筑装饰和其他建筑业	9	7	19217	17979
按企业资质等级分组				
施工总承包	75	70	2142200	1927248
特级	1	1	571384	521102
一级	13	13	925079	827957
二级	24	24	443052	412543
三级及以下	37	32	202685	165646
专业承包	25	20	76530	40467
一级	1			
二级	17	13	52221	33897
三级及以下	7	7	24309	6570
按控股情况分组				
国有控股	13	13	1013800	897140
集体控股	22	20	500741	463336
私人控股	53	45	605675	522318
其他	12	12	98514	84921

主要经济指标（2014年）

安装工程产值	其他产值	竣工产值（万元）	房屋建筑施工面积（平方米）	房屋建筑竣工面积（平方米）	从事主营业务活动的从业人员平均人数（人）
209743	**41272**	**1128751**	**15448716**	**5179660**	**62401**
116660		485379	6473901	1820160	15258
209743	41272	1128751	15448716	5179660	62401
199290	24582	999099	11884667	4579931	43465
50282		284199	3320513	956063	4578
149008	24582	714900	8564154	3623868	38887
9064		61487	575455	127554	7833
1389	16690	68165	2988594	472175	11103
1377	16686	33922	256774	256774	4650
12	4	34243	2731820	215401	6453
73669	16400	889455	15266467	5151543	48158
35296	22341	188343	8150	8150	10318
100778	1293	46686	174099	19967	2823
	1238	4267			1102
189831	25121	1102208	15409261	5140205	59561
50282		277269	3312363	947913	4203
96878	244	349909	7869956	1437005	27323
18781	11728	311595	2514747	1627978	16884
23890	13149	163435	1712195	1127309	11151
19912	16151	26543	39455	39455	2840
					28
18323	1	24019	39455	39455	2210
1589	16150	2524			602
116660		485379	6473901	1820160	15258
30340	7065	289560	2943232	884983	17974
53382	29975	259054	5096788	1872885	24550
9361	4232	94758	934795	601632	4619

14-2 续

指　标	增加值（万元）	劳动生产率（元/人）		房屋建筑面积竣工率（%）
		按总产值计　算	按增加值计　算	
总计	**379890**	**355560**	**60879**	**33.5**
#国有及国有控股企业	134173	664438	87936	28.1
按登记注册类型分组				
内资企业	379890	355560	60879	33.5
有限责任公司	259156	394892	59624	38.5
国有独资公司	60494	1263244	132141	28.8
其他有限责任公司	198662	292664	51087	42.3
股份有限公司	67720	315759	86454	22.2
私营企业	53014	229668	47748	15.8
私营有限责任公司	17916	194388	38529	100.0
私营股份有限公司	35098	255090	54390	7.9
按国民经济行业分组				
房屋建筑业	286672	360182	59527	33.7
土木工程建筑业	70612	332399	68436	100.0
建筑安装业	20414	432093	72314	11.5
建筑装饰和其他建筑业	2192	174386	19886	
按企业资质等级分组				
施工总承包	367238	359665	61657	33.4
特级	58884	1359465	140101	28.6
一级	181292	338572	66351	18.3
二级	73797	262409	43708	64.7
三级及以下	53265	181764	47767	65.8
专业承包	12652	269474	44548	100.0
一级	-230		-82000	
二级	6696	236295	30297	100.0
三级及以下	6186	403811	102751	
按控股情况分组				
国有控股	134173	664438	87936	28.1
集体控股	70738	278592	39356	30.1
私人控股	149459	246711	60880	36.7
其他	25520	213281	55247	64.4

表

利润总额（万元）	产值利润率（%）	人均竣工产值（元/人）	人均施工面积（平方米/人）	人均竣工面积（平方米/人）	人均利润（元/人）	资产负债率（%）
25947	**1.2**	**180886.7**	**247.6**	**83.0**	**4158.1**	**82.4**
6632	0.7	318114.6	424.3	119.3	4346.8	85.7
25947	1.2	180886.7	247.6	83.0	4158.1	82.4
16823	1.0	229862.9	273.4	105.4	3870.6	82.9
3566	0.6	620792.7	725.3	208.8	7789.6	86.6
13257	1.2	183840.4	220.2	93.2	3409.2	80.3
3516	1.4	78497.8	73.5	16.3	4488.3	84.8
5608	2.2	61393.2	269.2	42.5	5050.6	73.2
2100	2.3	72950.3	55.2	55.2	4515.9	59.9
3508	2.1	53065.2	423.3	33.4	5435.9	82.4
18446	1.1	184695.2	317.0	107.0	3830.2	84.3
7120	2.1	182537.8	0.8	0.8	6900.7	75.8
278	0.2	165375.5	61.7	7.1	983.7	86.7
103	0.5	38730.5			938.3	42.4
25491	1.2	185055.4	258.7	86.3	4279.9	83.1
3504	0.6	659692.8	788.1	225.5	8336.0	87.0
8898	1.0	128063.7	288.0	52.6	3256.5	84.5
5225	1.2	184550.4	148.9	96.4	3094.6	79.0
7864	3.9	146566.3	153.5	101.1	7053.4	70.0
456	0.6	93460.6	13.9	13.9	1603.9	68.0
-408	0.0				-145678.6	91.5
922	1.8	108681.9	17.9	17.9	4170.6	57.8
-58	-0.2	41928.6			-968.4	82.3
6632	0.7	318114.6	424.3	119.3	4346.8	85.7
4843	1.0	161099.2	163.7	49.2	2694.6	73.9
14205	2.3	105521.1	207.6	76.3	5786.0	83.2
267	0.3	205148.3	202.4	130.3	577.4	73.1

14-3 建筑业企业

指 标	资产合计	流动资产合计	#存货	固定资产合计
总计	**2456312**	**2103363**	**336235**	**209318**
#国有及国有控股企业	1048933	867941	200341	122953
按登记注册类型分组				
内资企业	2456312	2103363	336235	209318
有限责任公司	1698908	1414884	289697	172917
国有独资公司	698803	566685	179222	79674
其他有限责任公司	1000105	848199	110475	93243
股份有限公司	524684	481952	25727	19713
私营企业	232720	206527	20811	16688
私营有限责任公司	95169	74823	8359	15235
私营股份有限公司	137551	131704	12452	1453
按国民经济行业分组				
房屋建筑业	1784370	1535710	278238	146648
土木工程建筑业	457898	381417	31635	50039
建筑安装业	184150	164112	19755	8572
建筑装饰和其他建筑业	29894	22124	6607	4059
按企业资质等级分组				
施工总承包	2333856	2003023	317534	194361
特级	692533	563413	177426	76676
一级	1049491	943357	64838	60089
二级	416409	352748	50827	39012
三级及以下	175423	143505	24443	18584
专业承包	122456	100340	18701	14957
一级	5398	3334	75	234
二级	73765	61581	17516	8768
三级及以下	43293	35425	1110	5955
按控股情况分组				
国有控股	1048933	867941	200341	122953
集体控股	419879	366127	53947	40598
私人控股	920057	810671	63505	44025
其他	67443	58624	18442	1742

主要财务指标（2014年）

单位：万元

在建工程	固定资产原价	累计折旧	#本年折旧	负债合计	流动负债合计	非流动负债合计
5821	**325125**	**136329**	**12690**	**2023563**	**1973419**	**16240**
3180	190214	81329	9193	899045	883666	15378
5821	325125	136329	12690	2023563	1973419	16240
3934	269886	113556	10923	1408528	1363273	15383
2036	117172	39543	6036	605317	591226	14091
1898	152714	74013	4887	803211	772047	1290
259	31734	12398	795	444694	444439	243
1628	23505	10375	972	170341	165707	614
1628	20548	8850	717	57045	52504	558
	2957	1525	256	113296	113203	56
4021	208671	70756	8471	1504107	1466701	15687
1628	84453	43948	2994	347145	335946	
172	25524	19203	1084	159631	158699	
	6477	2422	141	12680	12074	553
4193	303447	127639	12007	1940343	1891773	15687
2036	107236	32596	5821	602379	588288	14091
503	106913	52706	3904	886353	874260	1089
1101	60223	28605	1692	328815	314805	498
554	29075	13732	590	122796	114421	8
1628	21678	8690	683	83220	81646	553
	1071	837	86	4939	4939	
	13358	4906	293	42630	42024	553
1628	7249	2947	304	35651	34683	
3180	190214	81329	9193	899045	883666	15378
28	62779	22563	522	310183	306587	4
2613	68410	30452	2903	765043	749390	858
	3722	1985	72	49292	33776	

指　标	所有者权益合计	#实收资本	国家资本	集体资本
总计	**432749**	**312022**	**106040**	**55768**
#国有及国有控股企业	149888	126818	105344	16202
按登记注册类型分组				
内资企业	432749	312022	106040	55768
有限责任公司	290380	236454	106040	54168
国有独资公司	93486	70829	70829	
其他有限责任公司	196894	165625	35211	54168
股份有限公司	79990	47675		
私营企业	62378	27892		1600
私营有限责任公司	38123	22382		1600
私营股份有限公司	24255	5510		
按国民经济行业分组				
房屋建筑业	280263	205489	79343	50176
土木工程建筑业	110753	77858	19379	2172
建筑安装业	24520	20211	6517	3420
建筑装饰和其他建筑业	17213	8464	801	
按企业资质等级分组				
施工总承包	393513	290905	105238	48954
特级	90154	68329	68329	
一级	163137	111237	24867	20556
二级	87594	71627	9121	22920
三级及以下	52628	39712	2921	5478
专业承包	39236	21117	802	6814
一级	459	2000		
二级	31135	16215	802	6214
三级及以下	7642	2902		600
按控股情况分组				
国有控股	149888	126818	105344	16202
集体控股	109696	66471	59	34829
私人控股	155015	105990		3977
其他	18150	12743	637	760

表 1

单位：万元

法人资本	个人资本	营业收入	#主营业务收入	营业成本	#主营业务成本	营业税金及附加	#主营业务税金及附加
52418	**97796**	**2304179**	**2276949**	**2095505**	**2070196**	**76586**	**74977**
4771	501	1092741	1086746	987346	981146	33129	31668
52418	97796	2304179	2276949	2095505	2070196	76586	74977
23508	52738	1763004	1748042	1599345	1582707	56251	54684
		657671	654450	592677	590172	18841	18837
23508	52738	1105333	1093592	1006668	992535	37410	35847
24445	23230	316332	310221	295298	290235	10853	10843
4464	21828	224843	218686	200863	197253	9483	9450
4455	16327	89877	83741	76584	72989	4720	4688
9	5501	134966	134945	124279	124264	4763	4762
20645	55325	1830920	1824019	1677521	1667016	59271	59153
27434	28873	353062	339101	315484	304292	13511	13458
2534	7740	104916	102781	89272	89251	3375	1968
1805	5858	15280	11048	13228	9637	429	398
47317	89396	2240279	2220405	2042351	2021798	74611	73087
		650741	647520	586129	583624	18613	18609
24094	41720	955155	947490	887480	880995	32408	31002
13897	25689	433300	424390	391059	383159	14862	14749
9326	21987	201083	201005	177683	174019	8728	8728
5101	8400	63900	56544	53154	48398	1975	1890
	2000	28	28	32	32		
4812	4387	33626	28172	28430	23675	1058	974
289	2013	30246	28344	24692	24691	917	916
4771	501	1092741	1086746	987346	981146	33129	31668
26812	4771	494583	492300	456129	450693	16898	16837
18223	83790	624499	605548	565279	551605	23433	23399
2612	8734	92356	92355	86752	86752	3128	3073

指　标	财务费用	#利息支出	管理费用	#税金
总计	**23969**	**18820**	**69838**	**3298**
#国有及国有控股企业	18071	16829	37944	2179
按登记注册类型分组				
内资企业	23969	18820	69838	3298
有限责任公司	23173	18312	57534	2947
国有独资公司	17046	16520	16454	1522
其他有限责任公司	6127	1792	41080	1425
股份有限公司	316	386	5983	274
私营企业	480	122	6321	77
私营有限责任公司	371	14	3964	65
私营股份有限公司	109	108	2357	12
按国民经济行业分组				
房屋建筑业	21871	17859	44202	2361
土木工程建筑业	1718	795	14573	528
建筑安装业	187		9874	364
建筑装饰和其他建筑业	193	166	1189	45
按企业资质等级分组				
施工总承包	23741	18653	63805	3136
特级	17065	16520	16344	1522
一级	1218	495	24310	1003
二级	4996	1466	16466	351
三级及以下	462	172	6685	261
专业承包	228	167	6033	162
一级	164	164	241	13
二级	-23	3	3322	74
三级及以下	87		2470	75
按控股情况分组				
国有控股	18071	16829	37944	2179
集体控股	4047	588	12956	156
私人控股	1852	1403	16734	876
其他	-1		2204	87

表 2

单位：万元

销售费用	其他业务利润	营业利润	利润总额	应交所得税	应付职工薪酬
1387	**1493**	**27802**	**25947**	**6554**	**261123**
309	-389	6545	6632	2026	84589
1387	1493	27802	25947	6554	261123
1372	-56	16345	16823	4006	174257
137	712	3093	3566	588	31006
1235	-768	13252	13257	3418	143251
	1039	3764	3516	1189	52044
15	510	7693	5608	1359	34822
14	510	4236	2100	449	8211
1		3457	3508	910	26611
1076	406	17690	18446	4622	198997
172	568	7799	7120	1812	45833
	509	2208	278	80	14791
139	10	105	103	40	1502
1247	940	25363	25491	6415	253645
137	712	3031	3504	576	29902
152	1000	9468	8898	2642	135916
833	-794	5109	5225	1581	51896
125	22	7755	7864	1616	35931
140	553	2439	456	139	7478
		-408	-408		79
139	43	768	922	131	4587
1	510	2079	-58	8	2812
309	-389	6545	6632	2026	84589
66	827	4528	4843	1181	48695
1010	1055	16457	14205	3269	105824
2		272	267	78	22014

14-4 建筑业企业房屋

指　标	合　计	住宅房屋	商业及服务用房屋	批发和零售用房屋	住宿、餐饮用房屋	商务会展用房屋
总计	**5179660**	**4119352**	**314086**	**93748**	**6800**	**63000**
#国有及国有控股企业	1820160	1408126				
按登记注册类型分组						
内资企业	5179660	4119352	314086	93748	6800	63000
有限责任公司	4579931	3674601	206300	53500	6800	63000
国有独资公司	956063	689508				
其他有限责任公司	3623868	2985093	206300	53500	6800	63000
股份有限公司	127554	73424	31538			
私营企业	472175	371327	76248	40248		
私营有限责任公司	256774	192844	39330	3330		
私营股份有限公司	215401	178483	36918	36918		
按国民经济行业分组						
房屋建筑业	5151543	4119352	307286	93748		63000
土木工程建筑业	8150					
建筑安装业	19967		6800		6800	
按企业资质等级分组						
施工总承包	5140205	4119352	314086	93748	6800	63000
特级	947913	689508				
一级	1437005	1128990	155756	54418	6800	63000
二级	1627978	1469912	36000	36000		
三级及以下	1127309	830942	122330	3330		
专业承包	39455					
二级	39455					
按控股情况分组						
国有控股	1820160	1408126				
集体控股	884983	605134	94538			63000
私人控股	1872885	1677398	119048	76248	6800	
其他	601632	428694	100500	17500		

建筑竣工面积情况（2014年）

单位：平方米

居民服务业用房屋	办公用房屋	科学研究用房屋	教育用房屋	卫生医疗用房屋	文化、体育、娱乐用房屋	厂房及仓库	其他用房
150538	**214425**	**46455**	**89916**	**84107**	**12000**	**238491**	**51594**
	95559		3353	59964	12000	221279	19879
150538	214425	46455	89916	84107	12000	238491	51594
83000	194223	46455	89916	83017	12000	237191	26994
	95559		3353			159493	8150
83000	98664	46455	86563	83017	12000	77698	18844
31538	20202			1090		1300	
36000							24600
36000							24600
150538	214425	46455	89916	84107	12000	238109	39159
							8150
						382	4285
150538	214425	7000	89916	84107	12000	238491	51594
	95559		3353			159493	
31538	52902	7000	2574	61054	12000	5000	11729
			52489	23053		10944	35580
119000	65964		31500			63054	4285
		39455					
		39455					
	95559		3353	59964	12000	221279	19879
31538	20202	39455	81117	24143		16830	2830
36000	51839						24600
83000	46825	7000	5446			382	4285

14-5　建筑业企业房屋

指　标	合　计	住宅房屋	商业及服务用房屋	批发和零售用房屋	住宿、餐饮用房屋	商务会展用 房 屋
总计	**673372**	**528953**	**39909**	**13917**	**700**	**8100**
#国有及国有控股企业	241062	190613				
按登记注册类型分组						
内资企业	673372	528953	39909	13917	700	8100
有限责任公司	592118	468110	26676	8264	700	8100
国有独资公司	162064	124849				
其他有限责任公司	430054	343261	26676	8264	700	8100
股份有限公司	22955	12077	5580			
私营企业	58299	48766	7653	5653		
私营有限责任公司	24056	19876	2300	300		
私营股份有限公司	34243	28890	5353	5353		
按国民经济行业分组						
房屋建筑业	669011	528953	39209	13917		8100
土木工程建筑业	1630					
建筑安装业	2731		700		700	
按企业资质等级分组						
施工总承包	666162	528953	39909	13917	700	8100
特级	160434	124849				
一级	195094	154846	22853	8473	700	8100
二级	184474	158504	5144	5144		
三级及以下	126160	90754	11912	300		
专业承包	7210					
二级	7210					
按控股情况分组						
国有控股	241062	190613				
集体控股	158463	110243	13680			8100
私人控股	191712	169236	13497	10797	700	
其他	82135	58861	12732	3120		

建筑竣工价值情况（2014年）

单位：万元

居民服务业用房屋	办公用房屋	科学研究用房屋	教育用房屋	卫生医疗用房屋	文化、体育、娱乐用房屋	厂房及仓库	其他用房
17192	**31973**	**8458**	**15288**	**8988**	**189**	**31509**	**5905**
			694	2619	189	30244	2921
17192	31973	8458	15288	8988	189	31509	5905
9612	27040	8458	15288	8723	189	31410	4025
	13782		694			21109	1630
9612	13258	8458	14594	8723	189	10301	2395
5580	4933			265		99	
2000							1880
2000							1880
17192	31973	8458	15288	8988	189	31477	3975
							1630
						32	300
17192	31973	1248	15288	8988	189	31509	5905
	13782		694			21109	
5580	8937	1248	559	2884	189	2287	1291
			9937	6104		470	4314
11612	9254		4098			7643	300
		7210					
		7210					
	13782		694	2619	189	30244	2921
5580	4933	7210	13490	6369		1234	804
2000	7099						1880
9612	6159	1248	1104			31	300

主要统计指标解释

建筑业统计单位 指从事房屋、构筑物建造和设备安装活动的法人企业。建筑业法人企业应具有建筑业资质并能够独立核算；同时应具备以下条件：①依法成立，有自己的名称、组织机构和场所，能够承担民事责任；②独立拥有和使用资产，承担负债，有权与其他单位签订合同；③独立核算盈亏，能够编制资产负债表。

建筑业总产值 是以货币形式表现的建筑业企业在一定时期内生产的建筑业产品和提供的服务的总和。建筑业总产值包括：

（1）建筑工程产值：指列入建筑工程预算内的各种工程价值。

（2）安装工程产值：指设备安装工程价值，不包括被安装设备本身的价值。

（3）其他产值：建筑业总产值中除建筑工程、安装工程以外的产值。包括房屋构筑物修理产值、非标准设备制造产值、总包企业向分包企业收取的管理费以及不能明确划分的施工活动所完成的产值。

a.房屋构筑物修理产值：指房屋和构筑物修理所完成的产值，但不包括被修理房屋、构筑物本身价值和生产设备的修理产值。

b.非标准设备制造产值：指加工制造没有定型的非标准生产设备的加工费和原材料价值（如化工厂、炼油厂用的各种罐、槽，矿井生产统一使用的各种漏斗、三角槽、阀门等）以及附属加工厂为本企业承建工程制作的非标准设备的价值。

建筑业增加值 指建筑业企业在报告期内以货币表现的建筑业生产经营活动的最终成果。目前建筑业增加值采用分配法（收入法）计算，即从收入的角度出发，根据生产要素在生产过程中应得的收入份额计算。

房屋建筑施工面积 指在报告期内施过工的全部房屋建筑面积，包括本期新开工的房屋面积、上期施工跨入本期继续施工的房屋面积、上期停缓建在本期恢复施工的房屋面积、本期竣工的房屋面积及本期施工后又停缓建的房屋面积。

房屋建筑竣工面积 指在报告期内房屋建筑按照设计要求全部完工，达到了住人和使用条件，经验收鉴定合格，正式移交使用单位的房屋建筑面积。

自有机械设备年末总台数 指归本企业所有，属于本企业固定资产的生产性机械设备年末总台数。包括施工机械、生产设备、运输设备以及其他设备。

自有机械设备年末总功率 指本企业自有施工机械、生产设备、运输设备以及其他设备等列为在册固定资产的生产性机械设备年末总功率，按设定能力或查定能力计算。包括机械本身的动力和为该机械服务的单独动力设备，如电动机等。计算单位用千瓦，动力换算可按1马力=0.735千瓦折合成千瓦数。电焊机、变压器、锅炉不计算动力。

营业收入 指企业经营主要业务和其他业务所确认的收入总额。营业收入合计包括“主营业务收入”和“其他业务收入”。根据会计“利润表”中“营业收入”项目的本期金额数填报。

营业成本 指企业经营主要业务和其他业务所发生的成本总额。包括企业（单位）在报告期内从事销售商品、提供劳务等日常活动发生的各种耗费。包括“主营业务成本”。根据会计“利润表”中“营业成本”项目的本期金额数填表。

营业利润 指企业从事生产经营活动所取得的利润。执行2006年《企业会计准则》的企业，营业利润为营业收入减去营业成本、营业税金及附加、销售费用、管理费用、财务费用、资产减值损失，再加上公允价值变动收益和投资收益。未执行2006年《企业会计准则》的企业，营业利润为主营业务收入减去主营业务成本、主营业务税金及附加，加上其他利润后，再减去销售费用、管理费用、财务费用后的金额。根据会计“利润表”中“营业利润”项目的本期金额数填报。

15

运输和邮电

TRANSPORTATION, POSTAL AND TELECOMMUNICATIONS SERVICES

15－1　交通运输业基本情况

指　　标	2009	2010	2011	2012	2013	2014
客运量总计（万人）	**1941.30**	**2115.25**	**2120.47**	**2085.43**	**2045.77**	**1735.70**
铁路	621	643	600	587	778	743
公路	1267	1406	1453	1417	1182	902
民用航空	53.30	66.25	67.47	81.43	85.77	90.70
货运量总计（万吨）	**22493.11**	**28374.16**	**32390.15**	**36275.24**	**32434.28**	**38089.31**
铁路	8787	11446	10915	9324	9485	9257
公路	13706	16928	21475	26951	22949	28832
民用航空	0.11	0.16	0.15	0.24	0.28	0.31
公路旅客周转量总计（亿人公里）	**15.45**	**16.93**	**17.22**	**16.30**	**16.60**	**17.20**
公路货物周转量总计（亿吨公里）	**366.57**	**454.37**	**569.02**	**712.00**	**842.30**	**483.28**
公路里程（公里）	**6712**	**6739**	**6852**	**6852**	**6872**	**6907**
#可绿化里程	5747	5400	6842	4759	4726	4812
在总计中：等级公路	5221	5576	5761	5771	5813	5857
#高速公路	138	138	141	141	141	141
等外公路	1491	1163	1091	1081	1059	1050
在总计中：有铺装路面里程（高级）	1540	2222	2554	2732	3042	3268
简易铺路面里程（次高级）	430	355	316	316	316	310
未铺装路面里程（中级、低级、无路面）	4742	4162	3982	3804	3514	3329
在总计中：国道	269	269	271	271	271	271
省道	517	517	523	523	523	525
县道	1446	1446	1756	1757	1757	1757
乡道	2840	2851	2655	2655	2679	2705
专用公路	81	81	81	81	81	81
村道	1559	1575	1566	1565	1561	1569
民用汽车拥有量（辆）	**231296**	**297403**	**368103**	**416335**	**459115**	**498282**
客车拥有量	164278	216825	280113	336718	383012	422743
货车拥有量	57290	70657	79741	72726	70363	71222
其他类型汽车	9728	9921	8249	6891	4852	4317
在总计中：私人汽车拥有量	176716	230353	292150	344142	390816	432207
摩托车（辆）	**59365**	**49236**	**37534**	**31997**	**32231**	**33807**
汽车挂车拥有量（辆）	**15893**	**22590**	**23883**	**25856**	**26686**	**16351**
其他类型（辆）	**41**	**41**	**40**	**38**	**38**	**38**

注：1、从2009年开始交通部门公路运输数据统计口径调整（后同）。
　　2、2014年，交通部门对货物周转量数据调整。

15-2 主要年份交通运输情况

年份	铁路运输		民航运输		公路运输			
	货物发送量（万吨）	旅客发送人数（万人）	货物发运量（吨）	旅客出港数（人）	货运量（万吨）	货物周转量（万吨公里）	客运量（万人）	客运周转量（万人公里）
1950	17	25			4	409	2	320
1952	15	18			13	937	5	677
1957	267	56			713	6015	56	6307
1962	348	260	13		246	2821	10	619
1965	457	110	6		429	6244	38	1609
1970	821		115	2299	403	4555	72	3072
1975	660	184	17	1003	547	7906	94	4486
1978	975	215	31	1209	634	9215	123	5935
1980	922	221	70	2815	515	8606	130	6449
1985	1213	300	37	589	1391	34929	150	8578
1990	1653	196	26	4425	2271	70051	306	22036
1991	1700	200	20	6193	2654	70224	304	23179
1992	1874	219	34	8906	2640	78181	300	22062
1993	1945	249	61	13155	3026	97078	324	22976
1994	2135	240	83	15608	3245	101474	354	26589
1995	2536	220	121	22900	3767	111287	415	32400
1996	2673	204	128	36500	3862	138262	465	45576
1997	2760	231	179	51900	4320	158461	774	54462
1998	2549	279	192	47400	4852	229909	876	59918
1999	2605	295	302	53300	5710	261910	920	66650
2000	2657	313	362	63737	6800	251014	950	71005
2001	2710	335	403	67370	7938	250374	1005	71589
2002	3685	337	567	70875	9497	684265	8429	334748
2003	3218	256	610	88711	12420	884700	9033	365028
2004	4163	327	954	142651	13729	1207696	10812	430019
2005	5374	434	570	168557	15118	1389986	11866	486769
2006	6088	486	628	172526	17539	1671097	13422	608808
2007	7235	508	1160	260500	21088	2177066	15503	751151
2008	8481	586	1482	374653	30360	3156745	20153	1051611
2009	8787	621	1362	533011	13706	3665702	1267	154530
2010	11446	643	1607	662538	16928	4543735	1406	169346
2011	10915	600	1497	674668	21475	5690200	1453	172200
2012	9324	587	2422	814267	26951	7120000	1417	163000
2013	9485	778	2830	857700	22949	8423000	1182	166000
2014	9257	743	3094	906850	28832	4832800	902	172000

注：从2009年开始交通部门公路运输数据统计口径调整。

15-3 1991-2014年公路交通运输工具

单位:辆

年 份	货 车	客 车	汽车挂车
1991	13164	2865	5141
1992	13970	3472	5505
1993	14954	4488	5700
1994	13090	4954	5657
1995	16100	9706	6375
1996	18224	15111	7074
1997	21120	16477	5255
1998	20826	19289	5319
1999	22096	22038	5343
2000	24230	25216	5528
2001	21941	25709	4168
2002	25210	30966	5345
2003	27668	38656	2727
2004	38562	51195	11257
2005	34016	59382	8410
2006	36949	76687	9183
2007	40003	94119	10458
2008	45618	125481	14024
2009	57290	164278	15893
2010	70657	216825	22590
2011	79741	280113	23883
2012	72726	336718	25856
2013	70363	383012	26686
2014	71222	422743	16351

15－4　民用车辆年末拥有量

单位：辆

指　　标	2012		2013		2014	
	合计	#私有	合计	#私有	合计	#私有
民用汽车	**416335**	**344142**	**459115**	**390816**	**498282**	**432207**
客车	336718	305656	383012	351012	422743	392096
货车	72726	34716	70363	36732	71222	38203
其它汽车	6891	3770	4852	2197	4317	1908
摩托车	**31997**	**31762**	**32231**	**32020**	**33807**	**33579**
普通	27964	27739	28107	27908	29640	29424
轻便	4033	4023	4124	4112	4167	4155
汽车挂车	**25856**	**2472**	**26686**	**2401**	**16351**	**482**
其他类型		**7**	**38**	**7**	**38**	**7**
农用运输车	**39477**	**39477**	**38514**	**38514**	**38532**	**38532**
#三轮汽车	33806	33806	32978	32978	32993	32993
低速载货汽车	5671	5671	5536	5536	5539	5539
拖拉机	**34921**	**34921**	**34900**	**34900**	**35490**	**35490**
#80马力以上拖拉机	820	820	1243	1243	1363	1363
轮式拖拉机	1898	1898	2919	2919	3769	3769
小型拖拉机	30037	30037	29250	29250	28871	28871

15－5　邮电通信水平

指　　标	2009	2010	2011	2012	2013	2014
全市邮电通信水平						
平均每人每年发函件数（件）	2.5	1.5	0.9	1.3	1.2	1.0
平均每百人每年订报刊数（份）	9.8	10.0	11.6	8.5	10.5	89.5
平均每百人拥有电话机部数（部）	110.5	110.6	124.9	147.5	159.6	164.1
邮政储蓄市场占有率（%）	4.6	4.1	3.9	3.7	10.1	3.1
农村邮电通信水平						
设有邮电局、所的乡（镇）的比重（%）	90.9	90.9	90.9	90.9	90.9	90.9
通电话的乡（镇）比重（%）	100.0	100.0	100.0	100.0	100.0	100.0
开通移动电话的县的比重（%）	100.0	100.0	100.0	100.0	100.0	100.0

15-6 邮电业务基本情况

指　标	2009	2010	2011	2012	2013	2014
邮电业务总量（万元）	**703430**	**734389**	**330275**	**370647**	**411782**	**355143**
邮政业务总量	12627	14436	11606	12568	11953	11129
电信业务总量	16357	21204	24338	358079	399829	344014
邮政业务分项						
国内函件（万件）	639	397	251	361	236	232
国际及港澳台函件（万件）	0.32	0.22	0.15	0.12	0.12	0.14
国内包裹（万件）	10.55	10.78	10.43	9.88	9.40	7.98
国际及港澳台包裹（件）	1134	1034	1046	958	782	695
国内特快专递信件（万件）	40.44	23.56	34.29	30.38	23.49	16.25
国际特快专递信件（件）	1524	645	784	770	551	546
订阅报纸累计份数（万份）	4429	4463	3317	3275	3911	3542
订阅杂志累计份数（万份）	122	121	131	151	177	116
报纸期发份数（万份）	17	18	23	15	18	172
杂志期发份数（万份）	8	8	8	8	11	77
邮政储蓄平均余额（亿元）	31.16	30.91	32.17	33.71	34.91	36.94
长途电信业务						
国内长途电话通话次数（万次）	3045	1390	7553	29774	16354	16830
港澳台电话（万次）	0.51	0.31	3.75	2.13	2.44	2.29
本地电话业务分项						
本地固定电话年末用户（万户）	36.44	38.86	39.99	45.27	46.60	41.58
#住宅电话	23.96	25.66	19.20	28.60	28.51	24.53
本地网内区间电话通话量（万次）	185	732	62	55	50	55
本地网内区内电话通话量（万次）	73037	64289	8027	7088	6257	5493
移动电话用户（万户）	245.58	249.90	293.76	357.66	391.96	415.20

注：邮电业务总量2010年以前年度数据按2000年不变价格计算，2010年以后年度数据按2010年价格计算。

15-7 主要年份邮电业务基本情况

年 份	邮电局所数（个）	邮电业务总量（万元）	报刊期发数（万份）	长途电话（万次）	本市固定电话年末用户（户）
1950	28	31		2	372
1957	39	132		7	1427
1962	89	278	12	19	7413
1965	60	225	16	14	8352
1970	63	217	8	14	9812
1975	74	260	25	25	15574
1978	83	307	32	32	15175
1980	83	322	49	36	17807
1985	80	638	78	50	24578
1990	81	2413	39	100	41996
1991	80	3063	47	194	45763
1992	80	4439	48	392	49143
1993	79	7784	200	1011	59572
1994	93	11357	55	1227	88264
1995	99	16742	63	1422	139309
1996	121	22500	175	1872	187489
1997	124	29250	225	2340	214497
1998	166	45114	28	2730	236688
1999	178	61279	34	2813	277462
2000	251	98425	29	2325	354302
2001	190	82950	45	2946	410200
2002	198	108165	35	3350	439322
2003	230	170381	37	2780	491900
2004	375	233714	23	5499	512600
2005	435	283985	21	3544	499500
2006	528	345684	22	3970	495600
2007	806	458604	24	6334	496200
2008	912	545364	25	3495	407743
2009	899	703430	25	3045	364387
2010	1003	734389	26	1390	388645
2011	856	330275	31	7553	399911
2012	750	286879	23	29774	452690
2013	643	280825	29	16354	466012
2014	264	355143	249	16830	415760

15-8 邮电部门机构、邮路、电路

指　标	2009	2010	2011	2012	2013	2014
邮政机构						
邮政局（所）总数（处）	118	108	106	107	96	95
邮政支局	57	53	56	57	53	52
自办邮政所	21	21	21	21	19	18
代办邮政所	34	34	29	29	24	25
邮政储蓄点（处）	65	63	63	63	64	64
邮政信筒信箱（个）	169	173	171	162	172	159
邮路						
邮路总条数（条）	39	36	43	49	49	54
#快速邮路	2	2	2	2	2	2
邮路总长度（公里）	2221	1934	2132	2700	2700	3025
自办汽车邮路	1254	967	1175	1175	1175	1722
委办汽车邮路	936	936	957	1525	1526	1303
农村单程投递线路总长度（公里）	5689	5685	5414	2233	2511	2604
电信机构						
电信局所总数（处）	781	895	750	750	643	687
#自办局所	131	91	50	50	50	38
电信委代办所	650	804	700	700	593	638
电信电路						
长途电话电路（兆）						
长途电话电路	3924	3909	300	300	300	300
长途电话业务电路	3774	3819	309	309	312	352
省际电路	3570	3759	2	2	2	2
省内电路	264	60	307	307	310	350
本地电话电路（兆）						
本地电话中继电路	10529	10459	3402	3400	3095	3399
长途交换机至本地电话交换机中继电路	750	25	25	25	25	25
本地电话网至数字数据网中继电路	240	240	238	212	217	213
本地电话网至中国移动中继电路	1410	1800	1800	1800	1710	1427
本地电话网至中国联通中继电路	690	2329	2447	2168	2179	2194
本地电话电缆长度（皮长公里）	2472	2369	4152	4211	3428	4111
本地中继光缆长度（皮长公里）	3141	3130	4987	5131	5238	4085
接入网光缆长度（皮长公里）	251	297	282	356	356	356

注：2009年及以前年度邮政局（所）总数含邮政代办点。

15-9 邮电通信设备年末拥有量

指　标	2009	2010	2011	2012	2013	2014
邮政设备						
邮政汽车（辆）	202	201	106	128	137	146
#邮运汽车	12	12	12	17	31	35
邮政储蓄专用汽车	16	16	15	19	16	16
速递业务专用汽车	95	95	73	73	75	50
邮政摩托车（辆）	48	49	36	34	29	22
POS机（台）	84	441	78	78	78	78
长途电信设备						
长途自动交换机容量（路端）	18600	18600	18600	19020	19020	19020
#实占容量	10860	10440	10440	10440	10440	10440
本地电信设备						
局用交换机容量（万门）	49.50	51.29	52.29	53.39	58.80	57.90
#实占容量	35.40	36.41	34.48	34.83	34.44	35.28
出局用户线对数（万对）	21.13	20.24	15.88	15.96	13.54	1.47
#实占线对	7.70	8.10	7.59	7.35	4.58	0.61
接入网设备容量（万门）	5.80	7.41	7.41	8.00	12.43	11.95
#实占线对	2.60	4.57	4.77	5.02	6.61	4.93
移动通信设备						
GSM900交换机容量（万门）	230	256	400	420	500	785
GSM机站数（个）	1189	1329	1705	2728	3447	5073
GSM话音信道数（个）	35354	104280	152080	137706	140929	135078

主要统计指标解释

公路里程 指在一定时期内实际达到《公路工程技术标准JTJ01–88》规定的等级公路，并经公路主管部门正式验收交付使用的公路里程数。包括大中城市的郊区公路以及通过小城镇街道部分的公路里程和桥梁、渡口的长度，不包括大中城市的街道、厂矿、林区生产用道和农业生产用道的里程。两条或多条公路共同经由同一路段，只计算一次，不得重复计算里程长度。它是反映公路建设发展规模的重要指标，也是计算运输网密度等指标的基础资料。

货（客）运量 指在一定时期内，各种运输工具实际运送的货物（旅客）数量。它是反映运输业为国民经济和人民生活服务的数量指标，也是制定和检查运输生产计划、研究运输发展规模和速度的重要指标。货运按吨计算，客运按人计算。货物不论运输距离长短、货物类别，均按实际重量统计。旅客不论行程远近或票价多少，均按一人一次客运量统计；半价票、小孩票也按一人统计。

货物（旅客）周转量 指在一定时期内，由各种运输工具运送的货物（旅客）数量与其相应运输距离的乘积之总和。它是反映运输业生产总成果的重要指标，也是编制和检查运输生产计划，计算运输效率、劳动生产率以及核算运输单位成本的主要基础资料。计算货物周转量通常按发出站与到达站之间的最短距离，也就是计费距离计算。计算公式为：

货物（旅客）周转量=∑货物（旅客）运输量×运输距离

民用汽车拥有量 指报告期末，在公安交通管理部门按照《机动车注册登记工作规范》，已注册登记领有民用车辆牌照的全部汽车数量。汽车拥有量统计的主要分类：根据汽车结构分为载客汽车、载货汽车及其他汽车；根据汽车所有者不同分为个人（私人）汽车、单位汽车；根据汽车的使用性质分为营运汽车、非营运汽车和特种汽车；根据汽车大小规格不同载客汽车分为大型、中型、小型和微型，载货汽车分为重型、中型、轻型和微型。

邮电业务总量 指以价值量形式表现的邮电通信企业为社会提供各类邮电通信服务的总数量。邮电业务量按专业分类包括函件、包件、汇票、报刊发行、邮政快件、特快专递、邮政储蓄、集邮、公众电报、用户电报、传真、长途电话、出租电路、无线寻呼、移动电话、分组交换数据通信、出租代维等。计算方法为各类产品乘以相应的平均单价（不变价）之和，再加上出租电路和设备、代用户维护电话交换机和线路等的服务收入。它综合反映了一定时期邮电业务发展的总成果，是研究邮电业务量构成和发展趋势的重要指标。计算公式为：

邮电业务总量=∑（各类邮电业务量×不变单价）+出租代维及其他业务收入。

移动电话用户 指通过移动电话交换机进入移动电话网、占用移动电话号码的各类电话用户。包括签约用户和智能网预付费用户。一个移动电话号码统计为一户。

本地电话用户 指接入本地电信运营商固定电话网上的电话用户。包括：住宅用户、单位用户、公用电话用户等。按电话用户位置又分为市内电话用户和农村电话用户。1997年以前，“市内电话用户”是指接入县城及县以上城市的电话网上的电话用户；“农村电话用户”是指接入县邮电局农话台及县以下农村电话交换点，以县城为中心（除市话用户外）联通县、乡（镇）、行政村、村民小组的用户。从1997年起，电话用户数分组调整为以用户所在区域划分为“城市电话用户”和“乡村电话用户”，与过去的按市内电话和农村电话划分方法不同。而电话用户总数、电话机总部数统计范围不变。

住宅电话用户 指话机装在居民住宅或农民家里并按照住宅电话用户登记注册和收费的电话用户。包括私人付费、单位付费和按规定免费安装的住宅电话用户。

局用交换机容量 指安装在电信运营企业内用于接续本地固定电话的电话交换机容量，包括现用和备用的人工或自动交换机的全部容量。不包括用户交换机容量。

邮电业务总量 指以价值量形式表现的邮电通信企业为社会提供各类邮电通信服务的总数量。邮电业务量按专业分类包括函件、包件、汇票、报刊发行、邮政快件、特快专递、邮政储蓄、集邮、公众电报、用户电报、传真、长途电话、出租电路、无线寻呼、移动电话、分组交换数据通信、出租代维等。计算方法为各类产品乘以相应的平均单价(不变价)之和，再加上出租电路和设备、代用户维护电话交换机和线路等的服务收入。它综合反映了一定时期邮电业务发展的总成果，是研究邮电业务量构成和发展趋势的重要指标。计算公式为：

邮电业务总量=∑(各类邮电业务量×不变单价)+出租代维及其他业务收入。

移动电话用户 指通过移动电话交换机进入移动电话网、占用移动电话号码的各类电话用户。包括签约用户和智能网预付费用户。一个移动电话号码统计为一户。

本地电话用户 指接入本地电信运营商固定电话网上的电话用户。包括：住宅用户、单位用户、公用电话用户等。按电话用户位置又分为市内电话用户和农村电话用户。1997年以前，“市内电话用户”是指接入县城及县以上城市的电话网上的电话用户；“农村电话用户”是指接入县邮电局农话台及县以下农村电话交换点，以县城为中心(除市话用户外)联通县、乡(镇)、行政村、村民小组的用户。从1997年起，电话用户数分组调整为以用户所在区域划分为“城市电话用户”和“乡村电话用户”，与过去的按市内电话和农村电话划分方法不同。而电话用户总数、电话机总部数统计范围不变。

住宅电话用户 指话机装在居民住宅或农民家里并按照住宅电话用户登记注册和收费的电话用户。包括私人付费、单位付费和按规定免费安装的住宅电话用户。

局用交换机容量 指安装在电信运营企业内用于接续本地固定电话的电话交换机容量，包括现用和备用的人工或自动交换机的全部容量。不包括用户交换机容量。

16

DOMESTIC TRADE

国内贸易

16-1 1980-2014年社会消费品零售总额（按销售单位所在地和行业分）

单位:万元

年份	社会消费品零售总额	按地区分		按行业分		
		市	县及县以下	批发零售贸易业	住宿餐饮业	其它行业
1980	48410	41422	6988	45475	2178	757
1981	54311	46362	7949	50975	2479	857
1982	60043	50929	9114	56234	2903	906
1983	64796	55280	9516	60533	3186	1077
1984	80689	70929	9760	75423	3989	1277
1985	96515	86341	10174	92041	4474	1412
1986	111638	98804	12834	104476	5628	1534
1987	124258	109827	14431	115701	6799	1758
1988	163260	146545	16715	151748	9580	1932
1989	169664	153253	16411	159653	7799	2212
1990	178487	162436	16051	167582	8470	2435
1991	198918	181303	17615	186707	9392	2819
1992	229568	209490	20078	214844	11329	3395
1993	336733	306191	30542	312281	19085	5367
1994	440594	387482	53112	405480	28267	6847
1995	547902	438427	109475	494107	45495	8300
1996	652012	456585	195427	575999	66189	9824
1997	769116	649826	119290	672831	85671	10614
1998	879461	736490	142971	760144	104884	14433
1999	1003622	855532	148090	864024	123547	16051
2000	1162620	997600	165020	993340	149841	19439
2001	1346443	1170558	175885	1135808	186092	24543
2002	1593981	1409099	184882	1328976	234633	30372
2003	1916565	1718786	197779	1565393	314679	36493
2004	2513673	2312560	201113	2019675	449156	44842
2005	2925781	2699253	226527	2324762	558349	42671
2006	3554643	3290745	263898	2795366	712991	46286
2007	4276826	3974316	302509	3340598	885294	50933
2008	5336050	4979802	356247	4105969	1169446	60635
2009	6177157	5768086	409071	4734370	1339787	103000
2010	7308066	6743759	564307	6262069	943997	102000
2011	8575448	7838099	737349	7244558	1230890	100000
2012	9750628	8976315	774313	8139240	1527388	84000
2013	10857622	9809101	1048521	9016578	1757044	84000
2014	11846690	11064613	782077	9825996	2020694	

注：2009-2014年数据根据自治区反馈数据进行了调整。

16-2　限额以上批发零售贸易业商品分类销售额

单位：万元

指　标	合计		批发		零售	
	2013	2014	2013	2014	2013	2014
类值合计	**11277201.8**	**9346935.8**	**7728643.8**	**6121189.0**	**3548558.0**	**3225746.8**
粮油、食品、饮料、烟酒类	1188828.0	1084877.5	771211.7	891849.4	417616.3	193028.1
粮油、食品类	744764.3	624707.0	393387.2	482006.5	351377.1	142700.5
饮料类	32428.0	24168.8	17213.9	17471.7	15214.1	6697.1
烟酒类	411635.7	436001.7	360610.6	392371.2	51025.1	43630.5
服装、鞋帽、针纺织品类	437111.0	429453.5	4908.7	5318.0	432202.3	424135.5
服装类	305593.6	308282.7	1707.4	2300.0	303886.2	305982.7
鞋帽类	103061.1	96942.9	1198.8		101862.3	96942.9
针、纺织品类	28456.3	24227.9	2002.5	3018.0	26453.8	21209.9
化妆品类	48320.7	43630.9	103.1		48217.6	43630.9
金银珠宝类	78090.6	74103.2			78090.6	74103.2
日用品类	115906.8	94508.9	13091.9	17481.8	102814.9	77027.1
#洗涤用品类	53156.2	50843.1	11975.2	14140.8	41181.0	36702.3
儿童玩具类	4163.0	4374.1	1093.1	3341.0	3069.9	1033.1
五金、电料类	48951.2	33358.2	4304.2	5417.0	44647.0	27941.2
体育、娱乐用品类	7835.3	7612.1	12.5		7822.8	7612.1
书报杂志类	6016.8	5527.7			6016.8	5527.7
电子出版物及音像制品类	787.5	38.4			787.5	38.4
家用电器和音像器材类	212373.9	201790.6	5131.9	6972.0	207242.0	194818.6
中西药品类	65056.4	76335.6	51646.0	66328.8	13410.4	10006.8
文化办公用品类	12805.7	14110.3	65.0		12740.7	14110.3
家具类	115179.0	156254.6			115179.0	156254.6
通讯器材类	39083.6	29389.7			39083.6	29389.7
煤炭及制品类	4096301.4	2425516.3	3991225.2	2425516.3	105076.2	
石油及制品类	1110263.6	1073024.9	242425.3	63620.6	867838.3	1009404.3
化工材料及制品类	31022.0	588144.3	31022.0	588144.3		
#化肥类	27597.1	17769.0	27597.1	17769.0		
金属材料类	2462240.1	1908484.5	2462240.1	1908484.5		
建筑及装潢材料类	35294.6	35074.0			35294.6	35074.0
机电产品及设备类	104233.8	99781.4	14486.1	3528.5	89747.7	96252.9
汽车类	1034600.6	930508.8	135377.1	128391.8	899223.5	802117.0
其他类	26899.2	29410.4	1393.0	4136.0	25506.2	25274.4

注：以上数据为年快合一数据。

16-3 限额以上批发零售贸易业商品购进、销售、库存总额（2014年，按登记注册类型分）

指　标	法人企业（个）	从业人员期末人数（人）	销售总额（万元）	批发额	零售额
总计	300	16453	8333417.0	4928637.8	3404779.2
批发业	104	4049	5003121.8	4637585.5	365536.3
内资企业	103	4041	4996166.7	4630630.4	365536.3
国有企业	5	740	438091.4	438091.4	
集体企业	2	56	93114.7	72505.1	20609.6
有限责任公司	52	1803	3166505.2	2982551.0	183954.2
国有独资公司	5	371	790998.6	790998.6	
其他有限责任公司	47	1432	2375506.6	2191552.4	183954.2
股份有限公司	4	461	191257.6	173137.5	18120.1
私营企业	40	981	1107197.8	964345.4	142852.4
私营有限责任公司	39	911	1079834.0	936981.6	142852.4
私营股份有限公司	1	70	27363.8	27363.8	
港、澳、台商投资企业	1	8	6955.1	6955.1	
港、澳、台商独资经营企业	1	8	6955.1	6955.1	
零售业	196	12404	3330295.2	291052.3	3039242.9
内资企业	196	12404	3330295.2	291052.3	3039242.9
国有企业	4	53	7197.8		7197.8
集体企业	2	7	96622.1		96622.1
有限责任公司	91	6296	1721553.1	197987.4	1523565.7
国有独资公司	1	514	194737.7	39006.1	155731.6
其他有限责任公司	90	5782	1526815.4	158981.3	1367834.1
股份有限公司	9	2358	464193.4	37343.1	426850.3
私营企业	88	3640	1033101.5	55721.8	977379.7
私营有限责任公司	85	3575	954358.9	55721.8	898637.1
私营股份有限公司	3	65	78742.6		78742.6
其他企业	2	50	7627.3		7627.3

16-4 限额以上批发零售贸易业商品购进、销售、库存总额（2014年，按行业分）

指标	法人企业（个）	从业人员期末人数（人）	商品销售额（万元）		
				批发额	零售额
总计	300	16453	8333417.0	4928637.8	3404779.2
批发业	104	4049	5003121.8	4637585.5	365536.3
农、林、牧产品批发	4	375	110366.7	89907.1	20459.6
食品、饮料及烟草制品批发	6	797	837714.5	660344.0	177370.5
#烟草制品批发	1	332	390061.2	390061.2	
纺织、服装及家庭用品批发	1	105	10500.8	10500.8	
医药及医疗器材批发	5	222	64811.1	56241.9	8569.2
西药批发	3	150	44864.7	42023.5	2841.2
中药批发	2	72	19946.4	14218.4	5728.0
矿产品、建材及化工产品批发	78	2292	3855853.8	3697795.5	158058.3
煤炭及制品批发	53	1624	2456000.3	2323457.5	132542.8
石油及制品批发	5	104	38096.2	34046.7	4049.5
金属及金属矿批发	13	355	1249391.7	1227930.1	21461.6
建材批发	2	120	2862.5	2858.1	4.4
化肥批发	1	22	8891.2	8891.2	
农用薄膜批发	1	25	970.5	970.5	
其他化工产品批发	3	42	99641.4	99641.4	
机械设备、五金产品及电子产品批发	9	258	120719.6	119640.9	1078.7
汽车批发	3	4	83209.0	83209.0	
其他机械设备及电子产品批发	6	254	37510.6	36431.9	1078.7
零售业	196	12404	3330295.2	291052.3	3039242.9
综合零售	32	3720	887841.2	3448.9	884392.3
百货零售	22	3027	783826.3	3448.9	780377.4
超级市场零售	9	681	97407.6		97407.6
其他综合零售	1	12	6607.3		6607.3
食品、饮料及烟草制品专门零售	6	137	22788.8	11583.3	11205.5
文化、体育用品及器材专门零售	8	99	17710.2		17710.2
图书、报刊零售	3	40	5707.2		5707.2
珠宝首饰零售	5	59	12003.0		12003.0
医药及医疗器材专门零售	6	152	25432.6	20167.9	5264.7
药品零售	6	152	25432.6	20167.9	5264.7
汽车、摩托车、燃料及零配件专门零售	99	6285	1858353.0	216575.9	1641777.1
汽车零售	80	3939	784755.7	14741.9	770013.8
汽车零配件零售	3	232	96934.4		96934.4
摩托车及零配件零售	1	5	186.8		186.8
机动车燃料零售	15	2109	976476.1	201834.0	774642.1
家用电器及电子产品专门零售	14	972	228858.9	5680.8	223178.1
家用视听设备零售	1	261	48726.0		48726.0
日用家电设备零售	6	388	65685.6	1714.1	63971.5
计算机、软件及辅助设备零售	4	197	84050.3	3966.7	80083.6
通信设备零售	3	126	30397.0		30397.0
五金、家具及室内装修材料专门零售	14	561	201980.1	3549.1	198431.0
货摊、无店铺及其他零售业	5	59	36284.7	13759.5	22525.2

16-5 限额以上批发零售贸易企业资产及负债情况（2014年，按登记注册类型分）

单位：万元

指标	资产合计	#流动资产小计	#固定资产小计	负债合计
总计	**6991098.8**	**4686816.2**	**523029.3**	**4837916.1**
批发业	**5147852.4**	**3273301.7**	**344487.5**	**3476910.3**
内资企业	5134344.3	3268636.0	344445.0	3465001.6
国有企业	280132.8	247859.9	24788.1	127261.6
集体企业	8121.8	7559.3	559.4	2637.1
有限责任公司	3847366.6	2499241.5	170548.1	2645118.3
国有独资公司	963220.0	927242.5	19741.3	895069.8
其他有限责任公司	2884146.6	1571999.0	150806.8	1750048.5
股份有限公司	312632.1	164767.0	62689.0	167186.6
私营企业	686091.0	349208.3	85860.4	522798.0
私营有限责任公司	682132.0	345438.6	85671.1	520064.0
私营股份有限公司	3959.0	3769.7	189.3	2734.0
港、澳、台商投资企业	13508.1	4665.7	42.5	11908.7
港、澳、台商独资经营企业	13508.1	4665.7	42.5	11908.7
零售业	**1843246.4**	**1413514.5**	**178541.8**	**1361005.8**
内资企业	1843246.4	1413514.5	178541.8	1361005.8
国有企业	13926.9	7029.3	5231.8	13669.9
集体企业	3651.6	2493.9	1143.3	1923.2
有限责任公司	988495.3	803305.8	99436.1	714242.9
国有独资公司	45413.4	26543.9	9924.0	35399.1
其他有限责任公司	943081.9	776761.9	89512.1	678843.8
股份有限公司	279561.6	169331.8	33444.7	245853.2
私营企业	554468.4	430389.9	37107.1	382892.8
私营有限责任公司	551236.1	429035.2	35255.8	382168.2
私营股份有限公司	3232.3	1354.7	1851.3	724.6
其他企业	3142.6	963.8	2178.8	2423.8

16-6　限额以上批发零售贸易企业资产及负债情况（2014年，按行业分）

单位：万元

指　　标	资产合计	#流动资产小　计	#固定资产小　计	负债合计
总计	**6991098.8**	**4686816.2**	**523029.3**	**4837916.1**
批发业	**5147852.4**	**3273301.7**	**344487.5**	**3476910.3**
农、林、牧产品批发	150387.2	134322.8	11319.7	127440.1
食品、饮料及烟草制品批发	184807.1	154852.5	25033.2	33607.0
#烟草制品批发	158522.7	141784.0	13942.1	22076.2
纺织、服装及家庭用品批发	980.5	748.1	232.4	770.4
医药及医疗器材批发	27305.3	24366.6	1546.1	24454.2
西药批发	16406.0	15413.2	733.9	14903.1
中药批发	10899.3	8953.4	812.2	9551.1
矿产品、建材及化工产品批发	4695174.9	2897751.1	303879.8	3201382.8
煤炭及制品批发	1452671.5	815502.0	276866.8	962526.8
石油及制品批发	79038.8	27758.2	14765.1	64960.3
金属及金属矿批发	3118901.5	2014871.6	7845.3	2144713.3
建材批发	16619.7	12494.9	4124.8	8591.9
化肥批发	1664.8	1509.3	99.9	1721.8
农用薄膜批发	490.7	423.6	26.4	162.8
其他化工产品批发	25787.9	25191.5	151.5	18705.9
机械设备、五金产品及电子产品批发	80205.3	52493.2	2251.6	82462.7
汽车批发	9759.2	9100.7	600.7	7265.9
其他机械设备及电子产品批发	70446.1	43392.5	1650.9	75196.8
零售业	**1843246.4**	**1413514.5**	**178541.8**	**1361005.8**
综合零售	328103.7	226994.7	71693.3	315890.8
百货零售	248446.2	158744.0	61989.7	223580.4
超级市场零售	79627.1	68220.3	9703.6	92310.4
其他综合零售	30.4	30.4		
食品、饮料及烟草制品专门零售	9568.3	7537.3	131.0	7250.9
纺织、服装及日用品专门零售	66315.2	33948.2	4861.0	38722.0
服装零售	14792.7	6701.2	4727.6	10436.2
文化、体育用品及器材专门零售	20650.0	13228.4	5680.4	16274.9
图书、报刊零售	13800.7	6940.1	5194.8	13619.6
珠宝首饰零售	6849.3	6288.3	485.6	2655.3
医药及医疗器材专门零售	15151.6	8364.0	817.4	10709.5
药品零售	15151.6	8364.0	817.4	10709.5
汽车、摩托车、燃料及零配件专门零售	1102946.9	915621.5	80459.0	810545.3
汽车零售	816396.5	695982.3	43447.9	570474.9
汽车零配件零售	107875.6	107688.3	187.3	90195.5
摩托车及零配件零售	654.3	610.1	44.2	574.3
机动车燃料零售	178020.5	111340.8	36779.6	149300.6
家用电器及电子产品专门零售	132236.0	76734.4	7569.4	117178.7
家用视听设备零售	31452.2	23417.5	6974.1	25362.5
日用家电设备零售	74310.6	30868.1	362.0	69912.4
计算机、软件及辅助设备零售	8442.6	8143.9	13.2	6049.2
通信设备零售	18030.6	14304.9	220.1	15854.6
五金、家具及室内装修材料专门零售	143800.1	115742.5	6718.3	26408.3
货摊、无店铺及其他零售业	24474.6	15343.5	612.0	18025.4

16-7 限额以上批发零售贸易企业主要财务指标情况（2014年，按登记注册类型分）

单位：万元

指标	主营业务收入	主营业务成本	营业费用	主营业务税金及附加	主营业务利润
总计	**7436598.8**	**6870677.2**	**260848.9**	**45983.3**	**519938.3**
批发业	**4736899.5**	**4360688.7**	**124986.1**	**29047.2**	**347163.6**
内资企业	4730954.7	4354845.2	124986.1	29045.5	347064.0
国有企业	381528.1	291862.1	6346.2	20309.0	69357.0
集体企业	93114.7	86451.4	2313.7	695.3	5968.0
有限责任公司	2952709.5	2760439.0	70799.6	4839.4	187431.1
国有独资公司	367502.8	353254.6	10142.1	462.6	13785.6
其他有限责任公司	2585206.7	2407184.4	60657.5	4376.8	173645.5
股份有限公司	196707.5	181219.5	3968.9	554.0	14934.0
私营企业	1106894.9	1034873.2	41557.7	2647.8	69373.9
私营有限责任公司	1079531.1	1008213.4	41557.7	2641.1	68676.6
私营股份有限公司	27363.8	26659.8		6.7	697.3
港、澳、台商投资企业	5944.8	5843.5		1.7	99.6
港、澳、台商独资经营企业	5944.8	5843.5		1.7	99.6
零售业	**2699699.3**	**2509988.5**	**135862.8**	**16936.1**	**172774.7**
内资企业	2699699.3	2509988.5	135862.8	16936.1	172774.7
国有企业	5820.6	4761.9	625.3	150.6	908.1
集体企业	89220.1	88168.2	165.1	26.8	1025.1
有限责任公司	1497761.8	1391386.0	68697.8	4124.7	102251.1
国有独资公司	166442.7	160097.1	9010.6	211.8	6133.8
其他有限责任公司	1331319.1	1231288.9	59687.2	3912.9	96117.3
股份有限公司	396651.2	370429.3	32616.5	2849.1	23372.8
私营企业	702618.3	648298.3	33644.5	9699.8	44620.2
私营有限责任公司	625417.9	575109.7	33520.0	6828.5	43479.7
私营股份有限公司	77200.4	73188.6	124.5	2871.3	1140.5
其他企业	7627.3	6944.8	113.6	85.1	597.4

16-8　限额以上批发零售贸易企业主要财务指标情况（2014年，按行业分）

单位：万元

指标	主营业务收入	主营业务成本	营业费用	主营业务税金及附加	主营业务利润
总计	**7436598.8**	**6870677.2**	**260848.9**	**45983.3**	**519938.3**
批发业	**4736899.5**	**4360688.7**	**124986.1**	**29047.2**	**347163.6**
农、林、牧产品批发	120584.2	113911.0	4300.8	693.0	5980.2
食品、饮料及烟草制品批发	778810.9	671164.4	6360.3	20723.7	86922.8
#烟草制品批发	333385.7	247660.3	3868.0	20229.1	65496.3
纺织、服装及家庭用品批发	8975.0	8814.9	557.4	37.3	122.8
医药及医疗器材批发	61192.3	57926.5	626.6	55.5	3210.3
西药批发	42343.4	39929.3	606.6	50.9	2363.2
中药批发	18848.9	17997.2	20.0	4.6	847.1
矿产品、建材及化工产品批发	3643254.5	3392135.4	107463.9	7317.8	243801.3
煤炭及制品批发	2676068.6	2476735.1	102026.8	6987.6	192345.9
石油及制品批发	44626.9	42493.5	869.5	22.9	2110.5
金属及金属矿批发	788771.7	740614.5	4390.5	138.1	48019.1
建材批发	24129.6	23177.9		51.8	899.9
化肥批发	9192.9	8891.2	139.0		
农用薄膜批发	970.5	888.9	38.1		
其他化工产品批发	99494.3	99334.3		117.4	42.6
机械设备、五金产品及电子产品批发	124082.6	116736.5	5677.1	219.9	7126.2
汽车批发	83293.3	81878.8	767.4	1.5	1413.0
其他机械设备及电子产品批发	40789.3	34857.7	4909.7	218.4	5713.2
零售业	**2699699.3**	**2509988.5**	**135862.8**	**16936.1**	**172774.7**
综合零售	664442.5	600371.4	45534.2	12404.6	51666.5
百货零售	571126.2	514520.7	36863.0	7500.1	49105.4
超级市场零售	87832.3	80387.1	8671.2	4903.3	2541.9
其他综合零售	5484.0	5463.6		1.2	19.2
食品、饮料及烟草制品专门零售	22395.2	19658.7	874.2	98.9	2637.6
纺织、服装及日用品专门零售	43962.4	37349.1	2293.9	451.6	6161.7
服装零售	22055.8	18207.4	989.3	354.2	3494.2
文化、体育用品及器材专门零售	14621.2	12024.0	1176.2	282.0	2315.2
图书、报刊零售	4330.0	3386.6	618.1	147.0	796.4
珠宝首饰零售	10291.2	8637.4	558.1	135.0	1518.8
医药及医疗器材专门零售	21882.7	20249.4	1007.3	52.9	1580.4
药品零售	21882.7	20249.4	1007.3	52.9	1580.4
汽车、摩托车、燃料及零配件专门零售	1467357.1	1398233.4	53373.4	1564.7	67559.0
汽车零售	709650.8	671094.8	25756.3	998.1	37557.9
汽车零配件零售	79405.8	78055.3	541.8	77.6	1272.9
摩托车及零配件零售	186.8	161.3	6.2	1.8	23.7
机动车燃料零售	678113.7	648922.0	27069.1	487.2	28704.5
家用电器及电子产品专门零售	241074.6	224215.0	18126.9	400.4	16459.2
家用视听设备零售	41646.2	36749.6	4872.2	55.1	4841.5
日用家电设备零售	88652.3	78345.9	9425.4	201.0	10105.4
计算机、软件及辅助设备零售	84871.6	83984.2	606.2	105.7	781.7
通信设备零售	25904.5	25135.3	3223.1	38.6	730.6
五金、家具及室内装修材料专门零售	190663.7	167470.0	11580.8	1621.7	21572.0
货摊、无店铺及其他零售业	33299.9	30417.5	1895.9	59.3	2823.1

16-9　限额以上住宿餐饮企业资产及负债情况（2014年，按登记注册类型和行业分）

单位：万元

指　标	法人企业（个）	资产合计	#流动资产小　计	#固定资产小　计	负债合计
总计	**103**	**526637.7**	**168201.6**	**218151.9**	**265957.5**
住宿业	**41**	**267750.8**	**43871.1**	**164312.9**	**136060.0**
按登记注册类型分					
内资企业	40	227287.1	40429.4	129793.3	105550.5
国有企业	1	58326.4	8729.8	11474.1	7560.6
集体企业	1	1582.3	330.4	485.8	1178.6
联营企业	1	1083.1		564.9	278.3
集体联营企业	1	1083.1		564.9	278.3
有限责任公司	24	116231.1	16665.3	89159.1	49930.6
其他有限责任公司	24	116231.1	16665.3	89159.1	49930.6
股份有限公司	2	924.5	317.9	141.8	939.2
私营企业	11	49139.7	14386.0	27967.6	45663.2
私营独资企业	2	631.6	287.0	244.6	174.6
私营有限责任公司	9	48508.1	14099.0	27723.0	45488.6
外商投资企业	1	40463.7	3441.7	34519.6	30509.5
外资企业	1	40463.7	3441.7	34519.6	30509.5
按住宿行业中类分组					
旅游饭店	30	262002.5	41679.6	162105.4	131428.9
一般旅馆	10	5657.3	2170.7	2152.8	4598.8
其他住宿服务	1	91.0	20.8	54.7	32.3
餐饮业	**62**	**258886.9**	**124330.5**	**53839.0**	**129897.5**
按登记注册类型分					
内资企业	60	164441.9	67663.5	43426.1	100993.3
有限责任公司	32	25026.6	10087.9	9296.1	20251.3
其他有限责任公司	32	25026.6	10087.9	9296.1	20251.3
股份有限公司	6	93803.4	38918.6	26301.9	48271.2
私营企业	19	45462.6	18512.8	7823.0	32412.1
私营独资企业	2	595.4	73.3	372.6	370.6
私营有限责任公司	15	39372.0	16089.5	5560.3	29799.3
私营股份有限公司	2	5495.2	2350.0	1890.1	2242.2
其他企业	3	149.3	144.2	5.1	58.7
港澳台商投资企业	1	157.8	14.7	61.6	132.0
港澳台商独资企业	1	157.8	14.7	61.6	132.0
外商投资企业	1	94287.2	56652.3	10351.3	28772.2
外资企业	1	94287.2	56652.3	10351.3	28772.2
按餐饮行业中类分组					
正餐服务	61	258852.4	124296.0	53839.0	129892.0
快餐服务	1	34.5	34.5		5.5

16-10 限额以上住宿餐饮企业主要财务指标情况（2014年，按登记注册类型和行业分）

单位：万元

指标	主营业务收入	主营业务成本	营业费用	主营业务税金及附加	主营业务利润
总计	**249632.9**	**159118.8**	**55439.1**	**8982.2**	**81531.9**
住宿业	**57897.9**	**28453.2**	**18501.3**	**3457.2**	**25987.5**
按登记注册类型分					
内资企业	48894.1	19796.9	18241.9	2971.5	26125.7
国有企业	2252.9	728.8	1349.8	124.8	1399.3
集体企业	246.2	112.7	25.0	19.2	114.3
联营企业	707.6	311.6	324.9	39.4	356.6
集体联营企业	707.6	311.6	324.9	39.4	356.6
有限责任公司	26469.5	10883.9	10043.1	1581.8	14003.8
其他有限责任公司	26469.5	10883.9	10043.1	1581.8	14003.8
股份有限公司	538.0	52.1	70.2	29.9	456.0
私营企业	18679.9	7707.8	6428.9	1176.4	9795.7
私营独资企业	2577.0	1931.0	350.0	26.0	620.0
私营有限责任公司	16102.9	5776.8	6078.9	1150.4	9175.7
外商投资企业	9003.8	8656.3	259.4	485.7	-138.2
外资企业	9003.8	8656.3	259.4	485.7	-138.2
按住宿行业中类分组					
旅游饭店	54704.2	27789.3	17255.4	3097.2	23817.7
一般旅馆	3127.5	657.1	1190.7	355.9	2114.5
其他住宿服务	66.2	6.8	55.2	4.1	55.3
餐饮业	**191735.0**	**130665.6**	**36937.8**	**5525.0**	**55544.4**
按登记注册类型分					
内资企业	135890.5	90261.6	24153.1	3626.6	42002.3
有限责任公司	20889.4	9350.4	8030.2	1043.0	10496.0
其他有限责任公司	20889.4	9350.4	8030.2	1043.0	10496.0
股份有限公司	91310.2	68042.7	7505.4	1834.1	21433.4
私营企业	23038.3	12501.1	8433.2	720.0	9817.2
私营独资企业	1188.5	594.5	269.5	38.2	555.8
私营有限责任公司	13684.5	7203.4	5473.9	629.0	5852.1
私营股份有限公司	8165.3	4703.2	2689.8	52.8	3409.3
其他企业	652.6	367.4	184.3	29.5	255.7
港澳台商投资企业	691.4	585.1		41.5	64.8
港澳台商独资企业	691.4	585.1		41.5	64.8
外商投资企业	55153.1	39818.9	12784.7	1856.9	13477.3
外资企业	55153.1	39818.9	12784.7	1856.9	13477.3
按餐饮行业中类分组					
正餐服务	191591.0	130573.6	36937.8	5515.3	55502.1
快餐服务	144.0	92.0		9.7	42.3

主要统计指标解释

社会消费品零售总额　指批发和零售业、餐饮业、新闻出版业、邮政业和其他服务业等，售予城乡居民用于生活消费的商品和社会集团用于公共消费的商品之总量。社会消费品零售总额包括：

一、批发和零售业企业（单位）：

1.售予城乡居民的各种生活消费品；

2.售予入境旅游的外国人、华侨、港澳台同胞的各类商品；

3.售予行政事业单位、社会团体、军队和武警等机构的商品，以及以零售方式售予各类企业的商品。具体包括：用于非生产和社会交往的办公用品，如通讯设备、计算器具和设备、电讯网络设备、文印设备、音像视听器材和设备、纸张、本册、文具及装订文印材料、家具、日用电器、针纺织品、清洁卫生用品、文体用品、奖品、纪念品、礼品等；供内部人员乘坐的交通工具和燃料；用于办公设施修缮的各类配件、材料、工具等；用于取暖和防暑降温的设备、燃料、材料及食品等；专用于教学的用品和设备；非营利医疗机构的中、西药品、中药材和医疗设备器材；非专用的劳动保护用品；不对外营业的内部食堂用的餐具、炊具、设备、清洁卫生工具和食品、燃料等；军队、武警用于其人员生活的衣着品和个人用品；其他各类非生产性设备和用品。

二、餐饮业出售的主食、菜肴、烟酒饮料和其他商品。

三、新闻出版业、邮政业售予城乡居民、企事业单位、军队和武警等机构的书报杂志、音像制品、邮品等。

四、其他服务业出售的食品、烟酒饮料、服装鞋帽、日常生活用品、医药保健用品、艺术品、工艺美术品、玩具、殡葬用品以及其他消费品。

批发零售贸易业商品购、销、存总额　指各种登记注册类型的批发、零售业企业（单位）以本企业（单位）为总体的，从国内、国外市场购进的商品总量，销售和出口的商品总量、库存商品总量等情况。该指标可以反映商品流转过程中商品的购进、销售、库存之间的比例关系和存在的问题。

商品购进总额　指从本企业（单位）以外的单位和个人购进（包括从境外直接进口）作为转卖或加工后转卖的商品总额。它反映批发零售贸易业从国内、国外市场上购进商品的总量。商品购进总额包括：（1）从工农业生产者购进的商品；（2）从出版社、报社的出版发行部门购进的图书、杂志和报纸；（3）从各种登记注册类型的批发零售贸易企业（单位）购进的商品；（4）从其他单位购进的商品，如从机关、团体、企业等单位购进的剩余物资，从餐饮业、服务业购进的商品，从海关、市场管理部门购进的缉私和没收的商品，从居民手中收购的废旧商品等；（5）从国（境）外直接进口的商品。不包括企业（单位）为自身经营用和未通过买卖行为而收入的商品以及销售退回、商品升溢等。

商品销售总额　指对本企业（单位）以外的单位和个人出售（包括对境外直接出口）的商品总额。它反映批发零售贸易业在国内市场上销售商品以及出口商品的总量。商品销售总额包括：（1）售给城乡居民和社会集团消费用的商品；（2）售给工业、农业、建筑业、运输邮电业、批发零售贸易业、餐饮业、服务业等作为生产、经营使用的商品；（3）售给批发零售贸易业作为转卖或加工后转卖的商品；（4）对国（境）外直接出口的商品。不包括出售本企业（单位）自用的废旧包装用品；未通过买卖行为付出的商品；经本单位介绍，由买卖双方直接结算，本单位只收取手续费的业务；购货退出的商品以及商品损耗和损失等。

批发零售贸易业库存 指报告期末各种登记注册类型的批发零售贸易企业（单位）已取得所有权的商品。它反映批发零售贸易企业（单位）的商品库存情况和对市场商品供应的保证程度。期末库存包括：（1）存放在批发零售贸易业经营单位（如门市部、批发站、经营处）仓库、货场、货柜和货架中的商品；（2）挑选、整理、包装中的商品；（3）已记入购进而尚未运到本单位的商品，即发货单或银行承兑凭证已到而货未到的部分，（4）寄放他处的商品，如因购货方拒绝承付而暂时存放在购货方的商品和已办完加工成品收回手续而未提回的商品；（5）委托其他单位代销（未作销售或调出）尚未售出的商品；（6）代其他单位购进尚未交付的商品。不包括所有权不属于本单位的商品、拨付除批发零售贸易业以外的其他行业所属独立核算加工厂等加工生产尚未收回成品的商品、代国家物资储备部门保管的商品等。

库存总额采用的计算价格是：农副产品采购单位按购进价计算；批发单位按进货价计算；零售单位按核算价格计算，即按什么价格核算就按什么价格计算。

餐饮业商品零售额 指餐饮企业、产业活动单位或个体户直接对居民和社会集团零售的各种商品。包括：（1）经烹任、调制加工后出售的各种食品，如主食、炒菜、凉拌菜等；（2）不经加工直接转卖的各种外购商品，如卷烟、酒、饮料、熟食、水果等；（3）附设非独立核算的专门销售商品的小卖部出售的各种食品及其他商品。

17

FOREIGN TRADE, ECONOMIC COOPERATION AND TOURISM

对外经济贸易和旅游

17-1 1991-2014年利用外资和外贸进出口贸易总额

单位:万美元

年 份	实际利用外资到位金额	进出口总额		
			出口总额	进口总额
1991		1632	1617	15
1992		4484	3630	854
1993		7713	4474	3239
1994		13088	8008	5080
1995		31540	17341	14199
1996	1983	35800	19420	16380
1997	2714	40700	23275	17425
1998	3224	28604	18190	10414
1999	3948	18171	14619	3552
2000	4277	31527	17189	14338
2001	5810	29960	19387	10573
2002	7144	34369	23928	10441
2003	12143	50037	32125	17912
2004	25000	80207	43388	36819
2005	40800	93321	52242	41079
2006	54000	121274	86746	34528
2007	61557	184120	119982	64138
2008	81500	233926	151301	82625
2009	94900	128356	66852	61504
2010	110000	195303	120403	74900
2011	124000	276915	181773	95142
2012	136500	209982	116358	93624
2013	141000	210508	111273	99235
2014	111900	180500	127000	53500

17-2　2009-2014年对外经济贸易

项　目	2009	2010	2011	2012	2013	2014
进出口总额（人民币、万元）	**876800**	**1322104**	**1744814**	**1319842**	**1274268**	**1104480**
出口总额	456666	815068	1145333	731368	673569	777113
进口总额	420134	507036	599481	588474	600699	327367
进出口总额（万美元）	**128356**	**195303**	**276915**	**209982**	**210508**	**180500**
出口总额	66852	120403	181773	116358	111273	127000
进口总额	61504	74900	95142	93624	99235	53500
外商投资企业基本情况						
年底登记户数（户）	352	332	344	292	291	304
投资总额（万美元）	320492	231029	262059	262092	244890	247128
注册资本（万美元）	181665	111652	135147	134647	118444	120682
#外方	135921	69377	91213	90633	79427	81510

17-3　年末登记外商投资企业行业分布

项　目	企业数（户）		投资总额（万美元）		注册资本（万美元）			
							#外方	
	2013	2014	2013	2014	2013	2014	2013	2014
总　计	**291**	**304**	**244890**	**247128**	**118444**	**120682**	**79427**	**81510**
农、林、牧、渔业	4	4	2464	2464	1024	1024	1024	1024
采掘业	1	1	470	470	235	235	235	235
制造业	78	78	158526	158526	76409	76409	46525	46525
电力、燃气及水的生产和供应业	2	2	40611	40611	20053	20053	16113	16113
建筑业	3	3	4904	4904	1640	1640	492	492
批发和零售贸易餐饮业	40	84	3667	28778	1246	14778	392	13091
信息传输：软件和信息技术服务业		84		73		73		73
房地产业	5	7	1883	1883	1768	1768	958	958
其他	158	41	32364	9418	16069	4702	13687	2998

17-4　2009-2014年旅游事业发展情况

项　目	2009	2010	2011	2012	2013	2014
旅行社总数（个）	**82**	**82**	**82**	**87**	**89**	**91**
出境资格旅行社	2	2	2	4	4	10
其他旅行社	80	80	80	83	85	81
旅行社总收入（万元）	**9205**	**13758**	**23900**	**23400**	**23800**	**22725**
星级饭店总数（个）	**34**	**38**	**37**	**36**	**30**	**28**
星级饭店总收入（亿元）	**2.92**	**3.45**	**5.30**	**5.20**	**4.90**	**3.90**
入境旅游人数（人）	**18077**	**18742**	**20297**	**26473**	**33965**	**35867**
外国人	16949	17096	17450	23184	30256	31764
港澳同胞	836	1387	2565	2908	3259	3480
台湾同胞	292	259	282	381	450	623
国内旅游人数（万人）	**525**	**601**	**701**	**769**	**842**	**935**
旅游收入（亿元）	**95.46**	**109.84**	**123.98**	**154.51**	**207.31**	**263.00**
国际旅游外汇收入（万美元）	778	1058	1017	1475	2341	5142
国内旅游收入（万元）	949300	1091400	1233400	1535900	2058600	2603200

主要统计指标解释

进出口总额　指实际进出我国国境的货物总金额。包括对外贸易实际进出口货物，来料加工装配进出口货物，国家间、联合国及国际组织无偿援助物资和赠送品，华侨、港澳台同胞和外籍华人捐赠品，租赁期满归承租人所有的租赁货物，进料加工进出口货物，边境地方贸易及边境地区小额贸易进出口货物（边民互市贸易除外），中外合资经营企业、中外合作经营企业、外商独资企业进出口货物和公用物品，到、离岸价格在规定限额以上的进出口货样和广告品（无商业价值、无使用价值和免费提供出口的除外），从保税仓库提取在中国境内销售的进口货物，以及其他进出口货物。进出口总额用以观察一个国家在对外贸易方面的总规模。我国规定出口货物按离岸价格统计，进口货物按到岸价格统计。

利用外资　指我国各级政府、部门、企业和其他经济组织通过对外借款、吸收外商直接投资以及用其他方式筹措的境外现汇、设备、技术等。

外商直接投资　指外国企业和经济组织或个人（包括华侨、港澳台胞以及我国在境外注册的企业）按我国有关政策、法规，用现汇、实物、技术等在我国境内开办外商独资企业、与我国境内的企业或经济组织共同举办中外合资经营企业，合作经营企业或合作开发资源的投资（包括外商投资收益的再投资），以及经政府有关部门批准的项目投资总额内企业从境外借入的资金。

旅游者人数　（1）入境国际旅游者人数：指来中国参观、访问、旅行、探亲、访友、休养、考察、参加会议和从事经济、科技、文化、教育、宗教等活动的外国人、华侨、港澳同胞和台湾同胞的人数。不包括外国在我国的常驻机构，如使领馆、通讯社、企业办事处的工作人员；来我国常住的外国专家、留学生以及在岸逗留不过夜人员。

（2）出境居民人数：指大陆居民因公务活动或私人事务短期出境的人数。公务活动出境居民人数包括在国际交通工具上的中国服务员工，因私出境居民人数不包括在国际交通工具上的中国服务员工。

（3）国内旅游者人数：指我国大陆居民和在我国常住1年以上的外国人、华侨、港澳台同胞离开常住地在境内其他地方的旅游设施内至少停留一夜，最长不超过6个月的人数。

国际旅游（外汇）收入　指入境旅游的外国人、华侨、港澳同胞和台湾同胞在中国大陆旅游过程中发生的一切旅游支出，对于国家来说就是国际旅游（外汇）收入。

国际旅行社　指经营对外招徕并接待外国人、华侨、港澳同胞和台湾同胞来中国、归国或回内地旅游业务的旅行社。

国内旅行社　指负责经营招徕、组团、接待国内旅客的旅游业务，以及不对外招徕，负责经营接待国际旅行社或其它涉外部门组织的外国人、华侨、港澳同胞和台湾同胞来中国、归国或回内地的旅游业务的旅行社。

星级饭店　指已评定星级的饭店。

18

BANKING AND INSURANCE

金融和保险

18-1 金融系统机构、人员数（2014年）

项　目	机构数（个）	年末人数（人）
总　计	**593**	**13131**
中国人民银行	5	382
中国工商银行	72	1932
中国农业银行	61	1215
中国银行	49	1073
中国建设银行	55	1268
中国光大银行	1	86
中国农业发展银行	5	118
交通银行	9	284
包商银行	54	2810
农村信用合作联社	116	1453
新时代信托投资公司	1	251
中国邮政储蓄银行	80	431
上海浦东发展银行	5	103
中信银行	5	163
招商银行	1	67
华夏银行	2	86
兴业银行	5	125
内蒙古银行	5	187
包头农村商业银行	46	636
村镇银行	14	380
包钢集团财务有限责任公司	1	46
鄂尔多斯银行	1	35

18-2 金融机构人民币信贷资金平衡表（2014年）

单位：万元

负债项目	2014	资产项目	2014
资金来源合计	**23829630**	**资金运用合计**	**23829630**
各项存款	24935956	各项贷款	18340852
单位存款	9597758	短期贷款	8762036
个人存款	12961987	#个人贷款及透支	1969899
财政性存款	1068242	单位普通贷款及透支	6090120
临时性存款	24338	银团贷款	30800
委托存款	831185	贸易融资	671217
其他类存款	452446	中长期贷款	8868899
金融债券		各项垫款	21181
中长期借款		票据融资	688716
应付及暂收款	569940	有价证券	2050534
同业往来	95603	股权及其他投资	898311
系统内资金往来	5992366	库存现金	128057
外汇买卖	41720	应收及预付款	933422
各项准备	477685	固定资产	660281
所有者权益	3248642	同业往来	751270
其它	-11532282	外汇买卖	65478
		投资性房地产	1426

18-3 金融机构人民币存、贷款年末余额

单位：万元

年份	各项存款余额合计	#企业存款	#城乡居民储蓄余额	各项贷款余额合计	#工业贷款	#商业贷款	#农业贷款	#建筑业贷款	#技改贷款
1986	121884	44409	56074	166289	80707	38469	3142	9092	13691
1987	147825	49509	72446	180454	85219	44763	3100	10528	13697
1988	185159	62039	93054	219547	102346	54428	2986	12618	20175
1989	222898	58901	130079	261327	126429	66220	2924	13114	24164
1990	290081	64400	184953	337695	168818	80705	2970	14909	30627
1991	356097	71502	242651	423010	202775	91062	3625	15320	46083
1992	566706	205698	308702	521669	217043	109785	5239	17360	84527
1993	655026	174086	407237	644636	269882	139231	7819	19310	98145
1994	811130	199172	547001	812097	353130	133175	6309	21360	124450
1995	962643	222049	714101	975374	431048	163079	8009	23500	140038
1996	1175301	273764	869283	1249633	572491	199892	12361	22605	167008
1997	1403965	358222	997345	1460069	687448	220476	13478	27772	210145
1998	1862415	459485	1313633	1786748	829716	241573	38334	25737	181415
1999	2021079	452972	1454255	1873146	754085	270675	40170	30756	168743
2000	2328763	621958	1526830	1767827	597389	216481	43355	36927	141081
2001	2797076	806105	1748623	1905282	707426	254389	41873	28458	165657
2002	3367217	1056292	1999792	2083831	745055	276611	55570	24385	9465
2003	4308288	1463170	2434595	2491122	870562	266395	70400	16092	32869
2004	5283194	1569773	2997616	2736468	952668	229943	90137	9439	45281
2005	6789213	2146159	3894793	3367626	949637	410134	110196	22532	47350
2006	8556975	2596971	4379926	4824822	1430782	404062	124938	48759	72277
2007	10210139	3274556	4740067	5445744	1399474	505175	151809	72932	48127
2008	12019765	3727678	5939716	6312534	1412355	614033	336067	70869	187997
2009	14962084	5160819	6860044	8140452	1344250	698658	423846	104806	202736
2010	17056150	5285371	7507459	10372879					
2011	19929680	9359410	8488837	12796174					
2012	20797880	8956370	10350249	14198606					
2013	23265862	10109942	11579225	16290042					
2014	24935956	9597758	12182671	18340852					

注：2011年起企业存款数为单位存款。

18-4 保险公司业务技术指标（2014年）

项 目	保费收入（万元）	赔款与给付（万元）
总 计	399528.13	119401.89
财产保险小计	164819.50	77279.21
企业财产险	10245.58	
家庭财产险	409.22	
机动车辆保险	131496.97	
货运险	780.70	
工程险	479.21	
责任险	3616.22	
保证险	1739.73	
意外险	4129.36	
健康险	3459.04	
农业险	8463.47	
其他险		
人寿保险小计	234708.63	42122.68
个险业务	142199.18	
团险业务	6354.92	
银行邮政代理业务	85393.79	
其他险	760.74	

18-5 保险业务主要指标

项 目	2013	2014	2014年比2013年增长（%）
财产保险公司			
保费收入（万元）	167613.2	164819.5	-1.7
赔款与给付（万元）	88822.1	77279.2	-13.0
市场份额（%）	45.8	41.0	
人寿保险公司			
保费收入（万元）	198400.2	234708.6	18.3
赔款与给付（万元）	28111.8	42122.7	49.8
市场份额（%）	54.2	59.0	

主要统计指标解释

信贷资金 指金融机构以信用方式积聚和分配的货币资金。金融机构信贷资金的来源有各项存款、对国际金融机构负债、流通中货币、银行自有资金及当年结益等；信贷资金的运用有各项贷款、黄金占款、外汇占款、财政借款及在国际金融机构中的资产等。

存款 指企业、机关、团体或居民根据资金必须收回的原则，把货币资金存入银行或其他信用机构保管并取得一定利息的一种信用活动形式。根据存款对象的不同可划分为企业存款、财政存款、机关团体存款、基本建设存款、城镇储蓄存款、农村存款等科目。它是银行信贷资金的主要来源。

贷款 指银行或其他信用机构根据资金必须归还的原则，按一定利率，为企业、个人等提供资金的一种信用活动形式。我国银行贷款分为短期贷款、信托贷款、融资租赁、委托贷款、票据融资、各项垫款等。

城乡居民储蓄存款余额 包括城镇居民储蓄存款和农民个人储蓄存款两部分。不包括居民的手存现金和工矿企业、部队、机关团体等集团存款。储蓄存款余额，是指城乡居民存入银行及农村信用社储蓄的时点数（存入数扣除取出数的余额）或年末数额。

保险公司 在中国境内的、经过保险监督管理部门批准设立，并依法登记注册的各类商业保险公司。

保险金额 指保险人承担赔偿或者给付保险金责任的最高限额。

保费 指投保人为取得保险人在约定范围内所承担赔偿责任而支付给保险人的费用。

赔款 指保险人根据保险合同的规定，向被保险人支付的赔偿保险责任损失的金额。

给付 包括死伤医疗给付和满期给付。死伤医疗给付是指保险人根据人寿保险及长期健康保险合同的规定，因被保险人在保险期内发生保险责任范围内的保险事故支付给被保险人（或受益人）的金额。满期给付是指被保险人生存期满，保险人按人寿保险合同规定支付给被保险人的满期保险金额。

19

教育、科技和文化

EDUCATION,SCIENCE AND CULTURE

19-1　2009-2014年教育事业基本情况

指　标	2009	2010	2011	2012	2013	2014
学校数（所）						
普通高等学校	3	3	5	5	5	5
普通中等学校	116	111	115	115	112	110
中等专业学校	13	13	15	15	14	14
普通中学	101	96	98	98	96	94
高　中	35	34	34	35	35	34
初　中	66	62	64	63	61	60
职业中学	2	2	2	2	2	2
小　学	198	185	183	162	153	153
幼儿园	168	151	166	197	222	277
特殊教育	3	3	3	3	3	3
专任教师（人）						
普通高等学校	2326	2655	4481	4543	4520	4517
普通中等学校	10472	10422	10590	10950	10809	11090
中等专业学校	1317	1209	1223	1188	1116	1096
普通中学	8979	9038	9201	9592	9526	9825
高　中	2986	3024	3088	3382	3469	3578
初　中	5993	6014	6113	6210	6057	6247
职业中学	176	175	166	170	167	169
小　学	9006	8810	8868	8720	8454	8727
幼儿园	2058	2141	2339	2897	3189	4077
特殊教育	84	85	91	89	91	97
招生数（人）						
普通高等学校	17259	18287	20352	20063	20579	21111
普通中等学校	55071	55563	56047	53578	52737	51153
中等专业学校	8485	9260	9667	9151	8282	10263
普通中学	46153	45053	45450	43855	43064	39380

注：2011年起普通高等学校中包含高职（专科）院校。

19-1 续 表

指　标	2009	2010	2011	2012	2013	2014
高　中	16877	17582	19048	18027	18186	15837
初　中	29276	27471	26402	25828	24878	23543
职业中学	433	1250	930	572	1391	1510
小　学	21996	19711	24828	21840	24339	22833
幼儿园	10093	13111	13869	16615	17250	27797
特殊教育	57	30	56	48	29	95
在校学生（人）						
普通高等学校	52733	56361	67514	68641	70100	70324
普通中等学校	169477	163286	161109	158260	157117	152967
中等专业学校	28055	26030	25764	25840	25775	24299
普通中学	140002	134852	132858	130521	128945	125433
高　中	50207	50149	52717	53990	55022	52286
初　中	89795	84703	80141	76531	73923	73147
职业中学	1420	2404	2487	1899	2397	3244
小　学	151557	142909	141902	135400	133111	131676
幼儿园	25091	30702	32673	38437	41203	55161
特殊教育	314	270	235	263	206	277
毕业生数（人）						
普通高等学校	13194	14504	17218	18131	18349	19832
普通中等学校	56111	56079	54581	52330	50674	52648
中等专业学校	11231	8951	8703	8145	7773	9601
普通中学	44447	46210	45315	43657	42278	42519
高　中	17396	16590	16311	16232	17144	18742
初　中	27051	29620	29004	27425	25134	23777
职业中学	433	918	563	528	623	528
小　学	28861	27400	25749	25828	24801	23597
幼儿园	3481	9049	10754	11225	12701	13429
特殊教育	50	19	30	9	19	10

19-2　1979-2014年教育事业情况

单位：所、人

年 份	普通高校		中等专业学校		职业中学	
	学校数	在校学生	学校数	在校学生	学校数	在校学生
1979	3	2367	9	3695		
1980	3	2573	8	4193		
1981	3	2686	9	3291		
1982	3	2872	11	2766		
1983	3	2868	11	3556		
1984	3	3192	12	4031	3	195
1985	3	3972	12	4920	3	334
1986	3	4392	13	5391	5	366
1987	3	4283	17	3721	15	9990
1988	3	4728	13	5966	16	9676
1989	3	6430	13	6371	16	10588
1990	3	4653	13	6284	18	9677
1991	3	4144	13	6600	18	10494
1992	3	4495	13	6761	19	13097
1993	3	5152	13	7769	28	12717
1994	3	5069	13	8388	31	13654
1995	3	4923	13	8361	26	13511
1996	3	5372	13	8557	17	9938
1997	3	5766	13	8587	17	8362
1998	3	6486	13	11475	19	10813
1999	4	9621	13	13971	17	10291
2000	4	12158	10	14735	17	9120
2001	4	16848	8	13992	13	9694
2002	4	21921	8	13590	11	7375
2003	3	28236	8	12986	10	7850
2004	3	34109	8	14550	9	6095
2005	3	31819	9	19049	9	7374
2006	3	40368	10	21341	9	8055
2007	3	38299	13	27460	9	9528
2008	3	42456	13	24920	9	9251
2009	3	52733	13	28055	2	1420
2010	3	56361	13	26030	2	2404
2011	5	67514	15	25764	2	2487
2012	5	68641	15	25840	2	1899
2013	5	70100	14	25775	2	2397
2014	5	70324	14	24299	2	3244

19-2 续 表

单位：所、人

年 份	普通中学		小学		成人高校	
	学校数	在校学生	学校数	在校学生	学校数	在校学生
1979	146	167785	1475	235904		
1980	167	154996	1186	230417	14	7648
1981	134	136351	988	220508		
1982	147	126089	1117	210082	4	1083
1983	143	123518	916	196907	5	1176
1984	140	122258	772	195433	7	2593
1985	146	119912	764	188612	7	3593
1986	145	122080	718	179421	7	3624
1987	146	120570	731	171487	7	3394
1988	146	114889	719	164109	7	4147
1989	148	108005	890	160301	7	4832
1990	148	104819	885	156743	7	4696
1991	149	99798	880	157350	7	3479
1992	149	93380	857	162322	7	4225
1993	149	85785	836	166038	6	5002
1994	152	89196	814	170018	8	5990
1995	149	95548	774	170945	8	5990
1996	148	104572	638	174607	8	6240
1997	152	112392	633	176900	5	3666
1998	154	118064	621	174370	4	1907
1999	152	122680	629	169116	3	1795
2000	147	132326	595	164719	2	2299
2001	159	144541	554	159541	2	3610
2002	162	162519	531	155005	2	5516
2003	161	170562	474	149796	3	7765
2004	157	175087	437	146140	3	5722
2005	145	176780	369	140540	2	4830
2006	133	176610	317	136261	2	4101
2007	119	143937	249	164542	2	3985
2008	104	142222	219	157318	2	5545
2009	101	140002	198	151557	2	4527
2010	96	134852	185	142909	1	2634
2011	98	132858	183	141902		19268
2012	98	130521	162	135400		19632
2013	96	128945	153	133111		20367
2014	94	125433	153	131676		20892

19-3 规模以上工业企业研究与试验发展（R&D）人员情况（2014年）

指　标	R&D人员合计（人）	参加项目人员	管理和服务人员	全时人员	非全时人员	#研究人员
总　计	**17880**	**15183**	**2697**	**11607**	**6273**	**11149**
#国有控股企业	15551	13013	2538	9961	5590	10611
按企业规模分						
大型企业	14620	12322	2298	8850	5770	9510
中型企业	1217	1085	132	1003	214	546
小型企业	2043	1776	267	1754	289	1093
按登记注册类型分						
内资企业	17453	14778	2675	11254	6199	11028
国有企业	1016	813	203	915	101	860
集体企业	5	5		5		1
有限责任公司	13503	11512	1991	8753	4750	9369
国有独资公司	4990	4456	534	4848	142	3191
其他有限责任公司	8513	7056	1457	3905	4608	6178
股份有限公司	1762	1339	423	865	897	611
私营企业	1167	1109	58	716	451	187
外商投资企业	427	405	22	353	74	121
按国民经济行业大类分						
黑色金属矿采选业	65	61	4	4	61	14
农副食品加工业	41	40	1	28	13	3
酒、饮料和精制茶制造业	199	186	13	162	37	52
纺织服装、服饰业	283	270	13	257	26	69
造纸和纸制品业	18	16	2	14	4	6
化学原料和化学制品制造业	756	705	51	417	339	53
医药制造业	9	8	1	9		2
非金属矿物制品业	23	21	2	10	13	9
黑色金属冶炼和压延加工业	6851	5543	1308	2615	4236	5444
有色金属冶炼和压延加工业	1898	1474	424	863	1035	535
金属制品业	5632	4923	709	5473	159	3961
通用设备制造业	209	163	46	127	82	160
专用设备制造业	462	442	20	410	52	189
汽车制造业	623	567	56	539	84	275
铁路、船舶、航空航天和其他运输设备制造业	400	393	7	400		185
电气机械和器材制造业	245	225	20	209	36	94
计算机、通信和其他电子设备制造业	12	11	1		12	9
仪器仪表制造业	15	14	1		15	6
其他制造业	4	3	1	2	2	1
金属制品、机械和设备修理业	78	67	11	49	29	56
电力、热力生产和供应业	57	51	6	19	38	26

19-4　规模以上工业企业研究与试验

指　标	R&D经费内部支出合计（万元）	按资金来源分组			按活动
		政府资金	企业资金	其他资金	基础研究支出
总　计	**401720**	**15148**	**385907**	**665**	**50**
#国有控股企业	346417	11462	334385	570	50
按企业规模分					
大型企业	319658	4319	315305	34	50
中型企业	27179	2902	24277		
小型企业	54883	7927	46325	631	
按登记注册类型分					
内资企业	392660	14328	377667	665	50
国有企业	30192	5502	24690		
集体企业	405		405		
有限责任公司	277653	2096	274892	665	
国有独资公司	96235	909	95326		
其他有限责任公司	181418	1187	179566	665	
股份有限公司	62169	3879	58290		50
私营企业	22241	2851	19390		
外商投资企业	9060	820	8240		
按国民经济行业大类分					
黑色金属矿采选业	1276	20	1256		
农副食品加工业	646		646		
酒、饮料和精制茶制造业	1311	18	1293		
纺织服装、服饰业	4074	450	3624		
造纸和纸制品业	19		19		
化学原料和化学制品制造业	17819	15	17709	95	
医药制造业	90		90		
非金属矿物制品业	130	40	90		
黑色金属冶炼和压延加工业	117213	2191	115022		
有色金属冶炼和压延加工业	75331	4449	70882		50
金属制品业	111950	6486	105464		
通用设备制造业	4151	8	4144		
专用设备制造业	10489	860	9092	536	
汽车制造业	35262	210	35052		
铁路、船舶、航空航天和其他运输设备制造业	8519		8519		
电气机械和器材制造业	11692	366	11326		
计算机、通信和其他电子设备制造业	99		99		
仪器仪表制造业	240	15	225		
其他制造业	119		119		
金属制品、机械和设备修理业	1170	20	1150		
电力、热力生产和供应业	120		86	34	

发展（R&D）经费情况（2014年）

类型分组		按支出用途分组					R&D经费外部支出合计（万元）
应用研究支出	试验发展支出	经常费支出	#人员劳务费	资产性支出	土建工程	仪器设备	
28884	**372786**	**370115**	**102276**	**31605**	**2066**	**29539**	**5345**
27189	319178	322676	94248	23742	1627	22114	3130
27813	291795	297276	86249	22381	1637	20744	3066
822	26357	25182	3920	1998	204	1794	283
249	54634	47657	12107	7226	225	7001	1996
28884	363726	361525	100196	31135	2063	29071	5295
2323	27869	26793	7311	3399	300	3099	
	405	405	14				
21374	256279	257345	82216	20308	1190	19118	2920
15351	80884	86185	21401	10050	143	9907	1677
6023	175395	171160	60815	10258	1047	9211	1243
4388	57731	57952	7659	4217	476	3740	480
799	21442	19030	2996	3211	97	3114	1895
	9060	8590	2080	470	3	468	50
539	737	1088	242	188		188	48
	646	608	120	38	2	36	57
	1311	1099	577	212	15	197	
	4074	3626	1318	448	2	445	
	19	16	12	3		3	
681	17138	16602	571	1217	10	1207	143
	90	90	40				75
118	12	130	60				
5892	111321	113838	46387	3375	977	2397	2129
851	74430	69439	10199	5892	463	5430	430
17209	94741	97230	26581	14719	580	14140	1623
	4151	4108	467	44	1	43	
	10488	10392	2180	96	13	83	45
3537	31726	30579	10649	4684	1	4683	575
	8519	8433	1470	86		86	21
57	11635	11162	1234	529		529	143
	99	70	40	30		30	
	240	240	47				
	119	83	23	36		36	52
	1170	1170	50				
	120	112	9	8	2	6	4

19-5 规模以上工业企业研究与试验发展（R&D）项目情况（2014年）

指　标	项目数（项）	参加项目人　员（人）	项目人员折合全时当量（人年）	全部项目经费内部支出（万元）
总　计	**1067**	**15183**	**13046**	**362039**
#国有控股企业	830	13013	11739	312339
按企业规模分				
大型企业	750	12322	11017	293075
中型企业	122	1085	694	25313
小型企业	195	1776	1335	43651
按登记注册类型分				
内资企业	1030	14778	12711	353959
国有企业	35	813	763	21632
集体企业	3	5	3	405
有限责任公司	780	11512	10404	251321
国有独资公司	359	4456	4407	83995
其他有限责任公司	421	7056	5997	167326
股份有限公司	131	1339	1031	60510
私营企业	81	1109	510	20091
外商投资企业	37	405	335	8080
按国民经济行业大类分				
黑色金属矿采选业	4	61	45	973
农副食品加工业	8	40	13	641
酒、饮料和精制茶制造业	17	186	122	1185
纺织服装、服饰业	24	270	261	3688
造纸和纸制品业	1	16	3	16
化学原料和化学制品制造业	29	705	287	17437
医药制造业	3	8	8	90
非金属矿物制品业	3	21	9	95
黑色金属冶炼和压延加工业	253	5543	5292	104632
有色金属冶炼和压延加工业	132	1474	1222	72032
金属制品业	364	4923	4771	91351
通用设备制造业	28	163	127	3939
专用设备制造业	39	442	310	9877
汽车制造业	42	567	135	34735
铁路、船舶、航空航天和其他运输设备制造业	36	393	288	8433
电气机械和器材制造业	74	225	105	11309
计算机、通信和其他电子设备制造业	1	11	1	83
仪器仪表制造业	2	14	2	240
其他制造业	1	3	1	41
金属制品、机械和设备修理业	3	67	17	1129
电力、热力生产和供应业	3	51	27	113

19-6 规模以上工业企业办科技机构情况（2014年）

指　标	机构数	机构人员合计（个）	#博士毕业	#硕士毕业	机构经费支　出（万元）	仪器和设备原价（万元）
总　计	**90**	**10069**	**92**	**1186**	**155513**	**170372**
#国有控股企业	48	9096	65	1115	142470	129401
按企业规模分						
大型企业	30	9078	61	1079	140037	109922
中型企业	22	418	12	33	3044	2358
小型企业	38	573	19	74	12432	58092
按登记注册类型分						
内资企业	88	9749	86	1176	151544	163798
国有企业	6	235	4	73	11715	28913
有限责任公司	48	8051	53	973	104274	86038
国有独资公司	5	4983	7	368	75356	60599
其他有限责任公司	43	3068	46	605	28918	25439
股份有限公司	16	1176	17	110	31922	22751
私营企业	18	287	12	20	3633	26096
外商投资企业	2	320	6	10	3969	6574
按国民经济行业大类分						
农副食品加工业	3	24	3	3	142	270
食品制造业	1	20	1	2	50	167
酒、饮料和精制茶制造业	1	29	3	2	748	722
纺织服装、服饰业	1	308	5	4	3873	6473
造纸和纸制品业	2	12			2	2400
化学原料和化学制品制造业	5	93	2	2	673	1845
橡胶和塑料制品业	1	5	1	1	30	10
非金属矿物制品业	1	7		1	12	7
黑色金属冶炼和压延加工业	13	2360	39	511	22141	17568
有色金属冶炼和压延加工业	13	1129	17	84	20197	23861
金属制品业	11	4853	13	443	82331	82934
通用设备制造业	5	49	1	8	142	653
专用设备制造业	4	124		10	1928	83
汽车制造业	6	368	3	70	11119	7098
铁路、船舶、航空航天和其他运输设备制造业	7	424		28	8447	331
电气机械和器材制造业	6	88	3	11	3051	2852
计算机、通信和其他电子设备制造业	1	13	1	1	82	30
仪器仪表制造业	1	5		1	1	50
其他制造业	1	8		1	50	70
金属制品、机械和设备修理业	1	20		1	40	250
电力、热力生产和供应业	5	43		2	10	10
燃气生产和供应业	1	87			444	22688

19-7　科学研究与技术开发机构情况（2014年）

指　标	合　计	自然科技技术机构	科技信息机　构	转制科研机　构	其　他
机构数（个）	**17**	**3**	**1**	**7**	**6**
从业人员总数（个）	**3687**	**176**	**20**	**874**	**2617**
科技活动人员（人）	**1680**	**123**	**20**	**501**	**1036**
博士	37			14	23
硕士	370	10		94	266
大学	985	66	7	278	634
其他	288	47	13	115	113
科技经费筹集额（万元）	**17509**	**2248**	**145**	**9357**	**5758**
#政府资金	16088	2238	145	8147	5557
科技经费内部支出（万元）	**37015**	**1653**	**156**	**14656**	**20549**
人员费用	11500	801	132	3446	7121
设备购置费	10185	227		4228	5730
其他费用	15330	625	24	6982	7698
R&D人员合计（人）	**1125**	**79**		**395**	**651**
博士	37			14	23
硕士	335	10		94	231
大学	660	50		227	383
其他	93	19		60	14
R&D经费内部支出（万元）	**24881**	**810**		**12618**	**11454**
人员费用	6513	363		2408	3742
设备购置费	6593	135		3220	3239
其他	11775	312		6990	4473
课题情况					
课题数（个）	109	11	2	59	37
课题经费内部支出（万元）	16394	687	53	8972	6682
#R&D课题经费内部支出	15721	508		8530	6682
专利申请受理数（件）	**136**			**36**	**100**
专利授权数（件）	**98**			**8**	**90**
科技论文（篇）	**294**	**7**		**82**	**205**

19-8　文化事业基本情况（2014年）

指　标		2014	指　标		2014
文化部门艺术表演团体			组织文艺活动次数	（次）	454
单位数	（个）	5	举办训练班次	（次）	234
年末职工人数	（人）	511	训练班培训人数	（人次）	15610
本团原创首演剧目	（个）	14	总收入	（千元）	12307
演出场次	（次）	821	固定资产原值	（千元）	7477
#农村演出	（次）	450	文化站		
观众人次	（千人次）	1133	机构数	（个）	77
总收入	（千元）	45436	从业人员	（人）	150
#财政补助	（千元）	40219	举办展览个数	（个）	113
事业收入	（千元）	852	组织文艺活动次数	（次）	837
#演出收入	（千元）	852	举办训练班次	（次）	251
总支出	（千元）	44427	公共图书馆		
固定资产原值	（千元）	21339	单位数	（个）	10
实际使用房屋建筑面积	（平方米）	18026	职工人数	（人）	190
艺术研究机构			有效借书证数	（个）	54224
单位数	（个）	1	总流通人次	（千人次）	1296
职工人数	（人）	27	#书刊外借人次	（千人次）	357
文化部门艺术表演场所			总收入	（千元）	31273
单位数	（个）	3	文物保护管理机构		
职工人数	（人）	51	机构数	（个）	9
座席数	（个）	1578	从业人员	（人）	68
群艺馆、文化馆			博物馆		
单位数	（个）	11	机构数	（个）	3
职工人数	（人）	128	从业人员	（人）	99
举办展览个数	（个）	47			

注：本表数据由市文化局提供。

19-9 广播电视事业发展情况（2014年）

指　标	单　位	2014
广播电视台	座	4
广播		
调频转播发射台	座	8
广播人口覆盖率	%	99.32
节目套数	套	9
广播节目制作	小时	29893
新闻	小时	3396
专题	小时	11599
综艺	小时	12484
广告	小时	2149
其他	小时	265
电视		
电视转播发射台	座	8
有线广播电视用户	户	452770
电视人口覆盖率	%	99.30
节目套数	套	6
电视节目制作	小时	5715
新闻	小时	1670
专题	小时	2950
综艺	小时	377
影视剧	小时	5
广告	小时	535
其他	小时	178

主要统计指标解释

普通高等学校 指按照国家规定的设置标准和审批程序批准举办的，通过全国普通高等学校统一招生考试，招收高中毕业生为主要培养对象，实施高等教育的全日制大学、独立设置的学院和高等专科学校、高等职业学校和其他机构。

大学、独立设置的学院主要实施本科层次以上教育，高等专科学校、高等职业学校实施专科层次教育，其他机构是承担国家普通招生计划任务不计校数的机构。包括普通高等学校分校和批准筹建的普通高等学校等。

科技活动 指在自然科学、农业科学、医药科学、工程与技术科学、人文与社会科学领域（简称科学技术领域）中，与科技知识的产生、发展、传播和应用密切相关的有组织的活动。可分为研究与试验发展（R&D）、研究与试验发展成果应用及相关的科技服务三类活动。该定义是联合国教科文组织考虑成员国特别是发展中国家开展科技统计工作的需要，而对科技活动所作的统计界定。

科技活动人员 指直接从事科技活动、以及专门从事科技活动管理和为科技活动提供直接服务，累计的实际工作时间占全年制度工作时间10%及以上的人员。（1）直接从事科技活动的人员包括：在独立核算的科学研究与技术开发机构、高等学校、各类企业及其他事业单位内设的研究室、实验室、技术开发中心及中试车间（基地）等机构中从事科技活动的研究人员、工程技术人员、技术工人及其它人员；虽不在上述机构工作，但编入科技活动项目（课题）组的人员；科技信息与文献机构中的专业技术人员；从事论文设计的研究生等。（2）专门从事科技活动管理和为科技活动提供直接服务的人员，包括：独立核算的科学研究与技术开发机构、科技信息与文献机构、高等学校、各类企业及其他事业单位主管科技工作的负责人，专门从事科技活动的计划、行政、人事、财务、物资供应、设备维护、图书资料管理等工作的各类人员，但不包括保卫、医疗保健人员、司机、食堂人员、茶炉工、水暖工、清洁工等为科技活动提供间接服务的人员。该指标用来反映投入科技活动人力的规模。

研究与试验发展（R&D） 指在科学技术领域，为增加知识总量，以及运用这些知识去创造新的应用进行的系统的创造性的活动，包括基础研究、应用研究、试验发展三类活动。国际上通常采用R&D活动的规模和强度指标反映一国的科技实力和核心竞争力。

科学研究与技术开发机构 指有明确的任务和研究方向，有一定学术水平的业务骨干和一定数量的研究人员，具有研究、开发、开展学术工作的基本条件，主要进行科学研究与技术开发活动，并且在行政上有独立的组织形式，财务上独立核算盈亏，有权与其他单位签订合同，在银行有单独户头的单位。包括国务院各部门、中国科学院、中国社会科学院和各省、自治区、直辖市以及地（市）以上［含地（市）］各部门所属的国有科学研究与技术开发机构。

科学家和工程师 指具有大学本科及以上学历和不具备上述学历但有高、中级职称的人员。

其他科技人员 指大专、中专毕业和具有初级职称的从事科技活动人员。

专业技术人员 指已取得科学技术职称，或大学、中专的理、工、农、医科系毕业，以及国民经济各部门从工作实践中提拔，从事理、工、农、医等自然科学技术的研究、教学、生产的专业人员和在机关、企业、事业中从事科学技术业务管理工作的专业人员。

工程技术人员 指在国民经济各行业中从事工程技术工作的自然科学技术专业人员，包括高级工程师、工程师、助理工程师、技术员和未评定职称的技术人员。

科学研究人员 指在国民经济各行业中从事科学技术活动的自然科学技术专业人员，包括正副研究员、助理研究员、研究实习员、技术员和未评定职称的技术人员。

文化事业机构 指从事专业文化工作和为专业文化工作服务的独立建制的单位。不包括这些单位另外举办独立核算的其他机构和各部门的业余文化组织。

艺术表演团体 指从事戏曲、音乐、舞蹈、杂技等专业艺术表演，有独立帐户的单位，不包括半工半艺、半农半艺和民间职业剧团。

艺术表演观众人数（人次） 指售票、包场演出或民族地区免费演出的艺术表演观众人次数，不包括彩排审查和内部观摩演出的观看人次数。

20

SPORTS,PUBLIC HEALTH,SOCIAL WELFARE,ENVIRONMENTAL PROTECTION

体育、卫生、社会福利、环境保护

20-1　等级运动员分项发展情况（2014年）

单位：人

项　目	健将级	一　级	二　级
总　计		**28**	183
田　径		1	21
游　泳		2	6
柔　道			1
足　球		9	74
网　球			14
篮　球		12	25
排　球		4	28
乒乓球			2
武　术			2
散　打			1
跆拳道			8
射　击			1

20-2　等级裁判员分项发展情况（2014年）

单位：人

项　目	健将级	一　级	二　级
总　计			**397**
田　径			104
游　泳			15
足　球			56
网　球			5
篮　球			111
排　球			67
羽毛球			31
乒乓球			8

20-3 医疗卫生机构

项　目	机构（个）	床位数（张）	人员数（人）	#卫生技术人员
总　计	**1620**	**15382**	**24418**	**19774**
医院	**61**	**13109**	**17272**	**14030**
综合医院	25	9586	12754	10444
中医医院	9	1080	1323	1083
中西医结合医院	2	128	185	150
民族医院	3	100	112	96
专科医院	22	2215	2898	2257
基层医疗卫生机构	**1497**	**2036**	**5691**	**4686**
社区卫生服务中心(站)	182	809	2075	1804
卫生院	68	1170	908	769
村卫生室	416		599	136
门诊部	38	57	580	449
诊所. 卫生所. 医务室	793		1529	1528
专业公共卫生机构	**54**	**37**	**1240**	**971**
疾病预防控制中心	11		412	341
健康教育所(站、中心)	3		19	11
妇幼保健院(所、站)	12	37	255	208
急救中心(站)	1		22	13
采供血机构	1		104	75
卫生监督所(中心)	10		297	256
计划生育技术服务机构	16		131	67
其他卫生机构	**8**	**200**	**215**	**87**
疗养院	2	200	126	47
医学科学研究机构	2		61	27
其他	4		28	13

基本情况（2014年）

执业（助理）医师	#执业医师	注册护士	药师（士）	技师（士）	其它
7302	**6790**	**8748**	**1200**	**924**	**1600**
4469	**4320**	**7094**	**703**	**691**	**1073**
3326	3261	5289	463	461	905
380	345	516	89	56	42
69	65	52	16	13	
32	24	26	7	5	26
662	625	1211	128	156	100
2354	**2017**	**1522**	**474**	**140**	**196**
759	667	709	185	80	71
439	296	161	28	34	107
77	39	59			
233	186	147	28	25	16
846	829	446	233	1	2
441	**420**	**111**	**17**	**89**	**313**
231	221	25	2	38	45
7	7				4
139	137	40	7	19	3
8	6	5			
18	18	29	6	22	
					256
38	31	12	2	10	5
38	**33**	**21**	**6**	**4**	**18**
16	14	21	5	3	2
15	14				12
7	5		1	1	4

20-4 1979-2014年医疗卫生事业情况

年 份	机构（个）	床位数（张）	医疗卫生工作人员合计（人）	
				#卫生技术人员
1979	484	6595	12591	9719
1980	442	6748	13207	10094
1981	479	6861	14099	10967
1982	458	6992	14733	11377
1983	452	7321	15134	11832
1984	433	7438	15388	12065
1985	465	7444	15666	12341
1986	477	7489	15728	12366
1987	501	7919	16206	12634
1988	525	8255	16685	13182
1989	517	8296	16797	13453
1990	498	8319	17044	13505
1991	500	8569	17379	13637
1992	501	8607	17609	13771
1993	459	8676	18076	13910
1994	462	8695	18422	14608
1995	462	9339	18393	14080
1996	749	8885	17788	14246
1997	761	9132	18540	14469
1998	744	9359	17923	13932
1999	806	9745	18405	14397
2000	854	9462	18596	14639
2001	888	9509	18481	14694
2002	805	9491	17324	13015
2003	1031	9768	16831	13841
2004	1116	9846	16762	13913
2005	1123	9731	16767	13916
2006	1159	9607	17048	14176
2007	1142	9727	17843	15002
2008	1233	11024	18976	15852
2009	2120	11995	20589	16309
2010	2017	12791	21610	17023
2011	2030	13590	21498	17020
2012	1621	15124	22176	18063
2013	1645	15195	24401	19450
2014	1620	15382	24418	19774

注：2009年起卫生数据汇总包含村卫生室数据，以往年度不包括。

20-5 2009-2014年计划生育情况

指 标	2009	2010	2011	2012	2013	2014
出生人数合计（人）	**20769**	**20567**	**19139**	**21255**	**20044**	**21114**
出生率（‰）	8.06	7.89	7.30	8.01	7.40	7.68
一孩	16182	15797	14712	16264	14944	16060
比重（%）	77.91	76.81	76.87	76.52	74.56	76.06
二孩	4451	4609	4298	4810	4933	3791
比重（%）	21.43	22.41	22.46	22.63	24.61	17.95
多孩	136	161	129	181	167	1263
比重（%）	0.66	0.78	0.67	0.85	0.83	2.98
死亡人数（人）	**8111**	**8128**	**7245**	**8083**	**7942**	**7758**
死亡率（‰）	3.15	3.12	2.76	3.04	2.93	2.82
自然增长人数合计（人）	**12658**	**12439**	**11894**	**13172**	**12102**	**13356**
自然增长率（‰）	4.91	4.77	4.54	4.96	4.47	4.86
本年实施计划生育手术例数（例）	**23712**	**20634**	**17443**	**12391**	**15412**	**13673**
男性绝育	5	2	2	1	2	
女性绝育	550	477	423	277	437	301
放置宫内节育器	20201	17870	15553	10643	13366	12112
取出宫内节育器	2229	1618	1061	906	1042	837
皮下埋植	30	21	7	1	5	
人工流产	697	646	397	563	560	423
已婚育龄妇女人数（人）	**567206**	**568332**	**561881**	**564390**	**55665**	**548422**
领取独生子女证人数（人）	**127549**	**119816**	**103005**	**93559**	**88534**	**82026**
年末人口（包括流动人口）（人）	**2597141**	**2614236**	**2628225**	**2681313**	**2734351**	**2766677**

20-6　交通事故情况（2014年）

单位：人

项　目	发生数（起）	死亡人数（人）	受伤人数（人）	损失折款（万元）
总　计	**1099**	**71**	**1246**	**106.6**
#一般事故	**1098**	67	1242	106.4
较大事故	**1**	4	4	0.2
在总计中：机动车	**1015**	70	1153	100.4
#汽车	**868**	57	969	82.1
摩托车	**126**	10	156	16.3
非机动车	**81**	1	90	5.9
#自行车	**15**		15	0.3
电动自行车	**46**	1	51	4.5

20-7　火灾事故情况（2014年）

项　目	按事故发生程度分				
	合 计	特 大	重 大	较 大	一 般
发　生（起）	1880				1880
死　亡（人）	3				3
受　伤（人）	3				3
损失折款（万元）	480.5				480.5
平均每起事故损失（元）	2556				2556

20-8 社会福利事业、企业单位基本情况（2014年）

项　目	单位数（个）	年末职工人数（个）	年末床位数（张）	年末在院人数（个）
收养性福利事业单位	**58**	**1239**	**12066**	**6980**
#光荣院	2	42	180	29
社会福利院	3	56	739	557
农村养老服务机构	14	83	1409	906
救助管理站	**2**	**32**	**62**	**1**
殡仪服务类	**20**	**465**		
社区服务中心	**56**	**1074**	**386**	**60**
社会福利企业	**20**	**1640**		

20-9 低保、救济情况

项　目	单 位	2013	2014
城市居民最低生活保障人数	人	**61144**	**50463**
#女性	人	30021	23919
#残疾人	人	8936	8279
#在校生	人	9348	3248
城市“三无”救助人数	人	**498**	**543**
农村居民最低生活保障人数	人	**32401**	**33143**
#女性	人	12754	14677
#老年人	人	16206	22038
未成年人	人	724	553
#残疾人	人	3113	3193
农村集中五保供养人数	人	**977**	**910**

20-10 社会保险情况（2014年）

项 目	2014	项 目	2014
养老保险情况		实缴生育保险费（万元）	19305
城镇职工基本养老保险		生育保险费支出（万元）	16630
参保人数（万人）	57.94	失业保险情况	
养老保险费（万元）	501204	参保人数（万人）	43.30
享受城镇基本养老保险		失业保险费收入（万元）	51053
离退休人员（万人）	29.87	失业保险金支出合计（万元）	12109
养老金支出（万元）	881903	#失业保险金	4347
城乡居民养老保险参保人数（万人）	42.11	医疗补助金支出	507
工伤保险情况		职业培训和职业介绍补贴支出	59
参保职工（万人）	47.00	基本医疗保险情况	
实缴工伤保险费（万元）	13902	参保人数（万人）	79.33
工伤保险费支出（万元）	7623	在职职工	54.93
生育保险情况		退休人员	24.40
参保职工（万人）	47.42	实缴基本医疗保险费（万元）	229639

20-11　2009-2014年工业企业"三废"排放及治理情况

指　标	2009	2010	2011	2012	2013	2014
废水						
工业废水排放量（万吨）	4416.77	4832.79	4874.92	4290.80	4015.54	3857.77
废气						
工业废气排放量（亿立方米）	5436.59	5886.82	6402.84	6825.37	6978.48	7635.86
工业二氧化硫排放量（万吨）	15.83	17.47	21.00	20.99	19.77	18.94
烟（粉）尘排放量（万吨）	8.01	10.37	9.73	9.05	9.85	11.19
固体废物						
工业固体废物产生量（万吨）	1829.77	2254.48	2851.40	2945.41	2958.31	2394.61
工业固体废物综合利用量（万吨）	1016.13	1068.08	969.00	1405.21	1423.16	1583.65
工业固体废物综合利用率（%）	55.33	47.38	33.98	47.71	48.11	66.13
工业固体废物贮存量（万吨）	350.36	427.01	480.23	340.05	314.90	251.06
工业固体废物处置量（万吨）	463.00	759.39	1402.16	1200.41	1220.70	563.72
工业固体废物排放量（万吨）	0.28		0.01	0.03		
污染治理						
本年竣工项目数（个）	20	12	19	15	16	49
施工项目本年完成投资额（万元）	40022.5	50040.4	27572.6	36724.6	121992.8	144144.9
工业废水治理项目	5298.0	9436.0	3786.0	6963.9	5086.9	1939.9
工业固体废物治理项目	8000.0	108.0	2380.0	12.0	3015.0	250.0
工业废气治理项目	14514.5	38572.4	18483.6	29348.7	109939.9	133988.1
其他治理项目	12210.0	1924.0	2923.0	400.0	3951.0	7967.0

20-12 全市重点调查工业污染排放及处理利用情况（2014年）

行业名称	工业废气排放量（亿立方米）	废气治理设施数（套）	二氧化硫产生量（吨）	二氧化硫排放量（吨）	氮氧化物产生量（吨）
黑色金属矿采选业	38.03	117	1004.72	1004.72	315.64
有色金属矿采选业	0.56	9	16.58	6.58	6.09
农副食品加工业	0.53	1	65.07	65.07	15.90
食品制造业	0.42	6	17.59	5.94	8.65
酒、饮料和精制茶制造业	1.01	10	164.58	164.58	55.29
纺织业	1.39	5	120.89	45.92	39.65
石油加工、炼焦和核燃料加工业	138.61	43	484.60	354.60	1204.43
化学原料和化学制品制造业	135.55	17	16090.16	2513.61	5553.14
医药制造业	0.23	1	31.89	31.89	7.33
非金属矿物制品业	67.43	91	241.29	241.29	981.82
黑色金属冶炼和压延加工业	3182.53	262	104326.02	70695.30	15196.48
有色金属冶炼和压延加工业	2321.81	199	206153.60	27297.40	28330.49
汽车制造业	3.60	9	9.29	9.29	52.06
电力、热力生产和供应业	1742.77	82	268315.80	53748.97	99260.40

20-12 续表

行业名称	氮氧化物排放量（吨）	烟（粉）尘产生量（吨）	烟（粉）尘排放量（吨）	一般工业固体废物产生量（万吨）	一般工业固体废物综合利用量（万吨）
黑色金属矿采选业	315.64	4804.94	1992.74	517.53	67.54
有色金属矿采选业	6.09	1442.13	12.08	47.41	10.15
农副食品加工业	15.90	118.55	113.33	0.08	0.08
食品制造业	8.65	27.63	3.54	0.02	0.02
酒、饮料和精制茶制造业	55.29	502.02	60.01	0.55	0.55
纺织业	39.65	286.25	36.64	0.04	0.04
石油加工、炼焦和核燃料加工业	1204.43	39207.23	3911.70	0.24	2.47
化学原料和化学制品制造业	5553.14	231875.88	1822.92	98.18	47.98
医药制造业	7.33	52.94	6.78	0.03	0.03
非金属矿物制品业	981.82	245476.54	2187.78	2.47	2.47
黑色金属冶炼和压延加工业	15196.48	571119.35	27817.55	537.15	493.57
有色金属冶炼和压延加工业	18208.47	955348.04	13965.93	374.02	373.37
汽车制造业	52.06	814.60	22.47	2.45	0.95
电力、热力生产和供应业	53132.20	5064023.99	50548.76	579.64	470.71

主要统计指标解释

等级运动员人数　指经考核正式批准授予等级运动员称号的人数。运动员等级分为国际级运动健将，运动健将、一级运动员、二级运动员、三级运动员、少年级运动员。该指标主要反映运动员队伍的技术水平。

等级裁判员人数　指经考核正式批准授予等级裁判员称号的人数。裁判员等级分为国际裁判、国家级裁判、一级裁判、二级裁判、三级裁判。该指标主要反映裁判员队伍的技术水平。

卫生机构　包括医疗机构、疾病预防控制中心（防疫站）、采供血机构、卫生监督及监测（检验）机构、医学科研和在职培训机构、健康教育所等。

医疗机构　包括医院、社区卫生服务中心（站）、疗养院、卫生院、门诊部、诊所（卫生所、医务室）、妇幼保健院（所、站）、专科疾病防治院（所、站）、急救中心（站）和临床检验中心。医疗机构分为非赢利性医疗机构和赢利性医疗机构。

医院　包括综合医院、中医医院、中西医结合医院、民族医院、各类专科医院和护理院。

卫生技术人员　指卫生机构中医生、护理人员、药剂人员、检验人员等卫生技术人员。

医生　指在医疗、预防保健机构工作且取得《执业医师证书》的执业医师和执业助理医师。

社会福利事业单位　指集中收养社会孤老、残、幼的机构，包括由民政部门管理的社会福利院、儿童福利院、精神病人福利院和城镇集体举办的福利院及农村集体举办的敬老院以及优抚医院和具有收养能力的社区服务中心等。该指标主要反映我国在社会福利性单位投入的水平。

社会福利事业单位收养人数　包括民政部门管理和城镇、农村集体举办的社会福利事业单位中收养的老人、少年儿童、缺乏生活自理能力的残疾人员和精神病人。

社会福利企业单位　指以安置城镇有一定劳动能力的盲、聋、哑和肢体残疾人员就业为目的，享受国家减免税待遇的国有或集体企业。包括福利工厂、福利商业和服务业、假肢厂和安置农场等单位。

基本养老保险

1.（参保）职工人数：指报告期末按照国家法律、法规和有关政策规定参加基本养老保险并在社保经办机构已建立缴费记录档案的职工人数，包括中断缴费但未终止养老保险关系的职工人数，不包括只登记未建立缴费记录档案的人数。

2.（参保）离退休人员人数：指报告期末参加基本养老保险的离休、退休和退职人员的人数。基本医疗保险

参保人数：指报告期末按国家有关规定参加基本医疗保险的人数。包括参加保险的职工人数和退休人员人数。

失业保险

1.参保人数：指报告期末按照国家法律、法规和有关政策规定参加了失业保险的城镇企业事业单位的职工及地方政府规定参加失业保险的其他人员的人数。

2. 失业保险基金收入：指按照规定从企业、事业及其他单位筹集的失业保险费及其他并入失业保险基金收入的总额。包括单位和个人缴纳的失业保险费、失业保险基金利息收入、上级补助收入、下级上解收入、转移收入、财政补贴和其他收入。

3. 失业保险基金支出：指报告期内为保障失业人员和下岗职工基本生活、促进其再就业等支出的基金总额。包括失业救济金、医疗费、死亡丧葬补助费、抚恤救济费、转业训练费支出、失业保险经办机构管理费、补助下级支出、上解上级支出、转移支出和其他支出。

工伤保险

参加保险人数:指报告期末依据国家有关规定参加工伤保险的职工人数。

生育保险

参保人数：指报告期末依据有关规定参加生育保险的职工人数。

工业废水排放量 指经过企业厂区所有排放口排到企业外部的工业废水量。包括生产废水、外排的直接冷却水、废气治理设施废水、超标排放的矿井地下水和与工业废水混排的厂区生活污水，不包括外排的间接冷却水（清污不分流的间接冷却水应计算在内）。

工业废气排放量 指企业厂区内燃料燃烧和生产工艺过程中产生的各种排入空气中含有污染物的气体的总量，以标准状态［273K，101325pa］计。

工业二氧化硫排放量 指企业在燃料燃烧和生产工艺过程中排入大气的二氧化硫总质量。

烟（粉）尘排放量 烟尘是指通过燃烧煤、石油、柴油、木柴、天然气等产生的烟气中的尘粒。工业粉尘指在生产工艺过程中排放的能在空气中悬浮一定时间的固体颗粒。如钢铁企业耐火材料粉尘、焦化企业的筛焦系统粉尘、烧结机的粉尘、石灰窑的粉尘、建材企业的水泥粉尘等。烟（粉）尘排放量指企业在燃料燃烧和生产工艺过程中排入大气的烟尘及工业粉尘的总质量之和。烟尘或工业粉尘排放量可以通过除尘系统的排风量和除尘设备出口烟尘浓度相乘求得。

工业固体废物产生量 指报告期内企业在生产过程中产生的固体状、半固体状和高浓度液体状废弃物的总量，包括危险废物和一般工业固体废物。

工业固体废物综合利用量 指通过回收、加工、循环、交换等方式，从固体废物中提取或者使其转化为可以利用的资源、能源和其他原材料的固体废物量（包括当年利用往年的工业固体废物累计贮存量），如用作农业肥料、生产建筑材料、筑路等。综合利用量由原产生固体废物的单位统计。

工业固体废物综合利用率 指工业固体废物综合利用量占工业固体废物产生量（包括综合利用往年贮存量）的百分率。计算公式为：

工业固体废物综合利用率=工业固体废物综合利用量/（工业固体废物产生量+综合利用往年贮存量）×100%

工业固体废物贮存量 指以综合利用或处置为目的，将固体废物暂时贮存或堆存在专设的贮存设施或专设的集中堆存场所内的数量。专设的固体废物贮存场所或贮存设施必须有防扩散、防流失、防渗漏、防止污染大气、水体的措施。

工业固体废物处置量 指将固体废物焚烧或者最终置于符合环境保护规定要求的场所，并不再回取的工业固体废物量（包括当年处置往年的工业固体废物累计贮存量）。处置方法有填埋（其中危险废物应安全填埋）、焚烧、专业贮存场（库）封场处理、深层灌注、回填矿井等。

工业固体废物排放量 指报告期内企业将所产生的固体废物排到固体废物污染防治设施、场所以外的数量，不包括矿山开采的剥离废石和掘进废石（煤矸石和呈酸性或碱性的废石除外）。

21

要素市场、信息产业高新技术开发区

ESSENTIAL MARKET, INFORMATION INDUSTRY AND EXPLOITATION AREAS OF ADVANCED TECHNOLOGY

21-1 国有土地使用权出让情况

指　标	单 位	2013	2014
国有土地使用权出让情况			
出让土地	宗	236	137
#协议出让	宗	59	9
出让土地面积	公顷	1137.13	473.46
成交价款	亿元	89.04	34.46

21-2 信息产业及城市信息化情况

指　标	单 位	2013	2014
信息产业总收入	亿元	94.49	97.12
#电子制造业总收入	亿元	26.92	30.19
软件业技工贸总收入	亿元	35.08	35.04
电信邮政及传输总收入	亿元	32.49	31.89
出口宽带	G	256.29	344.2
家庭宽带接入数	万户	40.13	40.72
互联网用户数	万户	163.56	228.8
#移动互联网用户数	万户		55.82
城市中小学在校生每百人拥有计算机数	台/百人	9.42	13.22
年度信息化建设投资额	万元	47842	73899

21-3 要素市场情况

单位：人

指　标	单 位	2013	2014
房产市场情况			
商品房网签销售面积	万平方米	412.5	390.4
#住宅	万平方米	307.1	308.5
商品房网签销售金额	亿元	236.1	213.0
#住宅	亿元	146.0	148.5
劳动力市场情况			
招聘单位数	个	1550	7446
进场应聘人数	人次	32250	90611
招聘就业岗位数	个	27468	73625
招聘成功人次数	人次	13438	6970
人才市场情况			
全年接待咨询人才	万人次	3.3	23.0
登记入库人员	份	8237	10000
各类技术合同交流情况			
各类技术合同数	项	71	20
各类技术合同金额	万元	29000	7400
#技术交易额	万元	24900	7200

21-4 稀土高新技术产业开发区经济效益情况

指　标	单 位	2013年	2014年	2014年比2013年增长（±%）
工业总产值	万元	13205114	12098750	-8.4
增加值	万元	3615158	2954304	-18.3
总收入	万元	12996914	11820783	-9.0
净利润	万元	1165626	985206	-15.5
实际上缴税总额	万元	748660	659211	-11.9
出口创汇总额	万美元	197978	108385	-8.1

21-5 稀土高新技术产业开发区企业主要经济指标（2014年）

企业分类	企业数（个）	年末从业人员（人）	总收入（万元）	工业总产值（万元）	工业增加值（万元）	净利润（万元）	实际上缴税总额（万元）	出口总额（万美元）
高新区企业	520	115978	11820783	12098750	2954304	985206	659211	108385
#创业中心企业	249	7004	669860	726279	44129	18864	24251	
#高新技术企业	49	50840	4147074	4778285	1329896	314453	324197	91476
#三资企业	20	6336	742943	811328	180375	70088	14051	10612
#稀土产品企业	46	9763	1358689	1470941	190500	406050	33328	9443
#私营企业	219	13790	1978488	2067132	342993	169828	73486	7329
#产值上亿元企业	108	83480	10362638	11244391	2827876	870994	594972	105696
#产值上千万企业	309	97104	11145001	12061889	2947809	912782	622391	108371
#产值上五百万企业	342	97629	11169962	12086288	2951323	914602	623173	108371
#在地规模以上企业	137	27000	5009667	5273357	1821006	107950	87555	45756
#区属企业	134	21600	4351491	4536043	1566395	69037	67135	11980

22

STATISTICE OF BANNERS, COUNTIES AND DISTRICTS

旗县区资料

22-1 稀土高新区主要经济指标

指　标	单 位	2013	2014	2014年比2013年增长(±%)
行政区域土地面积	**平方公里**	**116**	**116**	
人口和就业				
年末总人口	人	138600	143900	3.8
#男性	人	72500	75300	3.9
#乡村人口	人	10700	9300	-13.1
年末总户数	户	51720	53710	3.8
#乡村户数	户	3963	3908	-1.4
出生人口	人	1283	1278	-0.4
死亡人口	人	115	96	-16.5
全社会就业人员	人	133177	139171	4.5
第一产业	人	11041	9478	-14.2
第二产业	人	53536	54179	1.2
第三产业	人	68600	75514	10.1
在岗职工人数	人	56445	51186	-9.3
乡村劳动力	人	7544	7790	3.3
#农林牧渔业	人	4001	3863	-3.4
国民经济综合指标				
生产总值	万元	3481700	3803400	10.5
第一产业	万元	36800	36700	2.2
第二产业	万元	2338300	2560700	12.8
#工业	万元	1959100	2135700	12.7
第三产业	万元	1106600	1206000	7.6
人均生产总值	元	257427	269267	5.8
全社会固定资产投资	万元	4893332	5682315	16.1
按登记注册类型分				
#国有	万元	1280428	1123766	-12.2
集体	万元	4900	91540	1768.2
有限责任公司	万元	3018122	3307741	9.6
股份有限公司	万元	145931	206270	41.3
私营企业	万元	230514	803020	248.4
外商及港澳台投资企业	万元	116133	79734	-31.3
按城乡渠道分	万元			
城镇	万元	4893332	5682315	16.1
农村	万元			
公共财政预算收入	万元	404041	437001	8.2
公共财政预算支出	万元	376493	398251	5.8
个人储蓄存款余额	万元	1869804	1974513	5.6

22-1　续　　表 1

指　　标	单 位	2013	2014	2014年比2013年增长(±%)
在岗职工工资总额	万元	270941	286076	5.6
在岗职工平均工资	元	48387	55848	15.4
全体居民人均可支配收入	元	34343	37468	9.1
城镇常住居民人均可支配收入	元	34343	37468	9.1
农村牧区常住居民人均可支配收入	元			
农村牧区经济				
农作物总播种面积	公顷	1756	1897	8.0
#粮食作物播种面积	公顷	890	1070	20.2
农牧业机械总动力	万千瓦	2.19	2.20	0.3
化肥施用折纯量	吨	720	730	1.4
农村用电量	万千瓦小时	1800	1856	3.1
农林牧渔业总产值	万元	57690	58015	2.2
粮食产量	吨	5500	4786	-13.0
油料产量	吨	57	225	294.7
甜菜产量	吨			
猪牛羊肉产量	吨	742	659	-11.2
#猪肉产量	吨	144	144	
牛肉产量	吨	556	471	-15.3
羊肉产量	吨	42	44	4.8
羊毛产量	吨	11	37	236.4
年末牲畜存栏头数	万头只	1.57	2.09	33.1
#大牲畜	万头只	0.78	0.55	-29.5
羊	万只	0.74	1.41	90.5
猪	万头	0.05	0.13	160.0
规模以上工业				
工业企业单位数	个	145	137	-5.5
#内资企业	个	130	123	-5.4
工业总产值	万元	5099518	5273357	3.4
内资企业	万元	4353794	4577416	5.1
国有企业	万元	26739	27925	4.4
集体企业	万元			
股份合作企业	万元			
联营企业	万元			
有限责任公司	万元	2349451	2216881	-5.6
股份有限公司	万元	929404	1068601	15.0
私营企业	万元	1048200	1264009	20.6
其他企业	万元			

22-1 续 表 2

指 标	单 位	2013	2014	2014年比2013年增长(±%)
港澳台商投资企业	万元	2629	58647	2130.7
外商投资企业	万元	743095	637294	-14.2
工业企业资产总计	万元	5733202	6287431	9.7
工业企业负债合计	万元	2895587	3723794	28.6
工业企业产品销售收入	万元	5045592	5094564	1.0
工业企业利润总额		388671	107950	-72.2
建筑业				
建筑企业单位数	个	11	11	
建筑企业从业人员	人	16324	8414	-48.5
建筑业总产值	万元	630329	648408	2.9
交通运输邮电通信业				
公路里程	公里	16	16	1.9
邮电业务总量	万元	18225	18443	1.2
本地电话用户	户	117969	105850	-10.3
国内贸易				
社会消费品零售总额	万元	708012	774030	9.3
城镇	万元	708012	774030	9.3
乡村	万元			
科技教育卫生				
各类专业技术人员	人	13925	11412	-18.0
幼儿园数	所	23	25	8.7
学龄儿童入学率	%	100.0	100.0	
小学学校数	所	7	7	
小学专任教师数	人	294	463	57.5
小学在校学生数	人	6200	6370	2.7
普通中学学校数	所	5	6	20.0
普通中学专任教师数	人	398	615	54.5
初中在校学生数	人	3409	3988	17.0
高中在校学生数	人	377	2179	478.0
卫生机构数	所	9	10	11.1
#医院	所			
卫生院	所	1	1	
床位数	张	20	20	
#医院	张			
卫生院	张	20	20	
卫生技术人员	人	62	67	8.1
#医院	人			
卫生院	人	31	38	22.6

22-2　昆都仑区主要经济指标

指　标	单 位	2013	2014	2014年比2013年增长(±%)
行政区域土地面积	**平方公里**	**301**	**301**	
人口和就业				
年末总人口	人	759800	767900	1.1
#男性	人	393300	397500	1.1
#乡村人口	人	26441	25800	-2.4
年末总户数	户	287800	290870	1.1
#乡村户数	户	10169	9923	-2.4
出生人口	人	5356	6053	13.0
死亡人口	人	1768	2368	33.9
全社会就业人员	人	462502	463890	0.3
第一产业	人	13009	13010	
第二产业	人	120821	110914	-8.2
第三产业	人	328672	339966	3.4
在岗职工人数	人	125271	115423	-7.9
乡村劳动力	人	24607	24613	
#农林牧渔业	人	3584	3104	-13.4
国民经济综合指标				
生产总值	万元	9911400	10580100	7.2
第一产业	万元	31400	31800	2.2
第二产业	万元	4230900	4358700	6.5
#工业	万元	3976600	4108100	6.8
第三产业	万元	5649100	6189600	7.5
人均生产总值	元	131225	138510	6.0
全社会固定资产投资	万元	3472843	3993803	15.0
按登记注册类型分	万元			
#国有	万元	212909	178234	-16.3
集体	万元	249902	42699	-82.9
有限责任公司	万元	2872152	3520586	22.6
股份有限公司	万元	5780	18860	226.3
私营企业	万元	80227	224158	179.4
外商及港澳台投资企业	万元	1500	1988	32.5
按城乡渠道分	万元			
城镇	万元	3472843	3993803	15.0
农村	万元			
公共财政预算收入	万元	382942	415480	8.5
公共财政预算支出	万元	392118	419151	6.9
个人储蓄存款余额	万元			

22-2 续 表1

指 标	单 位	2013	2014	2014年比2013年增长(±%)
在岗职工工资总额	万元	689228	663501	-3.7
在岗职工平均工资	元	54550	57081	4.6
全体居民人均可支配收入	元	35227	38221	8.5
城镇常住居民人均可支配收入	元	35227	38221	8.5
农村牧区常住居民人均可支配收入	元			
农村牧区经济				
农作物总播种面积	公顷	1794	1315	-26.7
#粮食作物播种面积	公顷	1619	1152	-28.8
农牧业机械总动力	万千瓦	1.47	1.45	-1.4
化肥施用折纯量	吨	1134	1128	-0.5
农村用电量	万千瓦小时	2335	2203	-5.7
农林牧渔业总产值	万元	50430	50809	2.2
粮食产量	吨	9542	9127	-4.3
油料产量	吨	76	77	1.3
甜菜产量	吨			
猪牛羊肉产量	吨	1848	1605	-13.1
#猪肉产量	吨	517	517	
牛肉产量	吨	590	330	-44.1
羊肉产量	吨	741	758	2.3
羊毛产量	吨	5	5	
年末牲畜存栏头数	万头只	4.42	3.82	-13.6
#大牲畜	万头只	0.23	0.24	4.3
羊	万只	3.18	2.48	-22.0
猪	万头	1.01	1.10	8.9
规模以上工业				
工业企业单位数	个	79	82	3.8
#内资企业	个	74	77	4.1
工业总产值	万元	7641132	6280238	-17.8
内资企业	万元	6914612	5910785	-14.5
国有企业	万元	70430	39975	-43.2
集体企业	万元	74635	60611	-18.8
股份合作企业	万元	43157	24402	-43.5
联营企业	万元			
有限责任公司	万元	1539298	1584175	2.9
股份有限公司	万元	4539406	3650423	-19.6
私营企业	万元	426681	403139	-5.5
其他企业	万元	221006	148060	-33.0

22-2 续 表 2

指　标	单 位	2013	2014	2014年比2013年增长(±%)
港澳台商投资企业	万元			
外商投资企业	万元	726520	369454	-49.1
工业企业资产总计	万元	16135474	17193528	6.6
工业企业负债合计	万元	11769520	12954492	10.1
工业企业产品销售收入	万元	7482301	6323169	-15.5
工业企业利润总额	万元	127819	13479	-89.5
建筑业				
建筑企业单位数	个	24	27	12.5
建筑企业从业人员	人	13367	12012	-10.1
建筑业总产值	万元	461467	360659	-21.8
交通运输邮电通信业				
公路里程	公里	418	434	3.8
邮电业务总量	万元	173800	217019	24.9
本地电话用户	户	174740	158456	-9.3
国内贸易				
社会消费品零售总额	万元	3595051	3925346	9.2
城镇	万元	3595051	3925346	9.2
乡村	万元			
科技教育卫生				
各类专业技术人员	人	30611	30756	0.5
幼儿园数	所	45	54	20.0
学龄儿童入学率	%	100.0	100.0	
小学学校数	所	34	35	2.9
小学专任教师数	人	2277	2206	-3.1
小学在校学生数	人	43893	43916	0.1
普通中学学校数	所	28	26	-7.1
普通中学专任教师数	人	2770	2798	1.0
初中在校学生数	人	24849	24113	-3.0
高中在校学生数	人	17704	15446	-12.8
卫生机构数	所	403	396	-1.7
#医院	所	9	13	44.4
卫生院	所	3	3	
床位数	张	4653	4689	0.8
#医院	张	4412	4373	-0.9
卫生院	张	37	53	43.2
卫生技术人员	人	6730	6361	-5.5
#医院	人	5017	4749	-5.3
卫生院	人	39	39	

22-3　东河区主要经济指标

指　标	单 位	2013	2014	2014年比2013年增长(±%)
行政区域土地面积	**平方公里**	**470**	**470**	
人口和就业				
年末总人口	人	538300	541300	0.6
#男性	人	273000	274400	0.5
#乡村人口	人	57759	54000	-6.5
年末总户数	户	203900	205040	0.6
#乡村户数	户	21367	20007	-6.4
出生人口	人	3264	2998	-8.1
死亡人口	人	1630	1216	-25.4
全社会就业人员	人	269111	260463	-3.2
第一产业	人	9000	9210	2.3
第二产业	人	60021	52299	-12.9
第三产业	人	200090	198954	-0.6
在岗职工人数	人	56761	54517	-4.0
乡村劳动力	人	41044	38523	-6.1
#农林牧渔业	人	11950	11479	-3.9
国民经济综合指标				
生产总值	万元	4560500	4913700	7.0
第一产业	万元	69900	70600	2.2
第二产业	万元	1544700	1646600	7.6
#工业	万元	1186700	1256600	7.0
第三产业	万元	2945900	3196500	7.0
人均生产总值	元	85299	91028	6.1
全社会固定资产投资	万元	2599800	3015907	16.0
按登记注册类型分				
#国有	万元	171833	1048538	510.2
集体	万元	28290	66420	134.8
有限责任公司	万元	1765876	1231636	-30.3
股份有限公司	万元	33051	46120	39.5
私营企业	万元	499794	597873	19.6
外商及港澳台投资企业	万元			
按城乡渠道分	万元			
城镇	万元	2599800	3015907	16.0
农村	万元			
公共财政预算收入	万元	126795	142648	12.5
公共财政预算支出	万元	245089	182629	-25.5
个人储蓄存款余额	万元			

22-3 续 表 1

指 标	单 位	2013	2014	2014年比2013年增长(±%)
在岗职工工资总额	万元	253966	250147	-1.5
在岗职工平均工资	元	44928	45661	1.6
全体居民人均可支配收入	元	28451	30891	8.6
城镇常住居民人均可支配收入	元	29945	32490	8.5
农村牧区常住居民人均可支配收入	元	15023	16525	10.0
农村牧区经济				
农作物总播种面积	公顷	8431	9543	13.2
#粮食作物播种面积	公顷	4822	5825	20.8
农牧业机械总动力	万千瓦	21.01	21.00	-0.1
化肥施用折纯量	吨	4238	3857	-9.0
农村用电量	万千瓦小时	3976	3656	-8.0
农林牧渔业总产值	万元	120749	122408	2.2
粮食产量	吨	41130	34740	-15.5
油料产量	吨	564	142	-74.8
甜菜产量	吨	700		
猪牛羊肉产量	吨	3753	3421	-8.8
#猪肉产量	吨	1294	1294	
牛肉产量	吨	2097	1752	-16.5
羊肉产量	吨	362	375	3.6
羊毛产量	吨	43	43	
年末牲畜存栏头数	万头只	6.32	6.06	-4.1
#大牲畜	万头只	1.82	0.67	-63.2
羊	万只	3.36	4.37	30.1
猪	万头	1.14	1.02	-10.5
规模以上工业				
工业企业单位数	个	104	88	-15.4
#内资企业	个	97	84	-13.4
工业总产值	万元	3225754	3198679	-0.8
内资企业	万元	3066705	3061318	-0.2
国有企业	万元	95521	96360	0.9
集体企业	万元	10059	21083	109.6
股份合作企业	万元	2157	2000	-7.3
联营企业	万元			
有限责任公司	万元	516932	578560	11.9
股份有限公司	万元	628824	662936	5.4
私营企业	万元	1813212	1700379	-6.2
其他企业	万元			

22-3　续　表 2

指　标	单 位	2013	2014	2014年比2013年增长(±%)
港澳台商投资企业	万元	63855	51704	-19.0
外商投资企业	万元	95194	85657	-10.0
工业企业资产总计	万元	2696036	2871840	6.5
工业企业负债合计	万元	1435063	1477508	3.0
工业企业产品销售收入	万元	3194704	3197628	0.1
工业企业利润总额	万元	647864	295719	-54.4
建筑业				
建筑企业单位数	个	16	16	0.0
建筑企业从业人员	人	8666	9577	10.5
建筑业总产值	万元	354013	355299	0.4
交通运输邮电通信业				
公路里程	公里	151	168	11.3
邮电业务总量	万元	30660	38004	24.0
本地电话用户	户	75650	68501	-9.5
国内贸易				
社会消费品零售总额	万元	2218800	2417016	8.9
城镇	万元	2218800	2417016	8.9
乡村	万元			
科技教育卫生				
各类专业技术人员	人	12045	12089	0.4
幼儿园数	所	35	38	8.6
学龄儿童入学率	%	100.0	100.0	
小学学校数	所	40	39	-2.5
小学专任教师数	人	1541	1558	1.1
小学在校学生数	人	22757	21989	-3.4
普通中学学校数	所	21	21	
普通中学专任教师数	人	1945	1947	0.1
初中在校学生数	人	13550	13386	-1.2
高中在校学生数	人	10992	10938	-0.5
卫生机构数	所	326	323	-0.9
#医院	所	13	15	15.4
卫生院	所	3	3	
床位数	张	3797	3903	2.8
#医院	张	3284	3452	5.1
卫生院	张	70	72	2.9
卫生技术人员	人	3892	4698	20.7
#医院	人	2545	3592	41.1
卫生院	人	102	91	-10.8

22-4 青山区主要经济指标

指　标	单 位	2013	2014	2014年比2013年增长(±%)
行政区域土地面积	**平方公里**	280	280	
人口和就业				
年末总人口	人	504200	509800	1.1
#男性	人	257300	260200	1.1
#乡村人口	人	10200	9700	-4.9
年末总户数	户	196950	199140	1.1
#乡村户数	户	3923	3731	-4.9
出生人口	人	3398	3861	13.6
死亡人口	人	1655	1290	-22.1
全社会就业人员	人	270679	273386	1.0
第一产业	人	6954	6967	0.2
第二产业	人	109913	110902	0.9
第三产业	人	153812	155517	1.1
在岗职工人数	人	107005	100444	-6.1
乡村劳动力	人	12803	12870	0.5
#农林牧渔业	人	4910	5002	1.9
国民经济综合指标				
生产总值	万元	7687400	8403600	10.5
第一产业	万元	32400	32900	2.9
第二产业	万元	3280800	3597600	13.2
#工业	万元	2890800	3177600	13.7
第三产业	万元	4374200	4773100	7.5
人均生产总值	元	153426	165751	9.2
全社会固定资产投资	万元	3250011	3772299	16.1
按登记注册类型分				
#国有	万元	1155375	1293322	11.9
集体	万元	63551	21168	-66.7
有限责任公司	万元	1193477	782306	-34.5
股份有限公司	万元	63263	68173	7.8
私营企业	万元	690152	1438111	108.4
外商及港澳台投资企业	万元	10752	52700	390.2
按城乡渠道分	万元			
城镇	万元	3245931	3772299	16.2
农村	万元	4080		
公共财政预算收入	万元	363051	392008	8.0
公共财政预算支出	万元	363229	373239	2.8
个人储蓄存款余额	万元			

22-4 续 表1

指　标	单 位	2013	2014	2014年比2013年增长(±%)
在岗职工工资总额	万元	599457	611333	2.0
在岗职工平均工资	元	55918	59728	6.8
全体居民人均可支配收入	元	35227	38221	8.5
城镇常住居民人均可支配收入	元	35227	38221	8.5
农村牧区常住居民人均可支配收入	元			
农村牧区经济				
农作物总播种面积	公顷	766	553	-27.8
#粮食作物播种面积	公顷	713	509	-28.6
农牧业机械总动力	万千瓦	0.39	0.40	3.3
化肥施用折纯量	吨	244	245	0.4
农村用电量	万千瓦小时	1618	1620	0.1
农林牧渔业总产值	万元	50860	51543	2.9
粮食产量	吨	3988	3573	-10.4
油料产量	吨			
甜菜产量	吨			
猪牛羊肉产量	吨	367	377	2.7
#猪肉产量	吨	81	83	2.5
牛肉产量	吨	36	37	2.8
羊肉产量	吨	250	257	2.8
羊毛产量	吨	12	52	333.3
年末牲畜存栏头数	万头只	1.65	2.80	69.7
#大牲畜	万头只	0.08	0.11	37.5
羊	万只	1.56	2.55	63.5
猪	万头	0.01	0.13	1200.0
规模以上工业				
工业企业单位数	个	85	95	11.8
#内资企业	个	83	93	12.0
工业总产值	万元	7064911	7364799	4.2
内资企业	万元	6972226	7278426	4.4
国有企业	万元	1409498	1390746	-1.3
集体企业	万元	7226	7689	6.4
股份合作企业	万元	83886		
联营企业	万元			
有限责任公司	万元	4576406	4749411	3.8
股份有限公司	万元	94066	100556	6.9
私营企业	万元	801144	998913	24.7
其他企业	万元		31111	

22-4 续 表 2

指 标	单 位	2013	2014	2014年比2013年增长(±%)
港澳台商投资企业	万元	1931	364	-81.1
外商投资企业	万元	90754	86009	-5.2
工业企业资产总计	万元	6869860	7623452	11.0
工业企业负债合计	万元	5148392	5784833	12.4
工业企业产品销售收入	万元	5421214	6141135	13.3
工业企业利润总额	万元	-48560	-41600	-14.3
建筑业				
建筑企业单位数	个	31	31	
建筑企业从业人员	人	12830	12271	-4.4
建筑业总产值	万元	750135	684589	-8.7
交通运输邮电通信业				
公路里程	公里	270	284	5.2
邮电业务总量	万元	24500	36156	47.6
本地电话用户	户	69100	62825	-9.1
国内贸易				
社会消费品零售总额	万元	2966304	3238811	9.2
城镇	万元	2966304	3238811	9.2
乡村	万元			
科技教育卫生				
各类专业技术人员	人	41816	42359	1.3
幼儿园数	所	46	60	30.4
学龄儿童入学率	%	100.0	100.0	
小学学校数	所	20	20	
小学专任教师数	人	1458	1440	-1.2
小学在校学生数	人	25085	24904	-0.7
普通中学学校数	所	18	18	
普通中学专任教师数	人	1982	2009	1.4
初中在校学生数	人	14300	14361	0.4
高中在校学生数	人	16723	14975	-10.5
卫生机构数	所	312	341	9.3
#医院	所	13	16	23.1
卫生院	所	2	2	
床位数	张	4025	3994	-0.8
#医院	张	3812	3727	-2.2
卫生院	张	31	14	-54.8
卫生技术人员	人	5419	5607	3.5
#医院	人	4035	4090	1.4
卫生院	人	4	5	25.0

22-5　石拐区主要经济指标

指　标	单 位	2013	2014	2014年比2013年增长(±%)
行政区域土地面积	**平方公里**	**761**	**761**	
人口和就业				
年末总人口	人	33600	38100	13.4
#男性	人	17600	19900	13.1
#乡村人口	人	6700	7400	10.4
年末总户数	户	14610	16420	12.4
#乡村户数	户	2792	3085	10.5
出生人口	人	111	123	10.8
死亡人口	人	149	94	-36.9
全社会就业人员	人	22495	22754	1.2
第一产业	人	3695	3800	2.8
第二产业	人	12100	12154	0.4
第三产业	人	6700	6800	1.5
在岗职工人数	人	7380	6090	-17.5
乡村劳动力	人	11681	10711	-8.3
#农林牧渔业	人	5695	5735	0.7
国民经济综合指标				
生产总值	万元	926600	1009300	11.0
第一产业	万元	8500	8600	2.1
第二产业	万元	810300	885400	11.5
#工业	万元	778300	855400	12.1
第三产业	万元	107800	115300	6.3
人均生产总值	元	280363	281534	2.2
全社会固定资产投资	万元	487804	563070	15.4
按登记注册类型分				
#国有	万元	74192	123302	66.2
集体	万元			
有限责任公司	万元	210560	163740	-22.2
股份有限公司	万元	68053	17553	-74.2
私营企业	万元	98712	156701	58.7
外商及港澳台投资企业	万元			
按城乡渠道分	万元			
城镇	万元	487804	563070	15.4
农村	万元			
公共财政预算收入	万元	38145	41022	7.5
公共财政预算支出	万元	84524	102746	21.6
个人储蓄存款余额	万元		47364	

22-5 续 表 1

指 标	单 位	2013	2014	2014年比2013年增长(±%)
在岗职工工资总额	万元	41481	39487	-4.8
在岗职工平均工资	元	56124	64228	14.4
全体居民人均可支配收入	元	23805	25975	9.1
城镇常住居民人均可支配收入	元	27379	29843	9.0
农村牧区常住居民人均可支配收入	元	9454	10446	10.5
农村牧区经济				
农作物总播种面积	公顷	2772	2837	2.3
#粮食作物播种面积	公顷	2439	2503	2.6
农牧业机械总动力	万千瓦	1.76	1.88	6.8
化肥施用折纯量	吨	1344	1189	-11.5
农村用电量	万千瓦小时	503	513	2.0
农林牧渔业总产值	万元	14012	14131	2.1
粮食产量	吨	6529	5994	-8.2
油料产量	吨	79	110	39.2
甜菜产量	吨			
猪牛羊肉产量	吨	478	485	1.5
#猪肉产量	吨	177	177	
牛肉产量	吨	49	52	6.1
羊肉产量	吨	252	256	1.6
羊毛产量	吨	36	31	-13.9
年末牲畜存栏头数	万头只	3.50	3.46	-1.1
#大牲畜	万头只	0.17	0.15	-11.8
羊	万只	3.11	3.08	-1.0
猪	万头	0.22	0.23	4.5
规模以上工业				
工业企业单位数	个	54	63	16.7
#内资企业	个	53	62	17.0
工业总产值	万元	1961457	1908143	-2.7
内资企业	万元	1959354	1906039	-2.7
国有企业	万元	215387	144909	-32.7
集体企业	万元			
股份合作企业	万元			
联营企业	万元			
有限责任公司	万元	80370	234763	192.1
股份有限公司	万元			
私营企业	万元	1584593	1526367	-3.7
其他企业	万元	79004		

22-5 续 表2

指 标	单 位	2013	2014	2014年比2013年增长(±%)
港澳台商投资企业	万元			
外商投资企业	万元	2103	2103	
工业企业资产总计	万元	1100369	1052653	-4.3
工业企业负债合计	万元	713236	684235	-4.1
工业企业产品销售收入	万元	1950858	1900633	-2.6
工业企业利润总额	万元	-25761	-36431	
建筑业				
建筑企业单位数	个	1	1	
建筑企业从业人员	人	393	397	1.0
建筑业总产值	万元	8900	6930	-22.1
交通运输邮电通信业				
公路里程	公里	315	339	7.6
邮电业务总量	万元	854	795	-6.9
本地电话用户	户	2180	2080	-4.6
国内贸易				
社会消费品零售总额	万元	50446	54648	8.3
城镇	万元	50446	54648	8.3
乡村	万元			
科技教育卫生				
各类专业技术人员	人	1625	1409	-13.3
幼儿园数	所	1	2	100.0
学龄儿童入学率	%	100.0	100.0	
小学学校数	所	2	2	
小学专任教师数	人	89	76	-14.6
小学在校学生数	人	416	419	0.7
普通中学学校数	所	2	2	
普通中学专任教师数	人	112	111	-0.9
初中在校学生数	人	347	334	-3.7
高中在校学生数	人	334	478	43.1
卫生机构数	所	24	18	-25.0
#医院	所	1	1	
卫生院	所	2	2	
床位数	张	385	51	-86.8
#医院	张	334		
卫生院	张	18	18	
卫生技术人员	人	319	35	-89.0
#医院	人	221		
卫生院	人	9	11	22.2

22-6　白云矿区主要经济指标

指　标	单 位	2013	2014	2014年比2013年增长(±%)
行政区域土地面积	**平方公里**	**303**	**303**	
人口和就业				
年末总人口	人	27000	27300	1.1
#男性	人	14300	14500	1.4
#乡村人口	人			
年末总户数	户	10800	10920	1.1
#乡村户数	户			
出生人口	人	184	205	11.4
死亡人口	人	97	53	-45.4
全社会就业人员	人	13441	13444	
第一产业	人	77	80	3.9
第二产业	人	7768	7770	
第三产业	人	5596	5594	
在岗职工人数	人	8286	8271	-0.2
乡村劳动力	人			
#农林牧渔业	人			
国民经济综合指标				
生产总值	万元	348000	367000	8.0
第一产业	万元	500	600	2.1
第二产业	万元	266300	278700	8.1
#工业	万元	254800	266900	8.3
第三产业	万元	81200	87700	6.3
人均生产总值	元	129368	135175	6.7
全社会固定资产投资	万元	274720	315994	15.0
按登记注册类型分				
#国有	万元	242568	209589	-13.6
集体	万元			
有限责任公司	万元	14430	72535	402.7
股份有限公司	万元		12693	
私营企业	万元	14809	12176	-17.8
外商及港澳台投资企业	万元			
按城乡渠道分	万元			
城镇	万元	274720	315994	15.0
农村	万元			
公共财政预算收入	万元	34502	30057	-12.9
公共财政预算支出	万元	50885	46335	-8.9
个人储蓄存款余额	万元			

22-6 续 表1

指　标	单 位	2013	2014	2014年比2013年增长(±%)
在岗职工工资总额	万元	50337	55607	10.5
在岗职工平均工资	元	61267	68609	12.0
全体居民人均可支配收入	元	35178	38203	8.6
城镇常住居民人均可支配收入	元	35178	38203	8.6
农村牧区常住居民人均可支配收入	元			
农村牧区经济				
农作物总播种面积	公顷			
#粮食作物播种面积	公顷			
农牧业机械总动力	万千瓦			
化肥施用折纯量	吨			
农村用电量	万千瓦小时			
农林牧渔业总产值	万元	936	940	2.1
粮食产量	吨			
油料产量	吨			
甜菜产量	吨			
猪牛羊肉产量	吨	124	117	-5.6
#猪肉产量	吨	112	110	-1.8
牛肉产量	吨	7	6	-14.3
羊肉产量	吨	5	1	-80.0
羊毛产量	吨	1	1	
年末牲畜存栏头数	万头只	0.14	0.16	14.3
#大牲畜	万头只	0.01	0.01	
羊	万只	0.02	0.04	100.0
猪	万头	0.11	0.11	
规模以上工业				
工业企业单位数	个	10	10	
#内资企业	个	10	10	
工业总产值	万元	155218	181550	17.0
内资企业	万元	155218	181550	17.0
国有企业	万元			
集体企业	万元			
股份合作企业	万元			
联营企业	万元			
有限责任公司	万元	109675	154212	40.6
股份有限公司	万元	20203	14718	-27.2
私营企业	万元	25340	12621	-50.2
其他企业	万元			

22-6 续 表 2

指 标	单 位	2013	2014	2014年比2013年增长(±%)
港澳台商投资企业	万元			
外商投资企业	万元			
工业企业资产总计	万元	272527	285854	4.9
工业企业负债合计	万元	159360	189577	19.0
工业企业产品销售收入	万元	149134	178738	19.9
工业企业利润总额	万元	8638	3294	-61.9
建筑业				
建筑企业单位数	个			
建筑企业从业人员	人			
建筑业总产值	万元			
交通运输邮电通信业				
公路里程	公里	79	79	
邮电业务总量	万元	1454	1439	-1.0
本地电话用户	户	27099	30027	10.8
国内贸易				
社会消费品零售总额	万元	61691	67078	8.7
城镇	万元	61691	67078	8.7
乡村	万元			
科技教育卫生				
各类专业技术人员	人	1412	1409	-0.2
幼儿园数	所	2	2	
学龄儿童入学率	%	100.0	100.0	
小学学校数	所	3	3	
小学专任教师数	人	129	135	4.7
小学在校学生数	人	1437	1311	-8.8
普通中学学校数	所	2	2	
普通中学专任教师数	人	117	121	3.4
初中在校学生数	人	678	614	-9.4
高中在校学生数	人	488	433	-11.3
卫生机构数	所	14	12	-14.3
#医院	所	2	2	
卫生院	所			
床位数	张	110	110	
#医院	张	110	110	
卫生院	张			
卫生技术人员	人	164	156	-4.9
#医院	人	111	131	18.0
卫生院	人			

22-7 九原区主要经济指标

指　　标	单 位	2013	2014	2014年比2013年增长(±%)
行政区域土地面积	**平方公里**	**734**	**734**	
人口和就业				
年末总人口	人	212800	216100	1.6
#男性	人	109600	111300	1.6
#乡村人口	人	63200	64200	1.6
年末总户数	户	80300	81550	1.6
#乡村户数	户	23582	23955	1.6
出生人口	人	2182	2136	-2.1
死亡人口	人	523	499	-4.6
全社会就业人员	人	131800	133800	1.5
第一产业	人	41800	42400	1.4
第二产业	人	34000	34500	1.5
第三产业	人	56000	56900	1.6
在岗职工人数	人	16513	15806	-4.3
乡村劳动力	人	43375	43283	-0.2
#农林牧渔业	人	26160	26139	-0.1
国民经济综合指标				
生产总值	万元	3166700	3304000	8.0
第一产业	万元	126700	129700	3.5
第二产业	万元	1758700	1847900	8.3
#工业	万元	1576700	1669900	9.5
第三产业	万元	1281300	1326400	7.2
人均生产总值	元	150437	154069	5.7
全社会固定资产投资	万元	1469740	1694730	15.3
按登记注册类型分				
#国有	万元	448393	708890	58.1
集体	万元	21504	6350	-70.5
有限责任公司	万元	626972	433632	-30.8
股份有限公司	万元	49468	79948	61.6
私营企业	万元	272073	407150	49.6
外商及港澳台投资企业	万元			
按城乡渠道分	万元			
城镇	万元	1469630	1694730	15.3
农村	万元	110		
公共财政预算收入	万元	157797	174789	10.8
公共财政预算支出	万元	191686	214449	11.9
个人储蓄存款余额	万元			

22-7 续 表1

指　标	单 位	2013	2014	2014年比2013年增长(±%)
在岗职工工资总额	万元	110159	103646	-5.9
在岗职工平均工资	元	58156	59963	3.1
全体居民人均可支配收入	元	27945	30406	8.8
城镇常住居民人均可支配收入	元	33804	36711	8.6
农村牧区常住居民人均可支配收入	元	14075	15483	10.0
农村牧区经济				
农作物总播种面积	公顷	17107	18644	9.0
#粮食作物播种面积	公顷	10141	11643	14.8
农牧业机械总动力	万千瓦	17.91	18.42	2.8
化肥施用折纯量	吨	4813	4965	3.2
农村用电量	万千瓦小时	6567	6581	0.2
农林牧渔业总产值	万元	234077	238400	3.5
粮食产量	吨	65802	54858	-16.6
油料产量	吨	1654	1657	0.2
甜菜产量	吨	363	363	
猪牛羊肉产量	吨	25217	26327	4.4
#猪肉产量	吨	7632	7632	
牛肉产量	吨	12606	13479	6.9
羊肉产量	吨	4979	5216	4.8
羊毛产量	吨	295	370	25.4
年末牲畜存栏头数	万头只	22.25	23.20	4.3
#大牲畜	万头只	7.18	7.02	-2.2
羊	万只	9.77	10.85	11.1
猪	万头	5.30	5.33	0.6
规模以上工业				
工业企业单位数	个	44	45	2.3
#内资企业	个	43	43	
工业总产值	万元	1924747	2072267	7.7
内资企业	万元	1811349	1983902	9.5
国有企业	万元	692795		
集体企业	万元			
股份合作企业	万元			
联营企业	万元			
有限责任公司	万元	500607	1339861	167.6
股份有限公司	万元	5537	5498	-0.7
私营企业	万元	612410	638543	4.3
其他企业	万元			

22-7 续 表 2

指 标	单 位	2013	2014	2014年比2013年增长(±%)
港澳台商投资企业	万元	113398	85818	-24.3
外商投资企业	万元		2547	
工业企业资产总计	万元	2861910	3126765	9.3
工业企业负债合计	万元	1906396	2001647	5.0
工业企业产品销售收入	万元	1909545	2083784	9.1
工业企业利润总额	万元	213006	191934	-9.9
建筑业				
建筑企业单位数	个	6	6	
建筑企业从业人员	人	546	623	14.1
建筑业总产值	万元	48924	36303	-25.8
交通运输邮电通信业				
公路里程	公里	1185	1185	
邮电业务总量	万元	15000	18954	26.4
本地电话用户	户	25027	24905	-0.5
国内贸易				
社会消费品零售总额	万元	539873	587683	8.9
城镇	万元	529288	577252	9.1
乡村	万元	10585	10430	-1.5
科技教育卫生				
各类专业技术人员	人	2315	2390	3.2
幼儿园数	所	32	42	31.3
学龄儿童入学率	%	100.0	100.0	
小学学校数	所	16	16	
小学专任教师数	人	829	852	2.8
小学在校学生数	人	11644	11742	0.8
普通中学学校数	所	6	6	
普通中学专任教师数	人	715	718	0.4
初中在校学生数	人	5326	5023	-5.7
高中在校学生数	人	2795	2592	-7.3
卫生机构数	所	100	90	-10.0
#医院	所	5	6	20.0
卫生院	所	5	5	
床位数	张	915	1056	15.4
#医院	张	735	797	8.4
卫生院	张	76	165	117.1
卫生技术人员	人	1128	1170	3.7
#医院	人	678	742	9.4
卫生院	人	91	100	9.9

22-8　土默特右旗主要经济指标

指　标	单 位	2013	2014	2014年比2013年增长(±%)
行政区域土地面积	**平方公里**	**2368**	**2368**	
人口和就业				
年末总人口	人	280100	286500	2.3
#男性	人	147100	150500	2.3
#乡村人口	人	139800	138800	-0.7
年末总户数	户	107320	109810	2.3
#乡村户数	户	52754	52406	-0.7
出生人口	人	2818	2951	4.7
死亡人口	人	1436	1569	9.3
全社会就业人员	人	238605	241065	1.0
第一产业	人	107615	105862	-1.6
第二产业	人	54160	55514	2.5
第三产业	人	76830	79689	3.7
在岗职工人数	人	16804	16850	0.3
乡村劳动力	人	123184	130394	5.9
#农林牧渔业	人	78147	86517	10.7
国民经济综合指标				
生产总值	万元	3160900	3343100	9.0
第一产业	万元	395100	403000	3.1
第二产业	万元	1812600	1942000	10.5
#工业	万元	1627600	1760800	11.9
第三产业	万元	953200	998100	7.2
人均生产总值	元	113172	118006	7.1
全社会固定资产投资	万元	1924534	2213179	15.0
按登记注册类型分				
#国有	万元	749058	1366409	82.4
集体	万元	62080	54292	-12.5
有限责任公司	万元	127483	80459	-36.9
股份有限公司	万元			
私营企业	万元	768173	677059	-11.9
外商及港澳台投资企业	万元			
按城乡渠道分	万元			
城镇	万元	1577514	2154157	36.6
农村	万元	347020	59022	-83.0
公共财政预算收入	万元	178607	193150	8.1
公共财政预算支出	万元	270115	290085	7.4
个人储蓄存款余额	万元	589526	634850	7.7

22-8 续 表 1

指 标	单 位	2013	2014	2014年比2013年增长(±%)
在岗职工工资总额	万元	95387	95566	0.2
在岗职工平均工资	元	53912	53758	-0.3
全体居民人均可支配收入	元	17307	18940	9.4
城镇常住居民人均可支配收入	元	25245	27517	9.0
农村牧区常住居民人均可支配收入	元	11655	12832	10.1
农村牧区经济				
农作物总播种面积	公顷	109088	110483	1.3
#粮食作物播种面积	公顷	83727	87913	5.0
农牧业机械总动力	万千瓦	52.01	56.81	9.2
化肥施用折纯量	吨	38295	39416	2.9
农村用电量	万千瓦小时	9038	9643	6.7
农林牧渔业总产值	万元	721156	731525	3.1
粮食产量	吨	758322	759532	0.2
油料产量	吨	20937	18227	-12.9
甜菜产量	吨	204		
猪牛羊肉产量	吨	65285	67071	2.7
#猪肉产量	吨	21308	21308	
牛肉产量	吨	12981	13463	3.7
羊肉产量	吨	30996	32300	4.2
羊毛产量	吨	935	1038	11.0
年末牲畜存栏头数	万头只	102.20	104.09	1.8
#大牲畜	万头只	16.66	12.41	-25.5
羊	万只	73.49	80.59	9.7
猪	万头	12.05	11.09	-8.0
规模以上工业				
工业企业单位数	个	48	50	4.2
#内资企业	个	46	48	4.3
工业总产值	万元	3011025	2989564	-0.7
内资企业	万元	2962162	2940385	-0.7
国有企业	万元	171671	26258	-84.7
集体企业	万元			
股份合作企业	万元			
联营企业	万元			
有限责任公司	万元	306540	534281	74.3
股份有限公司	万元			
私营企业	万元	2444111	2379846	-2.6
其他企业	万元	39840		

22-8 续 表 2

指 标	单 位	2013	2014	2014年比2013年增长(±%)
港澳台商投资企业	万元	48864	31337	-35.9
外商投资企业	万元		17842	
工业企业资产总计	万元	2187451	2552472	16.7
工业企业负债合计	万元	1071244	1466026	36.9
工业企业产品销售收入	万元	3063078	3135419	2.4
工业企业利润总额	万元	447389	452566	1.2
建筑业				
建筑企业单位数	个	6	6	
建筑企业从业人员	人	8097	6249	-22.8
建筑业总产值	万元	92871	82060	-11.6
交通运输邮电通信业				
公路里程	公里	2142	2142	
邮电业务总量	万元	11820	11580	-2.0
本地电话用户	户	18103	16651	-8.0
国内贸易				
社会消费品零售总额	万元	371230	404821	9.0
城镇	万元	264510	294430	11.3
乡村	万元	106720	110391	3.4
科技教育卫生				
各类专业技术人员	人	4440	4506	1.5
幼儿园数	所	18	28	55.6
学龄儿童入学率	%	100.0	100.0	
小学学校数	所	21	21	
小学专任教师数	人	767	997	30.0
小学在校学生数	人	12781	12352	-3.4
普通中学学校数	所	7	7	
普通中学专任教师数	人	653	729	11.6
初中在校学生数	人	6790	6775	-0.2
高中在校学生数	人	2787	2624	-5.8
卫生机构数	所	262	242	-7.6
#医院	所	2	4	100.0
卫生院	所	20	20	
床位数	张	846	846	
#医院	张	260	260	
卫生院	张	492	492	
卫生技术人员	人	968	818	-15.5
#医院	人	389	350	-10.0
卫生院	人	340	239	-29.7

22-9　固阳县主要经济指标

指　标	单 位	2013	2014	2014年比2013年增长(±%)
行政区域土地面积	**平方公里**	**5025**	**5025**	
人口和就业				
年末总人口	人	172900	170500	-1.4
#男性	人	90400	89100	-1.4
#乡村人口	人	113200	110700	-2.2
年末总户数	户	59620	58790	-1.4
#乡村户数	户	38373	37525	-2.2
出生人口	人	712	783	10.0
死亡人口	人	299	362	21.1
全社会就业人员	人	113854	112892	-0.8
第一产业	人	65316	63453	-2.9
第二产业	人	29897	30217	1.1
第三产业	人	18641	19222	3.1
在岗职工人数	人	8925	9086	1.8
乡村劳动力	人	67345	69134	2.7
#农林牧渔业	人	47030	49287	4.8
国民经济综合指标				
生产总值	万元	1123100	1161100	6.0
第一产业	万元	137300	140600	3.5
第二产业	万元	785500	805500	5.8
#工业	万元	699500	717500	6.1
第三产业	万元	200300	215000	6.5
人均生产总值	元	64769	67624	6.7
全社会固定资产投资	万元	927952	1030162	11.0
按登记注册类型分				
#国有	万元	71372	69332	-2.9
集体	万元	15029	15890	5.7
有限责任公司	万元	107890	68145	-36.8
股份有限公司	万元		17700	
私营企业	万元	752891	774959	2.9
外商及港澳台投资企业	万元		11474	
按城乡渠道分	万元			
城镇	万元	927952	1029362	10.9
农村	万元		800	
公共财政预算收入	万元	35471	34218	-3.5
公共财政预算支出	万元	140217	152744	8.9
个人储蓄存款余额	万元	225725	259548	15.0

22－9　续　　表 1

指　　标	单 位	2013	2014	2014年比2013年增长(±%)
在岗职工工资总额	万元	50462	47447	-6.0
在岗职工平均工资	元	54377	50794	-6.6
全体居民人均可支配收入	元	13487	14677	8.8
城镇常住居民人均可支配收入	元	21800	23609	8.3
农村牧区常住居民人均可支配收入	元	9103	9967	9.5
农村牧区经济				
农作物总播种面积	公顷	115318	130750	13.4
#粮食作物播种面积	公顷	81767	75388	-7.8
农牧业机械总动力	万千瓦	32.56	30.54	-6.2
化肥施用折纯量	吨	16144	16890	4.6
农村用电量	万千瓦小时	7548	7569	0.3
农林牧渔业总产值	万元	250256	255127	3.5
粮食产量	吨	121360	112826	-7.0
油料产量	吨	15475	37702	143.6
甜菜产量	吨			
猪牛羊肉产量	吨	31201	32139	3.0
#猪肉产量	吨	13027	13027	
牛肉产量	吨	2210	2360	6.8
羊肉产量	吨	15964	16752	4.9
羊毛产量	吨	1020	1006	-1.4
年末牲畜存栏头数	万头只	54.57	56.47	3.5
#大牲畜	万头只	1.70	1.77	4.1
羊	万只	48.27	50.00	3.6
猪	万头	4.60	4.70	2.2
规模以上工业				
工业企业单位数	个	40	44	10.0
#内资企业	个	40	44	10.0
工业总产值	万元	1310438	1243591	-5.1
内资企业	万元	1310438	1243591	-5.1
国有企业	万元	5384	5038	-6.4
集体企业	万元			
股份合作企业	万元			
联营企业	万元			
有限责任公司	万元	1173506	1083160	-7.7
股份有限公司	万元	5457	7863	44.1
私营企业	万元	116408	135708	16.6
其他企业	万元	9682	11822	22.1

22-9 续 表 2

指 标	单 位	2013	2014	2014年比2013年增长(±%)
港澳台商投资企业	万元			
外商投资企业	万元			
工业企业资产总计	万元	837664	836013	-0.2
工业企业负债合计	万元	633640	632085	-0.2
工业企业产品销售收入	万元	1275026	1249912	-2.0
工业企业利润总额	万元	14678	12220	-16.8
建筑业				
建筑企业单位数	个	1	1	
建筑企业从业人员	人	1654	1655	0.1
建筑业总产值	万元	31166	34283	10.0
交通运输邮电通信业				
公路里程	公里	1260	1260	
邮电业务总量	万元	3471	3480	0.3
本地电话用户	户	5270	5200	-1.3
国内贸易				
社会消费品零售总额	万元	166868	181375	8.7
城镇	万元	129218	143995	11.4
乡村	万元	37650	37380	-0.7
科技教育卫生				
各类专业技术人员	人	3219	3226	0.2
幼儿园数	所	9	13	44.4
学龄儿童入学率	%	100.0	100.0	
小学学校数	所	5	5	
小学专任教师数	人	631	659	4.4
小学在校学生数	人	5395	5351	-0.8
普通中学学校数	所	3	3	
普通中学专任教师数	人	521	526	1.0
初中在校学生数	人	2943	2823	-4.1
高中在校学生数	人	2372	2159	-9.0
卫生机构数	所	106	107	0.9
#医院	所	2	2	
卫生院	所	12	12	
床位数	张	347	373	7.5
#医院	张	180	190	5.6
卫生院	张	153	183	19.6
卫生技术人员	人	479	469	-2.1
#医院	人	179	177	-1.1
卫生院	人	195	153	-21.5

22-10　达尔罕茂明安联合旗主要经济指标

指　标	单 位	2013	2014	2014年比2013年增长(±%)
行政区域土地面积	**平方公里**	**17410**	**17410**	
人口和就业				
年末总人口	人	98900	97800	-1.1
#男性	人	51600	51000	-1.2
#乡村人口	人	45800	50900	11.1
年末总户数	户	36630	36240	-1.1
#乡村户数	户	16655	16419	-1.4
出生人口	人	736	726	-1.4
死亡人口	人	270	211	-21.9
全社会就业人员	人	60455	60138	-0.5
第一产业	人	31758	31347	-1.3
第二产业	人	8542	8536	-0.1
第三产业	人	20155	20255	0.5
在岗职工人数	人	7574	7693	1.6
乡村劳动力	人	40219	40046	-0.4
#农林牧渔业	人	22628	21947	-3.0
国民经济综合指标				
生产总值	万元	1892200	2023900	9.0
第一产业	万元	148700	152200	3.5
第二产业	万元	1331400	1428500	10.7
#工业	万元	1181400	1278000	11.9
第三产业	万元	412100	443200	6.6
人均生产总值	元	190171	205785	10.6
全社会固定资产投资	万元	1445211	1690302	17.0
按登记注册类型分				
#国有	万元	564358	644214	14.1
集体	万元	8111	20700	155.2
有限责任公司	万元	269125	242581	-9.9
股份有限公司	万元	615782	78814	-87.2
私营企业	万元	181363	668093	268.4
外商及港澳台投资企业	万元			
按城乡渠道分	万元			
城镇	万元	1344612	1594923	18.6
农村	万元	100599	95379	-5.2
公共财政预算收入	万元	133622	144147	7.9
公共财政预算支出	万元	224590	248122	10.5
个人储蓄存款余额	万元	202624	226796	11.9

22-10 续 表 1

指 标	单 位	2013	2014	2014年比2013年增长(±%)
在岗职工工资总额	万元	42570	46038	8.1
在岗职工平均工资	元	56980	59961	5.2
全体居民人均可支配收入	元	19261	21006	9.1
城镇常住居民人均可支配收入	元	27311	29687	8.7
农村牧区常住居民人均可支配收入	元	9929	10942	10.2
农村牧区经济				
农作物总播种面积	公顷	57445	59853	4.2
#粮食作物播种面积	公顷	42830	44317	3.5
农牧业机械总动力	万千瓦	28.04	27.98	-0.2
化肥施用折纯量	吨	9021	8848	-1.9
农村用电量	万千瓦小时	2243	2039	-9.1
农林牧渔业总产值	万元	268532	273471	3.5
粮食产量	吨	105317	97564	-7.4
油料产量	吨	13732	15228	10.9
甜菜产量	吨			
猪牛羊肉产量	吨	21734	22611	4.0
#猪肉产量	吨	2101	2101	
牛肉产量	吨	7686	8180	6.4
羊肉产量	吨	11947	12330	3.2
羊毛产量	吨	1120	1260	12.5
年末牲畜存栏头数	万头只	57.79	59.44	2.9
#大牲畜	万头只	7.78	7.83	0.6
羊	万只	47.63	49.22	3.3
猪	万头	2.38	2.39	0.4
规模以上工业				
工业企业单位数	个	45	46	2.2
#内资企业	个	43	44	2.3
工业总产值	万元	2323953	2692996	15.9
内资企业	万元	2293756	2664723	16.2
国有企业	万元	40369	39760	-1.5
集体企业	万元			
股份合作企业	万元			
联营企业	万元			
有限责任公司	万元	788856	973501	23.4
股份有限公司	万元			
私营企业	万元	1464531	1644340	12.3
其他企业	万元		7121	

22-10 续 表2

指　标	单 位	2013	2014	2014年比2013年增长(±%)
港澳台商投资企业	万元	11206	11681	4.2
外商投资企业	万元	18991	16593	-12.6
工业企业资产总计	万元	2698387	2818291	4.4
工业企业负债合计	万元	1486489	1512393	1.7
工业企业产品销售收入	万元	2412178	2685811	11.3
工业企业利润总额	万元	354351	320364	-9.6
建筑业				
建筑企业单位数	个	1	1	
建筑企业从业人员	人	275	275	
建筑业总产值	万元	10017	10199	1.8
交通运输邮电通信业				
公路里程	公里	2308	2308	
邮电业务总量	万元	1210	1130	-6.6
本地电话用户	户	6285	5900	-6.1
国内贸易				
社会消费品零售总额	万元	179346	195881	9.2
城镇	万元	127754	145633	14.0
乡村	万元	51592	50248	-2.6
科技教育卫生				
各类专业技术人员	人	1956	1981	1.3
幼儿园数	所	11	13	18.2
学龄儿童入学率	%	100.0	100.0	
小学学校数	所	5	5	
小学专任教师数	人	439	341	-22.3
小学在校学生数	人	3503	3322	-5.2
普通中学学校数	所	4	3	-25.0
普通中学专任教师数	人	313	251	-19.8
初中在校学生数	人	1731	1730	-0.1
高中在校学生数	人	450	462	2.7
卫生机构数	所	89	91	2.2
#医院	所	2	2	
卫生院	所	21	21	
床位数	张	382	420	9.9
#医院	张	200	200	
卫生院	张	147	173	17.7
卫生技术人员	人	429	460	7.2
#医院	人	203	199	-2.0
卫生院	人	110	108	-1.8

22-11　全区各旗县（区）按年末总人口排序（2014年）

单位：人

位次	旗县（区）名称	年末总人口	位次	旗县（区）名称	年末总人口
1	通辽市科尔沁区	843555	26	乌兰察布市丰镇市	338457
2	包头市昆都仑区	767900	27	兴安盟科尔沁右翼前旗	337405
3	赤峰市宁城县	615237	28	呼伦贝尔市阿荣旗	331604
4	赤峰市敖汉旗	610723	29	乌兰察布市兴和县	331257
5	赤峰市松山区	571291	30	呼伦贝尔市莫力达瓦达斡尔族自治旗	327757
6	包头市东河区	541300	31	赤峰市元宝山区	326392
7	巴彦淖尔市临河区	533495	32	兴安盟乌兰浩特市	322360
8	通辽市科尔沁左翼中旗	532546	33	鄂尔多斯市准格尔旗	320396
9	包头市青山区	509800	34	乌兰察布市集宁区	315428
10	赤峰市翁牛特旗	482114	35	兴安盟突泉县	313185
11	呼和浩特市赛罕区	449793	36	乌海市海勃湾区	311300
12	通辽市奈曼旗	445052	37	巴彦淖尔市杭锦后旗	305467
13	呼伦贝尔市扎兰屯市	421528	38	通辽市扎鲁特旗	304487
14	通辽市科尔沁左翼后旗	408563	39	赤峰市阿鲁科尔沁旗	301346
15	通辽市开鲁县	398081	40	包头市土默特右旗	286500
16	兴安盟扎赉特旗	391989	41	巴彦淖尔市五原县	281408
17	呼和浩特市新城区	385274	42	呼伦贝尔市海拉尔区	281298
18	呼和浩特市土默特左旗	370335	43	鄂尔多斯市东胜区	274148
19	鄂尔多斯市达拉特旗	363746	44	呼伦贝尔市鄂伦春自治旗	261896
20	赤峰市红山区	360220	45	兴安盟科尔沁右翼中旗	261159
21	赤峰市巴林左旗	357702	46	赤峰市克什克腾旗	252992
22	赤峰市喀喇沁旗	353586	47	乌兰察布市凉城县	243125
23	呼伦贝尔市牙克石市	347061	48	赤峰市林西县	240879
24	巴彦淖尔市乌拉特前旗	344691	49	呼和浩特市回民区	240518
25	乌兰察布市商都县	341258	50	乌兰察布市察哈尔右翼中旗	222367

22-11 续 表

单位：人

位次	旗县（区）名称	年末总人口	位次	旗县（区）名称	年末总人口
51	乌兰察布市察哈尔右翼前旗	221245	77	锡林郭勒盟多伦县	110348
52	包头市九原区	216100	78	乌海市海南区	106700
53	乌兰察布市四子王旗	214823	79	包头市达尔罕茂明安联合旗	97800
54	乌兰察布市察哈尔右翼后旗	213584	80	鄂尔多斯市鄂托克旗	97697
55	锡林郭勒盟太仆寺旗	211843	81	呼伦贝尔市满洲里扎赉诺尔区	86017
56	乌兰察布市卓资县	211301	82	锡林郭勒盟正蓝旗	83762
57	呼和浩特市托克托县	206900	83	呼伦贝尔市额尔古纳市	83166
58	呼和浩特市和林格尔县	204796	84	通辽市霍林郭勒市	81897
59	呼和浩特市玉泉区	202488	85	锡林郭勒盟东乌珠穆沁旗	81014
60	赤峰市巴林右旗	186377	86	锡林郭勒盟西乌珠穆沁旗	80103
61	锡林郭勒盟锡林浩特市	183087	87	鄂尔多斯市鄂托克前旗	78320
62	通辽市库伦旗	180095	88	锡林郭勒盟正镶白旗	72892
63	呼和浩特市武川县	175490	89	锡林郭勒盟苏尼特右旗	69006
64	乌兰察布市化德县	174125	90	巴彦淖尔市乌拉特后旗	60041
65	呼伦贝尔市满洲里市	173102	91	呼伦贝尔市陈巴尔虎旗	58711
66	鄂尔多斯市伊金霍洛旗	171561	92	兴安盟阿尔山市	48318
67	包头市固阳县	170500	93	锡林郭勒盟阿巴嘎旗	45116
68	呼伦贝尔市根河市	150845	94	呼伦贝尔市新巴尔虎左旗	43043
69	呼和浩特市清水河县	144233	95	包头市石拐区	38100
70	巴彦淖尔市乌拉特中旗	144165	96	呼伦贝尔市新巴尔虎右旗	35650
71	阿拉善盟阿拉善左旗	143347	97	锡林郭勒盟苏尼特左旗	34610
72	呼伦贝尔市鄂温克族自治旗	142967	98	锡林郭勒盟镶黄旗	31353
73	鄂尔多斯市杭锦旗	142613	99	锡林郭勒盟二连浩特市	29733
74	乌海市乌达区	136200	100	包头市白云矿区	27300
75	巴彦淖尔市磴口县	116779	101	阿拉善盟阿拉善右旗	25531
76	鄂尔多斯市乌审旗	110523	102	阿拉善盟额济纳旗	18276

22-12 全区各旗县（区）按生产总值排序（2014年）

单位：万元

位次	旗县（区）名称	生产总值（GDP）	位次	旗县（区）名称	生产总值（GDP）
1	鄂尔多斯市准格尔旗	11066700	26	呼伦贝尔市牙克石市	2271352
2	包头市昆都仑区	10580100	27	呼和浩特市土默特左旗	2147954
3	鄂尔多斯市东胜区	8567700	28	呼伦贝尔市满洲里市	2124403
4	包头市青山区	8403600	29	锡林郭勒盟锡林浩特市	2075007
5	鄂尔多斯市伊金霍洛旗	6755200	30	通辽市开鲁县	2058400
6	通辽市科尔沁区	6614482	31	包头市达尔罕茂明安联合旗	2023900
7	呼和浩特市新城区	6191455	32	通辽市扎鲁特旗	1879976
8	呼和浩特市赛罕区	5730522	33	乌海市乌达区	1866585
9	鄂尔多斯市达拉特旗	4950000	34	呼伦贝尔市扎兰屯市	1780117
10	包头市东河区	4913700	35	乌海市海南区	1779584
11	鄂尔多斯市鄂托克旗	4594200	36	乌兰察布市集宁区	1623769
12	鄂尔多斯市乌审旗	4035200	37	赤峰市宁城县	1590307
13	阿拉善盟阿拉善左旗	3714830	38	呼伦贝尔市阿荣旗	1571789
14	呼和浩特市回民区	3423469	39	赤峰市敖汉旗	1565296
15	包头市土默特右旗	3343100	40	通辽市科尔沁左翼后旗	1547400
16	包头市九原区	3304000	41	通辽市科尔沁左翼中旗	1522527
17	赤峰市红山区	2845641	42	兴安盟乌兰浩特市	1475701
18	呼伦贝尔市海拉尔区	2744229	43	通辽市奈曼旗	1441800
19	巴彦淖尔市临河区	2733300	44	呼和浩特市和林格尔县	1409811
20	呼和浩特市玉泉区	2721208	45	锡林郭勒盟东乌珠穆沁旗	1408020
21	通辽市霍林郭勒市	2652503	46	赤峰市克什克腾旗	1399455
22	乌海市海勃湾区	2454881	47	赤峰市翁牛特旗	1387946
23	赤峰市元宝山区	2403693	48	乌兰察布市丰镇市	1382038
24	赤峰市松山区	2372400	49	巴彦淖尔市乌拉特前旗	1358503
25	呼和浩特市托克托县	2364208	50	巴彦淖尔市杭锦后旗	1305841

22-12　续　表

单位：万元

位次	旗县（区）名称	生产总值(GDP)	位次	旗县（区）名称	生产总值(GDP)
51	鄂尔多斯市鄂托克前旗	1273400	77	巴彦淖尔市乌拉特后旗	660700
52	赤峰市巴林左旗	1188409	78	通辽市库伦旗	656393
53	包头市固阳县	1161100	79	呼和浩特市清水河县	644247
54	呼伦贝尔市鄂温克族自治旗	1090309	80	呼伦贝尔市鄂伦春自治旗	642464
55	巴彦淖尔市五原县	1076400	81	乌兰察布市商都县	625167
56	锡林郭勒盟西乌珠穆沁旗	1038045	82	乌兰察布市卓资县	614272
57	呼伦贝尔市莫力达瓦达斡尔族自治旗	1036428	83	锡林郭勒盟阿巴嘎旗	610151
58	赤峰市阿鲁科尔沁旗	1012728	84	乌兰察布市兴和县	602079
59	包头市石拐区	1009300	85	巴彦淖尔市磴口县	599600
60	巴彦淖尔市乌拉特中旗	980685	86	呼伦贝尔市满洲里扎赉诺尔区	579635
61	乌兰察布市察哈尔右翼前旗	897955	87	兴安盟科尔沁右翼中旗	575523
62	呼伦贝尔市陈巴尔虎旗	890371	88	锡林郭勒盟苏尼特右旗	542597
63	兴安盟科尔沁右翼前旗	888182	89	乌兰察布市四子王旗	535806
64	锡林郭勒盟二连浩特市	883962	90	阿拉善盟额济纳旗	491896
65	鄂尔多斯市杭锦旗	842300	91	锡林郭勒盟镶黄旗	483028
66	兴安盟扎赉特旗	840115	92	乌兰察布市察哈尔右翼中旗	478601
67	呼和浩特市武川县	782477	93	乌兰察布市化德县	470234
68	呼伦贝尔市新巴尔虎右旗	771554	94	锡林郭勒盟太仆寺旗	454053
69	乌兰察布市察哈尔右翼后旗	756229	95	锡林郭勒盟苏尼特左旗	448430
70	锡林郭勒盟多伦县	744641	96	呼伦贝尔市额尔古纳市	442736
71	乌兰察布市凉城县	735273	97	呼伦贝尔市根河市	400463
72	赤峰市巴林右旗	720589	98	阿拉善盟阿拉善右旗	372043
73	赤峰市林西县	708893	99	包头市白云矿区	367000
74	赤峰市喀喇沁旗	672466	100	呼伦贝尔市新巴尔虎左旗	349660
75	锡林郭勒盟正蓝旗	671071	101	锡林郭勒盟正镶白旗	278959
76	兴安盟突泉县	663594	102	兴安盟阿尔山市	151419

22-13 全区各旗县（区）按公共财政预算收入排序（2014年）

单位：万元

位次	旗县（区）名称	公共财政预算收入	位次	旗县（区）名称	公共财政预算收入
1	鄂尔多斯市东胜区	891717	26	包头市东河区	142648
2	鄂尔多斯市准格尔旗	767109	27	呼和浩特市玉泉区	141404
3	鄂尔多斯市伊金霍洛旗	750075	28	呼伦贝尔市满洲里市	139291
4	包头市昆都仑区	415480	29	呼伦贝尔市海拉尔区	136556
5	通辽市科尔沁区	409052	30	锡林郭勒盟东乌珠穆沁旗	127912
6	呼和浩特市赛罕区	398477	31	鄂尔多斯市杭锦旗	120201
7	包头市青山区	392008	32	呼和浩特市土默特左旗	113316
8	呼和浩特市新城区	365324	33	赤峰市元宝山区	112166
9	鄂尔多斯市鄂托克旗	330475	34	呼和浩特市托克托县	111890
10	通辽市霍林郭勒市	304845	35	乌海市海南区	111551
11	乌海市海勃湾区	256149	36	呼和浩特市和林格尔县	98425
12	锡林郭勒盟锡林浩特市	245309	37	乌海市乌达区	93784
13	鄂尔多斯市乌审旗	239903	38	赤峰市松山区	91306
14	阿拉善盟阿拉善左旗	203111	39	巴彦淖尔市乌拉特前旗	88490
15	鄂尔多斯市达拉特旗	201919	40	巴彦淖尔市乌拉特中旗	84333
16	赤峰市红山区	200117	41	呼伦贝尔市鄂温克族自治旗	81065
17	包头市土默特右旗	193150	42	赤峰市克什克腾旗	72000
18	巴彦淖尔市临河区	188285	43	兴安盟乌兰浩特市	71722
19	锡林郭勒盟西乌珠穆沁旗	176426	44	巴彦淖尔市乌拉特后旗	69386
20	包头市九原区	174789	45	赤峰市宁城县	61887
21	乌兰察布市集宁区	152332	46	巴彦淖尔市杭锦后旗	60451
22	鄂尔多斯市鄂托克前旗	146998	47	呼伦贝尔市牙克石市	56194
23	通辽市扎鲁特旗	146087	48	呼伦贝尔市陈巴尔虎旗	55397
24	包头市达尔罕茂明安联合旗	144147	49	巴彦淖尔市五原县	54248
25	呼和浩特市回民区	143914	50	赤峰市敖汉旗	51888

22-13 续　　表

单位：万元

位次	旗县（区）名称	公共财政预算收入	位次	旗县（区）名称	公共财政预算收入
51	呼伦贝尔市阿荣旗	51885	77	呼伦贝尔市莫力达瓦达斡尔族自治旗	28231
52	通辽市奈曼旗	50842	78	呼和浩特市清水河县	27918
53	呼伦贝尔市新巴尔虎右旗	48034	79	锡林郭勒盟苏尼特右旗	27206
54	锡林郭勒盟正蓝旗	47205	80	兴安盟科尔沁右翼前旗	25129
55	赤峰市巴林左旗	46538	81	乌兰察布市卓资县	25125
56	阿拉善盟额济纳旗	46510	82	呼和浩特市武川县	24513
57	呼伦贝尔市扎兰屯市	45727	83	乌兰察布市察哈尔右翼后旗	23314
58	乌兰察布市丰镇市	44882	84	呼伦贝尔市额尔古纳市	22862
59	赤峰市喀喇沁旗	44018	85	巴彦淖尔市磴口县	22010
60	锡林郭勒盟二连浩特市	43780	86	锡林郭勒盟镶黄旗	21664
61	通辽市开鲁县	42265	87	锡林郭勒盟苏尼特左旗	20205
62	包头市石拐区	41022	88	锡林郭勒盟阿巴嘎旗	18411
63	通辽市科尔沁左翼后旗	40142	89	兴安盟科尔沁右翼中旗	17924
64	赤峰市翁牛特旗	39490	90	乌兰察布市四子王旗	16870
65	赤峰市巴林右旗	38748	91	呼伦贝尔市根河市	16833
66	呼伦贝尔市满洲里扎赉诺尔区	36566	92	呼伦贝尔市鄂伦春自治旗	16633
67	包头市固阳县	34218	93	乌兰察布市化德县	16194
68	通辽市科尔沁左翼中旗	33795	94	兴安盟扎赉特旗	15612
69	赤峰市林西县	33500	95	乌兰察布市商都县	15491
70	乌兰察布市凉城县	33200	96	呼伦贝尔市新巴尔虎左旗	12984
71	赤峰市阿鲁科尔沁旗	32500	97	乌兰察布市察哈尔右翼中旗	12608
72	乌兰察布市察哈尔右翼前旗	31882	98	锡林郭勒盟正镶白旗	11432
73	乌兰察布市兴和县	31174	99	阿拉善盟阿拉善右旗	10393
74	通辽市库伦旗	30232	100	锡林郭勒盟太仆寺旗	10338
75	锡林郭勒盟多伦县	30209	101	兴安盟突泉县	9344
76	包头市白云矿区	30057	102	兴安盟阿尔山市	8975

22-14 全区各旗县（区）按粮食产量排序（2014年）

单位：吨

位次	旗县（区）名称	粮食产量	位次	旗县（区）名称	粮食产量
1	通辽市科尔沁左翼中旗	1693506	26	通辽市库伦旗	515024
2	呼伦贝尔市莫力达瓦达斡尔族自治旗	1659500	27	赤峰市阿鲁科尔沁旗	510502
3	呼伦贝尔市阿荣旗	1566000	28	巴彦淖尔市五原县	498335
4	兴安盟扎赉特旗	1112123	29	赤峰市巴林左旗	445188
5	通辽市科尔沁区	1108223	30	呼伦贝尔市额尔古纳市	435000
6	呼伦贝尔市扎兰屯市	1083153	31	鄂尔多斯市杭锦旗	388616
7	兴安盟科尔沁右翼前旗	1032542	32	巴彦淖尔市乌拉特中旗	342738
8	通辽市开鲁县	1020140	33	赤峰市喀喇沁旗	313500
9	兴安盟突泉县	1007839	34	赤峰市林西县	255065
10	通辽市科尔沁左翼后旗	1007520	35	乌兰察布市凉城县	254220
11	巴彦淖尔市乌拉特前旗	844087	36	呼和浩特市托克托县	253791
12	赤峰市松山区	780189	37	巴彦淖尔市磴口县	238375
13	赤峰市敖汉旗	773482	38	兴安盟乌兰浩特市	234900
14	包头市土默特右旗	759532	39	呼和浩特市武川县	203852
15	通辽市奈曼旗	750510	40	赤峰市克什克腾旗	179500
16	赤峰市宁城县	740245	41	呼和浩特市和林格尔县	174662
17	巴彦淖尔市临河区	731507	42	赤峰市巴林右旗	174500
18	赤峰市翁牛特旗	715068	43	锡林郭勒盟太仆寺旗	166004
19	兴安盟科尔沁右翼中旗	650031	44	阿拉善盟阿拉善左旗	163020
20	鄂尔多斯市达拉特旗	586923	45	赤峰市元宝山区	159574
21	呼伦贝尔市牙克石市	568000	46	鄂尔多斯市乌审旗	126341
22	呼伦贝尔市鄂伦春自治旗	561500	47	呼伦贝尔市陈巴尔虎旗	124701
23	巴彦淖尔市杭锦后旗	535605	48	乌兰察布市四子王旗	113992
24	通辽市扎鲁特旗	525017	49	包头市固阳县	112826
25	呼和浩特市土默特左旗	524365	50	鄂尔多斯市鄂托克旗	104465

22-14 续 表

单位：吨

位次	旗县（区）名称	粮食产量	位次	旗县（区）名称	粮食产量
51	鄂尔多斯市鄂托克前旗	99464	77	乌海市海南区	27433
52	包头市达尔罕茂明安联合旗	97564	78	呼伦贝尔市鄂温克族自治旗	20669
53	乌兰察布市察哈尔右翼后旗	96901	79	阿拉善盟阿拉善右旗	15537
54	鄂尔多斯市伊金霍洛旗	92074	80	鄂尔多斯市东胜区	12188
55	乌兰察布市丰镇市	91915	81	乌海市海勃湾区	11400
56	乌兰察布市察哈尔右翼前旗	90678	82	通辽市霍林郭勒市	10560
57	乌兰察布市察哈尔右翼中旗	89243	83	乌兰察布市集宁区	9325
58	鄂尔多斯市准格尔旗	85429	84	包头市昆都仑区	9127
59	乌兰察布市商都县	82394	85	呼伦贝尔市新巴尔虎右旗	8556
60	呼伦贝尔市新巴尔虎左旗	78261	86	包头市石拐区	5994
61	乌兰察布市兴和县	75580	87	包头市青山区	3573
62	锡林郭勒盟东乌珠穆沁旗	75569	88	呼和浩特市新城区	3150
63	呼伦贝尔市海拉尔区	71002	89	锡林郭勒盟正镶白旗	3088
64	乌兰察布市卓资县	70961	90	呼伦贝尔市根河市	2797
65	呼和浩特市清水河县	70352	91	呼和浩特市回民区	2580
66	巴彦淖尔市乌拉特后旗	69965	92	乌海市乌达区	2167
67	兴安盟阿尔山市	62565	93	阿拉善盟额济纳旗	1943
68	呼和浩特市赛罕区	61704	94	呼伦贝尔市满洲里市	1259
69	包头市九原区	54858	95	锡林郭勒盟镶黄旗	299
70	赤峰市红山区	53187	96	锡林郭勒盟苏尼特右旗	298
71	乌兰察布市化德县	49791	97	呼伦贝尔市满洲里扎赉诺尔区	141
72	锡林郭勒盟多伦县	49480	98	锡林郭勒盟西乌珠穆沁旗	45
73	包头市东河区	34740	99	包头市白云矿区	
74	锡林郭勒盟锡林浩特市	33717	100	锡林郭勒盟二连浩特市	
75	锡林郭勒盟正蓝旗	31500	101	锡林郭勒盟阿巴嘎旗	
76	呼和浩特市玉泉区	27544	102	锡林郭勒盟苏尼特左旗	

22-15　全区各旗县（区）按年末牲畜存栏头数排序（2014年）

单位：万头（只）

位次	旗县（区）名称	年末牲畜存栏头数	位次	旗县（区）名称	年末牲畜存栏头数
1	兴安盟科尔沁右翼前旗	248.68	26	鄂尔多斯市乌审旗	112.21
2	通辽市扎鲁特旗	243.95	27	赤峰市巴林左旗	110.60
3	锡林郭勒盟东乌珠穆沁旗	217.47	28	赤峰市巴林右旗	106.41
4	鄂尔多斯市达拉特旗	204.27	29	包头市土默特右旗	104.09
5	通辽市开鲁县	196.32	30	锡林郭勒盟西乌珠穆沁旗	103.44
6	巴彦淖尔市临河区	176.51	31	赤峰市克什克腾旗	103.20
7	呼伦贝尔市阿荣旗	173.65	32	阿拉善盟阿拉善左旗	102.74
8	兴安盟科尔沁右翼中旗	172.70	33	呼伦贝尔市新巴尔虎左旗	102.43
9	通辽市科尔沁区	167.03	34	鄂尔多斯市鄂托克前旗	91.16
10	通辽市科尔沁左翼中旗	166.79	35	锡林郭勒盟苏尼特右旗	88.11
11	赤峰市敖汉旗	144.81	36	乌兰察布市四子王旗	86.96
12	巴彦淖尔市五原县	141.79	37	锡林郭勒盟阿巴嘎旗	86.92
13	鄂尔多斯市杭锦旗	140.27	38	赤峰市松山区	83.20
14	通辽市奈曼旗	137.42	39	通辽市库伦旗	78.36
15	赤峰市阿鲁科尔沁旗	136.39	40	乌兰察布市察哈尔右翼后旗	77.00
16	兴安盟扎赉特旗	136.24	41	呼伦贝尔市鄂温克族自治旗	76.71
17	呼伦贝尔市莫力达瓦达斡尔族自治旗	135.04	42	锡林郭勒盟苏尼特左旗	74.29
18	巴彦淖尔市乌拉特中旗	134.53	43	呼和浩特市土默特左旗	73.75
19	赤峰市翁牛特旗	134.12	44	锡林郭勒盟锡林浩特市	71.05
20	呼伦贝尔市扎兰屯市	132.96	45	呼伦贝尔市陈巴尔虎旗	67.54
21	巴彦淖尔市乌拉特前旗	125.44	46	兴安盟突泉县	66.34
22	巴彦淖尔市杭锦后旗	123.82	47	赤峰市林西县	61.23
23	通辽市科尔沁左翼后旗	114.95	48	包头市达尔罕茂明安联合旗	59.44
24	呼伦贝尔市新巴尔虎右旗	113.82	49	乌兰察布市兴和县	57.62
25	鄂尔多斯市鄂托克旗	113.14	50	包头市固阳县	56.47

22-15 续 表

单位：万头（只）

位次	旗县（区）名称	年末牲畜存栏头数	位次	旗县（区）名称	年末牲畜存栏头数
51	乌兰察布市察哈尔右翼中旗	55.48	77	乌兰察布市化德县	22.09
52	呼和浩特市和林格尔县	54.12	78	呼和浩特市赛罕区	21.16
53	乌兰察布市丰镇市	51.06	79	阿拉善盟阿拉善右旗	21.11
54	乌兰察布市察哈尔右翼前旗	50.26	80	赤峰市元宝山区	15.19
55	鄂尔多斯市准格尔旗	48.61	81	兴安盟阿尔山市	14.96
56	乌兰察布市商都县	46.35	82	通辽市霍林郭勒市	14.62
57	赤峰市宁城县	45.70	83	呼伦贝尔市海拉尔区	12.71
58	呼伦贝尔市鄂伦春自治旗	45.15	84	鄂尔多斯市东胜区	11.28
59	巴彦淖尔市磴口县	44.80	85	阿拉善盟额济纳旗	9.62
60	乌兰察布市凉城县	41.99	86	呼伦贝尔市满洲里市	8.93
61	呼和浩特市托克托县	41.62	87	乌海市海南区	6.68
62	锡林郭勒盟正蓝旗	41.00	88	包头市东河区	6.06
63	鄂尔多斯市伊金霍洛旗	40.76	89	赤峰市红山区	5.83
64	赤峰市喀喇沁旗	38.80	90	呼和浩特市新城区	5.70
65	乌兰察布市卓资县	37.65	91	呼和浩特市玉泉区	5.68
66	呼伦贝尔市额尔古纳市	35.83	92	锡林郭勒盟二连浩特市	4.83
67	巴彦淖尔市乌拉特后旗	34.41	93	乌兰察布市集宁区	4.44
68	呼和浩特市武川县	33.52	94	包头市昆都仑区	3.82
69	呼伦贝尔市牙克石市	31.54	95	乌海市海勃湾区	3.76
70	兴安盟乌兰浩特市	30.08	96	包头市石拐区	3.46
71	锡林郭勒盟太仆寺旗	29.71	97	包头市青山区	2.80
72	锡林郭勒盟多伦县	27.67	98	呼伦贝尔市满洲里扎赉诺尔区	2.50
73	锡林郭勒盟正镶白旗	26.84	99	呼伦贝尔市根河市	1.94
74	呼和浩特市清水河县	24.69	100	乌海市乌达区	1.31
75	锡林郭勒盟镶黄旗	24.14	101	呼和浩特市回民区	0.96
76	包头市九原区	23.20	102	包头市白云矿区	0.16

22-16 全区各旗县（区）按全体居民人均可支配收入排序（2014年）

单位：元

位次	旗县（区）名称	全体居民人均可支配收入	位次	旗县（区）名称	全体居民人均可支配收入
1	包头市昆都仑区	38221	26	锡林郭勒盟东乌珠穆沁旗	25416
1	包头市青山区	38221	27	赤峰市红山区	25325
3	包头市白云矿区	38203	28	呼伦贝尔市满洲里扎赉诺尔区	25316
4	锡林郭勒盟二连浩特市	36580	29	呼伦贝尔市牙克石市	24114
5	鄂尔多斯市东胜区	34156	30	鄂尔多斯市鄂托克前旗	24082
6	呼和浩特市新城区	32607	31	鄂尔多斯市乌审旗	23942
7	通辽市霍林郭勒市	32604	32	乌兰察布市集宁区	23476
8	乌海市海勃湾区	31873	33	锡林郭勒盟西乌珠穆沁旗	23253
9	锡林郭勒盟锡林浩特市	31845	34	锡林郭勒盟阿巴嘎旗	23036
10	呼和浩特市回民区	31603	35	鄂尔多斯市达拉特旗	22768
11	包头市东河区	30891	36	鄂尔多斯市杭锦旗	22433
12	乌海市乌达区	30500	37	呼伦贝尔市陈巴尔虎旗	22359
13	包头市九原区	30406	38	呼伦贝尔市鄂温克族自治旗	22357
14	呼和浩特市赛罕区	30235	39	赤峰市元宝山区	21966
15	呼和浩特市玉泉区	29418	40	锡林郭勒盟镶黄旗	21637
16	鄂尔多斯市伊金霍洛旗	28466	41	锡林郭勒盟苏尼特右旗	21273
17	鄂尔多斯市准格尔旗	28061	42	兴安盟乌兰浩特市	21221
18	呼伦贝尔市海拉尔区	27583	43	通辽市科尔沁区	21129
19	阿拉善盟额济纳旗	27525	44	包头市达尔罕茂明安联合旗	21006
20	呼伦贝尔市满洲里市	27337	45	呼伦贝尔市额尔古纳市	20395
21	乌海市海南区	27325	46	巴彦淖尔市临河区	20051
22	阿拉善盟阿拉善右旗	26583	47	锡林郭勒盟多伦县	19668
23	包头市石拐区	25975	48	巴彦淖尔市五原县	19558
24	阿拉善盟阿拉善左旗	25933	49	锡林郭勒盟正蓝旗	19546
25	鄂尔多斯市鄂托克旗	25882	50	巴彦淖尔市杭锦后旗	19394

22-16 续 表

单位：元

位次	旗县（区）名称	全体居民人均可支配收入	位次	旗县（区）名称	全体居民人均可支配收入
51	呼伦贝尔市新巴尔虎右旗	19241	77	赤峰市巴林右旗	13687
52	锡林郭勒盟苏尼特左旗	19188	78	通辽市扎鲁特旗	13378
53	包头市土默特右旗	18940	79	乌兰察布市察哈尔右翼后旗	13358
54	兴安盟阿尔山市	17737	80	乌兰察布市凉城县	12994
55	呼伦贝尔市扎兰屯市	17713	81	呼和浩特市武川县	12824
56	呼伦贝尔市根河市	17683	82	赤峰市喀喇沁旗	12751
57	呼伦贝尔市新巴尔虎左旗	17579	83	乌兰察布市四子王旗	12172
58	呼和浩特市托克托县	17295	84	通辽市科尔沁左翼后旗	12151
59	赤峰市松山区	17241	85	通辽市科尔沁左翼中旗	11742
60	乌兰察布市丰镇市	16643	86	赤峰市翁牛特旗	11725
61	巴彦淖尔市乌拉特中旗	16463	87	乌兰察布市商都县	11559
62	巴彦淖尔市乌拉特后旗	16431	88	通辽市库伦旗	11515
63	巴彦淖尔市乌拉特前旗	16183	89	赤峰市巴林左旗	11407
64	巴彦淖尔市磴口县	16176	90	呼和浩特市清水河县	11360
65	呼伦贝尔市阿荣旗	16057	91	赤峰市宁城县	11230
66	呼和浩特市土默特左旗	15972	92	通辽市奈曼旗	11139
67	呼和浩特市和林格尔县	15304	93	兴安盟科尔沁右翼中旗	11103
68	呼伦贝尔市鄂伦春自治旗	15255	94	赤峰市敖汉旗	10995
69	包头市固阳县	14677	95	赤峰市阿鲁科尔沁旗	10968
70	锡林郭勒盟正镶白旗	14565	96	乌兰察布市察哈尔右翼前旗	10930
71	乌兰察布市化德县	14489	97	兴安盟扎赉特旗	10766
72	锡林郭勒盟太仆寺旗	14344	98	呼伦贝尔市莫力达瓦达斡尔族自治旗	10617
73	通辽市开鲁县	14018	99	兴安盟突泉县	10567
74	赤峰市克什克腾旗	13996	100	乌兰察布市兴和县	10334
75	乌兰察布市卓资县	13728	101	乌兰察布市察哈尔右翼中旗	10071
76	赤峰市林西县	13688	102	兴安盟科尔沁右翼前旗	9463

22-17　全区各旗县（区）按城镇常住居民人均可支配收入排序（2014年）

单位：元

位次	旗县（区）名称	城镇常住居民人均可支配收入	位次	旗县（区）名称	城镇常住居民人均可支配收入
1	呼和浩特市新城区	39253	26	乌海市乌达区	30500
2	呼和浩特市赛罕区	38355	27	包头市石拐区	29843
3	包头市昆都仑区	38221	28	阿拉善盟阿拉善左旗	29724
3	包头市青山区	38221	29	包头市达尔罕茂明安联合旗	29687
5	包头市白云矿区	38203	30	锡林郭勒盟西乌珠穆沁旗	28436
6	包头市九原区	36711	31	呼伦贝尔市海拉尔区	28324
7	锡林郭勒盟二连浩特市	36580	32	锡林郭勒盟东乌珠穆沁旗	28241
8	鄂尔多斯市东胜区	36302	33	锡林郭勒盟镶黄旗	28218
9	鄂尔多斯市准格尔旗	36234	34	锡林郭勒盟多伦县	28171
10	鄂尔多斯市伊金霍洛旗	36193	35	呼和浩特市托克托县	28091
11	呼和浩特市回民区	34619	36	锡林郭勒盟苏尼特左旗	27761
12	鄂尔多斯市鄂托克旗	34294	37	锡林郭勒盟阿巴嘎旗	27702
13	乌兰察布市化德县	33737	38	锡林郭勒盟正蓝旗	27690
14	呼和浩特市玉泉区	33561	39	包头市土默特右旗	27517
15	锡林郭勒盟锡林浩特市	33461	40	呼伦贝尔市满洲里市	27337
16	鄂尔多斯市乌审旗	33287	41	锡林郭勒盟苏尼特右旗	27184
17	鄂尔多斯市鄂托克前旗	33096	42	呼和浩特市和林格尔县	26973
18	通辽市霍林郭勒市	32604	43	呼和浩特市土默特左旗	26500
19	包头市东河区	32490	44	锡林郭勒盟太仆寺旗	25815
20	乌海市海勃湾区	32190	45	赤峰市红山区	25807
21	鄂尔多斯市达拉特旗	31589	46	通辽市科尔沁区	25492
22	鄂尔多斯市杭锦旗	31510	47	赤峰市元宝山区	25391
23	乌海市海南区	30594	48	呼伦贝尔市满洲里扎赉诺尔区	25316
24	阿拉善盟阿拉善右旗	30582	49	锡林郭勒盟正镶白旗	25058
25	阿拉善盟额济纳旗	30566	50	呼伦贝尔市扎兰屯市	24989

22-17　续　表

单位：元

位次	旗县（区）名称	城镇常住居民人均可支配收入	位次	旗县（区）名称	城镇常住居民人均可支配收入
51	乌兰察布市集宁区	24550	77	赤峰市克什克腾旗	21049
52	赤峰市松山区	24339	78	通辽市扎鲁特旗	20857
53	呼伦贝尔市牙克石市	24114	79	赤峰市喀喇沁旗	20657
54	呼伦贝尔市陈巴尔虎旗	23635	80	赤峰市巴林左旗	20655
55	包头市固阳县	23609	81	赤峰市敖汉旗	20620
56	呼伦贝尔市鄂温克族自治旗	23226	82	乌兰察布市察哈尔右翼中旗	20502
57	巴彦淖尔市乌拉特中旗	23203	83	赤峰市翁牛特旗	20395
58	巴彦淖尔市乌拉特后旗	23030	84	兴安盟阿尔山市	20359
59	呼伦贝尔市阿荣旗	23028	85	赤峰市林西县	20328
60	巴彦淖尔市临河区	23012	86	乌兰察布市商都县	20299
61	呼伦贝尔市新巴尔虎右旗	22834	87	呼和浩特市武川县	20144
62	兴安盟乌兰浩特市	22667	88	乌兰察布市兴和县	20106
63	巴彦淖尔市杭锦后旗	22635	89	呼伦贝尔市根河市	19896
64	巴彦淖尔市五原县	22533	90	呼伦贝尔市新巴尔虎左旗	19795
65	赤峰市宁城县	22352	91	通辽市科尔沁左翼后旗	19584
66	乌兰察布市卓资县	22203	92	通辽市奈曼旗	19407
67	巴彦淖尔市乌拉特前旗	22038	93	通辽市科尔沁左翼中旗	19354
68	巴彦淖尔市磴口县	22031	94	兴安盟扎赉特旗	19247
69	乌兰察布市凉城县	22005	95	兴安盟科尔沁右翼前旗	19244
70	乌兰察布市丰镇市	21789	96	赤峰市阿鲁科尔沁旗	19026
71	乌兰察布市察哈尔右翼后旗	21736	97	赤峰市巴林右旗	19025
72	乌兰察布市察哈尔右翼前旗	21635	98	呼伦贝尔市鄂伦春自治旗	18891
73	通辽市开鲁县	21322	99	兴安盟突泉县	18733
74	呼伦贝尔市额尔古纳市	21205	100	通辽市库伦旗	18651
74	乌兰察布市四子王旗	21205	101	兴安盟科尔沁右翼中旗	18450
76	呼和浩特市清水河县	21192	102	呼伦贝尔市莫力达瓦达斡尔族自治旗	17458

22-18 全区各旗县（区）按农村牧区常住居民人均可支配收入排序（2014年）

单位：元

位次	旗县（区）名称	农村牧区常住居民人均可支配收入	位次	旗县（区）名称	农村牧区常住居民人均可支配收入
1	锡林郭勒盟东乌珠穆沁旗	21935	26	鄂尔多斯市鄂托克旗	13437
2	呼伦贝尔市海拉尔区	20488	26	鄂尔多斯市乌审旗	13437
3	锡林郭勒盟锡林浩特市	19036	28	鄂尔多斯市达拉特旗	13378
4	呼伦贝尔市额尔古纳市	18833	29	通辽市科尔沁区	13368
5	锡林郭勒盟西乌珠穆沁旗	18749	30	鄂尔多斯市杭锦旗	13313
6	锡林郭勒盟阿巴嘎旗	18588	31	巴彦淖尔市临河区	13250
7	阿拉善盟额济纳旗	16800	32	巴彦淖尔市五原县	13156
8	包头市东河区	16525	33	巴彦淖尔市杭锦后旗	13129
9	呼伦贝尔市鄂温克族自治旗	16264	34	呼伦贝尔市阿荣旗	12966
10	呼伦贝尔市陈巴尔虎旗	15868	35	包头市土默特右旗	12832
11	阿拉善盟阿拉善右旗	15817	36	巴彦淖尔市磴口县	12744
12	呼和浩特市回民区	15808	37	乌海市海南区	12726
13	呼伦贝尔市新巴尔虎右旗	15671	38	锡林郭勒盟正蓝旗	12664
14	呼伦贝尔市新巴尔虎左旗	15570	39	巴彦淖尔市乌拉特前旗	12459
15	包头市九原区	15483	40	呼和浩特市土默特左旗	12219
16	呼和浩特市新城区	15181	41	呼伦贝尔市扎兰屯市	12138
17	呼和浩特市玉泉区	15122	42	巴彦淖尔市乌拉特中旗	12064
18	乌海市海勃湾区	14614	43	呼和浩特市托克托县	11849
19	呼和浩特市赛罕区	14323	44	乌兰察布市集宁区	11844
20	赤峰市红山区	13783	45	通辽市开鲁县	11127
21	阿拉善盟阿拉善左旗	13701	46	包头市达尔罕茂明安联合旗	10942
22	赤峰市元宝山区	13593	47	锡林郭勒盟苏尼特左旗	10919
23	鄂尔多斯市鄂托克前旗	13477	48	巴彦淖尔市乌拉特后旗	10896
24	鄂尔多斯市准格尔旗	13450	49	通辽市扎鲁特旗	10881
24	鄂尔多斯市伊金霍洛旗	13450	50	兴安盟乌兰浩特市	10645

22-18　续　表

单位：元

位次	旗县（区）名称	农村牧区常住居民人均可支配收入	位次	旗县（区）名称	农村牧区常住居民人均可支配收入
51	赤峰市松山区	10557	77	赤峰市翁牛特旗	7406
52	包头市石拐区	10446	78	乌兰察布市商都县	7330
53	锡林郭勒盟镶黄旗	10382	79	兴安盟阿尔山市	7280
54	锡林郭勒盟多伦县	10195	80	兴安盟科尔沁右翼前旗	7250
55	呼伦贝尔市根河市	10069	81	赤峰市巴林左旗	7240
56	包头市固阳县	9967	82	兴安盟扎赉特旗	7172
57	呼和浩特市和林格尔县	9522	83	乌兰察布市兴和县	7030
58	乌兰察布市丰镇市	9242	84	兴安盟突泉县	6976
59	通辽市科尔沁左翼后旗	8798	85	呼伦贝尔市鄂伦春自治旗	6905
60	乌兰察布市凉城县	8763	86	赤峰市阿鲁科尔沁旗	6830
61	锡林郭勒盟太仆寺旗	8408	87	赤峰市林西县	6818
62	通辽市科尔沁左翼中旗	8304	88	兴安盟科尔沁右翼中旗	6751
63	乌兰察布市察哈尔右翼后旗	8156	89	乌兰察布市化德县	6522
64	乌兰察布市察哈尔右翼前旗	8055	90	乌兰察布市察哈尔右翼中旗	6403
65	通辽市奈曼旗	8043	91	呼和浩特市清水河县	6104
66	赤峰市克什克腾旗	8021	92	呼和浩特市武川县	5911
67	赤峰市喀喇沁旗	8007	93	包头市昆都仑区	
68	赤峰市敖汉旗	8005	94	包头市青山区	
69	乌兰察布市卓资县	7879	95	包头市白云矿区	
70	乌兰察布市四子王旗	7806	96	呼伦贝尔市满洲里市	
71	通辽市库伦旗	7796	97	呼伦贝尔市满洲里扎赉诺尔区	
72	赤峰市宁城县	7791	98	呼伦贝尔市牙克石市	
73	锡林郭勒盟苏尼特右旗	7739	99	通辽市霍林郭勒市	
74	锡林郭勒盟正镶白旗	7598	100	锡林郭勒盟二连浩特市	
75	赤峰市巴林右旗	7436	101	鄂尔多斯市东胜区	
76	呼伦贝尔市莫力达瓦达斡尔族自治旗	7419	102	乌海市乌达区	

22-19 全区各旗县（区）按在岗职工平均工资排序（2014年）

单位：元

位次	旗县（区）名称	在岗职工平均工资	位次	旗县（区）名称	在岗职工平均工资
1	通辽市科尔沁区	97082	26	呼伦贝尔市海拉尔区	58362
2	鄂尔多斯市伊金霍洛旗	78580	27	乌兰察布市四子王旗	58155
3	鄂尔多斯市准格尔旗	74720	28	赤峰市元宝山区	58036
4	鄂尔多斯市东胜区	74499	29	乌海市海南区	57811
5	锡林郭勒盟多伦县	73464	30	鄂尔多斯市达拉特旗	57539
6	呼伦贝尔市鄂温克族自治旗	68815	31	包头市昆都仑区	57081
7	包头市白云矿区	68609	32	通辽市霍林郭勒市	57059
8	锡林郭勒盟西乌珠穆沁旗	67033	33	锡林郭勒盟镶黄旗	56979
9	呼伦贝尔市陈巴尔虎旗	66800	34	锡林郭勒盟正镶白旗	56020
10	包头市石拐区	64228	35	乌兰察布市察哈尔右翼中旗	55450
11	锡林郭勒盟二连浩特市	63829	36	锡林郭勒盟锡林浩特市	55391
12	鄂尔多斯市乌审旗	61727	37	阿拉善盟阿拉善左旗	55262
13	鄂尔多斯市鄂托克前旗	61551	38	阿拉善盟阿拉善右旗	54672
14	阿拉善盟额济纳旗	60186	39	乌海市海勃湾区	54567
15	呼伦贝尔市满洲里市	60146	40	兴安盟乌兰浩特市	54467
16	包头市九原区	59963	41	呼伦贝尔市额尔古纳市	54371
17	包头市达尔罕茂明安联合旗	59961	42	呼和浩特市赛罕区	53971
18	锡林郭勒盟苏尼特左旗	59960	43	赤峰市松山区	53835
19	呼伦贝尔市满洲里扎赉诺尔区	59871	44	锡林郭勒盟苏尼特右旗	53779
20	包头市青山区	59728	45	包头市土默特右旗	53758
21	锡林郭勒盟正蓝旗	59282	46	乌兰察布市丰镇市	53582
22	鄂尔多斯市鄂托克旗	59101	47	赤峰市红山区	52934
23	鄂尔多斯市杭锦旗	58841	48	赤峰市敖汉旗	52639
24	乌兰察布市凉城县	58508	48	锡林郭勒盟太仆寺旗	52639
25	锡林郭勒盟阿巴嘎旗	58387	50	乌兰察布市商都县	52334

22-19 续 表

单位：元

位次	旗县（区）名称	在岗职工平均工资	位次	旗县（区）名称	在岗职工平均工资
51	赤峰市巴林左旗	52311	77	乌兰察布市集宁区	47762
52	通辽市扎鲁特旗	52245	78	乌海市乌达区	47743
53	呼伦贝尔市新巴尔虎右旗	52235	79	乌兰察布市化德县	47116
54	乌兰察布市卓资县	52220	80	呼和浩特市玉泉区	46826
55	赤峰市阿鲁科尔沁旗	51881	81	通辽市奈曼旗	46783
56	呼和浩特市新城区	50965	82	呼伦贝尔市阿荣旗	46682
57	呼伦贝尔市根河市	50811	83	巴彦淖尔市杭锦后旗	46362
57	呼伦贝尔市新巴尔虎左旗	50811	84	乌兰察布市察哈尔右翼后旗	46329
59	包头市固阳县	50794	85	呼和浩特市和林格尔县	46187
60	赤峰市翁牛特旗	50617	86	包头市东河区	45661
61	赤峰市喀喇沁旗	50568	87	赤峰市巴林右旗	45432
62	乌兰察布市察哈尔右翼前旗	50495	88	巴彦淖尔市五原县	45157
63	巴彦淖尔市乌拉特中旗	50465	89	兴安盟扎赉特旗	44791
64	赤峰市克什克腾旗	50160	90	通辽市科尔沁左翼后旗	44147
65	赤峰市林西县	49938	91	呼伦贝尔市扎兰屯市	44080
66	兴安盟阿尔山市	49649	92	通辽市科尔沁左翼中旗	43710
67	呼和浩特市托克托县	49477	93	乌兰察布市兴和县	43393
68	巴彦淖尔市临河区	49025	94	呼伦贝尔市莫力达瓦达斡尔族自治旗	43241
69	呼和浩特市土默特左旗	48935	95	通辽市库伦旗	42988
70	巴彦淖尔市乌拉特后旗	48855	96	呼伦贝尔市鄂伦春自治旗	42751
71	呼伦贝尔市牙克石市	48810	97	通辽市开鲁县	42715
72	锡林郭勒盟东乌珠穆沁旗	48700	98	兴安盟突泉县	42684
73	赤峰市宁城县	48492	99	兴安盟科尔沁右翼前旗	41604
74	呼和浩特市清水河县	48435	100	巴彦淖尔市磴口县	41343
75	巴彦淖尔市乌拉特前旗	47826	101	呼和浩特市武川县	40830
76	呼和浩特市回民区	47774	102	兴安盟科尔沁右翼中旗	40179

23

附录

APPENDIX

23-1　西部城市国民经济和社会发展主要指标（一）

城市名称	年末总人口（万人）		城市居民消费价格指数（%）		城乡居民储蓄存款余额（亿元）	
	2014	位次	2014	位次	2014	位次
成　都			101.3	42	8977.00	1
自　贡	330.02	19	101.9	21	714.22	28
攀枝花	111.88	38	102.0	18	411.75	43
泸　州	508.88	9	101.8	26	997.68	23
德　阳	392.50	15	101.2	45	1170.90	18
遂　宁			101.7	32	646.87	31
绵　阳	473.94	11	101.3	42	1464.46	12
广　元			101.9	21	639.36	32
宜　宾	447.00	12	101.9	21	1686.44	9
内　江	373.26	17	101.4	40	835.60	27
贵　阳			102.7	6	2010.58	7
遵　义	615.49	4	102.0	18	2567.60	4
六盘水			101.3	42	416.88	42
安　顺	230.81	28	102.3	11	344.08	44
昆　明	662.60	3	103.1	1	3521.78	3
曲　靖	600.90	5	102.4	10	874.84	26
玉　溪	235.00	27	101.8	26	619.00	33
拉　萨						
西　安	862.75	1	101.4	40	5698.15	2
宝　鸡			101.9	21	1163.76	19
延　安	221.43	30	101.6	36	599.01	34
咸　阳	495.68	10	102.1	14	1285.79	14
榆　林	338.39	18	102.1	14	1233.65	16
渭　南	534.30	7	101.2	45	1664.58	10
兰　州	321.43	20	102.2	12	2262.94	6
天　水			102.2	12	593.97	35

注：本表中数据均为年快报数据（后同）。

23-1 续 表

城市名称	年末总人口（万人）		城市居民消费价格指数（%）		城乡居民储蓄存款余额（亿元）	
	2014	位次	2014	位次	2014	位次
金 昌	47.01	41	101.6	36	176.50	50
白 银	170.83	34	101.9	21	578.47	36
银 川	212.89	31	102.1	14	1095.28	20
石嘴山	77.27	39	101.6	36	334.51	45
中 卫	113.35	37	101.7	32	194.46	49
吴 忠	135.29	36	101.7	32	281.70	47
西 宁	229.07	29	102.8	3	1026.88	22
格尔木	13.59	43	103.0	2	99.04	51
乌鲁木齐	266.91	25	102.8	3	1974.84	8
克拉玛依	38.98	42	101.7	32	236.50	48
呼和浩特	303.06	22	101.2	45	1480.88	11
包 头	279.92	24	101.8	26	1218.27	17
乌 海	55.42	40	101.8	26	322.09	46
赤 峰	430.38	13	101.8	26	931.79	25
通 辽	312.40	21			459.03	40
鄂尔多斯	203.49	33			1268.40	15
乌兰察布	211.71	32			515.40	38
呼伦贝尔	252.95	26			709.43	29
南 宁			101.6	36	2321.74	5
柳 州	377.94	16	102.6	7	1061.01	21
桂 林	526.48	8	102.0	18	1334.22	13
梧 州	297.55	23	102.1	14	529.52	37
玉 林	707.95	2	102.6	7	993.04	24
钦 州	402.00	14	102.5	9	486.35	39
北 海	169.31	35	102.8	3	432.53	41
贵 港	543.17	6	101.8	26	659.96	30

23-2 西部城市国民经济和社会发展主要指标（二）

城市名称	生产总值（现价、亿元）		第一产业		第二产业		第三产业	
	2014	位次	2014	位次	2014	位次	2014	位次
成　都	10056.60	1	370.80	1	4561.10	1	5124.70	1
自　贡	1073.40	32	123.20	28	639.00	33	311.20	33
攀枝花	870.85	36	29.40	46	643.09	32	198.36	43
泸　州	1259.73	28	162.27	19	759.23	26	338.23	30
德　阳	1515.60	22	203.30	15	912.30	15	400.00	26
遂　宁	809.55	40	139.21	25	449.29	39	221.05	40
绵　阳	1579.89	20	252.18	10	805.70	23	522.01	20
广　元	566.19	43	98.57	35	269.94	44	197.68	44
宜　宾	1443.81	24	209.68	13	866.12	17	368.01	28
内　江	1156.77	30	185.56	18	712.87	28	258.35	37
贵　阳	2497.27	10	108.02	32	976.59	12	1412.66	9
遵　义	1874.36	15	267.47	9	860.69	19	746.20	12
六盘水	1042.73	34	75.75	38	567.08	35	399.90	27
安　顺	520.60	44	78.56	37	189.67	49	251.83	38
昆　明	3712.99	4	187.57	17	1642.03	6	1883.40	4
曲　靖	1649.40	19	310.19	5	839.44	21	499.77	22
玉　溪	1184.70	29	122.80	29	706.40	30	355.50	29
拉　萨								
西　安	5474.77	2	214.55	12	2205.37	3	3054.85	2
宝　鸡	1658.54	18	161.33	20	1078.18	10	419.03	25
延　安	1386.09	26	113.70	31	968.89	13	303.50	34
咸　阳	2077.34	12	321.72	4	1219.88	9	535.73	18
榆　林	3005.74	7	145.04	24	2051.94	4	808.76	11
渭　南	1460.94	23	207.16	14	794.51	24	459.27	24
兰　州	1913.50	13	53.60	42	829.20	22	1030.70	10
天　水	496.89	46	90.65	36	193.02	48	213.22	41

23-2 续 表

城市名称	生产总值（现价、亿元）		第一产业		第二产业		第三产业	
	2014	位次	2014	位次	2014	位次	2014	位次
金 昌	245.64	51	17.41	48	170.28	50	57.96	51
白 银	497.58	45	57.11	39	251.05	45	189.40	45
银 川	1395.67	25	56.66	40	760.27	25	578.74	16
石嘴山	467.16	47	24.93	47	304.28	43	137.95	46
中 卫	296.86	50	47.55	43	137.07	51	112.25	48
吴 忠	383.43	48	53.93	41	218.71	47	110.80	49
西 宁	1077.14	31	37.75	44	560.73	36	478.66	23
格尔木	318.38	49	4.12	51	241.37	46	72.89	50
乌鲁木齐	2510.00	9	30.00	45	955.00	14	1525.00	8
克拉玛依	847.50	39	5.60	49	719.80	27	122.10	47
呼和浩特	2894.05	8	125.46	27	848.19	20	1920.40	3
包 头	3636.31	5	100.65	33	1792.29	5	1743.36	5
乌 海	600.18	42	4.74	50	383.37	40	212.07	42
赤 峰	1778.37	17	274.39	7	892.01	16	611.97	15
通 辽	1886.80	14	267.61	8	1065.47	11	553.72	17
鄂尔多斯	4162.20	3	99.59	34	2462.95	2	1599.64	6
乌兰察布	872.14	35	135.28	26	451.37	38	285.49	36
呼伦贝尔	1522.26	21	275.68	6	712.27	29	534.31	19
南 宁	3148.30	6	355.09	2	1251.54	8	1541.67	7
柳 州	2208.51	11	157.12	22	1312.54	7	738.85	13
桂 林	1827.05	16	323.07	3	865.05	18	638.93	14
梧 州	1064.82	33	119.58	30	646.06	31	299.18	35
玉 林	1341.75	27	248.81	11	591.66	34	501.27	21
钦 州	854.96	38	193.91	16	338.94	41	322.12	31
北 海	856.01	37	151.36	23	454.51	37	250.15	39
贵 港	805.40	41	160.82	21	325.51	42	319.07	32

23-3　西部城市国民经济和社会发展主要指标（三）

城市名称	公共财政预算收入（亿元）		公共财政预算支出（亿元）		进出口总额（万美元）		#出口总额	
	2014	位次	2014	位次	2014	位次	2014	位次
成　都	1025.20	1	1340.00	1	5584439	1	3381832	1
自　贡	42.41	40	147.31	39	67151	30	30902	32
攀枝花	92.91	26	121.41	43				
泸　州	115.92	18	280.10	23	27565	41	25030	37
德　阳	83.50	30	196.70	33	388370	11	310170	9
遂　宁	39.70	41	236.96	27	62977	31	42014	27
绵　阳	101.75	23	294.49	20	291779	15	207234	13
广　元	34.78	44						
宜　宾	107.94	22	279.54	24	88989	25	60693	23
内　江	45.08	39	176.60	36	31495	38	27778	34
贵　阳	331.59	6	448.65	7	784221	5	727188	4
遵　义			396.35	9	46007	34	40660	28
六盘水	128.74	15	224.79	30	83072	27	25779	35
安　顺	58.48	35	172.67	37	14791	42	13726	40
昆　明	477.97	3	594.05	3	1178679	3	1160753	3
曲　靖	115.67	19	334.17	14	44686	36	43898	26
玉　溪	113.60	20	207.30	32	96887	23	91297	20
拉　萨								
西　安	583.76	2	819.50	2	2498297	2	1196063	2
宝　鸡	78.05	31	235.61	28	527302	7	412348	6
延　安	168.10	11	310.10	17				
咸　阳	85.29	29	271.28	25	354000	13	283000	10
榆　林	267.84	8	423.54	8	29300	40	25500	36
渭　南	67.70	34	293.33	21	141700	21	119000	18
兰　州	152.30	13	280.14	22	406300	10	359300	8
天　水	31.83	45	179.46	35	3718	44	2508	44

23-3 续 表

城市名称	公共财政预算收入（亿元）		公共财政预算支出（亿元）		进出口总额（万美元）		#出口总额	
	2014	位次	2014	位次	2014	位次	2014	位次
金　昌	17.99	49	50.32	49	195820	18	30822	33
白　银			114.58	44	74748	28	14658	39
银　川	153.60	12	377.72	10	450000	9	360000	7
石嘴山	29.10	46	94.44	48	45595	35	31341	31
中　卫	19.46	48	122.03	42				
吴　忠	35.10	43	168.10	38				
西　宁	122.17	17	213.71	31	159674	20	108360	19
格尔木	19.71	47	34.70	50				
乌鲁木齐	340.62	5	516.15	5	828500	4	721700	5
克拉玛依	73.50	33	104.20	46	51154	32	8055	42
呼和浩特	211.54	10	310.79	16	219500	17	124200	17
包　头	234.32	9	353.69	12	180500	19	127000	16
乌　海	75.16	32	94.78	47	1849	45	1800	45
赤　峰	98.03	24	360.44	11	85333	26	13426	41
通　辽	113.06	21	318.17	15	43000	37	39200	29
鄂尔多斯	430.08	4	541.75	4	72200	29	47500	25
乌兰察布	51.02	36	297.19	19	4700	43	3300	43
呼伦贝尔	96.03	25	349.71	13	365700	12	166200	15
南　宁	274.85	7	465.77	6	481410	8	261702	12
柳　州	133.16	14	261.11	26	226825	16	80197	21
桂　林	123.89	16	304.43	18	94327	24	77225	22
梧　州	90.45	27	184.05	34	124948	22	50777	24
玉　林	88.81	28	229.10	29	48681	33	32224	30
钦　州	47.64	37	141.27	41	533447	6	278141	11
北　海	47.25	38	104.97	45	350016	14	175176	14
贵　港	36.45	42	146.84	40	30603	39	18703	38

23-4　西部城市国民经济和社会发展主要指标（四）

城市名称	规模以上工业							
	增加值增速（%）		产销率（%）		主营业务收入（亿元）		利税总额（亿元）	
	2014	位次	2014	位次	2014	位次	2014	位次
成　都	12.2	10	98.5	5	9778.40	1	1198.90	1
自　贡	7.8	43	99.1	2	1625.56	22	142.95	26
攀枝花	10.2	30	97.2	21	1582.44	26	96.09	32
泸　州	12.3	8	91.4	49	1358.04	30	167.77	23
德　阳	10.8	24	96.4	32	2734.50	7	249.80	15
遂　宁	12.0	13	98.4	7	1273.74	33	140.71	27
绵　阳	10.1	31	97.5	17	2187.36	12	179.08	21
广　元	9.8	35	98.6	4	665.94	42	48.38	37
宜　宾	8.2	38	97.1	22	1913.38	17	290.98	11
内　江	9.4	36	98.7	3	1729.91	21	160.90	25
贵　阳	12.2	10	92.2	45	2179.46	13	378.76	8
遵　义	12.4	7	91.9	47	1522.75	27	428.90	5
六盘水	11.5	15	98.3	8	953.14	38	74.07	36
安　顺	13.5	4	97.0	25	376.20	45	33.64	40
昆　明	7.0	46	98.3	8	3112.40	5	416.21	6
曲　靖	-0.7	50	98.2	11	1513.09	28	177.10	22
玉　溪	8.1	40	92.1	46	1213.60	35	431.50	4
拉　萨								
西　安	11.1	17	95.2	38	3768.18	4	306.80	10
宝　鸡	12.2	10	91.7	48	1592.77	25	182.41	20
延　安	4.9	48	97.1	22				
咸　阳	14.5	3	96.9	27	2424.80	9		
榆　林	10.0	32	96.4	32	2056.82	14	515.25	3
渭　南	12.3	8	95.9	35	1314.65	31	33.10	41
兰　州	8.1	40	93.8	43	1914.53	16		
天　水	10.5	28	94.0	40	193.28	47	14.64	45

23-4 续 表

城市名称	规模以上工业							
	增加值增速（%）		产销率（%）		主营业务收入（亿元）		利税总额（亿元）	
	2014	位次	2014	位次	2014	位次	2014	位次
金　昌	7.6	44	97.5	17			28.00	43
白　银	10.0	32	94.0	40	782.12	40	29.81	42
银　川	10.5	28	96.5	30	1623.14	23	166.51	24
石嘴山	7.5	45	95.1	39	646.07	43	98.87	31
中　卫	2.7	49	93.0	44			9.32	46
吴　忠	13.2	5	96.3	34				
西　宁	17.3	2	98.0	13	1066.67	37	1.95	47
格尔木	8.0	42	95.4	36	205.52	46	45.10	38
乌鲁木齐	12.0	13	96.7	29	2318.44	11	280.80	13
克拉玛依			100.1	1	1830.70	18	407.10	7
呼和浩特	10.0	32	97.5	17	1619.48	24	236.72	14
包　头	11.1	17	97.3	20	2911.84	6	222.79	18
乌　海	10.9	20	90.3	50	577.57	44	37.85	39
赤　峰	10.7	26	98.0	13	1758.73	20	117.13	30
通　辽	10.9	20	98.3	8	2428.34	8	216.47	19
鄂尔多斯	11.1	17	98.5	5	4352.60	2	609.00	2
乌兰察布	10.9	20	94.0	40	852.60	39	26.30	44
呼伦贝尔	10.9	20	98.1	12	1229.37	34	74.92	35
南　宁	10.8	24	95.4	36	2321.76	10	245.30	16
柳　州	8.9	37	96.9	27	3898.84	3	313.36	9
桂　林	10.6	27	96.5	30	1957.64	15	238.19	17
梧　州	8.2	38	97.1	22	1785.75	19	288.72	12
玉　林	11.3	16	97.9	15	1306.50	32	130.01	29
钦　州	12.5	6			1105.29	36	76.85	34
北　海	21.5	1	97.9	15	1494.53	29	136.81	28
贵　港	5.4	47	97.0	25	755.10	41	92.70	33

23-5 西部城市国民经济和社会发展主要指标（五）

城市名称	固定资产投资完成额（亿元）		社会消费品零售总额（亿元）		城镇常住居民人均可支配收入（元）		农村常住居民人均可支配收入（元）	
	2014	位次	2014	位次	2014	位次	2014	位次
成　都	6602.40	1	4202.40	1	32665	5	14478	2
自　贡	597.61	39	427.65	24	23552	34	9974	19
攀枝花	616.81	38	245.60	38	27322	13	10960	11
泸　州	1176.99	24	468.33	22	25240	27	9470	29
德　阳	894.90	33	529.00	19	26998	16	11260	10
遂　宁	913.68	32	348.24	31	22790	41	9482	28
绵　阳	1080.37	29	734.71	11	25341	26	10326	15
广　元	561.74	40	247.16	37	20547	47	7202	47
宜　宾	1109.96	28	561.69	15	24990	29	9831	23
内　江	697.77	36	356.22	30	23162	38	9563	27
贵　阳	2336.06	9	888.58	9	24961	30	10826	12
遵　义	2552.73	7	533.40	18	22728	42	8365	41
六盘水	1336.27	21	236.90	39	21168	45	6791	48
安　顺	1000.09	30	125.79	45	21042	46	6671	49
昆　明	3138.17	5	1905.89	3	31295	9	10366	14
曲　靖	1164.54	26	427.73	23	25023	28	8514	39
玉　溪	511.90	43	255.60	36	27223	14	9969	20
拉　萨								
西　安	5903.98	2	2872.90	2	36100	1	14462	3
宝　鸡	1979.17	10	535.59	17	31560	6	9421	31
延　安	1300.26	22	193.18	41	30588	10	9779	24
咸　阳	2492.43	8	525.22	20	31480	8	9605	26
榆　林	1396.50	19	321.21	33	29665	11	9730	25
渭　南	1765.61	14	418.55	26	26725	18	8534	38
兰　州	1610.70	16	944.90	8	23030	39	8067	44
天　水	537.76	42	224.21	40	18565	51	4982	51

23-5　续　表

城市名称	固定资产投资完成额（亿元）		社会消费品零售总额（亿元）		城镇常住居民人均可支配收入（元）		农村常住居民人均可支配收入（元）	
	2014	位次	2014	位次	2014	位次	2014	位次
金　昌	247.16	50	64.64	48	26260	21	9900	22
白　银	428.44	46	152.35	43	20053	48	5777	50
银　川	1392.76	20	382.47	28	26118	22	10275	16
石嘴山	498.01	44	90.75	46	22380	43	10215	17
中　卫	334.03	47	56.70	49	19931	49	7403	46
吴　忠			87.57	47	19853	50	8442	40
西　宁	1176.61	25	412.86	27	21291	44	10097	18
格尔木	302.20	49	49.60	51	25490	24	12833	7
乌鲁木齐	1526.00	18	1070.00	7	23755	33	13335	6
克拉玛依	320.00	48	55.80	50	27900	12	17401	1
呼和浩特	1736.46	15	1256.08	5	34723	4	12538	9
包　头	3440.56	3	1184.67	6	35506	2	12713	8
乌　海	488.20	45	127.02	44	31481	7	13422	5
赤　峰	1818.27	12	587.39	14	23199	37	8114	43
通　辽	1866.36	11	419.44	25	23377	35	9932	21
鄂尔多斯	3422.53	4	609.48	13	34983	3	13439	4
乌兰察布	944.82	31	265.69	35	22796	40	7800	45
呼伦贝尔	1253.19	23	501.56	21	24787	31	10751	13
南　宁	2886.68	6	1616.90	4	27075	15	8576	37
柳　州	1810.94	13	858.20	10	26693	19	8606	36
桂　林	1536.88	17	682.87	12	26811	17	9431	30
梧　州	876.04	34	328.30	32	24272	32	8342	42
玉　林	1123.71	27	545.71	16	26681	20	9314	32
钦　州	658.97	37	303.25	34	25425	25	8892	35
北　海	786.16	35	185.81	42	25818	23	9079	34
贵　港	547.17	41	359.60	29	23262	36	9131	33